本书受安徽省高校协同创新项目"明清徽州地方文献与乡村治理研究"(项目编号：GXXT-2020-031)资助

安徽师范大学中国区域文化研究院
安徽师范大学历史学院　　　　　　　　　　主办
安徽省重点智库安徽师范大学安徽文化发展研究院

AMI（集刊）入库集刊

中国区域文化研究

2023年第二辑
（总第八辑）

卜宪群　主编

中国社会科学出版社

图书在版编目(CIP)数据

中国区域文化研究.2023年.第二辑:总第八辑/卜宪群主编.—北京:中国社会科学出版社,2023.12
ISBN 978-7-5227-2902-2

Ⅰ.①中… Ⅱ.①卜… Ⅲ.①区域文化—研究—中国 Ⅳ.①G127

中国国家版本馆CIP数据核字(2023)第244134号

出 版 人	赵剑英
责任编辑	鲍有情 彭 丽
责任校对	韩天炜
责任印制	王 超

出 版	中国社会科学出版社
社 址	北京鼓楼西大街甲158号
邮 编	100720
网 址	http://www.csspw.cn
发 行 部	010-84083685
门 市 部	010-84029450
经 销	新华书店及其他书店
印 刷	北京明恒达印务有限公司
装 订	廊坊市广阳区广增装订厂
版 次	2023年12月第1版
印 次	2023年12月第1次印刷
开 本	787×1092 1/16
印 张	21.75
字 数	412千字
定 价	109.00元

凡购买中国社会科学出版社图书,如有质量问题请与本社营销中心联系调换
电话:010-84083683
版权所有 侵权必究

中国区域文化研究
编辑委员会

主　　任　卜宪群
副 主 任　李琳琦
委　　员　卜宪群　瞿林东　范金民　张国刚
　　　　　陈尚胜　李琳琦　王世华　徐　彬
　　　　　胡传志　陆　林　郭淑新

主　　编　卜宪群
执行主编　李琳琦　刘道胜
副 主 编　梁仁志　郑小春
编　　辑　刘萃峰　王翠柏　王道鹏　王少林
　　　　　祝　虹　张庆路　余　焜　束保成

目 录

铸牢中华民族共同体意识

概念解读下重思封贡体系 …………………………………… 沈一民（3）
移民促进边疆开发与中华民族共同体的形成
　　——以历史上内蒙古地区为视角 …………………………… 王绍东（16）
中华民族共同体的形成与铸牢中华民族共同体意识
　　——以内蒙古地区为例 ………………………… 刘志彧　崔思朋（29）

早期中国方国文化研究

《穆天子传》作于西周史官说批判 …………………………… 周书灿（43）
新出六种皋陶文献与战国时代的皋陶历史记忆 …………… 王少林（64）

考古发现与区域研究

失范与重构：对"马家窑文化"命名的反思 ………………… 李健胜（93）
盐城大松林墩墓地汉墓发掘简报
　　……………… 南京博物院、江苏省文物考古研究院、盐城市博物馆（102）
汉代的东阳城及其周边
　　——基于文献、城址与墓葬的综合考察 ………………… 刘萃峰（128）
"缀点成线"让区域博物馆"活起来"
　　——以张家港博物馆"考古里的长江文明"展为例 ……… 钮茜（146）

徽学研究

从民间文献看传统时代深渡的商业与社会 ………………… 王振忠（159）

目 录

从徽商字号到徽商品牌
　——以"胡开文"为例 …………………… 栗幻影　朱小阳（178）

专题研究

唐代宫廷赋税类粮食供给研究 ………………………… 崔靖娟（205）
元代真定安氏家族及其社会网络变迁 …………………… 王翠柏（217）
《明宣宗实录》对朱瞻基形象的多元化建构 …………… 李俊颖（238）
明代商籍演变过程探析 …………………………………… 马志超（253）
决策、运行、书写与清代盛京地区城垣修缮
　——以乾隆四十年代为中心 ……………… 王　月　张振国（264）

特色史料

晚清黟县徽商同和、兆成商号盘单背景简介及识读 …… 孙　丽（283）

征稿启事 ……………………………………………………………（340）

铸牢中华民族共同体意识

概念解读下重思封贡体系*

沈一民

摘　要：自费正清系统提出 Tributary System 的理论框架后，它就成为分析古代中国与周边部族、国家之间的国际关系的重要范式。然而随着后续研究的深入，包括理论名称等在内的诸多层面，学者之间，尤其是国内学界，产生了巨大分歧。在分析 Tribute、System 的不同内涵的基础上，封贡体系是对译 Tributary System 最有效的一个词汇。封贡体系的定义是指以中原王朝为中心的包括古代中国和众多朝贡国在内的，以"册封回赐—称臣纳贡"为表征的双向活动进行联结的地区性国际体系。

关键词：Tributary System；封贡体系；朝贡制度；费正清

前　言

从费正清进行系统阐释开始，在国内外学者的共同努力下，Tributary System（或 Tribute System）成为国际上有效解释古代东亚世界秩序的经典范式。[1] 经过几十年的学界讨论，封贡体系的理论框架和内涵不断地得到完善和丰满，成为可以与西方条约体系分庭抗礼的国际关系范式之一，其有效解释古代中国与周边部族、国家之间的国际关系的地位无可动摇。王贞平评述道："总体而言，当代学者虽然对费正清的'朝贡体制论'提出了种种质疑，但未能以新的理论架构取而代之，以致有人感叹道：'朝贡体制论'在学界似乎已取得了'永恒不朽'的地位。"[2] 张锋也有相同的认知。"朝贡体系是古代东亚国际政治研究领

---

* 本文为国家社科基金重点项目"东北古代渔猎部族的航海传统研究"（项目编号：22AZS004）成果。
[1] 国内外研究回顾，可参见权赫秀《中国古代朝贡关系研究评述》（《中国边疆史地研究》2005年第3期）、黄纯艳《中国古代朝贡体系研究的回顾与前瞻》（《中国史研究动态》2013年第1期）以及郭嘉辉《近代"朝贡制度"概念的形成——兼论费正清"朝贡制度论"的局限》[《中山大学学报》（社会科学版）2021年第1期]的相关述评。
[2] 王贞平：《唐代宾礼研究：亚洲视域中的外交信息传递》，中西书局2017年版，第188页。

· 3 ·

域的经典范式，至今还未从理论或史实上受到根本性的挑战。"①

以费正清的思考为起点，国内外学者对以古代中国为中心的国际秩序进行了持续而深入的思考。有学者提出否定的观点。②庄国土明确指出："西洋人所谓的'东亚世界体系'，是中国一厢情愿的主观推导，并非得到外国实际认可并有效运作的客观存在。所谓的'朝贡—册封关系'，不是具有约束力的政治关系。"③"所谓以中国为中心的东亚朝贡体系，很大程度上是根据一厢情愿的中国文献演绎出来的传统东亚国际关系体系。"④黄纯艳指出其论述的缺陷。"不能以东南亚一个地区的情况否定多层次、多形态的朝贡体系的整体存在，同时还需看到那些局部的看似虚幻和有益营造的朝贡关系对于维持朝贡体系整体存在和国内政治需要具有的重要意义。"⑤更多的学者则选择从历史学、政治学等不同学科出发，提出自己的理论思考和理论架构，弥补、修正费正清思考中的不足之处。李宝俊、刘波进行过统计，"据笔者统计，海内外相关提法不下20种"⑥。李云泉对这些理论思考和理论架构进行了一个初步的分类。"当今学界所用概念，有侧重文化意义的'华夷秩序'、'天朝礼治体系'、'中国的世界秩序'；有注重政治意义的'册封体制'；有体现双向互动的'封贡体制（体系）'、'朝贡体制（制度）'、'朝贡体系'等。"⑦

总体来看，尽管学界的相关论述呈现出百家争鸣之态，但究其实质，这些论述基本上并未脱离费正清的理论思考。尤其是名称上，国内诸如册封体系、封贡体系、朝贡体系、朝贡制度等，对译的英文词汇都是 Tributary System。一方面，这种简单地对译无疑掩盖了国内学者对 Tributary System 的深入思考。另一方面，概念的纷繁，也影响到学界的深入思考。张锋总结道："当前著作中'朝贡体系'、'册封体系'、'封贡体系'、'朝贡体制'、'朝贡制度'等指谓名目繁多，到底该用哪种称谓，如何进行定义，在概念上就甚为混乱。"⑧ 因此本

---

① 张锋：《解构朝贡体系》，《国际政治科学》2010年第2期。
② 庄国土：《略论朝贡制度的虚幻：以古代中国与东南亚的朝贡关系为例》，《南洋问题研究》2005年第3期；《论郑和下西洋对中国海外开拓事业的破坏——兼论朝贡制度的虚假性》，《厦门大学学报》（哲学社会科学版）2005年第3期。
③ 庄国土：《略论朝贡制度的虚幻：以古代中国与东南亚的朝贡关系为例》，《南洋问题研究》2005年第3期。
④ 庄国土：《略论朝贡制度的虚幻：以古代中国与东南亚的朝贡关系为例》，《南洋问题研究》2005年第3期。
⑤ 黄纯艳：《中国古代朝贡体系研究的回顾与前瞻》，《中国史研究动态》2013年第1期。
⑥ 李宝俊、刘波：《"朝贡—册封"秩序论析》，《外交评论》（外交学院学报）2011年第2期。
⑦ 李云泉：《话语、视角与方法：近年来明清朝贡体制研究的几个问题》，《中国边疆史地研究》2014年第2期。
⑧ 张锋：《解构朝贡体系》，《国际政治科学》2010年第2期。

文在总结学界的研究之上，对不同概念的内涵进行解读，希冀给出一个能够被学界广为接受的整体概念。

一 费正清对 Tributary System 的解读

《论清朝的朝贡制度》首先从四个方面对朝贡制度进行界定。"（1）朝贡制度是中国早期先进文化自然发展的结果。（2）在中国统治者看来，朝贡制度具有自我防御的政治目的。（3）在实践中，朝贡制度拥有着基本而重要的商业基础。（4）朝贡制度是中国处理国际关系和外交事务的媒介。"[①] 以此为基础，费正清给出了 Tributary System 的定位。Tributary System 是"非中华地区的蛮夷之地在无所不包的中华政治与道德系统中获取一席之地的机制"[②]。其次，依据《万历会典》《大清会典》等官方文献，费正清对晚明至清代朝贡国遣使来华的周期及变化进行了分析，借助表格进行量化研究；对清代理藩院等涉及 Tributary System 的中央机构设置加以梳理；对宾礼制度等做了较为详实的分析。最后，费正清还论述了 Tributary System 之下清代与欧洲各国的关系。指出 Tributary System 在处理清朝与北部、西北地区各部族及国家的关系时起到了作用；但当欧洲各国从海路而来，寻求贸易时，由陆地生发出来的 Tributary System 便无法有效地应对。

此后，费正清又撰写了《朝贡贸易与中西关系》（1942）、《中国沿海的贸易与外交：1842—1854 年通商口岸的开埠》（1953）、《一种初步的构想》（1968）[③] 等一系列文章、论著，继续完善自己的理论思考。《一种初步的构想》可谓是费正清对 Tributary System 的总结性论述。在这篇文章中，费正清以 Tributary System 为出发点，"以中国为中心的、等级制的中国外交关系"[④] 为依托，提出了"中国的世界秩序"。

在费正清的思考中，皇帝乃是中国得以紧密团结的核心。"人民效忠和敬畏

---

① J. K. Fairbank and S. Y. Teng, "On the Ch'ing Tributary System", *Harvard Journal of Asiatic Studies*, Vol. 6, No. 2, 1941, p. 137.

② J. K. Fairbank and S. Y. Teng, "On the Ch'ing Tributary System", *Harvard Journal of Asiatic Studies*, Vol. 6, No. 2, 1941, p. 139.

③ J. K. Fairbank, "Tributary Trade and China's Relations with the West", *The Far Eastern Quarterly*, Vol. 1, No. 2, 1942, pp. 129 – 149; J. K. Fairbank, *Trade and Diplomacy on the China Coast: The Opening of the Treaty Ports, 1842 – 1854*, Cambridge, Mass: Harvard University Press, 1953; J. K. Fairbank, "A preliminary Framework", in J. K. Fairbank, ed. *The Chinese World Order: Traditional China's Foreign Relations*, Cambridge, Mass: Harvard University Press, 1968.

④ ［美］费正清：《一种初步的构想》，［美］费正清编《中国的世界秩序：传统中国的对外关系》，杜继东译，中国社会科学出版社 2010 年版，第 2 页。

的具体对象是天子，而不是'国家'、'民族'、'人民'等任何非人格化的抽象概念。"① 由皇帝为中心而构建起的国家秩序，等级化是其最为凸显的特征之一。"中国的外交关系也像中国社会一样，是等级制的和不平等的。"② 中国的对外关系乃是中国国内秩序的外延，"帝国政府的对外关系只不过是中国内政的外延，因此每一个同中国接触的国家，都在中国的世界秩序中占有一席之地"③。"简言之，把外国的统治者纳入尊卑等级以及按礼仪这样做仅仅是中国统治者企图在国内保持的儒家社会制度在外部世界的延伸。"④ 由此，中国的对外关系也具有等级化的显著特征。从"中国中心主义"出发，以中国为中心而确立的国际秩序呈现出同心圆结构。"以中国为中心的、等级制的中国外交关系，所包括的其他民族和国家，可以分为三个大圈：第一个是汉字圈，由几个最邻近而文化相同的属国组成，即朝鲜、越南（它们的一部分在古代曾受中华帝国的统治），还有琉球群岛，日本在某些短暂时期也属于此圈。第二个是内亚圈，由亚洲内陆游牧或半游牧民族等属国和从属部落构成，它们不仅在种族和文化上异于中国，而且处于中国文化区以外或边缘，有时甚至进逼长城。第三个是外圈，一般由关山阻绝、远隔重洋的'外夷'组成，包括在贸易时应该进贡的国家和地区，如日本、东南亚和南亚其他国家，以及欧洲。"⑤ 之后的讨论，许建英进行了很好地凝练。"在勾勒出古代中国中心主义的基本框架后，费正清从15个方面描述了中国世界秩序的起源和历史发展。……概括地讲，他论及了'中国世界秩序'产生的客观环境、政治背景、天下观、万能的天子、儒教文化、礼治体制、行政体制、朝贡制度及其作用、朝贡贸易、夷夏关系、藩属制度等。其论证广泛而全面，几乎涉及到古代中国政治、制度、文化、经济和民族等各个方面。"⑥

---

① ［美］费正清：《一种初步的构想》，［美］费正清编《中国的世界秩序：传统中国的对外关系》，杜继东译，第6页。
② ［美］费正清：《一种初步的构想》，［美］费正清编《中国的世界秩序：传统中国的对外关系》，杜继东译，第2页。
③ ［美］费正清：《一种初步的构想》，［美］费正清编《中国的世界秩序：传统中国的对外关系》，杜继东译，第10页。
④ ［美］费正清、［美］赖肖尔：《中国：传统与变革》，陈仲丹等译，江苏人民出版社1992年版，第196页。
⑤ ［美］费正清：《一种初步的构想》，［美］费正清编《中国的世界秩序：传统中国的对外关系》，杜继东译，第2页。
⑥ 许建英：《"中国世界秩序"观之影响及其与中国古代边疆研究——费正清〈中国世界秩序：中国传统的对外关系〉读后》，《中国边疆史地研究》2006年第1期。

二 后续学者对 Tributary System 的思考

Tributary System 一经费正清提出,引起了学界的强烈反响,国内外学者在批评、反思费正清理论思考的基础上,提出了自己的理论框架,试图弥补、修正费正清理论思考中的缺失与不足。

在众多的提法与论述中,具有较大影响力的理论框架有以下几种:20世纪70年代,《日本外交史》提出了"华夷秩序"。[①] 信夫清三郎指出:"中国具有与'西洋国家体系'不同的独自的国际秩序原理,即所谓'华夷秩序'。"[②]《日本外交史》进一步申说道:"其总的关系就是以'中华帝国'为中心,周围夷狄各国接受册封(授与外交文书,承认其地位),后者向前者朝贡,前者羁縻(牵制)后者。这种关系,在渊源上是汉帝国内部皇帝与诸侯的上下关系在汉皇帝同夷狄君主之间的关系上的投影,而且来自结合儒教王道思想而设想出来的独特的国际秩序观念。因此,它虽然是若干国家的联合体制,但其中各国相互之间并不发生直接关系,而是完全由对'中华帝国'的直接关系规定的一元化上下秩序构成的。因此,这种国际秩序本身并不能由周围各民族国家相互之间的对立和斗争来扩大,秩序的扩大和缩小,完全取决于'中华帝国'皇帝'德化'力量的大小。"[③] 何芳川主要是从源流和内涵两方面对"华夷秩序"进行说明。源流上,将"华夷秩序"产生的时间上溯至汉代,内涵上,在强调中原王朝的主导原则基础上,对儒家学说、朝贡制度和礼仪的重要性加以强调,并指出:"和平、友好、积极,是'华夷'秩序的主流。"[④]

日本学者西嶋定生提出了"册封体制"[⑤]。西嶋定生认为:"东亚世界"是以中国文明的发生及发展为基轴而形成的。随着中国文明的发散,其影响进而到达周边民族,形成以中国文明为中心的文化圈。构成这个历史文化圈的要素可归纳为汉字、儒教、律令制、佛教四项。"藤间生大、鬼头清明、菊池英夫等人在批判西岛定生以中国为中心的册封体制论的同时,进一步提出了'东亚世界论',其共同点就在于不仅重视册封等官方的政治关系,同时也强调贸易等非

[①] [日]信夫清三郎编:《日本外交史》,天津社会科学院日本问题研究所译,商务印书馆1980年版;何芳川《"华夷秩序"论》[《北京大学学报》(哲学社会科学版)1998年第6期]与之相应和。

[②] [日]信夫清三郎编:《日本外交史》上册《序论》,天津社会科学院日本问题研究所译,第3页。

[③] [日]信夫清三郎编:《日本外交史》上册《序论》,天津社会科学院日本问题研究所译,第12—13页。

[④] 何芳川:《"华夷秩序"论》,《北京大学学报》(哲学社会科学版)1998年第6期。

[⑤] [日]西嶋定生:《中国古代国家とアジア世界》,东京:东京大学出版会1983年版;《西嶋定生东アジア史论集》第三卷《東アジア世界と册封体制》,东京:岩波书店2002年版,第52—55页。

官方的经济文化关系。"①

香港学者黄枝连提出了"天朝礼治体系"②。"在十九世纪以前,即西方文化、西方国家、西方殖民帝国主义兴起之前,这里有一个突出的区域秩序,是以中国封建王朝(所谓'天朝')为中心而以礼仪、礼义、礼治及礼治主义为其运作形式;对中国和它的周边国家(地区)之间、周边国家之间的双边和多边关系,起着维系与稳定的作用,故称之为'天朝礼治体系'。"③ 黄枝连主要研究了明清时期中国与朝鲜之间的关系,将富有浓厚道德伦理色彩的"礼"作为理解东亚国际关系的关键词,强调"礼"从国内统治向外交政策的延伸。黄枝连的研究无疑是另辟蹊径的,夫马进对之进行高度评价,但也指出其研究所存在的问题。"令人感到遗憾的是,他的研究仅仅局限于对'礼的言说'进行说明,而且他所提示的'礼的言说'仅仅局限于礼的普及和推行问题,基本上没有涉及礼未被遵守,即在诸外国不遵守中国制定的礼的情况下,'礼的言说'究竟是如何具体表现的。因此,我们认为,黄枝连仅仅研究了'礼的言说'的一个侧面。"④

日本学者滨下武志提出了"朝贡贸易体系"⑤。突出的特点是强调贸易的重要性。指出:"朝贡的根本特征,在于它是以商业贸易行为进行的活动,也就是说,因朝贡关系而使得以朝贡贸易关系为基础的贸易网络得以形成。"⑥ 以朝贡贸易为基础,一个特殊的国际体系渐趋形成。"以中国为核心的与亚洲全境密切联系存在的朝贡关系即朝贡贸易关系,是亚洲而且只有亚洲才具有的唯一的历史体系,必须从这一视角出发,在反复思考中才能够推导出亚洲史的内在联系。"⑦ 在随后的研究中,滨下武志以"东亚经济圈"的概念涵盖"朝贡贸易体系",强调东亚内部存在着经济层面上的紧密联系。指出:"朝贡贸易体

---

① 权赫秀:《中国古代朝贡关系研究评述》,《中国边疆史地研究》2005 年第 3 期。
② 黄枝连:《天朝礼治体系研究》上卷《亚洲的华夏秩序:中国与亚洲国家关系形态论》,中国人民大学出版社 1992 年版;《天朝礼治体系研究》中卷《东亚的礼义世界:中国封建王朝与朝鲜半岛关系形态论》,中国人民大学出版社 1994 年版;《天朝礼治体系研究》下卷《朝鲜的儒化情境构造:朝鲜王朝与满清王朝的关系形态论》,中国人民大学出版社 1995 年版。
③ 黄枝连:《天朝礼治体系研究》上卷《亚洲的华夏秩序:中国与亚洲国家关系形态论》,序言第 2 页。
④ [日]夫马进:《朝鲜燕行使与朝鲜通信使:使节视野中的中国·日本》,伍跃译,上海古籍出版社 2010 年版,第 48 页。
⑤ [日]滨下武志:《近代中国的国际契机——朝贡贸易体系与近代亚洲经济圈》,朱荫贵、欧阳菲译,中国社会科学出版社 1999 年版。
⑥ [日]滨下武志:《近代中国的国际契机——朝贡贸易体系与近代亚洲经济圈》,朱荫贵、欧阳菲译,第 38 页。
⑦ [日]滨下武志:《近代中国的国际契机——朝贡贸易体系与近代亚洲经济圈》,朱荫贵、欧阳菲译,第 30 页。

系"促成了以中国为中心的"东亚经济圈"的形成。①

日本学者上田信提出了"朝贡体制"②。《海与帝国》载:"朝贡体制不是其他政权附属于中华政权,而是为了使各种外交交涉能够顺利进行,所有政权共享以中国皇帝为基点秩序的制度。是前近代时期亚洲制造的国际体制。"③ 在《东欧亚海域史列传》中,上田信也有清晰的阐释。"朝贡体制,是基于儒教思想中礼的理念,以建立国际关系秩序的册封为基础而实行的与异国的交易和遭难者移送等的制度。"④ 上田信更倾向于从东亚各国的诸如漂流民等民间事件角度讨论"朝贡体制"的运作。

国内学者也提出了"封贡体系"⑤、"天下体系"⑥、"天下秩序"⑦、"宗藩关系"⑧、"藩属体制"⑨ 等概念。陈伟芳早在1986年就指出"宗藩""藩属"概念的不适用。"中国并不具有殖民体系下的'宗主权'(Suzerainty)。而所谓'藩属',实际上是独立主权国家。也与西方的Vassal state不同。"⑩ 陈尚胜也有相近的表述。指出:中国传统文献中并没有"宗主国"这一概念,"人们常把近代西方国家与其殖民地国家的关系称为'宗藩关系'",从名称和性质双重角度考量,"宗藩关系"的表述并不合适。"藩属体制","也只是点名了中国封建王朝对于周边秩序状态的追求,却未表达出东亚地区传统秩序的关系结构",因此也不适宜。⑪

大体上讲,学者们基本上达成了五项共识。一是历代中原王朝都会制定一

---

① [日]滨下武志:《中国、东亚与全球经济:区域和历史的视角》,王玉茹等译,社会科学文献出版社2009年版。
② [日]上田信:《东欧亚海域史列传》,寇淑婷译,厦门大学出版社2018年版。
③ [日]上田信:《海与帝国:明清时代》,高莹莹译,广西师范大学出版社2014年版,第98页。
④ [日]上田信:《东欧亚海域史列传》,寇淑婷译,第36页。
⑤ 陈伟芳:《甲午战前朝鲜的国际矛盾与清政府的失策》,戚其章主编《甲午战争九十周年纪念论文集》,齐鲁书社1986年版,第24—50页。
⑥ 赵汀阳:《天下体系:世界制度哲学导论》,江苏教育出版社2005年版;王小红、何新华:《天下体系:一种建构世界秩序的中国经验》,光明日报出版社2014年版。
⑦ 高明士:《天下秩序与文化圈的探索:以东亚古代的政治与教育为中心》,上海古籍出版社2008年版。
⑧ 张存武:《清韩宗藩贸易:1637~1894》,台北:"中研院"近代史研究所1978年版;孙宏年:《清代中越宗藩关系研究》,黑龙江教育出版社2006年版;柳岳武:《传统与变迁:康雍乾之清廷与藩部属国关系研究》,巴蜀书社2009年版;陈金生:《试论质子在加强宗藩关系中的作用》,《甘肃联合大学学报》(社会科学版)2010年第6期。
⑨ 李大龙:《汉唐藩属体制研究》,中国社会科学出版社2006年版;刘志扬、李大龙:《"藩属"与"宗藩"辨析——中国古代疆域形成理论研究之四》,《中国边疆史地研究》2006年第3期;李大龙:《关于藩属体制的几个理论问题——对中国古代疆域理论发展的理论阐释》,《学习与探索》2007年第4期;黄松筠:《中国古代藩属制度研究》,吉林人民出版社2008年版。
⑩ 陈伟芳:《甲午战前朝鲜的国际矛盾与清政府的失策》,戚其章主编《甲午战争九十周年纪念论文集》,第31页。
⑪ 陈尚胜:《朝贡制度与东亚地区传统国际秩序——以16—19世纪的明清王朝为中心》,《中国边疆史地研究》2015年第2期。

系列有关朝贡、册封等活动的礼仪与制度，不同时代的制度之间有着明显的承继关系；周边部族、国家遵守朝贡制度前来朝贡，乃是基于自身利益的考量，周边部族、国家能够通过朝贡获得政治、经济等方面的好处。二是朝贡制度得以长期践行，乃是植根于儒家思想，尤其是天下观、王霸观、华夷观和义利观①等儒家思想有着重要的影响。但是也不应忽视中原王朝基于自身安全的需要而推动朝贡制度的施行，理想、现状、实力、利益、环境等因素都会左右中原王朝的决策和朝贡制度的施行。因此，"不可能存在一个能够贯穿中国历史而一成不变的朝贡体系"②。三是朝贡制度在处理中国与周边部族、国家的关系时，逐渐形成了具有自身特色的国际秩序，和平是常态。"在这个秩序中，东亚地区的绝大多数国家尽管都不同程度地拥有过发动大规模战争的军事和科研能力，却仍然能够在相当长的一段时间内保持和平相处。"③ 四是形成的国际秩序，在空间上呈现出了一定的结构。"都认为朝贡体系构成形态是以中国皇帝为中心的同心圆结构，根据与中国中央的政治关系划分为多个层次。"④ 五是尽管朝贡制度有效地将中国与周边部族、国家联系在了一起，但是中国与周边部族、国家之间的联系并非一个朝贡制度所能概括。政治层面上，战争、和亲、质子制度等都是中原王朝在对外交往中施行的手段和策略。它们都无法被朝贡制度包纳其中，在处理国际关系时，与朝贡制度并行使用。经济层面上，互市贸易、市舶贸易等虽然是官方管控下的商贸活动，但是其中蕴含着更多的商品经济因素是朝贡贸易所无法比拟的，因此它们也非朝贡贸易所能概括。

三 Tributary System 的中文对译

在国内学者的诸多提法中，朝贡制度（或体制、体系）、册封体系（或体制）、封贡体系等实际上都是对 Tributary System 的对译。每一种提法实际上都蕴含着学者的思考，但译法过于混乱，也势必导致概念不明，指向不清，因此有必要进行学理层面的阐析。

费正清选择朝贡制度对译 Tributary System，以 Tribute 对应中国传统史书中的"朝贡"，背后无疑受到西方语境的潜在支配。万明分析了 Tribute 在西方语境中的含义。"从语源上说，源自中古英语 tribut；源自法语 tribut；源自拉丁语

---

① 参见陈尚胜《试论中国传统对外关系的基本理念》，《孔子研究》2010 年第 5 期。
② 张锋：《解构朝贡体系》，《国际政治科学》2010 年第 2 期。
③ ［美］康灿雄：《西方之前的东亚：朝贡贸易五百年》，陈昌煦译，社会科学文献出版社 2016 年版，第 2 页。
④ 黄纯艳：《中国古代朝贡体系研究的回顾与前瞻》，《中国史研究动态》2013 年第 1 期。

tribum，来自 tribuere 的中性过去分词，意思是交纳，分发；源自 tribus，即部落。此词在西方有着'贡品，礼物，颂词，殷勤，贡物'的意思，作为贡品或贡金，是由某统治者或国家向另一个统治者或国家支付的钱或其他珍贵物品，作为对臣服的承认或作为求得保护与安全的代价，这就是进贡的义务。"① 伯希茨的分析更为全面。"拉丁文中的 tributum 及其在西欧各国语言中的派生词（法语 tribut，意大利语和西班牙语中的 tributo，德语 tribut 等）以及俄语中的 ланв，指的都是被征服者为免遭劫掠而付出的一次性赎贡，以及由赎贡导致的强加在被征服者身上的固定征贡，而后最终形成为一种强加于所有臣服人口的税。"面对 Tribute 的多层含义，伯希茨将之区分为两层含义，第一层含义是"征贡"（contribution），即"固定税"；第二层含义是"赋"（tax），即"一种不是从征服者自身的共同体，而是从被征服了但又或多或少保持着自主权的敌对共同体（部落、城市或国家）征集来的税"②。从西方语境出发，Tribute 的潜在前提都是武力威胁，乃至于军事攻击。正是军事压力的存在，才使得 Tribute 成为被征服者被迫接受的规则。而反观中国的朝贡制度，大多数周边部族、国家前来中原王朝进行朝贡具有自愿倾向，和平相处乃是朝贡制度的主旋律，因此以"朝贡"对译 Tribute 并不适合。

当 Tributary System 回归汉语语境时，最开始尚能统一地以朝贡制度进行对译，但是随着学界对朝贡制度理解的加深，尤其是试图概括东亚国际关系时，"朝贡"一词的局限性逐渐暴露出来。"朝贡"一词无法全景式地展现中国与周边部族、国家之间的关系，也无法囊括周边部族、国家之间的关系。因此，学者开始选取其他词汇进行替代，以期更为准确地把握这一国际关系的核心和实质，这就导致了不同词汇在学术界同时使用的乱象。

汤大华翻译伯希茨的文章时，以"贡奉"③ 一词进行对译。西嶋定生选取"册封"④ 一词。胡绍华在对土司制度进行梳理时，则以"贡赐"⑤ 名之。陈康令也选取了"贡赐"一词。⑥ 李云泉开始以"贡封"⑦ 进行对译；在之后的修订本中，李云泉转而选取"封贡"进行对译，并给出了解释。"从严格意义上说，朝贡制度建立于双向交往、沟通之基础上，包括朝贡一方的'称臣纳贡'和宗主一方的'册封赏赐'双重内容，故称'朝贡—封赏制度'或'封贡制

---

① 万明：《中国融入世界的步履：明与清前期海外政策比较研究》，故宫出版社 2014 年版，第 497 页。
② [美] A·I·伯希茨：《民族间的贡奉关系》，汤大华译，《民族译丛》1990 年第 4 期。
③ [美] A·I·伯希茨：《民族间的贡奉关系》，汤大华译，《民族译丛》1990 年第 4 期。
④ [日] 西嶋定生：《中国古代国家と东アジア世界》；《西嶋定生东アジア史论集》第三卷《东アジア世界と册封体制》，第 52—55 页。
⑤ 胡绍华：《中国南方民族史研究》，民族出版社 2004 年版。
⑥ 陈康令：《礼和天下：传统东亚秩序的长稳定》，复旦大学出版社 2017 年版，第 158—164 页。
⑦ 李云泉：《朝贡制度史论——中国古代对外关系体制研究》，新华出版社 2004 年版。

度'更为贴切。但鉴于中外学者长期沿用朝贡制度这一概念，本书仍从成说。"①

在这些对译的词汇中，"朝贡"只是强调周边部族、国家向中国"称臣纳贡"，未能清晰地呈现出中国的反应。诸多学者都已指出这一缺陷。陈志刚指出："朝贡体系的提法偏重于朝贡一方对中国的政治从属关系和外交弱势地位。"② 陈尚胜指出："只是点明了周邻国家对中国封建王朝的单向性活动，未能表达出中国与周邻国家之间的主要政治关系。"③ 万明指出："出现的问题是主体的严重缺失。"④ "贡奉"一词也有着同样的问题。"册封"则只强调了中国对前来朝贡的周边部族、国家"册封赏赐"，并未涉及周边部族、国家的行动。"册封体系的提法偏重于中国在该体系中的主导地位。"⑤ 因此，与"朝贡""贡奉"一样，"册封"也只是对单向性活动的概括和意指，无法有效地体现关系的双向性，都是不合适的对译词汇。"封贡""贡封""贡赐"等词汇，虽然都体现了关系的双向性，但是"贡封""贡赐"首先强调的是周边部族、国家"称臣纳贡"，未能体现出双向关系中中国的主导性地位，因此也并不十分准确。从关系的双向性的层面考量，从中原王朝与周边部族、国家双方互联、互通、互动的角度来讲，"封贡"无疑是众多词汇中最为合适的一个。

至于"体制""秩序""制度""体系"四个词汇中，哪一个更为合适，更能有效地对译 Tributary System 中的 System，笔者认为"体系"更为有效。

"体制"一词在政治学领域中是指有关组织形式的制度，主要运用于国家机构的表述中。上田信指出："将人为建构的制度称为体制，而将自然生成的制度称为体系。"⑥ 陈尚胜指出："'体制'则是指制度的组织体系"，从而认为"体制"的表述优于"制度"。⑦ 李云泉对"朝贡体制"的解释则着重于对体制的分析。"朝贡体制主要指规范朝贡关系的制度性构建。"⑧ 结合三位学者的分

---

① 李云泉：《万邦来朝：朝贡制度史论》，新华出版社 2014 年版，绪论第 1 页。
② 陈志刚：《关于封贡体系研究的几个理论问题》，《清华大学学报》（哲学社会科学版）2010 年第 6 期。
③ 陈尚胜：《朝贡制度与东亚地区传统国际秩序——以 16—19 世纪的明清王朝为中心》，《中国边疆史地研究》2015 年第 2 期。
④ 万明：《中国融入世界的步履：明与清前期海外政策比较研究》，第 497 页。
⑤ 陈志刚：《关于封贡体系研究的几个理论问题》，《清华大学学报》（哲学社会科学版）2010 年第 6 期。
⑥ ［日］上田信：《东欧亚海域史列传》，寇淑婷译。
⑦ 陈尚胜：《中国传统对外关系研究刍议》，陈尚胜主编《中国传统对外关系的思想、制度与政策》，山东大学出版社 2007 年版，第 13 页。
⑧ 李云泉：《话语、视角与方法：近年来明清朝贡体制研究的几个问题》，《中国边疆史地研究》2014 年第 2 期。

析，他们都是从制度构建的角度强调"体制"一词的适用性。但是"体制"一词的缺点也是突出的。首先，"体制"一词对双向性的强调有限。它是以凸显中原王朝所制定的各项制度、仪式在国际关系中的重要性为前提，虽然能够有效地呈现出中原王朝主导下的各项制度、仪式在规范国际关系中所起到的重要作用，但也弱化了双向性，忽略了朝贡国在制度构建中所起的作用。其次，"体制"一词过分强调了稳定性、静态性。在强调制度、仪式的制定的同时，也即意味着强调以制度保障为基础的长期而稳定地运作，对制度、仪式的实际运作却无法有效地加以概括。这便意味着对于国际关系中的变动和革新难以充分展现。最后，"体制"一词的出发点乃是默认外交是内政的外延，中国中心主义（张锋将之译为"华夏中心主义"①）色彩过重。中国中心主义恰是学者最猛烈抨击的部分。"华夏中心主义的第一个问题是其有用性在不同历史时期不尽相同。""华夏中心主义假定的第二个缺陷是其片面性或不完全性。""最后，华夏中心主义从根本上讲是一种文化上的假定。"② 因此，笔者并不认可"体制"一词的适用性。

"秩序指的是与——但不限于——国家的基本法律联系在一起的制度结构、宪政结构以及道德假定。"③ 按照博比特的说法，"秩序"一词所能涵盖的范畴远大于"体制"一词。李宝俊、刘波则分析了"秩序"与"体系"的不同，指出："国内外学者有关古代东亚格局的研究大体可归为两类：一类为'秩序'说，强调中国对东亚的责任；一类为'体系'说，突出中国的强盛所构建的'中华文化圈'。"并进一步对"秩序"进行申说。"'秩序'则意味着一种相对稳定的体系态势，以及为区域内各国普遍接受的国家间关系准则和行为规范。贡物、回赐、册封，形成一整套制度与规范。"④ 尽管李宝俊、刘波认为"秩序"的表述优于"体系"，但笔者认为"秩序"一词至少存在两方面的缺陷：一是与"体制"一词一样，中国中心主义色彩过重。二是过于强调稳定性，也就使得"秩序"所描述的图景趋向于静态化，无法呈现出国际关系中的动态变化。

在社会学领域中，"制度"泛指以规则或运作模式来规范个体行动的一种社会结构。在政治学领域中，"所谓制度，是指正式或非正式地组织起来的一般行为模式或行为范畴，也可以说成某种特殊的人为安排"⑤。落实到封贡体系

---

① 张锋：《解构朝贡体系》，《国际政治科学》2010 年第 2 期。
② 张锋：《解构朝贡体系》，《国际政治科学》2010 年第 2 期。
③ [美] 菲利普·博比特：《朝服：马基雅维利与他所创造的世界》，杨立峰译，商务印书馆 2017 年版，第 25 页。
④ 李宝俊、刘波：《"朝贡—册封"秩序论析》，《外交评论》（外交学院学报）2011 年第 2 期。
⑤ 伍庆玲：《朝贡贸易制度论》，《南洋问题研究》2002 年第 4 期。

中，学者进一步将之具体化。陈志刚指出：封贡体制"指的是封者与诸贡者之间进行交往的各项具体的制度、政策与职官的设置、沿革等一系列具有管理、规范、服务、监督、保障诸功能的外交行政典制的总和"[①]。李途、谭树林认为："封贡制度指的是一系列规范朝贡、册封活动的礼仪与制度的总称，表现在对贡期、贡道、贡物、人员规模、礼仪程序、组织及管理机构等的规定上，内容上包括藩部属国向中原王朝的朝觐纳贡和中原王朝对藩部属国的册封赏赐。"[②] 两相比较，二者皆指出制度乃是一系列政治上规定的总和，具有外在规范性。相对而言，李途、谭树林的界定更为完整。针对中国的语境，除了规定外，还将礼仪添加其中。

"体系"泛指相同或相类似的事物按照一定的秩序和内部联系组合而成的整体。在政治学领域中，体系多数时候指的是国际体系，即在一定历史时期内，各种国际行为体按照一定的原则或规范相互联系，形成一定的互动机制，以此为基础构成的较为稳定的统一体。国际体系主要包括国际行为体、国际力量结构、国际互动规则和国际制度四部分。由此可见，"体系"更多的是表述一定历史时期内，一定空间框架中，由原则、规则、制度等一系列具有约束力的外在规范建构起的一种稳定的国际行为体之间的关系总和。"制度"只是"体系"中的一个层面。因为"体系"具有更强的包容性和广泛性，所以笔者认为"体系"较之其他词汇更为合适。

综合以上论述，"封贡体系"是各种词汇中最为合适的概念组合，最能够反映中国与周边部族、国家之间的关系的总和。

四 封贡体系的定义

至于封贡体系的具体定义，学术界并未达成共识。不同学者从历史学、政治学等学科背景出发，按照自身的学术意图给出了不同的定义。这里枚举四则定义加以考察。陈志刚的定义是：封贡体系"指的是封者与诸贡者之间的亲疏敌友等宏观战略层面的关系网络"[③]。张峰的定义是："东亚封贡体系主要是指古代中国与东亚（包括东南亚）国家之间的外交关系体系，它包括政治、经济、军事、文化和贸易等方面交流的制度和秩序，具有双边与双向内涵，即

[①] 陈志刚：《关于封贡体系研究的几个理论问题》，《清华大学学报》（哲学社会科学版）2010年第6期。
[②] 李途、谭树林：《封贡体系：一个传统国际秩序的终结》，《太平洋学报》2014年第5期。
[③] 陈志刚：《关于封贡体系研究的几个理论问题》，《清华大学学报》（哲学社会科学版）2010年第6期。

'册封—朝贡'关系。"① 李途、谭树林的定义是："封贡体系可以看作是一个以中国为中心的包括中国和众多朝贡国在内的地区性国际体系。"② 陈尚胜的定义是："一般来说，中国封建王朝在追求周邻国家来中国'朝贡'时，往往采取'册封'和'回赐'的方式予以回应。其中，'册封'是奠定双方关系的上下尊卑名分，而'回赐'则是上国对藩属国家王朝的经济奖赏。正是通过这种'册封'和'朝贡'双向活动的关联，中国封建王朝与周邻国家才结成了相互之间政治关系，从而达到他们所期待的周边地区国际关系秩序。因此，东亚地区传统国际秩序的主要结构，是中国封建王朝通过朝贡制度与周边邻国所形成的'册封—朝贡关系'体系，简称为'封贡体系'。"③

以上五位学者的四个定义，有几点值得借鉴。一是都明确了封贡体系中不同的国际行为体。不同之处在于：陈志刚、陈尚胜、李途、谭树林四位学者选择了历史词汇；张峰则选择了现有政治体进行界定。但是"东亚（包括东南亚）国家"未能包含历史时期中的所有朝贡国。二是国际力量结构方面，多数强调了以中国为中心的特质。三是国际互动规则方面，陈尚胜的概括更为全面。四是国际制度方面，都未能给予过多的评述。

以此为基础，笔者给出自己的定义。封贡体系是指以中原王朝为中心的包括古代中国和众多朝贡国在内的，以"册封回赐—称臣纳贡"为表征的双向活动进行联结的地区性国际体系。宾礼礼仪与仪式，册封、回赐、朝贡等具体的制度、规定，保障了朝贡体系有效地运作，实现了政治、经济、军事、文化和贸易等方面的交流。

（沈一民，兰州大学历史文化学院教授）

---

① 张峰：《国际体系与中外关系史研究》，中西书局2012年版，第70页。
② 李途、谭树林：《封贡体系：一个传统国际秩序的终结》，《太平洋学报》2014年第5期。
③ 陈尚胜：《朝贡制度与东亚地区传统国际秩序——以16—19世纪的明清王朝为中心》，《中国边疆史地研究》2015年第2期。

移民促进边疆开发与中华民族共同体的形成[*]
——以历史上内蒙古地区为视角

王绍东

摘　要：移民现象自古存在，并对中国疆域开拓、文化互动、民族互嵌等产生了巨大影响。内蒙古地区地处农牧交错带，地域辽阔，生业形式多样，人口密度低，是多民族繁衍生息的乐园，也是中国最重要的移民区之一。内蒙古地区的移民活动开始于石器时代，贯穿于历史全过程。内蒙古地区的移民形式多样，既有军事性移民，也有强制性移民，还有开发性移民。呈现出双向性、互恰共赢性、移民原因多样性等特点。内蒙古地区的移民活动促进了地区开发，加速了民族交融和中华民族共同体的形成，有利于中华文化交流、互补与升华。

关键词：内蒙古；移民；边疆开发；民族交融；中华民族共同体

在中国历史上，持续不断的人口流动促进了各地区的经济开发与民族交往，也促成了中华文化的多元性与包容性。内蒙古位于中国的正北方，地处农牧交错带、气候过渡带和环境脆弱带，面积达118.3万平方公里。内蒙古地区既有适宜牧业生产的高原、草原，也有适宜农业生产的平原，还有可以进行半农半牧经营的丘陵、山地。历史上内蒙古地区地域辽阔，人口密度低，生业形态多样，是北方各游牧民族繁衍生息的乐园，也是他们进入中原的跳板，还是中国历史上中原地区移民重要的迁入地，内蒙古地区的发展历史也是一部移民史。特殊的地理位置、气候环境、多民族构成，形成了内蒙古地区移民文化的独特内涵，从中也可以看出移民活动在边疆开发与中华民族共同体形成中发挥的重要作用。

一　移民活动历史悠久

内蒙古地方史的开端，可追溯到内蒙古境内原始人类的出现，而内蒙古地

---

[*] 本文为内蒙古大学中华民族共同体研究中心2022年开放性重点课题"长城文化与中华民族精神研究"（项目编号：NDZH202202）成果。

区的移民史则可以溯源至原始族群的形成及定居生活的开始。在不同的历史阶段，移民活动始终存在，并全面影响了内蒙古地区的文明形成、经济开发、民族交融，有利于中国北部边疆的开拓与巩固，促进了中华民族共同体的成长与壮大。

1. 先秦秦汉时期移民促进了文明发展与农牧互补

内蒙古的地理位置，使其在南北交流、东西往来中占据了得天独厚的优势。在早期文化发展中，既形成了自身特色，也与周边文化发生着密切的交融互动关系。

早在50多万年前，位于呼和浩特市南郊的大窑人就与邻近地带西南方的兰田—丁村人及东北方的北京人建立了密切的交往和联系。在鄂尔多斯萨拉乌苏遗址发现的"河套人"距今不晚于7万年。"萨拉乌苏遗址不仅年代相当于欧洲旧石器时代中期向晚期的过渡时期，而且石器的形状及其打制技术等亦与欧洲相同。这种发生在远古时代的东西方文化交流现象在东方亚洲的首次确认，宛如'一石激起千层浪'，引发了多少远古时期东西方人类文化碰撞的猜想和故事。"[1] 在锡林郭勒盟发现的金斯太遗址的石器制作技术，也反映了他们与蒙古、贝加尔、远东等周边地区同时期文化的互动关系。

在红山文化的发展过程中，一方面出色继承了本地区兴隆洼文化、富河文化和赵宝沟文化的优势因素，另一方面又大量吸收中原仰韶文化和东北地区诸多原始文化因素，发展成为中国东北地区最具影响力的一支史前考古学文化。源于华山脚下仰韶文化庙底沟类型以玫瑰花为标志，通过西南—东北通道与燕山北侧的红山文化碰撞，实现了花与龙的结合。这一系列新文化因素在距今五千年至四千年之间又沿汾河南下，与晋南地区的文化再次结合，形成了开启夏商周时代的陶寺文化。苏秉琦先生认为，红山文化与中原文化的交融，"使我们联想到今天称华人、龙的传人和中国人。中华民族传统光芒所披之广、延续之长，都可追溯到文明初现的五千年前后"[2]。

考古研究证明，在新石器时代，以内蒙古地区为代表的北方过渡地带的人骨资料，主要被划分为"古华北类型"和"古中原类型"两种。前者是这一地区的土著居民，后者是中原地区北上的农耕族群。他们相互融合交流，构成了春秋战国以前这一地区的文化风貌。进入青铜时代，"该地区的人种发生了较大变化，一种新的古代人种类型——'古蒙古高原类型'出现在内蒙古中南部地区"[3]。当时

---

[1] 杨泽蒙：《萨拉乌苏探秘——鄂尔多斯远古人类寻踪》，《鄂尔多斯日报》2015年8月12日。
[2] 苏秉琦：《中国文明起源新探》，生活·读书·新知三联书店2001年版，第127页。
[3] 张全超、朱泓：《先秦时期内蒙古中南部地区居民的迁徙与融合》，《中央民族大学学报》（哲学社会科学版）2010年第3期。

内蒙古地区有农牧兼营的"古华北类型"的土著人，有从中原地区移民而来的"古中原类型"的农耕人群，有从蒙古高原移民南下的"古蒙古高原类型"的游牧人群。在内蒙古地区历史的初始阶段，移民影响了这一地区的人群构成和生产方式。

春秋战国时期，随着铁器和牛耕的使用与普及，带来了土地开垦能力的增强、粮食产量的增加和人口的快速增长。随之而来的，是中原政权向北方地区的开拓与人口迁徙。赵武灵王胡服骑射，击败林胡、楼烦、白羊，在内蒙古西部及周边地区设置九原、云中、雁门、代郡。为了支持新开辟的地区发展农业，"邯郸命吏大夫奴迁于九原，又命将军大夫适子戍吏，皆貉服矣"[1]。一些官员、士兵被迁到内蒙古地区，特别是大量奴隶从内地迁到九原，从而摆脱了原来奴隶主的奴役而成为自耕农，增加了边地农业生产劳动力，传播并弘扬了中原地区的农耕文明。燕国击败东胡、秦国打败义渠，都在北方设置郡县，修筑长城，并向内蒙古地区大量移民，充实新设置的郡县。

秦汉是中国历史上的第一个封建的大一统时期，大规模的人口迁徙与流动，构成了这一时期内蒙古地区人口发展的重要特色。秦始皇派蒙恬收复河南地，在河套地区设置了四十四县，并"徙谪，实之初县"，后来又"适治狱吏不直者，筑长城及南越地"[2]，大量青壮年人口来到内蒙古地区。汉朝为了防御和打击匈奴，巩固边防，也大量向内蒙古地区移民实边。西汉前期，主要是以屯田为主的强制性移民，但随着内蒙古地区的开发和农业发展，元狩四年（前119），山东地区发生水灾，汉武帝把七十余万口"充朔方以南新秦中"[3]，说明河套地区作为转移灾民的目的地，已经具备了良好的经济基础和优越的开发条件。与此同时，也有大量的匈奴人进入汉朝边郡。如汉武帝元狩二年（前121），为安置附汉的匈奴浑邪王四万余众，在陇西、北地、上郡、朔方、云中设置五属国。进入内蒙古地区的匈奴人，为当地的牧业生产、文化交流做出了贡献。

人口的迁徙流动使北方草原地区与周边文化进行了密切的、频繁的互动，促进了内蒙古地区早期文化的发展与文明的生成，也促进了游牧文明与农耕文明的交错发展。

2. 魏晋至辽金元时期移民促进了牧耕统合与民族交融

魏晋南北朝时期，受气候干冷化变化及各种因素影响，各北方游牧民族纷

---

[1] （北魏）郦道元著，陈桥驿校证：《水经注校证》，中华书局2007年版，第77页。
[2] 《史记》卷6《秦始皇本纪》，中华书局1959年版，第253页。
[3] 《史记》卷30《平准书》，第1425页。

纷南下，在中原地区建立政权。前凉、后凉、西凉、北凉、后赵、前燕、后燕、后秦、大夏、北魏等政权，辖区有的主要在内蒙古地区，有的包含了内蒙古部分地区。各个民族及其所建立的政权在内蒙古地区进行争夺，加剧了这一地区的人口流动，使中原农耕文化与北方游牧文化得到了深度交融。北方及中原地区的动荡与战乱，也迫使人口大量南迁，推动了南方地区农业生产力的提高和人口的增加。

隋唐时期，在北方地区实行都护府制和羁縻府州等政策，对北方游牧人群进行管理。在汉族聚集区采取道、州、县制直接统治，前所未有地将几乎整个内蒙古地区纳入中央政权的管辖。唐代为了防御漠北游牧民族的南下，在河套地区驻兵屯垦，那里成为全国最重要的屯垦区。除了军人、百姓外，还有大量流人进入这一地区。唐朝的自由性、开放性、平等性和包容性都超越了以往，这无疑受农耕文化与游牧文化深度交融的影响。

辽政权的政治中心始终在内蒙古地区。耶律阿保机在建立辽朝的过程中，就大量接纳和俘虏中原地区的人口。例如，902年，契丹人攻下河东代北九郡，获生口九万五千，设置龙化州（今通辽市奈曼旗境内）居之。后周广顺二年（952），"契丹瀛、莫、幽州大水，流民入塞散居河北者数十万口，契丹州县亦不之禁，诏所在赈济存处之。中国民先为所掠，得归者十五六"[①]。大量汉族人口北入塞外及塞外人口进入关内，"这不仅改变了塞外草原的人口构成，还改变着塞外草原的经济结构，以及文化构成，是辽朝能够立足塞外草原立国达200年之久的原因之一"[②]。金朝建立后，采取大规模人口迁徙政策，将中原人口迁往内蒙古及东北以充实"金源"，将女真、契丹、奚人等从北方地区迁居黄河南北的中原地区进行屯田。人口的迁徙与流动，客观上造成了汉族、女真、契丹等各民族杂居的情况，有利于各民族的进一步交融。

蒙古汗国与元朝统治者在东征西讨的过程中，进行过多次大规模的移民，既包括大量内蒙古地区在内的北方各民族人口进入内地，统治管辖所占领地区，也包括大量中原汉人被强制迁徙到内蒙古等边疆地区，从事农业和手工业生产。"回回、西夏、蒙古等民族的内迁和汉族人民对边疆的迁移，促进了中原人民与边疆民族和境外民族的经济文化交流，增进了彼此的友谊和了解，有利于发展双方的经济文化事业。"[③]

魏晋南北朝时期的民族大迁徙与大交融，使内蒙古地区形成了多民族交错

---

① 《资治通鉴》卷291后周太祖广顺二年冬十月条，中华书局1956年版，第9484页。
② 曹永年主编：《内蒙古通史》（第2卷），内蒙古大学出版社2007年版，第81页。
③ 葛剑雄、曹树基、吴松弟：《简明中国移民史》，福建人民出版社1993年版，第329页。

杂居的局面，民族间通过深度融合，减少了彼此间的隔阂与差异。隋唐时期，人口的有序流动使内蒙古地区的民族交融进入了新层次，中华民族多元一体格局得到拓展。辽金元时期的移民活动使内蒙古地区的农耕民族与游牧民族转换到了圆融共存、统合一体的新时期。

3. 明清时期移民促进了地区开发与边疆巩固

明朝建立后，洪武年间在内蒙古地区先后设置了大宁卫（今赤峰市宁城县西）、开平卫（今锡林郭勒盟正蓝旗东）、东胜卫（今呼和浩特市托克托县）和兴和所（今河北省张北县），安置归降的蒙古民众。后来，随着这些卫所的内撤，大部分军人及家属也随之迁到了今北京、河北地区。明穆宗答应俺答汗的封贡请求，封其为顺义王。俺答汗积极在内蒙古地区发展农业，招募内地民众进入土默特平原，经营"板升"（村落）。至万历初，板升"南至边墙，北至青山，东至威宁海，西至黄河岸，南北四百里，东西千余里。一望平川，无山陂溪涧之险，耕种市廛，花柳蔬圃，与中国无异"①。板升农业缓解了长期困扰俺答汗的粮食问题，加速了北方地区的开发，内蒙古地区出现蒙汉杂居、农牧交错的繁荣局面。

清朝立国后与蒙古贵族结为联盟，极有利其在北方地区统治的巩固。从乾隆初年开始，清政府对长城以北地区实行封禁政策。清朝后期，随着内地人口的快速增加，人地矛盾日益尖锐。清政府在推行"新政"的过程中，1902年制定了边地放垦政策，大量中原人口"闯关东""走西口"，源源不断地来到内蒙古地区。内蒙古地区的大量土地得到开垦，人口快速增长。19世纪初，内蒙古地区有汉族人口100万人左右，到民国初年，就增长到了150万人左右。随着汉人大量进入，在适合开垦的北方边地，形成了大片农业区。移民的大规模迁入促进了商业的发展和城镇的建设。在汉族聚集的地区，清政府采取蒙汉分治的办法，设置厅、州、县加以管理，形成了蒙汉杂居、旗县并存、农牧并举的多元化社会，促进了内蒙古地区的经济发展和民族交融。

内蒙古地区的发展史，就是一部移民史。不同时代，不同地域，内蒙古的移民活动有不同特点，但都对内蒙古地区历史和中华民族历史产生了重要影响。

二 移民形式复杂多样

历史上，内蒙古地区既是中原王朝与北方游牧民族争夺的焦点区，也是中

---

① （清）顾祖禹撰，贺次君、施和金点校：《读史方舆纪要》卷44《山西六·大同府·青山》，中华书局2005年版，第2006页。

原政权移民开发的重点区。特殊的地理位置与环境特点，导致了内蒙古地区移民形式的多样性与复杂性。

1. 军事性移民

历史上，中原王朝与北方游牧民族政权及北方游牧民族政权之间在内蒙古地区反复争夺，与战争相伴的必然是大量的人口流动和迁徙。秦始皇派蒙恬率三十万大军北击匈奴，大量的官兵进入内蒙古地区。长城、直道的修筑，边疆的防守，几十万青壮年人口留居于这里。为了保障前线的供应，秦王朝一面从内地调运物资，"又使天下蜚刍挽粟，起于黄、腄、琅邪负海之郡，转输北河，率三十钟而致一石"[1]，一面向北部边疆地区移民屯田，设置郡县，进行农业开发。西汉时期，为了支持汉匈战争，朝廷不断派军队到内蒙古地区。在战争过程中，一些军人由于各种原因留居在塞北。投降匈奴的卫律建议匈奴壶衍鞮单于"穿井筑城，治楼以藏谷，与秦人守之"。颜师古注："秦时有人亡入匈奴者，今其子孙尚号'秦人'。"[2] 汉元帝时了解边疆事务的郎中侯应也指出："往者从军多没不还者。"[3] 说明无论是秦代还是汉代，都有一些军人主动或被动地留在了北方地区。汉武帝漠北之战后，加大了在内蒙古地区的屯田与农业开发的力度，"而上郡、朔方、西河、河西开田官，斥塞卒六十万人戍田之"[4]。

唐朝重兵驻守河套地区，以防御北方游牧民族的南下。为解决军粮供给问题，在此地进行了大规模屯垦。"元和（806—820 年）中，韩重华在振武军（在今内蒙古和林格尔县西北）组织屯田，共十五屯，每屯百三十人，人耕百亩，有近二千人，如计算家属，则与此次屯田有关的汉人可达万人左右。"[5] 明代在内蒙古地区大规模修筑长城，派兵驻防，在此过程中，必然伴随着移民活动。作为边疆地区，在古代，军事性移民长期以来成为中原政权向内蒙古地区移民的重要形式。

2. 强制性移民

相对于中原地区，内蒙古地区气候寒冷，地广人稀，生存条件艰苦，同时又具有重要的政治、军事地位，一些王朝向这里移民，往往带有强制性质。秦朝打败匈奴后，在黄河阴山一带设置四十四县，"徙谪，实之初县"[6]，将犯人流放到那里。第二年（前213）又将枉法办案的官吏送去修筑长城。在当时的

---

[1]《史记》卷112《平津侯主父列传》，第 2954 页。
[2]《汉书》卷94 上《匈奴传上》，中华书局1962 年版，第 3782、3783 页。
[3]《汉书》卷94 下《匈奴传下》，第 3804 页。
[4]《史记》卷30《平准书》，第 1439 页。
[5] 葛剑雄、曹树基、吴松弟：《简明中国移民史》，第 237 页。
[6]《史记》卷6《秦始皇本纪》，第 253 页。

条件下，移民长城地区，具有极大的生存风险，常采取强制性移民。"秦之戍卒不能其水土，戍者死于边，输者偾于道。秦民见行，如往弃市，因以谪发之，名曰'谪戍'。"①汉代向内蒙古地区强制性移民的记载也屡见史籍。汉武帝时期，为了巩固进攻匈奴的成果，多次强制性向内蒙古地区移民。元狩五年（前118），"徙天下奸滑吏民于边"②。天汉元年（前100），"发谪戍屯五原"③。天汉四年（前97），"发天下七科谪"。张晏对此解释说："吏有罪一，亡命二，赘婿三，贾人四，故有市籍五，父母有市籍六，大父母有籍七：凡七科。武帝天汉四年，发天下七科谪出朔方也。"④

魏晋南北朝时期，北方各民族在内蒙古及周边地区建立的政权，大多采取过强制移民的措施。386年，北魏定都盛乐（今呼和浩特市和林格尔县土城子古城）后，曾连续对周边及北方各部族发起进攻。388年，拓跋珪北征库莫奚，"大破之，获其四部杂畜十余万"⑤。同年冬，出兵讨伐解如部，"获男女杂畜十数万"⑥。390年，"次鹿浑海，袭高车袁纥部，大破之，虏获生口、马牛羊二十余万"⑦。在不断征战获胜的过程中，战败部族的大量人口被强制迁入魏境，使北魏的人口增加，实力增强。398年，"徙山东六州民吏及徒何、高丽杂夷三十六万，百工伎巧十万余口，以充京师"⑧。当年七月，北魏迁都平城（今山西大同市）。在迁都前，北魏向盛乐地区进行大规模强制性移民，说明对其重要地位的认识。

唐朝将内蒙古地区作为犯人的流放地之一，武则天时，越王贞谋反，被牵连犯法者六七百人，籍没者五千口，都被流放到了丰州（辖区包括今内蒙古西部的巴彦淖尔市、包头市的大部分地区，鄂尔多斯市北部和呼和浩特市西北部的部分地区）。⑨ 这些犯人的流放期甚至长达十年。为了保障边疆地区的人口数量，即使偶遇大赦，按照法律应减少三年流放期，也要按顺序还归内地，"但使循环添换，边不缺人，次第放归，人无怨苦"⑩。辽金元时期，北方民族建立的政权都不同程度地在内蒙古地区推行过强制性移民。强制性移民对内蒙古地区

---

① 《汉书》卷49《晁错传》，第2284页。
② 《汉书》卷6《武帝纪》，第179页。
③ 《汉书》卷6《武帝纪》，第203页。
④ 《史记》卷123《大宛列传》，第3176页。
⑤ 《魏书》卷2《太祖纪》，中华书局1974年版，第22页。
⑥ 《魏书》卷2《太祖纪》，第22页。
⑦ 《魏书》卷2《太祖纪》，第23页。
⑧ 《魏书》卷2《太祖纪》，第32页。
⑨ 《旧唐书》卷89《狄仁杰传》，中华书局1975年版，第2887页。
⑩ 《旧唐书》卷18下《宣帝纪》，第626页。

的开发同样做出了重要贡献。到了明清时期，强制性移民逐渐被开发性移民所取代。

3. 开发性移民

在整个古代社会，内蒙古地广人稀，可耕可牧，有大片可用以农业开发的土地，也有良好的水利资源。而中原地区经过多年的农业经营，人口大量繁殖，可耕地开发殆尽，再加上土地兼并，人地矛盾日益突出，内蒙古地区自然成为移民垦殖的理想之地。

战国秦汉时期，就不断向内蒙古地区进行移民开发。前211年，秦始皇"迁北河榆中三万家。拜爵一级"①。北河在今巴彦淖尔市一带，榆中在今鄂尔多斯市、陕西省榆林市一带。到了汉代，对河套地区进行了持续的农业开发和水利建设。汉武帝时期，为了防御匈奴，修筑朔方郡，并"募民徙朔方十万口"②。元狩三年（前120），"山东被水灾，民多饥乏，于是天子遣使虚郡国仓廪以振贫。犹不足，又募豪富人相假贷。尚不能相救，乃徙贫民于关以西，及充朔方以南新秦中，七十余万口，衣食皆仰给于县官"③。"新秦中"，即今内蒙古鄂尔多斯市及巴彦淖尔市一带。经过开发，到汉武帝时期，这里农业生产的条件大大改善，可以一次安置几十万的灾民。东汉应劭进一步对新秦中进行解释："秦始皇遣蒙恬攘却匈奴，得其河南造阳之北千里地甚好，于是为筑城郭，徙民充之，名曰新秦。四方杂错，奢俭不同，今俗名新富贵者为'新秦'，由是名也。"④迁徙来这里的移民，不仅能够安居乐业，而且有机会成为"新富贵者"，可以看出，汉武帝时期对内蒙古河套地区的移民开发是非常成功的。

内蒙古地区土地开发的另一种形式是北方游牧民族招募中原人移居垦荒。俺答封贡后，为了解决蒙古部众食物短缺问题，在丰州滩（今内蒙古土默特平原）招募汉人进行农业开发。1547年，俺答汗向明朝"请瓯脱耕具及犁楼种子"⑤等农业生产资料，"俺答自誓敬信天道，乞给耕具，欲于塞外垦耕"⑥。1551年，进一步表示"吾已决策城丰州，以耕种为务矣"⑦。对于招募来的汉人，俺答汗给予他们土地和牛羊，为他们从事农业耕作创造条件。许多失地或生活无着的

---

① 《史记》卷6《秦始皇本纪》，第259页。
② 《汉书》卷6《武帝纪》，第170页。
③ 《汉书》卷24下《食货志下》，第1162页。
④ 《汉书》卷24下《食货志下》，第1162页。
⑤ （明）瞿九思撰：《万历武功录》卷7，《续修四库全书》第436册史部，上海古籍出版社2002年版，第423页。
⑥ 严从简：《殊域周咨录（节录）》，薄音湖、王雄编辑点校《明代蒙古汉籍史料汇编》（第一辑），内蒙古大学出版社2006年版，第483页。
⑦ （明）瞿九思撰：《万历武功录》卷7，《续修四库全书》第436册史部，第435页。

中原人纷纷来到丰州滩开荒种地,"开云田丰州地万顷,连村数百"①。农业的发展不仅解决了蒙古土默特部的粮食问题,而且带动了其他各业的发展,"宣大之间房错而耕牧如棋布也"②。农牧交错、农牧互补,成为此后内蒙古地区重要的经营方式。

在开发性移民中,季节性移民成为内蒙古地区较为独特的移民方式。清朝早期对内蒙古地区实施封禁政策,周边贫苦或失地农民春天来到内蒙古,或借地垦荒或为地主打工扛活,待到粮食收获后返回故乡。"百姓春种秋回,谓之'雁行'。"③"雁行人"遍及内蒙古东西部地区,历时悠久,规模庞大,影响突出。"康熙年间,喀喇沁扎萨克等地方宽广,每招募民人,春令出口种地,冬则遣回。"④ 在河套地区,"农人春至秋归之俗,自明季已然"⑤。"雁行人"逐渐在塞外积累资产,并产生了对这里的眷恋和热爱之情,再加来回移动的不便和较高成本,不断有人退出移动生活,由春来秋归变为举家搬迁,由"雁行"者变为永久居民。良好的生业条件,一直吸引着中原人口流入内蒙古地区。清朝放开边地禁垦后,内蒙古地区进入了长达百余年的移民潮,不仅导致了当地经济、社会、文化等方面的巨大变化,而且对中国社会也产生了广泛而深刻的影响。

三 移民推动边疆开发与中华民族共同体的发展进程

处于中国北方的内蒙古地区,地域辽阔、农牧交错,移民活动伴随着历史发展的全过程。历史上的移民活动加速了内蒙古地区的区域开发,推动了多民族的互嵌与交融,促进了中华民族共同体的形成。

1. 移民活动推动了各民族的交往交流交融

作为农耕生产方式和游牧生产方式交错地区,内蒙古地区在历史上常常既有部分地区被北方游牧民族政权控制,也有部分地区受中原政权统辖。在双方激烈争夺的过程中,人口迁徙往往呈现出双向性的特点。既有游牧人口大量进入农耕生产区,也有农耕人口进入游牧生产区。以汉代为例,汉匈之间发生激烈战争冲突,双方都把掳获对方人口作为战争的重要目标。匈奴南下汉朝边疆

---

① (明)瞿九思撰:《万历武功录》卷8,《续修四库全书》第436册史部,第452页。
② 王世贞:《北房始末志》,薄音湖、王雄编辑点校《明代蒙古汉籍史料汇编》(第二辑),内蒙古大学出版社2006年版,第24页。
③ 王建勋:《重修诸神庙并开渠筑堤碑》,参见侯仁之《旅程日记》,《禹贡》1937年第6卷第5期。
④ 《清高宗实录》卷348,中华书局1986年版,第799页。
⑤ 谢刚主:《河套民族变迁考》,《中和月刊》1940年第3期。

的过程中，多有"杀略吏民千余人"①"匈奴入代、定襄、上郡，杀略数千人"②的记载。林幹先生认为，在汉代，匈奴从中原地区掳掠的人口"最少当在十万口以上"③。与此同时，也有汉朝官兵或因战败被俘，或主动投降匈奴，及边疆人民不堪忍受沉重的赋役负担转而流入匈奴政权的情况。中原人口迁入匈奴政权，带去了农业、手工业的先进技术，提高了匈奴人的社会生产力水平和文明程度。汉匈战争中，大量匈奴人投降汉朝，汉武帝在内蒙古及周边地区设置属国，进行安置。他们在内蒙古地区进行牧业经营，同时学习农耕生产技术。1972年在内蒙古和林格尔县新店子乡小板申村发现一座东汉壁画墓，壁画以描绘墓主生平经历为主，墓主曾任"护乌桓校尉"一职。壁画中不仅有头戴冠帽或束发、身穿各色衣服的汉族人物，还有乌桓、鲜卑等族人物。这种双向性移民在魏晋南北朝、隋唐五代、辽金元明时期都有存在，几乎贯穿于中国古代内蒙古地区的历史发展过程。

历史上，内蒙古地区的人口迁徙与流动，促进了各民族间的交往交流交融。民族间的交往方式尽管不乏战争与冲突，但主流是相互学习与和平相处。游牧民族进入内蒙古地区后，与北方地区的汉族在文化上相互学习，经济上贸易互补，生活上混住杂居，血缘上通婚融合。中原地区的汉族人口迁徙进入内蒙古地区，则将先进的生产技术、儒家的文化传统等带入这里，加速了地区的开化与进步。为了适应北方地区的生活，汉族人群也积极学习游牧民族的畜牧技术，习染其生活习俗，吸收其文化精髓。在此过程中，出现了大量北方游牧民族融入汉族的状况，也不乏汉族人口融入各北方游牧民族的实例，更存在着各北方游牧民族之间相互融合的情况。各民族在迁徙交往的过程中，不断学习其他民族的长处和优点，吸取自身发展的动能和养分。在漫长的历史发展中，内蒙古地区一直是民族交融的核心区域之一。

2. 移民活动加速了内蒙古地区的开发

在古代社会，移民大多与土地占有、利用和开发密切相关。移民所进入地区，无疑是对当地资源的一种分享和占有，也必然影响到那里的人地关系。在中原地区，人多地少、人地矛盾尖锐是一种常态，如有移民迁入，则无疑加剧了这种矛盾。农民被迫背井离乡，却难以获得安身立命的土地资源，必然转换为流民。生活无着的流民常常铤而走险，发动起义，出现社会动荡、阶级矛盾进一步加深，甚至改朝换代的情况。相对来说，内蒙古地区农牧交错、地广人

---

① 《汉书》卷6《武帝纪》，第170页。
② 《汉书》卷6《武帝纪》，第171页。
③ 林幹：《匈奴社会制度初探（1962年6月）》，林幹编《匈奴史论文选集》（1919—1979），中华书局1983年版，第304页。

稀，存在大量待开发土地。人口移入不仅不会导致人地矛盾加剧，而且有利于当地的开发与繁荣。汉文帝时，晁错建议，为了支持民众向边疆地区迁徙，政府须加大投入。"先为室屋，具田器"①，不仅要帮助移民安排好居住地和生产工具，还要提高他们的社会地位，让他们过上自给自足的生活。"皆赐高爵，复其家。予冬夏衣，廪食，能自给而止。"②在内蒙古地区，大量失地移民重新与土地结合，一改沮丧绝望的心情，再度焕发出生产积极性，在建置自己家业的同时，也推动了当地经济和社会的发展。

农耕生产方式与游牧生产方式存在着土地争夺，但也有很强的互补性。在可耕可牧的内蒙古地区，采用农耕生产方式生产效率更高，出产的食物能够养活更多的人口。现代学者计算认为，在一块既可以进行农业生产也可以进行牧业生产的土地上，靠农业养活一个人需要1—1.5亩土地，而转换成游牧生产方式，则需要10倍以上的土地。③农民生产的粮食、蔬菜、手工业品等，可以补充牧业生产的不足，有利于改变游牧经济脆弱性与不稳定性的缺陷。在和平时期，农耕人口进入内蒙古地区，往往会受到当地牧民的欢迎。西汉宣元时期，呼韩邪单于附汉，昭君出塞，汉匈民族在边塞地区和平相处，"北边自宣帝以来，数世不见烟火之警，人民炽盛，牛马布野"④。清代后期，大量汉族人口移居内蒙古地区，汉族移民与蒙古族牧民之间出现双赢模式。"民人负耒出疆，爰得我所，蒙户质田得价以养其生，民有余力假蒙地以耕之，蒙有余地假民力以芸之，公平交易，人情之常。"⑤辽阔的土地资源，巨大的人口容量，多样的生业形式，使内蒙古地区移民与当地居民很少发生激烈争夺土地的情况，而常常呈现出的是一种彼此合作、共同开发、互惠共赢的局面。

移民活动促进了内蒙古地区的开发。内蒙古地区有着丰富的农牧业资源，但受区域与环境的限制，长期处于地广人稀、缺乏劳动力的状况。通过中原地区的大量移民，内蒙古地区得到有效开发。游牧民族进入内蒙古地区，改良了牲畜的品种，提高了饲养技术，也有利于牧业生产水平的提高。例如，汉武帝后期，内蒙古地区在移民和当地人的辛勤劳动下，出现了"长城以南，滨塞之郡，马牛放纵，蓄积布野"⑥的繁盛景象。清代伊克昭盟地区进入大量农业移

---

① 《汉书》卷49《晁错传》，第2286页。
② 《汉书》卷49《晁错传》，第2286页。
③ 王利华：《中古时期北方地区畜牧业的变动》，《历史研究》2001年第4期。
④ 《汉书》卷94下《匈奴传下》，第3826页。
⑤ 贻谷：《绥远奏议》，《近代中国史料丛刊》续编第十一辑，第103册，台北：文海出版社1974年版，第362页。
⑥ （汉）桓宽撰：《盐铁论》卷46《西域》，《诸子集成》（第十一册），河北人民出版社1992年版，第48页。

民后，受农业牧业共同发展之惠，蒙古族群众生活大为改善。"农业创兴，蒙民经济增一来源。在昔只牧畜一途，今则牧畜仍旧，另招汉佃为之耕种，秋收分粮分草，添一收入，蒙民日常生活，立呈充裕。"① 内蒙古作为边疆地区，人口的增加，经济的发展，也有利于中央政府疆域的开拓与稳定。

3. 移民活动促进了中华民族共同体的形成

移民活动促进了民族交融与中华民族共同体的形成。内蒙古地区是游牧民族的重要聚集地，许多北方游牧民族经过草原的洗礼，在这里发展壮大后进入中原，与华夏民族交锋交融，最后消失在历史的长河中，融入了华夏民族的大家庭之中。匈奴、乌桓、鲜卑、契丹等众多曾经在草原上纵横驰骋的游牧民族都经历过这样的历史过程。蒙古草原上的游牧民族，借助马上骑射的手段和强悍坚韧的精神气质，对中原地区发起一波波冲击。当黄河流域进入战争状态后，北方地区的人口选择向南迁徙，将先进的农业生产工具和生产技术带到长江、珠江流域，促进了那里的开发建设。当中原地区人口大量增加，人地矛盾尖锐突出后，人口又大量迁徙移民到内蒙古地区，加强了对北方边疆的开发。很多时候，内蒙古地区成为中国大量人口南迁北移的策源地和目的地，在这样的历史过程中，各民族间建立起密切的精神上和物质上的联系，形成了"你中有我，我中有你"的局面，促进了中华民族共同体的形成。各个民族犹如涓涓细流，最终汇聚成中华民族的汪洋大海。

移民活动促进了中华文化的交流、互补与升华。"人口在空间的流动，实质上也就是他们所负载的文化在空间的流动。所以说，移民运动在本质上是一种文化的迁移。"② 作为中国历史上最重要的移民区之一，农耕民族、游牧民族不约而同地将自己的文化带入内蒙古地区，使内蒙古地区呈现出文化多元并相互碰撞、交融、升华的特点。农耕文化、游牧文化、边塞文化、军旅文化、移民文化、商贸文化在内蒙古地区同时并存，相互影响、相互补充，使这一地区的居民形成了宽厚、豪放、包容、进取的性格特点。在汉代，"定襄、云中、五原，本戎狄地，颇有赵、齐、卫、楚之徒"，其文化风貌也呈现出"其民鄙朴，少礼文，好射猎"③ 的特点。历史上，内蒙古地区的居民很少出现排外、封闭的心理，在文化心态上，更多体现的是兼容并蓄的特点。与农耕文化的柔和内

---

① 蒙藏委员会调查室印行：《伊盟右翼四旗调查报告书》，《鄂托克富源调查记 准郡两旗旅行调查记 伊盟左翼三旗调查报告书 伊盟右翼四旗调查报告书 伊克昭盟志 伊克昭盟概况》（上），远方出版社 2007 年版，第 200 页。
② 葛剑雄著，葛剑雄、吴松弟、曹树基编：《中国移民史》（第一卷），福建人民出版社 1997 年版，第 102 页。
③ 《汉书》卷 28 下《地理志下》，第 1656 页。

敛、相对保守不同，游牧文化更具有开放性、冲击性，两种文化的交融，使中华文化更具丰厚的内涵和强大的生命力。

地处农牧交错带和环境过渡带的内蒙古地区，在漫长的历史发展中，移民始终扮演了重要角色。在不同时期，内蒙古地区的移民活动呈现出不同特点，也发挥了不同的历史作用，成为地区开发、多民族交汇融合的内在动力。历史上各民族间连续不断的交往交流交融，大大增强了中华文明的活力，丰富了中华文明的内涵。内蒙古地区的移民活动说明，在历史发展过程中，各民族之间是一个相互联系、相互依存、彼此交融的有机整体，这正是铸牢中华民族共同体意识的历史逻辑与历史基础。

（王绍东，内蒙古大学历史与旅游文化学院教授）

中华民族共同体的形成与铸牢
中华民族共同体意识
——以内蒙古地区为例

刘志彧　崔思朋

摘　要：中华民族共同体与统一多民族国家是伴随着中国历史的发展进程逐渐形成的。纵观中国历史可以发现，秦汉以来，随着中原王朝控制疆域向外围地区的不断拓展，中原王朝与生活在周边地区各民族开始出现疆土上的冲突，随之发生生产及生活上的联系，在碰撞与交融的过程中推动了中国统一多民族国家与中华民族共同体的形成。以今内蒙古地区为主体区域的中国北部边疆，历史上是以游牧见长的诸草原民族的主要分布区，这些草原民族在历史时期与中原王朝的长期碰撞与交融过程中，形成了相互依存、密不可分的联系，同时也推动了中华民族共同体的形成，各民族也在自发自觉的过程中形成了广泛的中华民族共同体意识。

关键词：中华民族共同体；铸牢中华民族共同体意识；内蒙古地区

今天的中国是由 56 个民族构成的统一多民族国家，各个民族在统一多民族国家形成过程中都发挥了重要作用，各民族在长期历史发展进程中也塑造了中华民族这一多民族共存的民族共同体。习近平总书记也强调中华民族多元一体格局中各个民族都做出了重要贡献，并指出："多民族是我国的一大特色，也是我国发展的一大有利因素。在我国 5000 多年文明发展史上，曾经有许多民族登上过历史舞台。这些民族经过诞育、分化、交融，最终形成了今天的 56 个民族。各民族共同开发了祖国的锦绣河山、广袤疆域，共同创造了悠久的中国历史、灿烂的中华文化。秦汉雄风、盛唐气象、康乾盛世，是各民族共同铸就的辉煌。"[①] 但由于各个民族情况差异显著，发挥贡献的方式也不尽相同，因而应

[①] 习近平：《全面贯彻党的民族政策和宗教政策》（2014 年 9 月 28 日、2016 年 4 月 22 日），《习近平谈治国理政》（第二卷），外文出版社 2017 年版，第 299 页。

该对各民族加以区别对待。就内蒙古地区而言，自古既是以游牧见长的诸草原民族的主要生存地，随着秦汉以来中原王朝控制疆域向周邻地区不断拓展，在北部地区逐渐与生活在内蒙古地区及更北地区的诸草原民族发生联系。在长期的碰撞与交融过程中，中原王朝与诸草原民族形成了相互依存、密不可分的紧密关系，双方之间不仅出现了人员进入彼此区域及产生的民族融合，在政治、经济及文化等方方面面也都出现了广泛深入的交流互动，逐渐形成了各民族紧密相连的中华民族共同体关系，对于中国疆域的形成与历史时期中国北部边疆治理都发挥了重要历史作用，具有重要的历史意义与现实价值。

一 历史时期中原王朝与内蒙古地区各民族的交流互动

中华文明或者说中国历史是由中国疆域内出现过的所有民族共同缔造的，在此过程中各民族逐渐形成了以多元一体为基本特征的中华民族，因而"一部中国史，就是一部各民族交融汇聚成多元一体中华民族的历史，就是各民族共同缔造、发展、巩固统一的伟大祖国的历史"[①]。习近平总书记在 2014 年 9 月 28 日中央民族工作会议上的讲话中就中国统一多民族国家及各民族在其中的贡献指出："多民族是我国的一大特色，也是我国发展的一大有利因素。在我国 5000 多年文明发展史上，曾经有许多民族登上过历史舞台。这些民族经过诞育、分化、交融，最终形成了今天的 56 个民族。各民族共同开发了祖国的锦绣河山、广袤疆域，共同创造了悠久的中国历史、灿烂的中华文化。秦汉雄风、盛唐气象、康乾盛世，是各民族共同铸就的辉煌。可以说，多民族的大一统，各民族多元一体，是老祖宗留给我们的一笔重要财富，也是我们国家的一个重要优势。"[②] 但中国地域辽阔，各地区自然环境不同导致生活在不同区域的人类社会或在各地区形成的各个民族在生产及生活方式上都存在显著差异，即便是生活在同一区域的不同民族也因本民族的历史传统而产生差异显著的民族文化，但各民族也形成了以多元一体为基本格局的中华民族共同体关系。在多元一体民族关系中，"一体包含多元，多元组成一体，一体离不开多元，多元也离不开一体，一体是主线和方向，多元是要素和动力，两者辩证统一"[③]。多元一体的民族关系贯穿于中国历史发展的全过程并将继续影响着中华民族的发展，哈正

---

① 习近平：《在全国民族团结进步表彰大会上的讲话》，人民出版社 2019 年版，第 7 页。
② 习近平：《全面贯彻党的民族政策和宗教政策》（2014 年 9 月 28 日、2016 年 4 月 22 日），《习近平谈治国理政》（第二卷），第 299 页。
③ 中共中央文献研究室编：《习近平关于社会主义政治建设论述摘编》，中央文献出版社 2017 年版，第 150 页。

利对此指出:"中华民族多元一体格局是历史上形成的,它是几千年来,中华民族始终追求团结统一的结果。它不是某些人的主观想象和构建,而是历史发展延续的实际结果。"①

中国辽阔的疆域内生活着众多民族,这些民族的地域分布也有其规律特征,如边疆地区既是疆域的外围组成部分,同时也是少数民族的集中分布区。但由于中国各不同方位边疆地区的自然环境不尽相同,导致生活在不同边疆区域的各民族也存在较大差异,因而"边疆这一边缘性疆域是少数民族的主要聚居区,不仅在民族构成方面有其特殊性,而且在地理环境、生产方式、生活方式、宗教信仰、风俗习惯、民族文化等方面都有着自身的特殊性"②。多民族共存但各民族之间的显著差异既是中国作为统一多民族国家的民族构成基础,同时也是形成中华民族共同体与推进铸牢中华民族共同体意识的基本内容。在中国,边疆地区自古以来既是少数民族的主要分布区,但在中国辽阔疆域内分布着漫长的边疆,而各不同区域的边疆在统一多民族国家与中华民族共同体形成过程中的作用不尽相同。以内蒙古地区为主体区域的北部边疆在历史时期中国疆域与统一多民族国家形成过程中的作用极为显著,同时也影响到中华民族共同体的形成与发展。因为中国东西之间阶梯分布的地理形势,使边海与边高原地区成为古人难以逾越的天然障碍,"唯有农牧交错带的正北方、西北方,非农耕民族的游牧生活所依托的草原与荒漠,成为疆域伸缩的舞台,以疆土为背景的武力争雄与文化交融几乎可称这一地带上演的历史主剧目"③。中原王朝与诸草原民族在北部边疆地区的疆土之争是双方碰撞的基本体现,而文化交融则体现出双方在碰撞的同时也进行了交流互动,双方之间在碰撞与交融的过程中推进了统一多民族国家与中华民族共同体的形成与发展。

中国的农牧交错带可以分为北方与西南两大主体区域,但以北方农牧交错带为主,其面积约占到农牧交错带总面积的80%。④ 北方农牧交错带主体分布区即包括内蒙古地区,⑤ 是古代中国尤其是秦汉以来疆域伸缩变迁最突出的区域,吕文利指出:中国的边疆概念有三层空间,即"地理意义上的物理性、资

---

① 哈正利:《中华民族共同体意识基本内涵探析》,载虎有泽、尹伟先主编《铸牢中华民族共同体意识研究》,中国社会科学出版社2019年版,第2页。
② 周平主编:《中国边疆政治学》,中央编译出版社2015年版,第200页。
③ 韩茂莉:《历史时期中国疆域伸缩的地理基础》,《中国文化研究》2016年第2期。
④ 崔思朋:《气候与人口:历史学视域下"农牧交错带"研究基本线索考察及反思》,《重庆大学学报》(社会科学版)2020年第5期。
⑤ 北方农牧交错带大致位置是:北起大兴安岭西麓的呼伦贝尔,向西南延伸,经过内蒙古东南、冀北、晋北而至鄂尔多斯及陕北等地的一条广阔地带。(参见张兰生《以农牧交错带及沿海地区为重点开展我国环境演变规律的研究(代序)》,《干旱区资源与环境》1989年第3期)

源型第一空间，历史主体构建与延续的第二空间以及主体观念，想象意义上的文化延续与现实拓展的第三空间"，并对此进一步解释道：第一空间：边疆是相对于首都（中心）而言的、构造物性的边界；第二空间：历史主体的构建与延续，也具有强烈的时代性，尤其是近代西方入侵，中国失去大量疆土后，开始有了更清晰的自我界定和认同；第三空间：主体观念、想象意义上的文化延续与现实拓展，即现实主体（不同群体、不同个体）认识上的边疆是存在差别的。① 以今日之视角来看，历史时期中国边疆尤其是北方及西北方边疆尤为值得关注，这也是吕文利所述历史主体所构建和延续的边疆区域，也即历史时期（主要是指秦汉以来）中国疆域范围波动及伸缩在北方及西北方向体现得最为显著，在很大程度上决定了历史时期中国陆地边界的大致分布情况。此外，中国北部边疆的疆域伸缩变迁是历史时期中国疆域波动最为活跃的地区，而生存于这一地带的诸草原民族也是影响中国疆域变迁的直接推动因素，在与中原王朝碰撞与交融的过程中也推动了统一多民族国家与中华民族共同体的形成与发展。

就内蒙古地区而言，早在石器时代就已出现了人类文明，发达的原始农业便是此时期内蒙古地区人类文明的集中体现。但是到公元前2000—1000年间，自然环境及气候条件开始向干旱、寒冷趋势转变，这一趋势到公元前1000年左右达到高峰，导致河湟地区—鄂尔多斯—西辽河流域沿线由农耕转向游牧，出现以此为界的南北农耕与游牧的分野。② 自此之后，游牧经济逐渐兴起并成为内蒙古地区的主要经济类型。到了秦汉时期，随着中原王朝与周边地区民族及政权碰撞与交融逐渐增多，疆域范围随之发生波动，自此之后，"中原王朝疆域的伸缩变化，主要是与北部干旱和半干旱区游牧民族（匈奴、鲜卑、柔然、突厥、契丹、蒙古）之间"③。以今日内蒙古地区为考察对象可以发现，历史上"农耕区的西北、东北先后成为匈奴、氐、羌、柔然、突厥、回纥、铁勒、薛延陀、沙陀、吐谷浑、党项、蒙古以及濊貊、肃慎、挹娄、夫余、乌桓、鲜卑、室韦、库莫奚、豆莫娄、乌洛侯、地豆干、勿吉、奚、契丹、靺鞨、满等非农业民族或部族的活动区域"④。这些生活在内蒙古地区的诸草原民族既是中华民族共同体的重要组成部分，同时也是草原文化的缔造者，成为中华文明中除黄河文明与长江文明两大源头之外的又一个重要源头。这些民族最初几乎都是以

---

① 吕文利：《何谓"边疆"——论中国"边疆"概念的三重空间》，《中央民族大学学报》（哲学社会科学版）2019年第4期。
② 王明珂：《华夏边缘：历史记忆与族群认同》，社会科学文献出版社2006年版，第81页。
③ 邹逸麟：《论清一代关于疆土版图观念的嬗变》，《历史地理》第二十四辑。
④ 韩茂莉：《中国历史地理十五讲》，北京大学出版社2015年版，第298—299页。

游牧或采集渔猎经济为主，在同中原王朝接触后，虽然不时出现武力冲突或军事对峙，但又几乎都被中原王朝发达的农业与先进的文明所吸引，双方在碰撞与交融的过程中推动了中国统一多民族国家与中华民族共同体的形成。

二 各民族之间交流互动与中华民族共同体的形成

中华民族共同体是在长期历史发展进程中，中国疆域内各民族渐进形成的相互依存、密不可分的民族关系。民族关系是指民族与民族之间的关系，即不同民族之间政治、经济、文化及语言习俗等各个方面的关系，民族关系不仅是具有特定内涵的社会关系，在人们日常社会交往中还具有社会性、民族性等内容。民族关系在本质上涉及民族这个社会共同体的地位和待遇，涉及民族这个社会利益群体的权力和利益，涉及民族及其成员的民族意识和感情的社会关系等。[①] 对于中华民族及内部各民族之间的关系，习近平总书记指出："我国历史演进的这个特点，造就了我国各民族在分布上的交错杂居、文化上的兼收并蓄、经济上的相互依存、情感上的相互亲近，形成了你中有我、我中有你，谁也离不开谁的多元一体格局。中华民族和各民族的关系，是一个大家庭和家庭成员的关系，各民族的关系，是一个大家庭里不同成员的关系。"[②] 正如费孝通先生所说的那样："中华民族的主流是由许许多多分散孤立存在的民族单位，经过接触、混杂、联结和融合，同时也有分裂和消亡，形成一个你来我去、我来你去，我中有你、你中有我，而又各具个性的多元统一体。"[③] 中国五千多年的人类文明与历史经验也告诉我们，"中华民族是一个命运共同体，一荣俱荣，一损俱损。各民族只有把自己的命运同中华民族的命运紧紧连接在一起，才有前途，才有希望"[④]。

以内蒙古地区为主体区域的中国北部边疆自古既是多民族聚居之地，历史的发展进程也表明当地不仅形成了诸多草原民族，同中原农耕民族在长期碰撞与交融过程中也推动了统一多民族国家与中华民族共同体的形成与发展，周平等指出："生活在这里（即作者在文中所指的北方边疆）的人们尽管经过了漫长的民族演变过程，而且随着与中原关系的日益密切，特别是通过通贡互市、

---

① 参见图道多吉主编《中国民族理论与实践》，山西教育出版社2001年版，第124—130页。
② 习近平：《论坚持人民当家作主》，中央文献出版社2021年版，第105页。
③ 费孝通：《中国文化的重建》，华东师范大学出版社2014年版，第3页。
④ 哈正利：《中华民族共同体意识基本内涵探析》，载虎有泽、尹伟先主编《铸牢中华民族共同体意识研究》，第2页。

和亲等方式加强与中原文化的交流。"① 汉族在此过程中发挥了重要历史作用，作为秦汉以来绝大部分历史时期中原王朝实际统治者的汉族，凭借其在政治、经济及文化等方面的优势，吸引着边疆各民族内徙或主动与其交好，其间虽然不乏兵戎相见的对立冲突，但由此也建立起以汉族为凝聚核心连接其他各民族的关系网络，同时也把各个民族团结在一起形成了更加紧密的中华民族共同体关系。段友文也指出："在中国，以农耕文化为基础的华夏文明主导着多民族统一历史的发展进程。中国历史上游牧文化与农耕文化之间彼此汲取、互相注入，使中国华夏农耕文明获得了不断发展壮大的动力，推动着中国多民族统一的历史进程。"② 农耕与游牧民族在碰撞与交融过程中推动着中国统一多民族国家与中华民族共同体的形成过程在北部边疆地区最为显著，而内蒙古地区作为双方碰撞与交融的核心区域更是见证了这一历史进程。

　　回顾历史可以发现，秦汉以来中原王朝与诸草原民族在内蒙古等北部边疆地区进行了两千余年的拉锯战，历史时期，"发生在这一地带的战事，不同于农耕区内部东西、南北之间的争斗，而属于农耕民族与草原民族之间的军事争锋。民族的分异，首先表现于依赖自然环境而建立的经济生活方式，其后才是习俗与宗教"③。中原王朝与草原民族在北部边疆的冲突过程也会导致各自实际控制疆域发生变化，但也存在一个普遍现象，那就是在与中原王朝的接触过程中，诸草原民族会一定程度上接受农业，通过贸易获取、武力掠夺或自身发展一定农业，由此促进了双方的交往交流融合。清代以后，尤其是随着康雍乾三朝在西北军事行动的胜利，中国疆域成功地实现了跨越北方农牧交错带后持续向北及西北地区拓展并对这些地区进行了实际且有效的控制，法国学者勒内·格鲁塞对此评价道："乾隆皇帝对伊犁流域和喀什噶尔的吞并，标志着实现了中国自班超时代以来的18个世纪中实行的亚洲政策所追随的目标，即定居民族对游牧民族的、农耕地区对草原的还击。"④ 由此可见，清代以来中国北方边疆有了不同以往的新变化，随着长城内外和平稳定局面的形成及长期存在，出现了汉、回等民族移民大量迁入内蒙古乃至更北地区，并与生活在当地的各民族进行了深度交融，逐渐形成了汉族人口居多，蒙古族、回族、满族、达斡尔族、鄂温克族、鄂伦春族等多民族共存状态，这也奠定了今日内蒙古地区的基本民族格局。

　　清朝治边策略取得的实际效果也较为明显，由于清代长城内外和平稳定局

---

① 周平主编：《中国边疆政治学》，第200页。
② 段友文：《走西口移民运动中的蒙汉民族民俗融合研究》，商务印书馆2013年版，第20页。
③ 韩茂莉：《中国历史地理十五讲》，第298—299页。
④ [法]勒内·格鲁塞：《草原帝国》，蓝琪译，项英杰校，商务印书馆2002年版，第670页。

面长期存在,出现了前所未有的向蒙地大规模移民及土地开垦。① 清末岑春煊就清朝对北部边疆地区的治理效果指出:"我朝圣武布昭疆宇,恢拓所当,视为轻重缓急者,尤与前代不同,前代以阴山、大漠为塞,我朝则以外兴安岭、阿尔泰山为塞;前代以匈奴、突厥、回纥、鞑靼为敌国,我朝则以俄罗斯为敌国。"② 具体如鄂尔多斯地区,段友文通过实地调查与文献研究指出:"经历了数百年的变迁,鄂尔多斯已经从一个较为单纯的游牧社会走向了游牧与农耕的混合区域,在农业生产的扩张中,农业民俗和游牧民俗相互碰撞、对接,在相互涵化中走向融合。蒙古族与汉族杂居地普遍实行通婚,蒙古族游牧民俗圈与汉族农业民俗圈在杂居共处的格局中逐渐融会形成一个整合的交汇区民俗圈。这个民俗圈既非原来的游牧民俗圈,也不同于中原的农业民俗圈,是这两个不同文化系统融合而形成第三种文化系统。"③ 又如萨拉齐厅,乾隆前期已出现"乃村落相连,人烟稠密,携妻挈子,乐业安居,鸡鸣狗吠之声,远乎四境,睦娴任恤,士娟归依,父告其子,兄勉其弟,弓冶箕裘,先畴旧德,桑麻晴雨,沐膏咏勤,此固我圣庙德教之覃敷,靡远弗届;而民者神之依也"④ 的社会景象。有关此类清代内蒙古地区蒙汉等民族交流融合的记述难以胜数,鄂尔多斯地区及萨拉齐厅的社会变迁也较好地体现出历史时期尤其是清代以来内蒙古地区各民族交流融合的历史,以及各民族在相互交流融合过程中形成的中华民族共同体与在自发自觉过程中培育形成的中华民族共同体意识。

三 内蒙古地区推进铸牢中华民族共同体意识的意义

习近平总书记在党的十九大报告中指出:"全面贯彻党的民族政策,深化民族团结进步教育,铸牢中华民族共同体意识,加强各民族交往交流交融,促进各民族像石榴籽一样紧紧抱在一起,共同团结奋斗、共同繁荣发展。"⑤ 在党的

---

① 马大正等指出:以蒙古为长城的边防策略虽然"适应了当时的历史发展需要",但却不能"准确全面地反映清朝前期的边防思想。康熙所指的'不设边防''不修长城',是针对清以前所出现的农耕文明与草原文明的对峙及历代中原王朝的'夷夏之防'的边防政策"。(参见马大正主编《中国边疆经略史》,武汉大学出版社2013年版,第419—425页)
② 《岑春煊奏为垦开晋边蒙地屯垦以恤藩属而弭隐患折并朱批(光绪二十七年四月二十日)》,载内蒙古自治区档案馆编《清末内蒙古垦务档案汇编》,内蒙古人民出版社1999年版,第1页。
③ 段友文:《走西口移民运动中的蒙汉民族民俗融合研究》,第35页。
④ 《萨拉齐县志》卷15《艺文·散文·(元盛美等)新建城隍庙碑记(乾隆三十四年)》,《包头市志 包头轶闻 萨拉齐县志 萨县失守记》(上册),远方出版社2011年版,第754—755页。
⑤ 习近平:《决胜全面建成小康社会 夺取新时代中国特色社会主义伟大胜利——在中国共产党第十九次全国代表大会上的报告》,人民出版社2017年版,第40页。

二十大报告中，习近平总书记进一步强调了铸牢中华民族共同体意识在党和国家民族工作中的重要性并提出"以铸牢中华民族共同体意识为主线……加强和改进党的民族工作"①的号召。积极有效地推进铸牢中华民族共同体意识成为当前党和国家民族工作的核心与迫切任务。但结合中国统一多民族国家及民族特殊性等具体情况来看，"培育中华民族共同体意识，首先必须准确掌握我国的基本国情，也就是必须有一个清晰的家底意识"。对于中国而言，"掌握多民族的家底。这要求我们深刻认识'我国是一个统一的多民族国家'，正确认识'民族地区是我国的资源富集区、水系源头区、生态屏障区、文化特色区、边疆地区、贫困地区'。同时，必须看到'多民族是我国的一大特色，也是我国发展的一大有利因素'"②。

中国辽阔的边疆地区不仅生活着差异显著的各个民族，也为当下民族关系的处理提出了新的要求，即"处理好民族关系，没有放之四海而皆准的模式，关键要找到符合自身实际的正确道路"③。这就需要我们对不同边疆地区及不同民族的实际情况及在国家发展大局中的地位与作用有所把握，这也是当下铸牢中华民族共同体意识的内在要求，哈正利对此指出："培育中华民族共同体意识必然是一个持续推进的战略性基础工程。只有厘清中华民族共同体意识的基本内涵（国情家底、历史主流、政治法治、团结合作、共同发展、共建共享），中华民族共同体意识的培育才不会成为无米之炊，才能有明确的培育内容、明晰的培育方向，科学的培育规划，从而收到事半功倍的效果。"④在中国疆域四周的漫长海域与陆域边疆中，以包括内蒙古地区在内的北部边疆（也即诸草原民族的主要分布区）在历史时期中国边疆治理与国家发展大局中的地位最为关键。赵现海在研究中将"北中国亚洲内陆与北方平原接壤"的北部边疆称为"核心边疆"，并指出："核心边疆是中原王朝、北族政权扩张权力、统一全国的'地理阶梯'与'经济过渡区'，可以合称为'过渡阶梯'"，"无论中原王朝，还是北族政权，在占据这一区域之后，都获得了地理优势与经济补充，从而极大地壮大自身实力。由此可以看出，中国古代中原王朝、北族政权得核心

---

① 习近平：《高举中国特色社会主义伟大旗帜 为全面建设社会主义现代化国家而团结奋斗——在中国共产党第二十次全国代表大会上的报告》，人民出版社 2022 年版，第 39 页。
② 哈正利：《中华民族共同体意识基本内涵探析》，载虎有泽、尹伟先主编《铸牢中华民族共同体意识研究》，第 1—2 页。
③ 国家民族事务委员会编：《中央民族工作会议精神学习辅导读本》，民族出版社 2015 年版，第 54 页。
④ 哈正利：《中华民族共同体意识基本内涵探析》，载虎有泽、尹伟先主编《铸牢中华民族共同体意识研究》，第 7 页。

边疆者得天下，失核心边疆者失天下"。① 因此，包括内蒙古地区在内的北部边疆及生活在这一地区的诸草原民族，无论是在中国边疆治理还是在中华民族共同体关系中都扮演着重要角色。

就内蒙古地区而言，自秦汉以来就形成了统一多民族共存的局面，前文转述历史时期出现在内蒙古地区的诸草原民族即是在与中原王朝碰撞与交融的过程中逐渐形成了相互依存、密不可分的中华民族共同体关系，这一过程是在自发自觉中完成的，因而"中华民族作为一个自觉的民族实体，是近百年来在中国和西方列强对抗中出现的，但作为一个自在的民族实体则是几千年的历史过程所形成的"②。生活在内蒙古地区的诸草原民族与中原王朝（或者说中原农耕民族）之间的密切关系即是在自发自觉（即引文所说的"自在"）的过程中形成的，这也体现出历史时期中华民族在北部边疆地区的形成过程与基本情况。因此，内蒙古地区自古既是多民族聚居之地，历史的发展过程也表明当地不仅形成了诸多草原民族，同农耕民族在长期碰撞与交融过程中也推动了中华民族共同体的形成与发展，也是当下推进铸牢中华民族共同体意识的重要内容。

今日的内蒙古地区同样也是多民族聚居之地，根据 2020 年第七次全国人口普查的数据，内蒙古自治区分布有汉族、蒙古族、满族、回族、达斡尔族、鄂伦春族、鄂温克族等 49 个民族，全区常住人口中，"汉族人口为 18935537 人，占 78.74%；蒙古族人口为 4247815 人，占 17.66%；其他少数民族人口为 865803 人，占 3.60%。与 2010 年第六次全国人口普查相比，汉族人口减少 715150 人，减少 3.64%；蒙古族人口增加 21722 人，增长 0.51%，其他少数民族人口增加 36262 人，增长 4.37%"③。各民族聚居与和谐发展是今日内蒙古地区的基本民族结构与发展特征，同时也是中华人民共和国成立后内蒙古地区民族工作取得显著成效的关键所在，2021 年 3 月 5 日习近平总书记在参加十三届全国人大四次会议内蒙古代表团审议时指出："内蒙古作为我国最早成立的民族自治区，在促进民族团结上具有光荣传统，长期以来拥有'模范自治区'的崇高荣誉，要倍加珍惜、继续保持。要围绕共同团结奋斗、共同繁荣发展，牢记汉族离不开少数民族、少数民族离不开汉族、各少数民族之间也相互离不开，

---

① 赵现海：《中国古代的"核心边疆"与"边疆形态"》，《石河子大学学报》（哲学社会科学版）2019 年第 2 期。

② 费孝通：《简述我的民族研究经历和思考》，《北京大学学报》（哲学社会科学版）1997 年第 2 期。

③ 《内蒙古自治区第七次全国人口普查公报（第一号）——全区常住人口情况》，《内蒙古统计》2021 年第 2 期。

在促进民族团结方面把工作做细做实,增强各族群众对伟大祖国、中华民族、中华文化、中国共产党、中国特色社会主义的认同。"① 由此可见,内蒙古自治区是早于中华人民共和国成立的第一个少数民族自治区,不仅见证了统一多民族国家与中华民族共同体的形成,在当下开展铸牢中华民族共同体意识工作中同样要担负起历史的责任和使命。

四 结语

历史与现实都表明,中国是由多民族共同缔造与共同经营的,习近平总书记在2019年全国民族团结进步表彰大会上提出了"四个共同"理念,其一便是"我们辽阔的疆域是各民族共同开拓的。'邦畿千里,维民所止。'各族先民胼手胝足、披荆斩棘,共同开发了祖国的锦绣河山"②。中国的历史发展进程也进一步表明,各民族共同开拓了祖国的辽阔疆域并创造了辉煌灿烂的中华文明,在这一过程中也形成了相互依存、密不可分的统一多民族国家与中华民族共同体。统一多民族国家与中华民族共同体既是中国的历史,也是中国的现实国情,中国疆域内出现及存在过的各个民族尤其是那些生存于边疆地区的诸多民族,在统一多民族国家与中华民族共同体形成过程中发挥了重要作用,也是今日中国民族工作开展与学术研究中不能忽视的重要方面。

内蒙古自治区位于中国北部边疆,自古以来即是多民族聚居之地,是构成中国辽阔疆域与统一多民族国家的重要组成部分,中华人民共和国成立后又被确立为五个少数民族自治区之一。近代以来,内蒙古地区为推进铸牢中华民族共同体意识已做出了重要工作,习近平总书记指出:"1923年,内蒙古产生了包括乌兰夫在内的第一批共产党人。1947年5月,党领导的内蒙古自治区宣告成立,成为我们党运用马克思主义解决国内民族问题的成功实践。新中国成立后,内蒙古创造了'齐心协力建包钢'、'三千孤儿入内蒙'等历史佳话。"③ 因此,结合内蒙古地区处于中国北部边疆的特殊地理位置与自秦汉以来逐渐形成的统一多民族共存的社会局面,以及内蒙古自治区作为早于中华人民共和国成立的第一个少数民族自治区,可谓是中华人民共和国民族区域自治制度的发

---

① 习近平:《习近平在参加内蒙古代表团审议时强调 完整准确全面贯彻新发展理念 铸牢中华民族共同体意识》,《人民日报》2021年3月6日第1版。
② 习近平:《在全国民族团结进步表彰大会上的讲话》,第4页。
③ 习近平:《习近平在参加内蒙古代表团审议时强调 完整准确全面贯彻新发展理念 铸牢中华民族共同体意识》,《人民日报》2021年3月6日第1版。

源地与最早探索者，经历了七十余年的发展建设，内蒙古自治区为坚定不移走中国特色解决民族问题的正确道路提供了丰富的实践经验，为中华民族共同体的稳定繁荣发展做出了有益探索，在当下推进铸牢中华民族共同体意识中同样不可或缺且肩负着重要的使命与责任。

（刘志彧，内蒙古大学中华民族共同体研究中心主任；崔思朋，内蒙古大学中华民族共同体研究中心研究员）

早期中国方国文化研究

《穆天子传》作于西周史官说批判

周书灿

摘　要：《穆天子传》历来被视为以小说、神话为主兼具多学科价值的综合性著作，西周的传世文献和金文中尚未见小说、神话文体；《穆天子传》于晋代出土之前，于东周秦汉时期的文献中，未见任何著录、转引的信息；《穆天子传》部分文字用语和西周金文及先秦文献用法差异明显。如在西周金文和先秦时期的传世文献中，未见一例称天子之妃曰"皇后"的记载，显而易见，《穆天子传》中之"皇后"必为西周以后乃至秦汉时期之称谓。西周金文中包含"天子"的句子，绝大多数是赞美周王的，《穆天子传》中的"天子"没有一例用作赞美颂扬周穆王的，而皆为一般性的记事记言文字，二者之间，差异颇为明显。西周文王、武王、成王、康王、昭王、穆王的名字，司马迁在《史记·周本纪》中说得很清楚，分别为文王昌、武王发、成王诵、康王钊、昭王瑕、穆王满，各种古代文献记载，颇为一致。《穆天子传》中的"穆满"之称，全部见于《穆天子传》等汲冢书出土之后的南北朝时期及更晚的文献中。除《穆天子传》外，迄今尚未发现一例见于其他先秦秦汉乃至魏晋时期的文献记载中有"穆满"之称，显而易见，其绝不可能为西周时期史官对周穆王的称谓。"太王亶父"不是西周人的称谓，太王和公亶父合为一个人是战国时的事，《穆天子传》卷二记"大王亶父之始作西土"一语，必非西周时期周穆王所说。中国最早的金属货币出现于春秋中晚期。黄金用作货币，则始于战国时期，《穆天子传》卷二所记，天子乃赐赤乌氏之人黄金四十镒的传说，并不符合西周时期的历史事实，传说的发生绝不可能早于战国时期。《穆天子传》所载"七萃之士"迄今尚未见载于西周时期的金文和中国早期文献。迄今尚难以对《穆天子传》的著述年代和作者此复杂问题下确切定论。但通过以上几个方面的分析和思考，则可以做出判断，《穆天子传》绝不可能成书于西周时期，更非西周史官所作。

＊ 本文为贵州省 2020 年度哲学社会科学规划国学单列一般课题"现代学术思潮与多学科视野下的《穆天子传》研究"（课题批准号：20GZGX16）成果。

关键词：《穆天子传》；西周；批判

《穆天子传》的作者及成书年代，长期以来一直是学术界争讼较多而迄今尚未有一致结论的重要难题。而该问题直接关涉到《穆天子传》史料的正确运用，所以仍有必要继续进行一番系统的总结和深入的讨论。迄今为止，赞同《穆天子传》为"纯西周作品"①，"必定是西周的史官所作"②的学者已经越来越少。然而，该观点毕竟曾一度流行于学术界，而且迄今仍有少数非文史学科出身，学术水准处于水平线以下的学者，继续申论《穆天子传》乃西周史官所作说。尽管其早已非学术界的主流观点，但仍有必要继续进行深入的讨论，以达到正本清源的目的。

一　西周时期的传世文献和金文中未见小说、神话文体

梁启超先生指出，文体"是辨伪书最主要的标准"③：

> 因为每一个时代的文体，各有不同。只要稍加留心便可分别。即使甲时代的人模仿乙时代的文章，在行的人终可看出。……造伪的人无论怎样模仿，都不能逃真知灼见者的眼睛。④

综前可知，《穆天子传》在流传过程中屡屡有《穆王传》《周王游行》《周王传》《周穆王传》《周王游行记》不同的名称，显然长期以来学术界普遍将其视为传记类著作。近年来，有的学者曾将西周铜器铭文中记的文体区分为非记事性质的"记"文和记事性质的"记"文两类。西周铜器铭文中记事性质的"记"文，大多与作器之事有关，一般记录作器者、作器原因、作器对象、作器时间、所作器物名等，有的还反映了赏赐、祭祀、巡行、大射、宴飨、田猎、征伐等相关信息。⑤但总的来看，西周铜器铭文中记事性质的"记"文，一般篇幅都不长，文字简略。现藏于台北故宫博物院的西周晚期青铜器毛公鼎，鼎内的铭文约五百字，是目前发现的所有的青铜鼎当中铭文最长的。同样，被学者普遍视为西

---

① 常征：《〈穆天子传〉是伪书吗？——〈穆天子传新注〉序》，《河北大学学报》（哲学社会科学版）1980年第2期。
② 孙致中：《穆王西征与〈穆天子传〉》，《齐鲁学刊》1984年第2期。
③ 梁启超演讲，周传儒、姚名达、吴其昌笔记：《古书真伪及其年代》，中华书局1955年版，第57页。
④ 梁启超演讲，周传儒、姚名达、吴其昌笔记：《古书真伪及其年代》，第57页。
⑤ 梅军：《殷商西周散文文体研究》，科学出版社2016年版，第333页。

周时期文献的《尚书·牧誓》及《逸周书·克殷》《世俘》等篇,皆为百余字或数百字的短篇。《穆天子传》在宋代有八千余字,迄明代仍有六千余字,这样篇幅的记事类文章,在西周青铜器铭文和中国早期文献中,迄今尚未发现。

同样,迄今学术界较为普遍地把《穆天子传》视为以小说、神话为主,兼具多学科价值的文学类文献。中国古代小说的起源时代,学术界尚无明确定论。范烟桥先生说:"《易经》之'有豕负涂,载鬼一车''小狐汔济'诸词,《诗经》之《桑中》《濮上》诸篇,皆有小说意味;而《春秋》所载尤夥,至于完成小说之组织,则在战国以后矣。"① 亦有学者认为:"在战国时,亦有寓意与神话小说,然不名之为小说。张衡《西京赋》:'匪惟玩好,乃有秘书;小说九百,本自虞初。'虞初,汉武帝时人。则小说二字之名称,始于汉代,已无疑矣。"② 尽管在中国古代,小说概念极其含混,但可以断言,西周时期是不大可能产生诸如《穆天子传》之类的小说、神话类文体的,因为这在西周金文和被视为西周史料的早期文献中,根本看不到小说、神话文字的一丝踪影。

二 为何《穆天子传》于《史记》等文献未见任何著录、称引?

迄今为止,能够看到《穆天子传》著录较早见于汲冢书出土以后的东晋、南朝时期,但当时是书并不叫《穆天子传》,王隐《晋书》和萧统《文选》分别称之为《周王游行》③《周王传》④。只是到了唐代,《晋书》⑤《隋书》⑥ 等史书中,才屡屡出现《穆天子传》之题名。同样,晚出文献对《穆天子传》的称引,大体也始于汲冢书出土后的南北朝时期。

如在《水经注》中,我们较早看到,郦道元对《穆天子传》相关内容的引用。兹仅仅举证《水经注》卷一几条记载,加以说明:

---

① 范烟桥:《中国小说史》,河南人民出版社2017年版,第2页。
② 张静庐:《中国小说史大纲》,西北大学出版社2019年版,第1页。
③ 《玉海·艺文志》卷13引王隐《晋书·束皙传》载:"太康元年,汲郡得竹书漆字科斗之文,周时古文也。大凡七十五卷。《晋书》有其目录,其六十八卷皆有名题,其七卷折简碎杂,不可名题。有《周易》上下经二卷,《纪年》十二卷,《琐语》十一卷,《周王游行》五卷,说穆王游行天下之事,今谓之《穆天子传》。此四部差为整顿,诏荀勖、和峤以隶字写之。"(宋)王应麟撰,武秀成、赵庶洋校证:《玉海艺文校证》卷13《晋竹书纪年 古文官书》,凤凰出版社2013年版,第605页。
④ 陶渊明:《读山海经诗一首》载:"泛览《周王传》,流观《山海图》。"李善注:"《周王传》,《穆天子传》也。"(梁)萧统编,(唐)李善注:《文选》,中华书局1977年版,第425页。
⑤ 《晋书·束皙传》载:"《穆天子传》五篇,言周穆王游行四海,见帝台、西王母。"中华书局1974年版,第1433页。
⑥ 《隋书·经籍志二》载:"《穆天子传》六卷,汲冢书。郭璞注。"中华书局1973年版,第964页。

又按《穆天子传》，天子自昆仑山入于宗周，乃里西土之数。自宗周瀍水以西，北至于河宗之邦，阳纡之山，三千有四百里，自阳纡西至河首，四千里。合七千四百里。①

《穆天子传》曰：天子西征，至阳纡之山，河伯冯夷之所都居，是惟河宗氏。天子乃沈珪璧礼焉。河伯乃与天子披图视典，以观天子之宝器，玉果、璇珠、烛银、金膏等物。②

《穆天子传》曰：天子升于昆仑之丘，以观黄帝之宫，而封丰隆之葬。③

按《穆天子传》：穆王于昆仑侧瑶池上，觞西王母。云，去宗周瀍涧万有一千一百里。④

郦道元为北魏时期杰出的地理学家，《水经注》为北魏时期优秀的地理学著作。郦道元颇为重视《穆天子传》的地理学价值，由此可见一斑。

颇为值得注意的是，《穆天子传》于晋代出土之前，于东周秦汉时期的文献中，未见任何著录、转引的信息。学者称，司马迁著述《史记》，"所涉猎者广博，贯穿经传"⑤，对于司马迁著述《史记》所看到的重要著作，班固说："司马迁据《左氏》、《国语》，采《世本》、《战国策》，述《楚汉春秋》"⑥，其他学者说，除以上著作外，司马迁还"博采古文及传记诸子……旁搜异闻"⑦，显然，在"坟典湮灭，简册阙遗"⑧的情况下，司马迁还是尽可能充分搜集到他能看到的各种著作。颇可值得思考的是，司马迁自称其祖上"世典周史"⑨，如果《穆天子传》为西周时期史官所作，那么司马迁难道一点也没听说过？司马迁在《史记·周本纪》中关于穆王的记述，大体上取自《国语·周语上》所载"穆王将征犬戎"和《尚书·吕刑》两方面的素材，而对《穆天子传》只字

---

① （后魏）郦道元注，（清末）杨守敬、熊会贞疏，段熙仲点校，陈桥驿复校：《水经注疏》卷1，江苏古籍出版社1989年版，第4—5页。
② （后魏）郦道元注，（清末）杨守敬、熊会贞疏，段熙仲点校，陈桥驿复校：《水经注疏》卷1，第12页。
③ （后魏）郦道元注，（清末）杨守敬、熊会贞疏，段熙仲点校，陈桥驿复校：《水经注疏》卷1，第14页。
④ （后魏）郦道元注，（清末）杨守敬、熊会贞疏，段熙仲点校，陈桥驿复校：《水经注疏》卷1，第58页。
⑤ 《汉书》卷62《司马迁传》，中华书局1962年版，第2737页。
⑥ 《汉书》卷62《司马迁传》，第2737页。
⑦ 《史记》索隐后序，中华书局1959年版，第9页。
⑧ 《史记》正义序，第11页。
⑨ 《史记》卷130《太史公自序》，第3285页。

不提。司马迁根本没有看到过《穆天子传》，是由于《穆天子传》历经战乱和秦代的焚书，没有保存下来，抑或《穆天子传》根本就非周代的文献，限于材料的匮乏和信息的不完整，我们无法得知。

三 《穆天子传》部分文字用语和西周金文及先秦文献用法差异明显

《穆天子传》中部分文字，和被普遍视为西周时期的传世文献及西周金文的用语相比，多有差异。兹约略举证如下：

1. 关于"皇后""天子"

在《穆天子传》著作年代问题的讨论中，童书业先生曾经由"皇后""天子"可疑，推测《穆天子传》晚出：

> 本书云："天子乃命盛姬□之丧视皇后之葬法"（卷六）。案：《尚书·顾命》云："皇后凭玉几"，此皇后谓天子也，"后"者爵位，"皇"形容词也；"皇后"犹言大天子也。本书之所谓"皇后"，则俨然秦、汉以后之皇后焉。考古天子之妻称"王后"，无称"皇后"者；天子之妻之称"皇后"，与"皇帝"配者也；而人王之称"皇帝"始于始皇。（《吕刑》"皇帝"乃天帝也，本书中亦有"皇帝"，尚非天子之称）；则本书固不能成于秦代以前矣。（又本书又以"淑人"称天子之妃，此种"淑人"之称亦非古。）
> ……案古称天子多曰"王"，金文《尚书》等可以为证。《诗经》虽较多称"天子"，然亦屡称"王"，其称"天子"，盖多因协字与韵耳。《左传》、《国语》等战国书称周王亦多曰"王"，罕称"天子"者。汉世之后始多以"天子"或"上"称皇帝，如《史记》、《汉书》记武帝事之体裁，每与《穆天子传》合。取《武帝纪》、《封禅书》、《郊祀志》等与《穆天子传》对勘，可以发现甚多之相同点焉。此《穆天子传》晚出之证之最昭著者矣。[①]

童氏以上怀疑，亦有学者做如下回应：

> 童先生此疑亦未然。"天子"一称，西周已有，在西周金文中有数百

[①] 童书业：《汉代以前中国人的世界观念与域外交通的故事》附录《〈穆天子传〉疑》，《中国古代地理考证论文集》，中华书局1962年版，第42页。

例实证,这在今天早已是常识了。童先生未察金文,实是智者之失。"皇后"之称,确是秦汉以后才见的,因此历来难解。笔者直至检得七十年代在河北平山县发掘古中山国一号墓中出土的《兆域图》(寝堂平面结构图)后,始悟其中奥妙。《兆域图》中有一个方框表明是王后的寝堂,其中有文字云:"王后堂方二百尺,其葬视哀后。"《穆传》"皇后"一称在卷六,其文云:"天子乃命盛姬□之丧视皇后之葬法"。无需多作考辨,一望即可明了,二句话是何等相似,简直如出一辙。《穆传》文中之"皇后",原本必是作"王后"。现作"皇后",若非写定者笔改,必是后世浅学者所为。如果童先生能见到《兆域图》,也一定会前疑冰释了。[①]

在笔者看来,以上学者对童先生由"皇后""天子"可疑,推测《穆天子传》晚出之疑问的回应,似乎并非真的完全"冰释",相反,以上的回应文字,似乎仍有颇多令人颇感费解之处。

首先,以上回应中,仅仅据《穆天子传》卷六所记"天子乃命盛姬□之丧视皇后之葬法"一语与古中山国一号墓出土《兆域图》所记"王后堂方二百尺,其葬视哀后"文字"何等相似,简直如出一辙",就断定"《穆传》文中之'皇后',原本必是作'王后'。现作'皇后',若非写定者笔改,必是后世浅学者所为",这里丝毫看不出该学者究竟有何具有重要说服力的证据,仅仅是一种缺乏根据的大胆推测。

其次,以上回应中说:"'天子'一称,西周已有,在西周金文中有数百例实证",此语不误。事实上,童氏也并未否定金文及先秦文献《诗经》《尚书》《左传》《国语》中有"天子"之称,其只是强调说,金文及《尚书》等文献"称天子多曰'王'";《诗经》"较多称'天子'","盖因多协字与韵";《左传》《国语》等战国书"罕称'天子'",而且就西周金文和先秦文献中"天子"记载而论,童氏的以上表述,也颇为符合先秦时期的历史实际。

兹不对童氏《穆天子传》"不能成于秦代以前"的观点进行讨论,但可以发现,童氏的以上对《穆天子传》中"皇后""天子"用语的怀疑,则足以为《穆天子传》作于西周史官说,提出极具有说服力的反证。

西周金文和早期先秦文献中绝无"王后""皇后"称谓,时王之妃屡有西周铜器铭文中所载王姒、王姜、王俎姜、王妠、王白姜、王京、王姞等之称。刘启益先生曾结合传世文献和金文资料,举证西周王妃称谓如下:

[①] (晋)郭璞注,王贻梁、陈建敏校释:《穆天子传汇校集释》,中华书局2019年版,《整理前言》,第6页。

武王：邑姜

成王：王姒（叔勉方彝、叔勉方尊、保卣母壶）

[附：文王妃太姒（后母姒康方鼎、王姒方鼎）]

康王：王姜（令簋、乍册睘卣、叔卣、旟鼎、鼎伯卣）

昭王：王祁

穆王：王俎姜（彧鼎）
　　　王姜（不寿簋）

共王：（王妫？）（窑鼎）

懿王：王白姜（王白姜壶、王白姜鬲）

孝王：王京（小臣传簋）

夷王：王姞（噩侯簋）

厉王：申姜（王作姜氏簋）

宣王：齐姜

幽王：申姜（前）、褒姒（后）①

迄今为止，在西周金文和先秦时期的传世文献中，未见一例称天子之妃曰"皇后"的记载，显而易见，《穆天子传》中之"皇后"必为西周以后乃至秦汉时期之称谓。

和"皇后"称谓不同，"天子"之称屡见于西周金文和《诗经》《尚书》等先秦文献，但先秦时期早期文献和西周金文中"天子"基本不见于叙事，多用作颂扬之语。据统计，《殷周金文集成》中，"天子"凡227见。如表1所示。

表1　《集成》所见"天子"句式一览

句式	频次	出处
敢对扬天子不（丕）显休	19	《集成》92，2747，2786，4210，4211，4212，4250，4251，4252，4256，4277，4283，4284，4285，4294，4295，4298，4299，4312
敢对扬天子休命	2	《集成》4296，4297
敢对扬天子休	18	《集成》107—8，143，2783，2784，4199，4200，4243，4253，4254，4323，4324，4342，4462，4463，204—5，206—7，209，2792
敢对扬天子不（丕）显鲁休	23	《集成》181，2812，2814，2815，2827，2828，2829，2836，4274，4275，4318，4319，4340，4332，4333，4334，4335，4336，4337，4338，4339，4467，4468

① 刘启益：《西周金文中所见的周王后妃》，《考古与文物》1980年第4期。

续表

句式	频次	出处
昭于天子	5	《集成》157，158，159，160，161
敢对天子不（丕）显鲁休扬	1	《集成》4465
敢对扬天子不（丕）显休令（命）	3	《集成》2817，4280，4282
敢对易（扬）天子不（丕）显鲁休命	1	《集成》4279
敢对扬天子不（丕）显叚（遐）休令（命）	1	《集成》2819
敢对扬天子不（丕）休令（命）	1	《集成》4267
此敢对扬天子不（丕）显休令（命）	11	《集成》2821，2822，2823，4303，4304，4305，4306，4307，4308，4309，4310
敢天子不（丕）显休扬	3	《集成》187—8，189—90，191
对扬天子不（丕）显皇休	1	《集成》2804
对扬天子不（丕）显休	5	《集成》2808，2820，4272，4273，4302
敢对扬天子不（丕）显休赉	1	《集成》2810
敢对扬天子不（丕）休	1	《集成》4212
敢对天子休	1	《集成》4326
敢对扬天子休令（命）	4	《集成》2825，4179，4180，4181
敢对扬天子鲁休令（命）	4	《集成》4225，4226，4227，4228
敢对天子鲁休扬	1	《集成》241
敢对扬天子不（丕）显休命	1	《集成》4276
对扬天子不（丕）鲁休	1	《集成》4316
敢对扬天子不（丕）鲁休	1	《集成》4331
对扬天子不（丕）显鲁休	1	《集成》4469
霎扬天子不（丕）显休	4	《集成》4246，4247，4248，4249
旅对天子鲁休扬	5	《集成》238，239，240，242—4，24
对扬天子休	6	《集成》2791，2805，4121，4325，4287，4195
对扬天子厥休	2	《集成》4270，4271
对扬天子不（丕）显休令（命）	1	《集成》4288
对扬天子不（丕）显休命	3	《集成》4289，4290，4291
对扬天子显休令（命）	1	《集成》4321
不（丕）敢显天子对扬休	1	《集成》4268
淄（祗）御于天子	6	《集成》238，239，240，241，242—4，24
乃天子多赐旅休	6	《集成》238，239，240，242—4，241，24
天子滅宫（贮）伯姜	1	《集成》2791

续表

句式	频次	出处
伯姜曰受天子鲁休	1	《集成》2791
受天子休	1	《集成》4205
天子肩事梁其	3	《集成》187—8，189—90，191
用天子宠蔑梁其历	3	《集成》187—8，189—90，191
曰（扬）天子（景）令（命）	10	《集成》2787，2788，4229，4230，4231，4232，4233，4234，4235，4236
天子万年	1	《集成》2791
卑（俾）天子万年	1	《集成》2830
卑（俾）天子迈（万）年	1	《集成》2830
天子迈（万）年	1	《集成》2776
天子其万年无疆	1	《集成》2836
天子其万年	1	《集成》4277
厥复享于天子	1	《集成》2824
唯厥事（使）乃子或万年辟事天子	1	《集成》2824
天子明哲	1	《集成》2836
不（丕）显天子	1	《集成》2836
对扬天子鲁命	1	《集成》4202
天子多赐追休	6	《集成》4219，4220，4221，4222，4223，4224
追敢对天子景扬	6	《集成》4219，4220，4221，4222，4223，4224
鲁天子造厥濒（频）福	1	《集成》4241
天子	1	《集成》191
朕臣天子	1	《集成》4241
臣天子	1	《集成》4277
辟天子	3	《集成》187—8，189—90，191
虢臣皇辟天子	1	《集成》2830
臣保天子	1	《集成》2830
畯臣天子	31	《集成》2821，2822，2823，2827，2828，2829，4219，4220，4221，4222，4223，4224，4303，4304，4305，4306，4307，4308，4309，4310，4332，4333，4334，4335，4336，4337，4338，4339，4446，4447，4465
睽令豕曰天子：余弗敢吝	1	《集成》4298
天子休弗望（忘）小裔邦	1	《集成》4331

综上可知，西周金文中包含"天子"的句子，"绝大多数是赞美周王的"①。应该强调的是，早在 20 世纪末，有的学者就曾做以上推测。迄今为止，笔者觉得，这一结论是符合西周时期的历史实际的。

《穆天子传》中，"天子"屡见。兹仅将《穆天子传》卷一中所见含有"天子"内容的语句，列举如下：

(1) 饮天子蠲山之上。

(2) 天子北征。

(3) 觞天子于盘石之上。

(4) 天子乃奏广乐。

(5) 天子猎于钘山之西阿。

(6) 天子北升于□。

(7) 天子北征于犬戎。

(8) 犬戎□胡觞天子于当水之阳。

(9) 天子乃乐，□赐七萃之士戗。

(10) 天子以寒之故，命王属休。

(11) 天子西征。（出现三次）

(12) 逆天子于智之□。

(13) 天子舍于漆泽。

(14) 天子猎于渗泽。

(15) 天子饮于河水之阿。

(16) 天子属六师之人于邺邦之南，渗泽之上。

(17) 河宗柏夭逆天子燕然之山。

(18) 天子使郊父受之。

(19) 天子授河宗璧。

(20) 河宗□命于皇天子。

(21) 天子受命。

(22) 天子大朝于黄之山。

(23) 周观天子之珤（bao）器。（以下并见"天子之珤""天子之珤万金"，不再单列）

(24) 天子之弓射人步剑、牛马、犀□器千金。

(25) 天子之马走千里，胜人猛兽。

(26) 天子之狗走百里，执虎豹。

---

① ［日］石井宏明：《东周王朝研究》，中央民族大学出版社 1999 年版，第 134 页。

(27) 为天子先。
(28) 天子西济于河。
(29) 天子之骏。
(30) 天子之御。
(31) 曰天子是与出□入薮，田猎钓弋。
(32) 天子曰：（出现两次）

将《殷周金文集成》和《穆天子传》卷一中包含"天子"的句式，相互对照，则很容易明显看出，二者之间，差异颇为明显。《穆天子传》中的"天子"没有一例用作赞美颂扬周穆王的，皆为一般性的记事记言文字。因此，西周金文和早期的先秦文献中，虽然已有"天子"之称，但这并不能成为《穆天子传》成书于西周的强有力证据。

2. 关于"穆满"的称谓

《穆天子传》卷一记载，河伯、河宗氏分别以帝的名义呼周穆王"穆满"。郭璞注曰："以名应，谦也。言谥盖后记事者之辞。"顾实则解释说：

> "穆满"亦河伯呼穆王之名也。《左氏传》载荀偃济河而祷曰："曾臣彪将率诸侯以讨"，彪为晋平公名，荀偃在河神之前，得直称君名，则河伯在河神之前，亦得径呼穆王之名曰满也。且周成王生前已称成，（《吕览·下贤篇》曰："周公旦抱少主而成之，故曰成王。"《史记·鲁世家》载周公曰："我，文王之子，武王之弟，成王之叔父"，皆其证也。）则穆王亦何不可生前已称穆。故穆满云者，不必为死后追记之辞可知也。凡此数端，皆可正郭注之疏也。①

顾实的以上解释，似乎尚未能完全令人信服。从现代学术史的视角考察，自王国维先生提出"周初诸王若文、武、成、康、昭、穆皆号而非谥"② 以来，学者多加信从。郭沫若先生进一步论定"疑谥法之兴当在战国时代"③ 后，王氏的观点一度几成定论。当然，也屡有不同意见，如于省吾先生即坚持穆王生称谥之论："按《注》云，'言谥盖后记事者之辞'，此说非是。遹殷：'穆穆王在莽京'，'穆穆王亲锡遹僷'，是穆王生称谥号之证。"④ 岑仲勉先生则更认为："按周金文言天子丕显，丕显之语原为 mahan……换言之，'穆满'即'丕显'

---

① 顾实编：《穆天子传西征讲疏》，上海三联书店2014年版，复制版，第32—33页。
② 王国维：《观堂集林》，中华书局1959年版，第895页。
③ 郭沫若：《金文丛考》，人民出版社1954年版，第112页。
④ 于省吾：《〈穆天子传〉新证》，《考古》1937年第6期。

之另一种音写，其义为大（王）。穆王之名，不得而详。"① 以上诸说中，唯岑氏"穆满"即"丕显"另一音写说，显得颇为与众不同。然而，岑说疑问仍不少。司马迁在《史记·周本纪》中已经说得很清楚："昭王南巡狩不返，卒于江上。……立昭王子满，是为穆王。"② 穆王名满，司马迁说得很明白，不知为何岑先生却说："穆王之名，不得而详。"迄今为止，"穆满"及穆王之"穆"为生号还是死谥，学术界仍聚讼纷纭，悬而未决。然而，以上争讼并不影响本主题的讨论，即西周金文中，文、武、成、康、昭、穆诸王有无诸如"穆满"，王号+名字的例子。

兹将《殷周金文集成》中铜器铭文中的西周王号，整理为表2。

表2　　　　　　　　　《集成》所见西周王号一览

王号	铭文	编号
文王武王	丕显文王/今我惟即井（刑）廪（秉）于文王正德/若文王令二三正	《集成》2837
	丕显文、武	《集成》2841，4321，4342，4467，4468
	亡不闲于文、武耿光	《集成》2841
武王成王	雩武王既戡殷/微史剌（烈）祖来见武王/武王则令周公舍寓以五十颂处	《集成》251—6
	王肇遹省文、武堇（勤）疆图	《集成》260
	公剌铸武王、成王异鼎	《集成》2758，2759，2760，2761
	赐于武王作臣	《集成》2785
	在武王嗣文作邦	《集成》2837
	□□用牲膏（禘）周王武王、成王	《集成》2830
	王省武王、成王伐商图	《集成》4320
	唯武王既克大邑商	《集成》6014
	雩武王既戡殷，徽史剌（烈）祖乃来见武王，武王则令周公舍䖝于周	《集成》10175
	左（佐）右（佑）武王	《集成》10342
康王	渊哲康王	《集成》10175
昭王	宖（宏）鲁卲（昭）王	《集成》10175

---

① 岑仲勉：《〈穆天子传〉西征地理概测》，《中山大学学报》（社会科学版）1957年第2期。
② 《史记》卷4《周本纪》，第134页。

续表

王号	铭文	编号
穆王	祗覞（景）穆王	《集成》10175
	王在周穆王大〔室〕	《集成》2838
	穆穆王在莽京/穆穆王窺（亲）赐遹爵/敢对扬穆穆王休	《集成》4207
	穆王在下淢应（位）/穆王乡（飨）豊（醴）/穆穆王蔑长由以逨（徕）即井伯	《集成》9455

西周文王、武王、成王、康王、昭王、穆王的名字，司马迁在《史记·周本纪》中说得很清楚，分别为文王昌、武王发、成王诵、康王钊、昭王瑕、穆王满，各种古代文献记载，颇为一致。然而，综观以上金文资料，未发现一例"文昌""武发""成诵""康钊""昭瑕""穆满"之称。显然，《穆天子传》卷一所载"穆满"，并非西周时期对穆王的称谓。除《穆天子传》此处记载外，其他有"穆满"记载的文字，则皆出自北魏及以后的文献：

（1）《文选》卷四六载："穆满八骏，如舞瑶水之阴……《易·归藏》曰：昔者夏后启筮，享神于晋之墟，作为璇台于水之阳。穆满八骏，已见江赋。"①

（2）《六臣注文选》载："至如夏后两龙，载驱璇台之上，穆满八骏，如舞瑶水之阴，亦有飨云，固不与万民（五臣本作人字）共也。（善曰：……穆满，周穆王也。言乘八骏之马以游行天下也。）"②

（3）郦道元《水经注》卷三八《溱水》载："言此似不近情，然造化之中，无所不有，穆满西游，与河宗论宝，以此推之，亦为类矣。"《水经注疏》载："守敬按：穆满与河宗论宝，见《穆天子传》。详《河水注》一。"③

（4）李筌《太白阴经·祃马文篇》载："穆满八骏，足迹接于瑶池；王良驭马，人事标于天汉。"④

（5）《历代钟鼎彝器款识法帖》载："穆满眈荒。周巡天下，祭公作歌，实止王过。"⑤

（6）《困学纪闻》载：石碏曰："陈桓公方有宠于王。"《公羊传》公子翚恐若其言闻乎桓，于是谓桓曰："吾为子口隐矣。"俱见隐四年。《荀子·尧问》

---

① （梁）萧统编，（唐）李善注：《文选》，第647页。
② （梁）萧统选编，（唐）李善等注：《六臣注文选》，浙江古籍出版社1999年版，第849页。
③ （后魏）郦道元注，（清末）杨守敬、熊会贞疏，段熙仲点校，陈桥驿复校：《水经注疏》卷38，第3188页。
④ （唐）李筌著，张文才、王陇译注：《太白阴经全解》，岳麓书社2004年版，第367页。
⑤ （宋）薛尚功撰：《历代钟鼎彝器款识法帖》，浙江古籍出版社2019年版，第240页。

篇》周公曰:"成王之为叔父。"《穆天子传》亦云:"穆满。"皆生而称谥,纪事之失也。①

综上可知,《穆天子传》中的"穆满"之称,全部见于《穆天子传》等汲冢书出土之后的南北朝时期及更晚的文献中。除《穆天子传》外,迄今尚未发现一例见于其他先秦秦汉乃至魏晋时期的文献记载中有"穆满"之称,这也进一步证明,《穆天子传》的"穆满"之称,在中国古代,很晚才逐渐普遍使用,显而易见,其绝不可能为西周时期史官对周穆王的称谓。

3. 关于"太王亶父"的称谓

《穆天子传》卷二记载周穆王的话:"大王亶父之始作西土。"孔颖达《毛诗正义》说:"后世称前世曰古公,犹云先公先王也。太王追号为王,不称王而称公也,此本其生时之事,故言生存之称也。"② 由此可知,杨宽先生说,称公亶父为太王,"是出于文王称王以后的追称"③,颇为正确。

在较早的文献中,亶父和大王,并未一起连称。如《诗经·大雅·绵》载:"古公亶父,陶复陶穴,未有家室。"④"古公亶父,来朝走马。"⑤ 郑、孔二氏均以亶父为字,各自加以解说。郑笺载:"古公,豳公也。古言久也。亶父,字。"孔颖达《正义》载:"以在豳为公,故曰豳公。……《士冠礼》为冠者制字,云伯某甫。亶亦称甫,故知字也。以周制论之,甫必是字,但时当殷代,质文不同时,故又为异说。或殷以亶甫为名,名终而当讳,而得言之者,以其时质故也。"⑥"亶甫"是否太王的字,限于材料的极度贫乏,郑、孔的意见虽约略可备一说,但并非学界最后定论,显然其仍需要获得更多有说服力的材料作为证据支持。

《史记·周本纪》中屡屡以"古公"称太王、亶父:

古公亶父复修后稷、公刘之业,积德行义,国人皆戴之。⑦

---

① (宋)王应麟著,(清)翁元圻辑注,孙通海点校:《困学纪闻注》(第四册)卷6《左氏》,中华书局2016年版,第866—867页。
② (汉)毛亨传,(汉)郑元笺,(唐)孔颖达疏:《毛诗正义》,(清)阮元校刻《十三经注疏》上册,中华书局1980年版,第509页。
③ 杨宽:《西周史》,上海人民出版社1999年版,第40页。
④ (汉)毛亨传,(汉)郑元笺,(唐)孔颖达疏:《毛诗正义》,(清)阮元校刻《十三经注疏》上册,第509页。
⑤ (汉)毛亨传,(汉)郑元笺,(唐)孔颖达疏:《毛诗正义》,(清)阮元校刻《十三经注疏》上册,第510页。
⑥ (汉)毛亨传,(汉)郑元笺,(唐)孔颖达疏:《毛诗正义》,(清)阮元校刻《十三经注疏》上册,第509页。
⑦ 《史记》卷4《周本纪》,第113页。

古公曰："有民立君，将以利之……"①

豳人举国扶老携弱，尽复归古公于岐下。及他旁国闻古公仁，亦多归之。于是古公乃贬戎狄之俗，而营筑城郭室屋，而邑别居之。②

古公有长子曰太伯，次曰虞仲。③

古公曰："我世当有兴者，其在昌乎？"长子太伯、虞仲知古公欲立季历以传昌，乃二人亡如荆蛮，文身断发，以让季历。④

古公卒，季历立，是为公季。公季修古公遗道，笃于行义，诸侯顺之。⑤

西伯曰文王，遵后稷、公刘之业，则古公、公季之法，笃仁，敬老，慈少。⑥

显然，司马迁将"古公"和亶父对等起来。朱熹《诗集传》曲为解说："古公，号也；亶父，名也，或曰字也。后乃追称太王焉。"⑦ 朱熹同样将"古公"和"亶父"对等。清代学者崔述较早论及《史记·周本纪》及朱熹《诗集传》将"古公"与"亶父"对等之误，明确提出"古公"非号说：

《史记·周本纪》称大王曰"古公"；朱子《诗传》因之，曰："古公，号也。"余按：周自公季以前未有号为某公者；微独周，即夏、商他诸侯亦无之，何以大王乃独有号？《书》曰："古我先王。"古，犹昔也；故《商颂》曰："自古在昔。""古我先王"者，犹言"昔我先王"也。"古公亶父"者，犹言"昔公亶父"也。"公亶父"相连成文，而冠之以"古"，犹所谓公刘、公非、公叔类者也。故今以公季例之，称为公亶父云。⑧

至此，崔述似已将问题说清楚了。在较早的文献《诗经》中，有"公亶父"之称，也有"大王"（太王）之称。如《诗·大雅·天作》载："天作高山，大王荒之。"⑨ 但《诗经》中未出现"大王"（太王）连称之例。迄《国

---

① 《史记》卷4《周本纪》，第113页。
② 《史记》卷4《周本纪》，第114页。
③ 《史记》卷4《周本纪》，第115页。
④ 《史记》卷4《周本纪》，第115页。
⑤ 《史记》卷4《周本纪》，第116页。
⑥ 《史记》卷4《周本纪》，第116页。
⑦ （宋）朱熹注：《诗集传》，岳麓书社1989年版，第206页。
⑧ （清）崔述：《丰镐考信录》卷1，（清）崔述撰著，顾颉刚编订《崔东壁遗书》上册，上海古籍出版社2013年版，第165页。
⑨ （汉）毛亨传，（汉）郑元笺，（唐）孔颖达疏：《毛诗正义》，（清）阮元校刻《十三经注疏》上册，第585页。

语》《尚书》《孟子》等文献，屡有"大王"（太王）之称，但仍未有将"大王"（太王）和"亶父"连称：

《国语·鲁语上》载："高圉、大王，能帅稷者也，周人报焉。"①
《尚书·无逸》载："厥亦惟我周，太王、王季克自抑畏。"②
《孟子·梁惠王下》载："大王事獯鬻。"③
《孟子·梁惠王下》载："昔者大王居邠，狄人侵之，去之岐山之下居焉。非择而取之，不得已也。……昔者大王居邠，狄人侵之。事之以皮币，不得免焉。事之以犬马，不得免焉。事之以珠玉，不得免焉。"④

直到成书于战国末期的《吕氏春秋·审为篇》中，方有"太王亶父居邠，狄人攻之"⑤之记载，因此，顾颉刚先生指出，"太王亶父"不是西周人的称谓，太王和公亶父合为一个人是战国时的事，⑥是完全符合先秦时期历史实际的。既然如此，《穆天子传》卷二记"大王亶父之始作西土"一语，必非西周时期周穆王所说。

4. 关于"黄金四十镒"

《穆天子传》卷二记载，天子乃赐赤乌氏之人□亓墨乘四、黄金四十镒、贝带五十、朱三百裹。顾颉刚先生说："'黄金五十镒'（按：王贻梁、陈建敏校释《穆天子传汇校集释》卷二作'黄金四十镒'）是战国时的货币。"⑦金文中赏赐给臣下的"金"，一般皆做成青铜礼器，兹举证如下：

（1）王赐鲜吉金，鲜拜手顿首，敢对扬天子休，用作朕皇考蓍（林）钟。（《集成》143）

（2）臣卿赐金，用作父乙宝彝。（《集成》2595）

（3）辛宫赐舍父帛、金，辛宫用作宝鼎，子子孙孙其永宝用。（《集成》2629）

（4）麦赐赤金，用作鼎，用从邢侯征事。（《集成》2706）

（5）赐金，对扬其父休，用作宝鼎。（《集成》2721）

（6）王夜（掖）功，赐师俞金，俞则对扬厥德，其作厥文考贞（鼎），孙孙子子宝用。（《集成》2723）

---

① 上海师范大学古籍整理研究所校点：《国语》，上海古籍出版社1998年版，第166页。
② （汉）孔安国传，（唐）孔颖达疏：《尚书正义》卷16，（清）阮元校刻《十三经注疏》上册，第222页。
③ （清）焦循：《孟子正义》，《诸子集成》第一册，中华书局1954年版，第66页。
④ （清）焦循：《孟子正义》，《诸子集成》第一册，第96—97页。
⑤ （汉）高诱注：《吕氏春秋》，《诸子集成》第六册，第280页。
⑥ 顾颉刚：《〈穆天子传〉及其著作时代》，《文史哲》1951年第2期。
⑦ 顾颉刚：《〈穆天子传〉及其著作时代》，《文史哲》1951年第2期。

（7）王赐歸妘进金，肆㽙对扬王休，用作父辛宝齍。（《集成》2725，2726）

（8）侯赐宪贝、金，扬侯休，用作召伯父辛宝尊彝。（《集成》2749）

（9）井叔赐䚄赤金、瑹/䚄用兹金作朕文孝（考）宄伯鼒牛鼎。（《集成》2838）

（10）太保赐厥臣剖金，用作父丁尊彝。（《集成》3790）

（11）臣卿赐金，用作父乙宝彝。（《集成》3948）

（12）王赐金百孚（锊），禽用作宝彝。（《集成4041》）

（13）赐赤金，对扬伯休，用作文祖辛公宝䲃簋。（《集成》4122）

（14）赐又（右）事（史）利金，用作旜公宝尊彝。（《集成》4131）

通读以上铭文，则不难发现，西周金文中所赐的"金"，都是用来制作青铜器的，其显然不是黄金，而只能是青铜。这一点，也可以在古代文献记载中获得重要的证据。《国语·齐语》与《管子·小匡》中皆有"美金"与"恶金"之称。《国语》卷六《齐语》载："美金以铸剑戟，试诸狗马；恶金以铸锄、夷、斤、斸，试诸壤土。"① 《管子·小匡》载："美金以铸戈剑矛戟，试诸狗马；恶金以铸斤斧锄夷锯橺，试诸木土。"② 古代文献中的"美金"，学者多认为指青铜、优质铜，意见比较一致，但"恶金"何指，学术界迄今仍争讼未定。如郭沫若起初以为，恶金可能就是毛铁。后来又说，美金是指青铜，恶金是指铁，"是毫无疑问的"③；李剑农以为，恶金当为易于酸化之铁；④杨宽也认为，"恶金"可能指铁。⑤ 然而也有学者认为，恶金是指劣质粗铜，⑥或质量较差的铜。⑦ 但可以肯定的是，所有专家都一致赞同，"美金""恶金"，均非战国以后才逐渐流通并用作赏赐品的黄金。这也可从战国、汉代的文献记载中得以证明。

用黄金进行赏赐的记载，较早见于战国时期的《国语》《墨子》《管子》《战国策》等古代文献：

---

① 上海师范大学古籍整理研究所校点：《国语》，第240页。
② （清）戴望：《管子校正》，《诸子集成》第五册，第125页。
③ 《郭沫若全集》第二卷《历史编·十批判书》，人民出版社1982年版，第62页；《郭沫若全集》第三卷《历史编·奴隶制时代》，人民出版社1984年版，第195页。
④ 李剑农：《中国古代经济史稿》（上），武汉大学出版社2011年版，第47页。
⑤ 杨宽：《中国古代冶铁技术发展史》，上海人民出版社2004年版，第28页；杨宽：《试论中国古代冶铁技术的发明和发展》，《文史哲》1955年第2期。
⑥ 黄展岳：《关于中国开始冶铁和使用铁器的问题》，《文物》1976年第8期；白云翔："美金"与"恶金"的考古学阐释》，《文史哲》2004年第1期。
⑦ 黄金贵、彭文芳：《"恶金"辨正》，《中山大学学报》（社会科学版）2007年第5期。

《国语·晋语二》载:"黄金四十镒,白玉之珩六双,不敢当公子,请纳之左右。"①

《管子·乘马》载:"黄金一镒,百乘一宿之尽也。""一镒之金,食百乘之一宿。""黄金一镒命之曰正。"②

《墨子·号令》载:"又赏之黄金,人二镒。"③

《墨子·号令》载:"有能捕告,赐黄金二十斤。"④

《管子·山国轨》载:"龙夏之地,布黄金九千,以币赀金,巨家以金,小家以币。"⑤

《管子·山权数》载:"置之黄金一斤。"⑥

《管子·山至数》载:"君分壤而贡入市朝同流,黄金一笑也。"⑦

《管子·地数》载:"上有丹沙者,下有黄金。"⑧

《管子·地数》载:"故先王各用于其重,珠玉为上币,黄金为中币,刀布为下币。令疾则黄金重,令徐则黄金轻。"⑨

《管子·地数》载:"以巨桥之粟二什倍而衡黄金百万。"⑩

《管子·揆度》载:"吾非埏埴摇炉橐而立黄金也,今黄金之重一为四者数也。"⑪

《管子·轻重乙》载:"黄金刀布者,民之通货也。"⑫

《战国策·秦策一》载:"黄金百斤尽,资用乏绝。"⑬

《战国策·秦策一》载:"受相印,革车百乘,绵绣千纯,白壁百双,黄金万溢。"⑭

《战国策·秦策一》载:"当秦之隆,黄金万溢为用。"⑮

---

① 上海师范大学古籍整理研究所校点:《国语》,第 312 页。
② 孙诒让:《墨子间诂》,《诸子集成》第四册,第 15 页。
③ 孙诒让:《墨子间诂》,《诸子集成》第四册,第 349 页。
④ 孙诒让:《墨子间诂》,《诸子集成》第四册,第 353 页。
⑤ (清)戴望:《管子校正》,《诸子集成》第五册,第 364 页。
⑥ (清)戴望:《管子校正》,《诸子集成》第五册,第 366 页。
⑦ (清)戴望:《管子校正》,《诸子集成》第五册,第 368 页。
⑧ (清)戴望:《管子校正》,《诸子集成》第五册,第 382 页。
⑨ (清)戴望:《管子校正》,《诸子集成》第五册,第 383 页。"珠玉为上币,黄金为中币,刀布为下币"等文字并见于《管子·轻重乙》。参见(清)戴望《管子校正》,《诸子集成》第五册,第 404 页。
⑩ (清)戴望:《管子校正》,《诸子集成》第五册,第 383 页。
⑪ (清)戴望:《管子校正》,《诸子集成》第五册,第 387 页。
⑫ (清)戴望:《管子校正》,《诸子集成》第五册,第 405 页。
⑬ (西汉)刘向集录:《战国策》,上海古籍出版社 1998 年版,第 85 页。
⑭ (西汉)刘向集录:《战国策》,第 87 页。
⑮ (西汉)刘向集录:《战国策》,第 88 页。

《战国策·齐策四》载:"遣太傅赍黄金千斤,文车二驷,服剑一。"①

《战国策·赵策一》载:"李兑送苏秦明月之珠,和氏之璧,黑貂之裘,黄金百镒。"②

《战国策·韩策二》载:"仲子奉黄金百镒,前为聂政母寿。"③

《战国策·燕策二》载:"臣请献白璧一双,黄金千镒,以为马食。"④

《战国策·燕策三》载:"而赐夏无且黄金二百镒。"⑤

《战国策·宋卫策》载:"黄金三百镒,以随使者。"⑥

就目前所掌握的考古学材料可知,中国最早的金属货币出现于春秋中晚期。黄金用作货币,则始于战国时期,这可以从考古学方面获得重要的证据支持。迄今为止,安徽、江苏、河南、陕西等省均发现过楚金币。⑦ 1979年8月,安徽寿县门西村发现战国时期的金币,计大的十八块、小的一块,共重5187.25克,并伴出金叶残片、小金粒和呈牙状、发丝状,或呈韭叶形而尾端为管状的金质物件,经专家鉴定为楚国金币。⑧ 1974年8月,河南省扶沟县古城公社古北大队发现两件锈结在一起的铜器,上为铜鼎,下为铜壶,其中铜壶内盛金币三百九十二块,有金版一百九十五块与金饼一百九十七块。金版中钤有"郢爰""陈爰"等字样。⑨ 综上可知,《穆天子传》卷二所载,天子乃赐赤乌氏之人黄金四十镒的传说,并不符合西周时期的历史事实,传说的发生绝不可能早于战国时期。

5. 关于膜拜之礼

《穆天子传》屡有膜拜之礼之记载。《穆天子传》卷二载:

> 天子乃赐赤乌之人□丌墨乘四、黄金四十镒、贝带五十、朱三百裹。丌乃膜拜而受。
>
> 天子乃赐曹奴之人戏□……贝带四十、朱四百裹。戏乃膜拜而受。
>
> 天子乃赐之黄金银罂四七、贝带五十、朱三百裹、变□雕官,无皃上

---

① (西汉)刘向集录:《战国策》,第399页。
② (西汉)刘向集录:《战国策》,第605页。
③ (西汉)刘向集录:《战国策》,第994页。
④ (西汉)刘向集录:《战国策》,第1092页。
⑤ (西汉)刘向集录:《战国策》,第1139页。
⑥ (西汉)刘向集录:《战国策》,第1150页。
⑦ 中国社会科学院考古研究所编著:《中国考古学·两周卷》,中国社会科学出版社2004年版,第463页。
⑧ 涂书田:《安徽省寿县出土一大批楚金币》,《文物》1980年第10期。
⑨ 河南省博物馆、扶沟县文化馆:《河南扶沟古城村出土的楚金银币》,《文物》1980年第10期。

下乃膜拜而受。

此外，还有"潜时乃膜拜而受""温归膜拜而受"等。

童书业先生曾就《穆天子传》所载之"膜拜"礼晚出问题发表过颇具说服力的见解：

> 本书屡见"膜拜"之礼，郭璞注云："今之胡人礼佛，举手加头，称南膜拜者，即此类也。"是"膜拜"为胡人礼佛之礼。案佛教自印度孔雀王朝阿育王后始传至中亚一带，其时约在中国六国将亡之时，即公元前二九九年以后；而本书之撰成时代，则最迟不得过公元前二九九年（魏襄王二十年。或谓汲冢乃安釐王之墓，非。）作者又安得知佛教之礼乎？即此一端，已足证晋人之伪造矣。①

童先生发现《〈穆天子〉传》所载之"膜拜"礼为晚出胡人礼佛之礼，颇为正确。在我们今天看来，童氏以此为据，断言《穆天子传》"乃晋人之伪造"，未免过于武断，但童氏的以上论述，迄今尚未遇到专家反驳。诸如有的学者针对童先生《〈穆天子传〉疑》中提出的"《穆传》中有'天子''皇后'的称谓，这都是秦汉以后才有的，《穆传》必出于后人之手"，做了较为详尽的反驳，②然而对童氏《穆天子传》"膜拜"礼为晚出胡人礼佛之礼的解说，未做一字正面的回应。佛教传入中国的时间有多种说法，其中，《三国志·魏志·东夷传》注引《魏略·西戎传》载，汉哀帝元寿元年（前2）博士弟子景卢受大月氏王使伊存口授《浮屠经》。汉献帝以后的文献都说东汉明帝遣使于大月氏写佛经四十二章为佛教入中国之始。佛教传入西域的时间，自然会早一些。据西域史专家考证，印度佛教传入西域的时间，大约是公元前1世纪后半期。③这一推论足以为《穆天子传》所载之"膜拜"礼为西汉以后胡人礼佛之礼说，提供具有重要说服力的证据支持。

6. 关于"七萃之士"

《穆天子传》屡屡提到"七萃之士"："赐七萃之士戋。""天子大飨正公、诸侯、王吏、七萃之士于平衍之中。""天子将至，七萃之士曰高奔戎请生捕虎。"于省吾先生曾对"赐七萃之士戋"一语做如下解释：

---

① 童书业：《汉代以前中国人的世界观念与域外交通的故事》附录《〈穆天子传〉疑》，《中国古代地理考证论文集》，第41页。
② （晋）郭璞注，王贻梁、陈建敏校释：《穆天子传汇校集释》，《整理前言》，第6页。
③ 魏长洪等著：《西域佛教史》，新疆美术摄影出版社1998年版，第20页。

按萃倅字通。《周礼·夏官·戎仆》"掌驭戎车,掌王倅车之政"注:"倅,副也。"近世易州出土古戎器,有萃锯、萃鏺鍗者,均萃车所用之兵器也。尝见古钵两枚,一为"王之萃车"四字,一为"萃车马日庚都"六字,是萃车即副车也。战字旧读如字,顾实谓为演习作战之事,然演习作战,不应言赐。按:战字本应作獸,即兽,亦即狩之假字。……然则,"赐七萃之士獸"者,谓准予七萃之士以狩猎也。古人以狩为游乐,故言赐也。①

于氏以上对"赐七萃之士战"的解释,大体接近先秦时期的历史实际。此后有的学者认为,燕戈中的"△萃",实即《穆天子传》"七萃之士"的"七萃",② 并依此证明,"《穆传》绝不是战国以后人所能伪造的","《穆传》一书也决不是西周时人的作品,更不是什么周王史官的作品","《穆传》必是战国时人的作品"。③ 然而,该学者所认为的"极重要的一条铁证"④,显然还缺乏更多扎实的证据,其仅仅是一大胆的假说,所以依此推论《穆天子传》的作者和成书年代,显然是缺乏足够的说服力的。然而,"七萃之士"迄今尚未见载于西周时期的金文和中国早期文献,即使于氏用以举证的《周礼》,也绝非西周时期的文献。关于这一点,已是学界的常识了。因此,《穆天子传》所载"七萃之士"很自然也就为《穆天子传》作于西周史官说,提供了一条极其重要的反证材料。

《穆天子传》的著述年代和作者问题,长期以来,为学界之一大公案。这恰恰说明该问题固有的复杂性。世远代湮,来自考古和文献方面的信息,日益模糊,因而迄今为止,尚难以对此复杂问题下确切定论。但通过以上几个方面的分析和思考,则可以做出判断,《穆天子传》绝不可能成书于西周时期,更非西周史官所作。

(周书灿,苏州大学社会学院教授)

---

① 于省吾:《〈穆天子传〉新证》,《考古》1937年第6期。
② 王贻梁:《燕戈"七萃"及〈穆天子传〉成书年代》,《考古与文物》1990年第2期。
③ 王贻梁:《燕戈"七萃"及〈穆天子传〉成书年代》,《考古与文物》1990年第2期。
④ 王贻梁:《燕戈"七萃"及〈穆天子传〉成书年代》,《考古与文物》1990年第2期。

新出六种皋陶文献与战国时代的皋陶历史记忆*

王少林

摘　要：新出郭店楚简《穷达以时》《唐虞之道》、上博简《容成氏》、清华简《良臣》《厚父》《四告》六种皋陶文献为重建战国时代的皋陶记忆提供文本基础。战国时代的皋陶记忆内涵丰富，涉及多个面向。皋陶作为东方鸟夷族系宗神，成为祭祷对象，作为徐夷、群舒部族代表人，以政治力量成为虞夏之际的早期国家职官，在文献中还作为禅让的备选部族继承人存在。皋陶记忆的核心是"皋陶作刑"，这成为战国秦汉以下皋陶历史记忆最强势的部分。"皋陶作刑"素地为皋陶部族善于征伐、早期国家兵刑合一的传统，春秋晚期以后，随着成文法的出现，皋陶作刑成为战国时代"法"普遍化的历史根据。"皋陶作刑"传说中的张力是由法律的原始性与历史性造成的，这也成为战国时代诸子不同流派皋陶主题分化的原因所在。

关键词：皋陶；鸟夷；群舒；皋陶作刑；历史记忆

古史传说人物研究在20世纪蔚然成风，迄今为止，关于古史传说人物的研究依旧是古史研究领域最富争议的课题。个中原因在于，古史传说时代严格算来属于历史学家所谓的原史时代（proto-history），有传说而无文字。关于古史传说时代的史料全部属于追述之作，缺乏共时性材料的支撑。有关古史传说时代的认识至今仍在信疑之间，这导致古史人物的研究陷入人格—神格二元对立的极限张力之中，至今无法达成共识。

本文的研究对象为皋陶，是一位争议极大的古史传说时代人物。东汉时期的王充在《论衡》中说："五帝、三王、皋陶、孔子，人之圣也"[1]，标志着至迟在东汉时期皋陶已经成为与五帝、三王、孔子并称的圣人了。20世纪以来，

---

* 本文为2022年度安徽省哲学社会科学规划青年项目"新出材料与安徽古史研究"（项目编号：AHSKQ2022D201）阶段性成果。

[1] （汉）王充：《论衡·讲瑞》，黄晖撰《论衡校释》，中华书局1990年版，第722页。

随着现代史学的建立,科学史料观建立,古史学界开始以科学、理性的态度来审视皋陶其人其事。先行研究中,学者多从皋陶族属、行迹等角度来考证皋陶史事,涌现了一批优秀的研究者与研究成果,为推进皋陶研究做出了杰出的贡献。

20世纪90年代以来,随着新出文献的井喷发现,关于皋陶的新材料也日渐增多。据我们不完全统计,晚近以来关于皋陶的新材料至少有六种:郭店楚简《穷达以时》《唐虞之道》两种,上博简《容成氏》一种,清华简《良臣》《厚父》与《四告》之"周公之告"三种。新出皋陶文献引起了学界关于皋陶研究的新热潮,这些研究散见于不同著作关于以上六种文献的整理工作中。新出文献与新近研究都为我们继续研究皋陶提供了基础与条件。

回顾20世纪以来的皋陶研究与20世纪90年代以来的新见皋陶文献研究,现有研究呈现出零碎化、碎片化与表层化的特征,关于皋陶的系统、综合研究仍处于相对比较缺失的境地。本文主要以传世文献关于皋陶的记载为基础,结合新出六种皋陶文献,重新审视皋陶问题。从皋陶历史、皋陶文化以及皋陶作为中国法律始祖的标志符号角度出发,梳理不同皋陶文献系统之间的记述差异,整合战国时代关于皋陶历史记忆的形成问题。草成此文,略述己意,不当之处,敬请博雅君子教正。

一　皋陶历史素地之推断

20世纪以来的古史传说人物研究在方法论上主要呈现出两种不同认识立场的张力:历史神话化与神话历史化。持历史神话化立场的学者,主要将古史传说人物看成是其人格的体现,而将其神迹看成是历史神话化的结果;而持神话历史化立场的学者恰恰相反,他们认为古史传说人物的神迹主要是古史传说人物神格的体现,而神话人物的历史化才是他们人格生成的原因。两种主张争论不休,迄今为止仍未有达成共识的迹象。

具体到皋陶研究而言,皋陶之人格与神格也不易区分。20世纪20年代,学术宗师王国维曾说:"研究中国古史,最为纠纷之问题。上古之事,传说与史实混而不分。史实之中,固不免有所缘饰,与传说无异;而传说之中,亦往往有史实之素地。二者不易区别,此世界各国之所同也。"[①] 王国维这段话中有几处需要我们注意:(1)坚持"传说"与"史实"的不同,"史实"为契合客观

---

① 王国维:《古史新证·总论》,谢维扬、房鑫亮主编《王国维全集》第十一卷,浙江教育出版社、广东教育出版社2010年版,第241页。

历史实际很高的历史书写,而传说则否;(2)"传说"与"史实"混而不分是上古史料的基本特征,故而不能因为预设前提而否定这一总体逻辑;(3)"传说"应当可以反映部分或者些许的历史实际,也即"素地",但程度很低。故而,关于古史传说人物的研究,重点在于区分"史实"与"传说",找出"传说"中之"素地"。对此王氏门人徐中舒进一步发挥师说,提出"澄滤"理论:"古代传说,本多缘饰之词,但亦当有若干事实,为其素地。此若干事实,如在传说中澄滤而出,即与信史无二。传说之可信与否,即视此澄滤而出之事实多寡而定。"① 徐中舒之"澄滤"即历史学家研究之功夫,重心在于区分具体史料中"史实"与"传说"的部分,以达成"素地"之"事实多寡",最终达到实现信史的目的。这是现代历史学家最具科学、理性的态度,我们认为这种立场是正确的。在具体的研究中,我们首先要通过"澄滤"的功夫,区别皋陶文献中的历史"素地"。

(一) 皋陶族系问题

目前关于皋陶族系问题的认识,一共有如下六种说法。

(1) 皋陶姜姓炎帝族系说

这一学说共分两种类型:一是由章太炎、童书业、杨宽接续发挥而成。皋陶,古文献又作咎繇。章太炎指出,古文献所见许由即咎繇。② 童书业比较《墨子》《吕刑》所见"三后"之名,提出皋陶即伯夷。③ 杨宽赞同章说,进而又以《史记·伯夷列传》所载伯夷之事与许由相似,认为许由与伯夷为同一传说之分化,进而指出皋陶即伯夷。伯夷为姜姓宗神。④ 故而皋陶也属姜姓炎帝族系。

二是由杨向奎提出。杨先生比较《吕刑》等相关文献,提出皋陶或即蚩尤,或为蚩尤后裔,《吕刑》因属于姜姓族系,因此皋陶也属姜姓族系。⑤

(2) 皋陶鸟夷族系说

皋陶鸟夷族系说由顾颉刚提出,顾氏门人刘起釪同意该说,另有吴锐也支持该说。顾颉刚晚年整理古文献,建设新古史,其中一大成绩就是提出鸟夷族

---

① 徐中舒:《殷人服象与象之南迁》,《"中研院"历史语言研究所集刊》第二本第一分,1930年;收入氏著《徐中舒历史论文选辑》,中华书局1998年版,第53页。
② 章太炎:《訄书》(重订本)第十九,《章太炎全集》,上海人民出版社2018年版,第197—199页。
③ 童书业:《五行说起源的讨论——评顾颉刚先生〈五德终始下的政治和历史〉》,顾颉刚编著《古史辨》第五册,上海古籍出版社1982年版,第660—668页。
④ 杨宽:《中国上古史导论》,吕思勉、童书业编著《古史辨》第七册(上),第345—352页;另可参见单行本,杨宽《中国上古史导论》,上海人民出版社2016年版,第243—249页。
⑤ 杨向奎:《蚩尤即皋陶考》,《杨向奎学术文选》,人民出版社2000年版,第87—89页。

系说。他认为皋陶为偃姓之祖,居住在东方,本是鸟夷族系一支。① 刘起釪重申了这一观点。② 服膺顾氏学说的吴锐援引顾先生的观点,支持皋陶鸟夷族系说。③

(3) 皋陶徐舒、群舒族系说

刘起釪、李修松主此说。刘起釪跟随乃师顾颉刚整理《尚书》,注释《皋陶谟》,提出皋陶为群舒宗神,④ 李修松提出皋陶为徐、舒之祖,主张皋陶为徐舒族系。⑤

(4) 皋陶伯益、少昊、颛顼族系说

田昌五主此说。田昌五认为皋陶与伯益为近亲,主张皋陶与少昊族系、伯益族系或颛顼族系关系密切。⑥

(5) 皋陶淮夷族系说

童书业、韩玉德主此说。童书业整理《左传》,认为皋陶为淮夷族系之祖,为东方民族之祖先神。⑦ 韩玉德从皋陶后裔有英、六,而提出皋陶淮夷族系说。⑧

(6) 皋陶东夷族系说

龚维英主此说。龚维英认为皋陶属于东夷族系一支。⑨

以上胪列诸说,细分为六,粗分为二,即以杨宽为代表的姜姓族系说与以顾颉刚为代表的鸟夷族系说。皋陶姜姓族系的依据是《吕刑》为基础的文本对比,以述事相类而推论人物相同,进而因吕氏为姜姓族系大支,生成该说;皋陶鸟夷族系说包括以上(2)—(6)五种说法,学者陈述标准不一,故而生出多种观点:以皋陶活动区域而言,小区域即淮夷,大区域即东夷。以隶属族团而言,小族团即伯益、徐舒,大族团即少昊、颛顼。以宗教崇拜而言,淮夷、东夷、徐舒、少昊、颛顼族系皆崇拜太阳神鸟,故为鸟夷族系。顾颉刚说:"玄鸟本东方民族所崇拜……秦与淮夷等之祖先神本为鸟神","殷人的祖先,秦人的祖先,以及徐人的祖先,各有一套'卵生'的传说,我们可以断说他们都属

---

① 顾颉刚:《鸟夷族的图腾崇拜及其氏族集团的兴亡——周公东征史事考证四之七》,西安半坡博物馆编《史前研究》,三秦出版社 2000 年版,第 148—210 页;另收入氏著《顾颉刚古史论文集》卷 10(下),中华书局 2011 年版,第 913—1031 页。
② 刘起釪:《我国古史传说时期综考》,《古史续辨》,中国社会科学出版社 1991 年版,第 1—73 页。
③ 吴锐:《中国上古的帝系构造》,中华书局 2017 年版,第 345—351 页。
④ 顾颉刚、刘起釪:《尚书校释译论》,中华书局 2005 年版,第 393 页。
⑤ 李修松:《先秦史探研》,安徽大学出版社 2006 年版,第 387—404 页。
⑥ 田昌五:《古代社会形态研究》,天津人民出版社 1980 年版,第 122—123 页。
⑦ 童书业著,童教英校订:《春秋左传研究》(校订本),中华书局 2006 年版,第 27 页。
⑧ 韩玉德:《皋陶考论》,《管子学刊》1997 年第 4 期。
⑨ 龚维英:《论东夷族团的分化及皋陶的南迁》,《江汉考古》1989 年第 1 期。

于鸟夷的一个大部族"。① 顾氏所谓"鸟神",实即太阳神鸟,与其说鸟夷族系崇拜鸟神,不如说他们崇拜太阳神鸟,他们真正崇拜的是太阳神。

比较皋陶姜姓族系与鸟夷族系二说,明显后者的证据更为充分。以下简述之。

其一,皋陶与颛顼、伯益(伯翳)的亲缘关系。《国语·郑语》载:"嬴,伯翳之后也。"②王符《潜夫论·志氏姓》载:"高阳氏之世有才子八人……后嗣有皋陶,事舜。……其子伯翳……舜赐姓嬴。"③《左传》文公十八年孔颖达《疏》:载"《秦本纪》称皋陶是颛顼之后,伯益则皋陶之子"④。《秦本纪》张守节《正义》载:"皋陶之子伯益也。"⑤

其二,皋陶与群舒、徐夷的亲缘关系。《左传》文公五年载:"秋,楚成大心、仲归帅师灭六。冬,楚公子燮灭蓼,臧文仲闻六与蓼灭,曰:'皋陶庭坚不祀忽诸。德之不建,民之无援,哀哉!'"杜预《集解》载:"六,国,今庐江六县。……蓼,国,今安丰蓼县。蓼与六皆皋陶后也。"⑥《左传》文公十二年,孔颖达《疏》引《世本》载:"偃姓:舒庸、舒蓼、舒鸠、舒龙、舒鲍、舒龚。"⑦郑樵《通志·氏族略二》载"蓼氏,偃姓,皋陶之后"⑧。《左传》昭公元年,孔颖达《疏》引《世本》载:"徐、奄二国皆嬴姓。"⑨《史记·夏本纪》载:"帝禹立而举皋陶荐之,且授政焉,而皋陶卒。封皋陶之后于英、六,或在许。"司马贞《索隐》载:"《地理志》六安国六县,咎繇后偃姓所封国。"张守节《正义》载:"英盖蓼也。《括地志》载:光州固始县,本春秋时蓼国。偃姓,皋陶之后也。"⑩《史记·陈杞世家》载:"皋陶之后,或封英、六,楚穆王灭之",司马贞《索隐》载:"蓼、六,本或作英、六,皆通。然蓼、六皆咎繇之后也。据《系本》,二国皆偃姓,故《春秋》文五年《左传》云楚人灭六,臧文仲闻六与蓼灭,曰'皋陶、庭坚不祀忽诸'。杜预曰'蓼与六皆咎繇后'。

---

① 顾颉刚:《鸟夷族的图腾崇拜及其氏族集团的兴亡——周公东征史事考证四之七》,西安半坡博物馆编《史前研究》,第148—210页;另收入氏著《顾颉刚古史论文集》卷10(下),第913—1031页。
② 《国语·郑语》,徐元诰集解《国语集解》,中华书局2002年版,第469页。
③ (汉)王符撰:《潜夫论》,(清)汪继培笺《潜夫论笺校正》,中华书局1985年版,第419—420页。
④ (晋)杜预注,(唐)孔颖达正义,浦卫忠等整理:《春秋左传正义》文公十八年,北京大学出版社2000年版,第664页。
⑤ 《史记》,中华书局1959年版,第173页。
⑥ (晋)杜预集解:《春秋左传集解》文公五年,上海人民出版社1977年版,第441—442页。
⑦ (晋)杜预注,(唐)孔颖达正义,浦卫忠等整理:《春秋左传正义》文公十二年,第620页。
⑧ (宋)郑樵撰:《通志》,中华书局1987年版,第452页。
⑨ (晋)杜预注,(唐)孔颖达正义,浦卫忠等整理:《春秋左传正义》文公十二年,第1318页。
⑩ 《史记》,第83页。

《地理志》云六，故国，皋陶后，偃姓，为楚所灭。又僖十七年'齐人徐人伐英氏'。杜预又曰'英、六皆皋陶后，国名'。"①

其三，皋陶相貌呈现出鸟夷族系的典型特征。《淮南子·修务训》载："皋陶马喙。"②《论衡·骨相》篇载："皋陶马口，其项若孔子。"③龚维英认为，马不得有喙，《淮南子》当误，原意当鸟喙。④案：龚说是正确的意见。鸟喙本为鸟夷族系的象征性体现。如《史记·秦本纪》载"大廉玄孙曰孟戏、中衍"，他们都是"鸟身人言"，⑤ 这里的"鸟身"其实也是为了突出他们作为鸟夷族系的特征。

以上所见皋陶材料足可证皋陶属于东方徐、舒族系，与西方的姜姓炎帝族系无关。新见文献清华简《四告》之"周公之告"可作为这一论点的补充旁证。"周公之告"是《四告》的第一部分，其中涉及皋陶的简文如下（宽式释文）：

> 拜手稽首，者鲁天尹咎繇配享兹薰香，逸肆血盟，有之二元父羊、父豕，荐表非韰。【简1】……翌日，其会邦君、诸侯、大正、小子、师氏、御事，箴告孺子诵，弗敢纵慢，先告受命天丁辟子司【简10】慎咎繇，祈匄成德，秉有三眈，惟汝度天心，兹德天德，用音名四方，氏尹九州，夏用配天。者鲁【简11】天尹咎皋繇，毋忍斁哉，眈保王身，广启㞷心……【简12】⑥

从简文"箴告孺子诵"可知，此事当发生在周公东征之时。"孺子诵"即周成王，程浩认为简文指涉的历史背景即周公践奄之时，而周公之所以向皋陶告祭的原因是"皋陶作为商奄之民的祖先神"⑦。这种认识大致不误，可作为皋陶东方族系说的旁证。

（二）皋陶年代问题

皋陶年代问题异常复杂，这关系到本节一开始谈到的古史人物的神格与人格问题。关于皋陶年代，传世文献所见有四种说法：

（1）帝尧时人

《说苑·君道》篇陈述尧廷诸官载："当尧之时，舜为司徒……禹为司

---

① 《史记》，第1585页。
② 《淮南子·修务训》，刘文典撰《淮南鸿烈集解》，中华书局1989年版，第781页。
③ （汉）王充：《论衡·骨相》，黄晖撰《论衡校释》，第112页。
④ 龚维英：《论东夷族团的分化及皋陶族的南迁》，《江汉考古》1989年第1期。
⑤ 《史记》，第174页。
⑥ 黄德宽主编，清华大学出土文献研究与保护中心编：《清华大学藏战国竹简》（拾）之《四告》，中西书局2020年版，第2—9、25—58、110页。
⑦ 程浩：《清华简〈四告〉的性质与结构》，《出土文献》2020年第3期。

空……皋陶为大理。"①

（2）帝舜时人，下延至大禹时期

《论语·颜渊》篇载："舜有天下，选于众，举皋陶，不仁者远矣。"②

《孟子·尽心上》篇载："舜为天子，皋陶为士。"③

《尚书·尧典》载："帝曰：'皋陶，蛮夷猾夏，寇贼奸宄，汝作士'。"此处"帝"为帝舜。④

《管子·法法》篇载："舜之有天下也……皋陶为李。"⑤

《大戴礼记·五帝德》载：帝舜时，"皋陶作士"，大禹时，"举皋陶与益以赞其身"⑥。

（3）大禹时人

《离骚》载："汤、禹严而求合兮，挚、咎繇而能调。"⑦ 挚为少昊之名，汤与少昊同时，而禹与皋陶对应。

《荀子·成相》篇载："禹得益、皋陶、横革、直成为辅。"⑧

《史记·夏本纪》载："帝禹立而举皋陶荐之，且授政焉，而皋陶卒。"⑨

（4）夏启时人

《太平御览》卷九二九引《归藏》载："昔夏后启上乘飞龙，以登于天，皋陶占之，曰吉。"⑩

新出皋陶文献有四种涉及皋陶的年代问题，其中三种与传世文献记录一致，第四种则提供了一种新说。其详如下：

一，上博简《容成氏》言皋陶为舜、禹时人。其文载（宽式释文）：

> 舜听政三年，山陵不处，水潦不谷，乃立禹以为司空。禹既已【简23下】受命……乃立后稷以为田。后稷既已受命【简28】……乃立皋陶以为李。皋陶既已受命，乃辨阴阳之气而听其讼狱，三【简29】年而天下之人无讼狱者，天下大和均。【简30】……禹有子五人，不以其子为后，见

---

① 《说苑·君道》，向宗鲁校证《说苑校证》，中华书局1987年版，第9—11页。
② 《论语·颜渊》，（宋）朱熹注，王浩整理《四书集注》，凤凰出版社2005年版，第149页。
③ 《孟子·尽心上》，（宋）朱熹注，王浩整理《四书集注》，第380页。
④ 顾颉刚、刘起釪：《尚书校释译论》，第192页。
⑤ 《管子·法法》，黎翔凤撰《管子校注》，中华书局2004年版，第313页。
⑥ 《大戴礼记·五帝德》，（清）王聘珍撰，王文锦点校《大戴礼记解诂》，中华书局1983年版，第122—125页。
⑦ 黄灵庚集校：《楚辞集校》，上海古籍出版社2009年版，第211页。
⑧ 《荀子·成相》，王先谦撰《荀子集解》，中华书局1988年版，第463页。
⑨ 《史记》，第83页。
⑩ （宋）李昉等撰：《太平御览》（影印），中华书局1960年版，第4128页。

【简33下】皋陶之贤也,而欲以为后。皋陶乃五让以天下之贤者,遂称疾不出而死。禹于是乎让益,启于是乎攻益自取。【简34】①

从中可以看出《容成氏》关于皋陶年代主要是帝舜时期,后下延到大禹时期,禹死之前,皋陶已去世。

二,清华简《良臣》说皋陶在禹时。其文载(宽式释文):

> 尧之相舜,舜有禹,禹有伯夷,有益,有史皇,有咎【简1】繇。……【简2】②

此种说法与《荀子·成相》篇很相似,以皋陶为大禹之臣。

三,清华简《厚父》言皋陶在夏启时。其文载(宽式释文):

> 王若曰:"厚父!遹闻禹……【简1】乃降之民,建夏邦。启惟后,帝王亦弗巩启之经德,少命咎繇下为之卿事,兹咸有神,能格于上。【简2】"③

这里则明言皋陶为夏启之臣,皋陶的时代为夏启时。

四,郭店楚简《穷达以时》记录了一种不见于传世文献的说法。《穷达以时》相关简文如下(宽式释文):

> 舜耕于历山,陶埏【简2】于河浦,立而为天子,遇尧也。邵鹞衣胎盖,冒经蒙巾【简3】,释板筑而佐天子,遇武丁也。【简4】④

此处"邵鹞"为原整理者所释,并认为该人名不见于传世各书。⑤ 徐在国认为当隶定为咎繇,认为该处当抄书者所误。⑥ 此后,刘钊也提出此处当即咎繇,

---

① 马承源主编:《上海博物馆藏战国楚竹书》(二),上海古籍出版社2002年版,第91—146、247—293页。
② 李学勤主编,清华大学出土文献研究与保护中心编:《清华大学藏战国竹简》(叁)之《良臣》,中西书局2012年版,第16、91、157页。
③ 李学勤主编,清华大学出土文献研究与保护中心编:《清华大学藏战国竹简》(伍)之《厚父》,中西书局2015年版,第2—3、25—36、109—116页。
④ 荆门市博物馆编:《郭店楚墓竹简》,文物出版社1998年版,图版,第27页,释文,第145页。
⑤ 荆门市博物馆编:《郭店楚墓竹简》,第146页。
⑥ 徐在国:《释"咎繇"》,《古籍整理研究学刊》1999年第3期。

也就是皋陶。① 故而,《穷达以时》提供了皋陶时代的一个新说法:商王武丁时人。

古史传说人物的时代尤为复杂,其中原因在于基于人们对于人体寿命的基本认知,人寿不过百年上下。古史传说人物动辄数百年的寿命,总是让人无法相信。若杂糅群书、调和诸说、圆通各家的话,则皋陶出生、成长于帝尧时,卒于夏启时。此种观点以尧、舜、禹、夏启的传统帝系为历史真实作为预设前提,不足以使人信服。我们的观点如下。

第一,不同文献的记述系统都属于历史认识的范畴,即王国维所说的"传说与史实不分"的状态。故而,我们不能"以文献决文献",即选择其中一种文献认定其反映了皋陶的事实而否定其他。任何文献,不管是传世文献还是新见文献,关于皋陶寿数的记述都是需要审查的。

第二,新见文献固然增添了不少关于皋陶的信息,但我们仍不能遽然"屈旧以就新",或者"绌新以从旧",当如王国维所言"新出之史料,在在与旧史料相需,故古文字、古器物之学与经史之学实相表里。惟能达观二者之际,不屈旧以就新,亦不绌新以从旧,然后能得古人之真,而其言乃可信于后世"②。面对具体材料当具体分析。如有学者基于《厚父》篇,即断定颠覆传统皋陶卒于大禹时代的传统说法。③ 这种认识是不恰当的。

第三,从皋陶族系来看,皋陶属于东方鸟夷族系,而大禹、启属于夏部族,属于西方的姜炎族系。④《论语·颜渊》篇载:"舜有天下,选于众,举皋陶,不仁者远矣。"⑤ 顾颉刚曾怀疑《颜渊》篇不言禹而言皋陶,"甚奇"。⑥ 实际上,这正好反映《颜渊》篇这条内容的来源很早,这一内容保留了东方鸟夷族群历史传说的本貌,大禹作为戎羌部族的宗神,还未全面占领神话内容的全部,给东方鸟夷族群的传说留下了保持原貌的空间。皋陶被整合在尧、舜、禹、夏启系统之中的做法,是战国以后思想家整齐古史的结果。族系的并列与对立,变成了历史的更迭与延续,故而与帝尧、帝舜同属于东方鸟夷系统的皋陶,在尧、舜、禹古史系统建设完成后,就生出了大禹时代的内容,由大禹进而延续到夏启时代。

---

① 刘钊:《郭店楚简校释》,福建人民出版社 2005 年版,第 170 页。
② 王国维:《〈殷虚文字类编〉序》,《观堂集林》(外二种),河北教育出版社 2003 年版,第 696—697 页。
③ 赵平安:《〈厚父〉的性质及其蕴含的夏代历史文化》,《文物》2014 年第 12 期。
④ 刘起釪:《我国古史传说时期综考》,《古史续辨》,第 1—73 页。
⑤ 《论语·颜渊》,(宋)朱熹注,王浩整理《四书集注》,第 149 页。
⑥ 顾颉刚:《顾颉刚读书笔记》卷 2,中华书局 2011 年版,第 323 页。

第四，皋陶与帝尧、帝舜同属鸟夷族系，皋陶本身就是鸟夷族系宗神的名号。丁山认为："咎繇即俈尧"，进而很可能就是商人的高祖夋，也就是帝喾。①顾颉刚也曾怀疑皋陶即帝尧。② 若此，可知皋陶本为鸟夷族系之宗神，尤为徐夷、淮夷族系所尊奉，为江淮间一大力量。《韩非子·说疑》篇载："皋陶……王霸之佐也。"③ 此种说法正由此立论。在氏族时代，皋陶为淮夷氏族族系力量之象征，故而不得不得到各政治力量的重视。

第五，以皋陶为氏族宗神名号可解其年代问题。恩格斯说："每个氏族都起源于一个神"④，"每氏族、每部落都有作为本族祖先的神，而这一神名也就是本氏族部落之名和本族始祖之名。实际也是开创本族的杰出首领之名"⑤。故而，皋陶之名也就是皋陶部族之名，皋陶部族的持续存在就让皋陶之名呈现出"沿袭性称号"的特征，"作为一个酋长或邦君，其寿命是有限的，而作为一个氏族部落或部族其前后存在的时间是很长的，完全可以跨越不同的时代"⑥。

第六，清代学者章学诚说"古人未尝离事而言理"⑦，晁福林论及战国古史编纂时说：战国人"述史记事的目的在于提供鉴戒，阐明道理"，"对于历史事件的确切情况，如时间、地点、人物、事件经过等，则多不严格考证，而往往是点到为止、大体不错，对于细节的描述常常是为阐明道理而随意剪裁，或增枝添叶"⑧。借事言理是古人的习惯做法，与当代史学追求的求真不同，因此古人叙事中对于人物多不严格，故而皋陶出现在武丁时当属此种情况，绝非简单抄手错讹之故。

综合以上分析，皋陶之名本当东方鸟夷部族宗神名号，延续成皋陶部族名号，或为徐夷、群舒部族共同尊奉，为江淮间一大势力，其部族延续至春秋时，故能成为"王霸之佐"，跨越多个世代。皋陶本当为尧、舜臣子，出现在大禹、夏启时代，当为战国时人整理古史，将皋陶纳入尧、舜、禹古史系统所致。而新见文献出现皋陶为武丁时人的说法，本为古人借事言理，对人物年代不加确考的惯常做法，不足为奇。

（三）皋陶的人格与神格问题

本节最后讨论一下皋陶的人格与神格问题。前文我们已经提到丁山、顾颉

---

① 丁山：《中国古代宗教与神话考》，上海世纪出版集团、上海书店出版社2011年版，第355—357页。
② 顾颉刚：《顾颉刚读书笔记》卷14，第121页。
③ 《韩非子·说疑》，陈奇猷校注《韩非子集释》，上海人民出版社1974年版，第918—919页。
④ 恩格斯：《家庭、私有制和国家的起源》，人民出版社2018年版，第118页。
⑤ 刘起釪：《我国古史传说时期综考》，《古史续辨》，第1—73页。
⑥ 王震中：《清华简〈厚父〉篇"咎繇"与虞夏两代国家形态结构》，《南方文物》2016年第4期。
⑦ 章学诚：《文史通义·易教上》，中华书局1985年版，第1页。
⑧ 晁福林：《从上博简〈武王践阼〉看战国时期的古史编撰》，《史学理论研究》2011年第1期。

刚主张皋陶即帝喾、帝尧。这种说法并未解决皋陶人格与神格的争议，因为关于帝喾、帝尧的人格与神格问题也是一个争讼不休的问题。对此，我们再做讨论。

恩格斯在说到"每个氏族都起源于一个神"的时候，同时也说到"氏族起源于共同祖先"①。不管这个"共同祖先"是真实的，还是假定的，至少从人类自身出发，他是作为一个人存在，只是在后来变成了神，或者袭用了神的名号。

《大戴礼记·五帝德》曾记载孔子门人宰我与孔子的一段关于黄帝的争论，对我们很有启发。宰我问孔子："昔者予闻诸荣伊令，黄帝三百年。请问黄帝者，人耶？抑非人耶？何以至三百年乎？"宰我的疑问在于黄帝的三百年寿数，对此孔子的回答颇有理性主义的色彩，他说："生而民得其利百年，死而民畏其神百年，亡而民用其教百年，故曰三百年。"②孔子的回答近乎强为之解，却给了我们一个提示。古史传说人物史实的传播，主要靠"民"的口口相传，三百年本是一个极大的数字，偏偏与今天记忆学家的研究一致。享誉全球的宗教人类学家米尔恰·伊利亚德（Mircea Eliade，或译耶律亚德、埃利亚德等）在《宇宙与历史：永恒回归的神话》中提道："历史事件本身不管如何重要，无法保存在民众的记忆里"，"历史事件如不能趋近神话模型，其追忆也无法点燃诗的想像"，"历史事件或实在人物，在人民的记忆中充其量只能存活两三个世纪"，为了解决遗忘的问题，人民"记忆的结构相当特殊：它以范畴代替事件，以原型取代历史人物"，最终造成在历史叙事中"历史人物同化于神话模型（英雄等），事件则与神话行动的范畴相等同（大战怪物或兄弟敌对等）"，进而他对历史叙事孜孜以求的"历史真相"做了说明，他说"这真相绝非关于明确的人物与事件，而是与制度、习俗、风土相关"。最后，伊利亚德点明他的观点："历史事件的记忆，经过两三个世纪以后，会被修正，以适应上古心态的模子，这模子容不下个体，只保存范例。事件化约为范畴，个体化约为原型，此种表现与上古存有论是一致的。""几乎直至今天，欧洲的大众意识仍是如此。"③

我们将伊利亚德发现的这种以"原型取代历史人物"的方式称为"原型归返"。"原型归返"是基于历史记忆的需要，将真实历史人物神话化的一个重要途径，氏族的真实始祖被冠以神祇的名号，氏族祖先的行迹变成了神祇的行迹，神祇系统中某个神祇或多个神祇的传说就变成了氏族祖先的传说，"历史的神话

---

① 恩格斯：《家庭、私有制和国家的起源》，第111页。
② 《大戴礼记·五帝德》，王聘珍撰，王文锦点校《大戴礼记解诂》，第117—119页。
③ Mircea Eliade：《宇宙与历史：永恒回归的神话》，杨儒宾译，台北：联经出版事业公司2000年版，第35—36页。

化"与"神话的历史化"在互动之中合流了。《厚父》中的皋陶作为天命下凡尘的人物,并不能说明他的神格特征,而《四告》之"周公之告"中祭祷皋陶也说明不了皋陶的神格问题,当然,也不能说明皋陶的人格问题。这些文献只能说明在《厚父》《四告》文本制作的年代,皋陶已经具有神格的特征。"原型归返"是多个古史传说人物行迹呈现出结构相似性特征的原因之一,故而以结构主义解释古史人物是不恰当的,同时因古史传说人物事迹的结构相似性而认定不同古史传说人物为一,或认定为同一神话人物之分化的做法其实也是不合理的,这个我们将在下节还要阐述。

综合以上内容,我们认为皋陶本是东方鸟夷族系一支的祖先,因"原型归返"的问题,在氏族人众的口口相传中,逐步"原型"化了,他成了神祇的名字,成为了皋陶部族,也即徐夷、群舒族系的宗神,从而在后世的文本中显示出神格的特征。

二 皋陶作刑:素地与记忆

有关皋陶历史记忆的内容之中,"皋陶作刑"作为皋陶的功业最为著名。在后世的典范历史陈述中,"皋陶作刑"代表的是中国法治历史的源头,是中国司法体系的开始。本节所要讨论的是"皋陶作刑"的历史素地、生成因由及历史记忆。

在讨论"皋陶作刑"之前,我们必须区分皋陶历史、皋陶文化与皋陶作为中国法律标志三部分的内容。皋陶作刑作为皋陶文化的一部分,是基于皋陶历史生发而成,而最终导向了它作为中国法律标志的这一结果。三者之间是密切相关的,又是相对独立的部分。

(一) 皋陶历史是"皋陶作刑"的历史素地

皋陶历史指的是皋陶作为历史人物所处的时代全貌。从上节分析我们可知,皋陶与尧、舜同属东方鸟夷族系,很可能是东方徐夷、群舒族系的早期祖先。而尧舜时代是中国早期国家生成的枢轴时代,皋陶在古史传说中主要生活在尧、舜时代,这为"皋陶作刑"的传说确立了一个相对的时代范围。

在前国家时期是不存在后世国家意义上的法律的。在氏族、部落时代,"没有士兵、宪兵和警察,没有贵族、国王、总督、地方官和法官,没有监狱,没有诉讼","一切争端和纠纷,都由当事人的全体即氏族或部落来解决,或者由各个氏族相互解决","凡是部落以外的,便是不受法律保护的"[①]。恩格斯关于

---

① 恩格斯:《家庭、私有制和国家的起源》,第104、106页。

氏族、部落时代的判断是符合历史实际的。战国时代的思想家整齐古史，追溯往昔，系统化此前的历史。他们认为在刑法出现之前曾经有过一段无刑法的时代。他们说，神农氏"刑政不用而治，甲兵不起而王"①，或者说："昔者神农无制令而民从，唐虞有制令而无刑罚"②，迟至春秋后期，晋国的叔向批评郑国子产铸刑鼎，说"昔先王，议事以制，不为刑辟"③，从历史的延续性来批评子产的刑法改革。这都说明在当时人看来，在历史上是存在过一个"不为刑辟"的时代的，这种时代的余续绵延到春秋时代还能清晰看到它的痕迹。

刑法的发生、发育、发展是与早期国家的生成、演化过程相伴生的。根据政治人类学家弗里德（M. H. Fried）的主张，"一个国家最好被看作是各种机构的复合体，通过它们社会的权力在高于血亲的基础上被组织起来"④。因此，"高于血亲的基础上"的早期国家属于恩格斯所说的"部落以外的"情况，刑法由此而生。五帝时代被认为是中国早期国家生成的历史记忆。"神农无制令而民从，唐虞有制令而无刑罚"，唐虞时代已经不同于五帝之前的神农之世，而有了"制令"，这是早期国家生成过程中法律发育历史记忆的呈现。

前揭皋陶主要是东方鸟夷族系的人物，与唐（帝尧）虞（帝舜）属于同一族系，故而"皋陶作刑"成为鸟夷族系各分支后人追溯中国法律起源的一个最为典型的说法。而"皋陶作刑"也成为中国早期国家生成过程中刑法产生的历史记忆。

（二）中国早期国家"作刑"的发明权问题

记载"皋陶作刑"最为典范的文本是《尚书·尧典》与《史记·五帝本纪》。

《尧典》载："帝（舜）曰：'皋陶，蛮夷猾夏，寇贼奸宄，汝作士。五刑有服，五服三就。五流有宅，五宅三居。惟明克允。'"⑤

《史记·五帝本纪》除了转引《尧典》之语，还载："皋陶为大理，平，民各伏得其实。"⑥

此外，楚辞《九章》亦有"命咎繇使听直"的说法。⑦ 新出郭店楚简《唐

---

① 《商君书·画策》，蒋礼鸿撰《商君书锥指》，中华书局1986年版，第107页。
② 《淮南子·泛论训》，刘文典撰《淮南鸿烈集解》，第517页。
③ （晋）杜预集解：《春秋左传集解》昭公六年，第1275页。
④ Morton H. Fried, *The Evolution: An Essay in Political Anthropology*, New York: Random House, 1967, p. 229.
⑤ 顾颉刚、刘起釪：《尚书校释译论》，第192页。
⑥ 《史记》，第43页。
⑦ （汉）王逸撰，黄灵庚点校：《楚辞章句·九章·惜诵》，上海古籍出版社2017年版，第91页。

虞之道》也有皋陶作刑的说法，其文载（宽式释文）：

> 皋陶入用五刑，出载兵革，罪轻法（也。虞）用威，夏用戈，征不服也。爱而征之，虞夏之始也。①

但古典文献对"作刑"的发明人，呈现出多元记述的特征。除"皋陶作刑"之外，古典文献里关于法律的起源还有另外六种说法：

其一，黄帝置法。《管子·任法》载："故黄帝之治也，置法而不变，使民安其法者也。"②《淮南子·览冥训》载："黄帝治天下"，"法令明而不暗"③。

其二，少昊置刑。《左传》昭公十七年，郯子追记先祖少昊，有"爽鸠氏，司寇也"之语。④ 表明在少昊族系后裔的心中，少昊时已有刑法。

其三，太昊置刑。《路史·后记》载：太昊氏"明刑政"⑤。

其四，帝尧作刑。《国语·鲁语》载："尧能单均刑法而仪民"⑥，在春秋时人看来，帝尧时期已有刑法。

其五，帝舜作刑。《尧典》在记载帝舜受禅之后，"象以典刑，流宥五刑，鞭作官刑，扑作教刑，金作赎刑。眚灾肆赦，怙终贼刑"⑦。

其六，伯夷作刑。这种说法见于《尚书·吕刑》篇，该篇内容认为刑法之产生起于"蚩尤作乱，延及于平民，罔不寇贼，鸱义，奸宄，夺攘，矫虔。苗民弗用灵"的大背景之下，"黄帝哀矜庶戮之不辜，报虐以威，遏绝苗民，无世在下"，这才命"伯夷降典，折民惟刑"，"制以刑，惟作五虐之刑曰法。杀戮无辜，爰始淫为劓、刵、椓、黥"⑧。《世本》王谟辑本也有"伯夷作刑"的记载。⑨

以上七种说法中，以"皋陶作刑"与"伯夷作刑"流传最为广远。其他黄帝、少昊、太昊三种是一种泛指，即追溯法律起源，将古史系统中最古之帝安顿为创始人，这是战国、秦汉以下整理古史的普遍做法，并无甚讨论之价值。

---

① 荆门市博物馆编：《郭店楚墓竹简》，第157页。
② 《管子·任法》，黎翔凤撰《管子校注》，第901页。
③ 《淮南子·览冥训》，刘文典撰《淮南鸿烈集解》，第246—247页。
④ （晋）杜预集解：《春秋左传集解》昭公十七年，第1421页。
⑤ 王彦坤撰：《路史校注》，中华书局2023年版，第349页。
⑥ 《国语·鲁语上》，徐元诰集解《国语集解》，第156页。
⑦ 顾颉刚、刘起釪：《尚书校释译论》，第163页。
⑧ 顾颉刚、刘起釪：《尚书校释译论》，第1901页。
⑨ （汉）宋衷注，（清）秦嘉谟等辑：《世本八种》，中华书局2008年版，第39页。

关于帝尧、帝舜作刑与"皋陶作刑"的关系问题，前人讨论较多。沈家本以皋陶为尧、舜臣子为前提，提出皋陶作刑之事，"或以之属尧，或以之属舜"，他认为尧命皋陶作刑、舜命皋陶作刑，当为"两事"。① 这种看法是在将帝尧、帝舜完全看成信史的前提下得出的必然结论，但与历史实际可能差距较大。

帝尧作刑、帝舜作刑与皋陶作刑一样是鸟夷族系关于自身部族早期国家生成过程中刑法产生的历史记忆。在古代文献中，往往以皋陶作为尧、舜之臣的君臣关系来疏通这种记载的矛盾。如战国时代的《世本》，言帝尧命"皋陶制五刑"，这一说法在《史记·五帝本纪》的《集解》中得到了延续，认为"咎繇制五常之刑"②。上节我们曾援引丁山、顾颉刚的观点，皋陶很可能是帝尧名号的异写，故而帝尧、帝舜与皋陶作为"作刑"的发明人其实是相通的。因此，帝尧、帝舜作刑与"皋陶作刑"很可能就是鸟夷族系关于"作刑"发明权归属本族宗神分化的结果，其中"皋陶作刑"作为强势的历史记忆传播最远，被保留下来了。

难点在于"伯夷作刑"的解释。在先行的研究中，杨宽的研究最为代表。他坚持认为伯夷与皋陶乃同一人，《吕刑》所载"伯夷降典，折民惟刑"与《淮南子》所载"皋陶喑而为大理，天下无虐刑"是一致的，"此证之职司，可知伯夷、皋陶为一神也"，并进一步指出"许由即伯夷，又即皋陶，既证之矣；则伯夷亦即皋陶也"③。除了杨宽外，主张伯夷即为皋陶的还有顾颉刚、童书业。顾先生也是从皋陶、伯夷职能一致这个角度推断二者可能为一人之转化的。④ 顾氏门人童书业早年主张皋陶、许由为一人，其说乃是杨宽伯夷即皋陶说的重要旁证。⑤

杨宽是中国近代学术史神话分化演变说的主要倡导者，这一学说的代表作品即《中国上古史导论》，伯夷即皋陶的观点也是该书的核心观点之一。杨宽神话分化演变理论可以解决中国上古神话歧说并存的诸多疑难问题，但于"伯夷即皋陶"这一具体观点而言，则是错误的。皋陶为东方鸟夷族系宗神的身份

---

① （清）沈家本撰，邓经元、骈宇骞点校：《历代刑法考》，中华书局1985年版，第814—816页。
② 《史记》，第27页。
③ 杨宽：《中国上古史导论》，吕思勉、童书业编著《古史辨》第七册（上），第345—352页；另可参见单行本，杨宽《中国上古史导论》，第247—248页。
④ 顾颉刚：《顾颉刚读书笔记》卷7，第370页。
⑤ 童书业：《五行说起源的讨论——评顾颉刚先生〈五德终始说下的政治和历史〉》，顾颉刚编著《古史辨》第五册，第660—668页。

既已明了，杨宽也根据上古文献得出伯夷为姜姓羌人宗神的观点，虽然杨宽在文末部分阐述了这一观点，但并未改变伯夷即皋陶的观点，具体原因已不可知。① 我们推测可能杨宽自己也不能对该观点有足够之自信，故录异文于文末，以俟后学之发现。此外，早年主张皋陶、许由为一人的童书业晚年整理《左传》，对"伯夷四岳传为西土姜族之祖，而皋陶则传为东方夷族之祖"产生疑问，主张"此尚有可疑者"，并提出是否由于"婚姻上母系父系之交错而致传说混淆"②？童氏与杨宽一样，对这些说法充满不确定的怀疑，盖此一问题当重新审视。

上节我们已经揭示，由于"原型归返"的存在，故事结构的一致性并不能证明故事人物的同一性。故而杨宽仅从作刑事件的一致性就做出皋陶与伯夷同为一人的结论是需要商榷的。

那么该如何理解"皋陶作刑"与"伯夷作刑"的两种不同记述呢？先行研究曾给出过多种解释。以顾颉刚为例，他曾提出过好几种解释可能：或认为《吕刑》时代，皋陶作刑传说尚未成立，③ 后来皋陶传说流传广大，取代伯夷作刑而代之；④ 或认为是"东西方之殊"⑤？

我们认为顾先生关于东西方之殊的推断是有道理的。"皋陶作刑"是东方鸟夷族系流传已久的传说，而伯夷作刑则是姬姜的华夏族系作刑的传说。《尚书·吕刑》称"吕刑"，吕为姜姓四大氏族之一，从中即可看出，文本有推崇姜姓部族的制作意图。而文本的相似性，则表明《吕刑》的作者借鉴了东方鸟夷族系流传已久的皋陶传说，这是西周以后，东夷部族文化与华夏部族文化相互交融的典型案例之一。

（三）"皋陶作刑"作为从前国家向国家转型过渡事件的历史记忆

在古典文献中，关于"皋陶作刑"的内容十分丰富，呈现出二元的矛盾特征，可分为两组处理：

甲组：肉刑组

《左传》昭公十四年引"《夏书》曰：昏、墨、贼、杀，皋陶之刑也"⑥。这是"皋陶之刑"的典范内容，从"昏、墨、贼、杀"的语词来看，是典型的

---

① 杨宽：《中国上古史导论》，吕思勉、童书业编著《古史辨》第七册（上），第345—352页；另可参见单行本，杨宽《中国上古史导论》，第249页。
② 童书业著，童教英校订：《春秋左传研究》（校订本），第28、318—319页。
③ 顾颉刚：《顾颉刚读书笔记》卷2，第19页。
④ 顾颉刚：《顾颉刚读书笔记》卷2，第47页。
⑤ 顾颉刚：《顾颉刚读书笔记》卷1，第29页。
⑥ （晋）杜预集解：《春秋左传集解》昭公十四年，第1397页。

三代肉刑。《左传》文本的作者以"皋陶之刑"称之，可见《左传》文本作者是"皋陶作刑"说的支持者，同时他以"皋陶之刑"来称呼肉刑，表明《左传》文本作者对于皋陶之刑的理解主要是以三代的肉刑为根据的。

乙组：象刑组

《韩诗外传》载："唐虞之所以兴象刑。"①

依据《韩诗外传》，则唐虞时代的刑法主要是象刑。

因"皋陶作刑"的时代是唐虞时，则这两种对立的文献隐喻地表达了一种历史的转型：唐虞时代使用"象刑"，"皋陶作刑"后，作为皋陶之刑的"肉刑"开始在三代流播。"象刑"时代与"肉刑"时代的对立，在战国晚期的思想家那里就开始生成，如《荀子·正论》载："治古无肉刑而有象刑。"② 西汉晚期扬雄在《法言》中称"唐虞象刑惟明，夏后肉刑三千"③。

那应该如何理解"象刑"呢？"象刑"出自《尚书·尧典》"象以典刑"。对"象以典刑"的解释从来都是经学史与法律史的重要课题。按照刘起釪的总结，在经学史上，对"象以典刑"的解释主要有两种，一种是象刑说，另一种为常刑说。

其中，象刑说的主要意涵是象征性之刑，即文献中常见的"画像"之刑，其根据为《墨子》佚文所载"画衣冠，异章服，而民不犯"④，《荀子》杨倞注也有类似的看法，即以"耻辱其形象"为手段，达到万民顺服的目的，故云"象刑"⑤。这种说法在汉代以后成为一种固定的说法，如《汉书·元帝纪》载"唐虞象刑而民不犯"⑥，《汉书·武帝纪》载"朕闻昔在唐虞，画象而民不犯"⑦。此后《白虎通》、经疏家也大多沿用了"画像"说来解释象刑。

象刑画像说与现实的残酷肉刑事实之间的矛盾，让后来的学者们发展出常刑说，此一说法，以"象"为"法"，释"典"为"常"，以蔡沈《书集传》为例，蔡氏云"典者，常也。示人以常刑，所谓墨、劓、剕、宫、大辟，五刑之正也"⑧。此说盖以后世肉刑为正刑，故云"象以典刑"，该说在宋代之后大

---

① （汉）韩婴撰：《韩诗外传》，许维遹校释《韩诗外传集释》卷6，中华书局1980年版，第207页。
② 《荀子·正论》，王先谦撰《荀子集解》，第326页。
③ （汉）扬雄撰：《法言·先知》，汪荣宝注疏，陈仲夫点校《法言义疏》，中华书局1987年版，第292页。
④ （清）孙诒让撰，孙启治点校：《墨子间诂》，中华书局2001年版，第658页。
⑤ 《荀子·正论》杨倞注，王先谦撰《荀子集解》，第326页。
⑥ 《汉书》，中华书局1962年版，第288页。
⑦ 《汉书》，第160页。
⑧ （宋）蔡沈撰，王丰先点校：《书集传》，中华书局2018年版，第16页。

为流行，成为"象以典刑"两种主体解释之一。①

象刑说与常刑说反映的仍是史前法律形态与国家法律形态之间的区别。盖战国以下，主张轻刑的士大夫多以象刑说为根据，谏言朝廷，减轻刑罚，尤其是减少对肉刑的实施。但持重刑立场者则以历史史实上存在的肉刑解释象刑，以要求延续重刑在现实政治运作中的施行。故两种说法有着各自的现实政治考虑的立场与背景。从唐虞时代的历史背景来看，常刑说并不符合实际的根据，而画像说则主要强调法律宣传对人心的警示，这也不符合唐虞时代的法律形态。

"象刑"的原始意义到底是什么呢？在历代的经学家中，以朱熹的解释最为接近本义。《朱子语类》引朱熹所说"象其人所犯之罪，而加以所犯之刑"②，清代的沈彤在《尚书小疏》中赞同朱说，认为朱说最确。③ 朱熹的解释大致可以反映"象刑"的基本形式。我们另可举例来支持这个观点。《慎子》逸文有载："有虞氏之诛，以幪巾当墨，以草缨当劓，以菲屦当刖，以艾韠当宫，布衣无领当大辟，此有虞之诛也。"对此，徐汉昌解释说："墨、劓、刖、宫、大辟，为古之正刑。以墨巾幪头，使受刑者不得冠饰，以代额上刺字之刑罚。草青色之冠缨，用于凶冠……菲屦，穿草屦亦顾刑罚之一，用以代刖罪者也。……又以布衣无领代大辟之死刑。"④《慎子》逸文内容最为贴近唐虞象刑之真实，然其以后见之明言前代之事，故有"当×"之言。徐汉昌解释幪巾近乎实情，然对草缨、菲屦之说，则不近情理。然其文足可证朱熹"象其人所犯之罪，而加以所犯之刑"的说法。但对于朱熹该说，我们仍需再做解释。

朱熹的观点虽然能够解释"象以典刑"的刑法现象，但囿于认知的局限，并未能揭示"象刑"的本质。从今天的学术视野来看，"象其人所犯之罪，而加以所犯之刑"的本质属于一种刑罚巫术，而从法律史的角度来看，它属于神判法的范畴。

英国著名的宗教人类学家弗雷泽（James G. Frazer）在其名著《金枝》中论述了巫术的两种形式：模拟巫术（顺势巫术）与接触巫术。⑤ 其中模拟巫术的核心是"相似的东西，即是同一的东西"⑥，象刑，即用模拟的方式将"其人所犯之罪"，以模拟的方式"而加以所犯之刑"，以巫术的威慑让犯罪者内心感到

---

① 顾颉刚、刘起釪：《尚书校释译论》，第163—170页。
② 《朱子语类》第三册《尚书一》，《朱子全书》第十六册，上海古籍出版社、安徽教育出版社2002年版，第2653页。
③ 沈彤：《尚书小疏》，《续修四库全书》第43册，上海古籍出版社2002年版，第621页。
④ （战国）慎到著，许富宏校注：《慎子集校集注》，中华书局2013年版，第68—69页。
⑤ ［英］J. G. 弗雷泽：《金枝：巫术与宗教之研究》，汪培基、徐育新、张泽石译，商务印书馆2015年版，第25—27页。
⑥ 李安宅著译：《巫术的分析》，四川人民出版社1990年版，第4页。

恐惧，认为已经对自己实施了刑罚。从今天的视角来看，这种方法纯属无稽之谈，但在鬼神巫术、"神道设教"统治的时代，巫术是一种全民的信仰，他们认为这是真实的，这就达到了法律的效果。

神判法的形式众多，夏之乾在《神判》一书中对多地域、多族群的神判形式做了陈述，有助于我们理解神判在历史中的具体呈现方式。① 关于神判在中国古史中的呈现，前辈学者已经做了很好的研究，表明迟至春秋时期，神判之法还在日常的司法实践中具有重要的地位。②

故而，在古史记载中，皋陶审理案件的传说也有神判的性质。东汉时期的王充在《论衡》中提到皋陶治狱的传说，其文载："䱜䱸者，一角之羊也，性知有罪，皋陶治狱，其罪疑者，令羊触之。有罪则触，无罪则不触。……故皋陶敬羊，起坐事之。"③ 这一记载具有明显的神判法的性质。

新出上博简《容成氏》可以为皋陶神判法再添新证。其文载（宽氏释文）：

民有余食，无求不得，民乃实（？），骄态始作，乃立皋陶以为李（理）。皋陶既已受命，乃辨阴阳之气而听其讼狱，三【29】年而天下之人无讼狱者，天下大和均。【30】④

简文中"皋陶以为李"，即任命皋陶为执掌司法的大理，而皋陶审判案件的方法并非后世那样，寻访案情，侦查证据，在犯罪事实的基础上，依据成文法进行定罪量刑。其方法则是"辨阴阳之气而听其讼狱"，这种方法带有明显原始巫术的性质，与传统文献所见皋陶"令羊触之"的方法只是形式上的不同，本质都属于神判法的性质。

于是在古史文献中，皋陶刑法就有了双重内涵：一方面是属于神判法巫术性质的"象刑"，另一方面是具有肉刑性质的"皋陶之刑"。这种矛盾的现象共同集中在同一个古史人物身上，恰好证明了皋陶作为中国早期国家生成过程中迈入国家门槛的过渡时代人物，从而具有了前国家时代与国家时代司法的双重特征。

（四）"皋陶作刑"的生成与春秋晚期成文法的出现

进入国家时代之后，法律的发展史逐渐剥离神判时代的巫术影响，而主要

---

① 夏之乾：《神判》，上海三联书店1990年版。
② 吴荣曾：《试论先秦刑罚规范中所保留的氏族制残余》，《中国社会科学》1984年第3期；收入氏著《先秦两汉史研究》，中华书局1995年版，第1—18页。
③ （汉）王充：《论衡·是应》，黄晖撰《论衡校释》，第760—761页。
④ 马承源主编：《上海博物馆藏战国楚竹书》（二），第272—274页。

呈现为礼治统治。礼治社会的统治方式以上下尊卑关系为基础，以"上下不愆"为主要特征。故而，刑罚的权力掌握在上层贵族手中，定罪的方式是"赋事行刑，必问于遗训，而咨于故实"①。其中最典型的案例是春秋时郑国游楚与子晳争室，二人俱有犯罪事体，在群大夫论罪时，郑国的执政大夫子产道出了礼治国家时期论罪的核心原则"直钧，幼贱有罪"，最后定游楚有罪。②

但这并不表明刑法在三代礼治社会的丧失，它是作为宗法礼治社会的一部分而存在的，其主要特征是内外有别与兵刑合一。其中内外有别指的是在宗法制度为基础的礼治社会下，对待内外亲疏远近不同的族群的司法实践是有区别的。《左传》僖公二十五年，晋文公围阳樊，苍葛有语"德以柔中国，刑以威四夷"③，由此可见当时对待不同族群之处置方式不同。究其原因，当早期国家超越了"血亲的基础"组织之后，原本属于"部落以外"的情况，就被"转化"为了刑法。根据恩格斯的典范陈述：在氏族、部落时代，"凡是部落以外的，便是不受法律保护的。在没有明确的和平条约的地方，部落与部落之间便存在着战争，而且这种战争进行得很残酷，使别的动物无法和人类相比，只是到后来，才因物质利益的影响而缓和一些"④。当更广大规模的无血亲关系的政治体被裹挟到早期国家的范围中来的时候，原本这些"部落以外"的"不受法律保护的"力量，在早期中国以"血缘（或拟血缘）距离"表示与统治部族关系亲疏远近的"政治距离"体系中，最疏远的部族就成了"战争"的对象，而这在古典中国时代被称为"刑"，这是兵刑合一的来源。

禹伐三苗的故事是对这一问题的经典阐释。《尚书·吕刑》记载，"蚩尤惟始作乱，延及于平民，罔不寇贼，鸱义奸宄，夺攘矫虔。苗民弗用灵，制以刑。惟作五虐之刑曰法"⑤。《吕刑》带有原型结构性特征的陈述，揭示出以蚩尤、苗民为代表的敌对部族，其不顺服是"刑"的起源，而主要形式是战争。

兵刑合一指的是统治部族对待不顺服部族的征伐被称为刑，而这是三代礼治社会刑的主要内容。《国语·鲁语上》记臧文仲之语说："刑五而已：大刑用甲兵，其次用斧钺；中刑用刀锯，其次钻笮；薄刑用鞭扑，以威民也。故大者陈于原野，小者致之市朝，五刑三次。"⑥《晋语六》记范文子语说："君人者刑

---

① 《国语·周语上》，徐元诰集解《国语集解》，第23页。
② （晋）杜预集解：《春秋左传集解》昭公元年，第1189页。
③ （晋）杜预集解：《春秋左传集解》僖公二十五年，第355页。
④ 恩格斯：《家庭、私有制和国家的起源》，第106页。
⑤ 顾颉刚、刘起釪：《尚书校释译论》，第1901页。
⑥ 《国语·鲁语上》，徐元诰集解《国语集解》，第152页。

期民，成而后振武于外，是以内和而外威。……夫战，刑也，刑之过也。"① 兵刑合一的司法实践的历史影响有二：一是加固了军事征伐的残酷性作为刑法的特征；二是刑法开始逐渐扩大至军队内部，成为军法的一部分，军法也开始有了刑法之名。

在这种历史发展的过程中，当军法超出军队的范围，进而在整个社会付诸实践的时候，刑法就有了普遍性特征。对军法付诸全国的演进过程，赵世超进行了详尽的说明。赵先生认为这一过程起始于前621年，晋国赵盾"蒐于夷"，以军法"授太傅阳子与太师贾佗，使行诸晋国，以为常法"，赵先生认为这"标志着军法向民法的转化在晋国已经完成"。之后，晋国铸刑鼎，郑国铸刑鼎，开启了中国成文法形成的历史。②

而原本的军法创始人就成了新刑法的创始人，皋陶作刑传说的普遍流传应时而生。在传世文献里，皋陶作为战神是有记载的。《鲁颂·泮水》载"明明鲁侯，克明其德。既作泮宫，淮夷攸服。矫矫虎臣，在泮献馘。淑问如皋陶，在泮献囚。"③《鲁颂》的时代是春秋鲁僖公时期，从《泮水》文本来看，这里皋陶是作为战争之神存在的，才有"在泮献囚"向皋陶告祭的说法。清华简《四告》之"周公之告"则反映出可能在周公东征商奄之后，为了安抚当地的原住民，就认同了他们的祖先神皋陶。鲁国地处山东曲阜，正是商奄之地，这里是少昊族生活的核心地区，皋陶作为鸟夷族系的大神，迟至春秋时期仍受到周文化浸润已久的鲁人的崇拜，可见其传统影响之深远。新出郭店楚简《唐虞之道》所载皋陶"入用五刑，出载兵革"可以作为《泮水》的参证。

皋陶作刑传说在战国兴盛起来之后，影响了对皋陶形象的建构，诸多文献中皋陶的相貌特征就开始具有刑狱官的职业形象。如：

《荀子·非相》篇载："皋陶之状，色如削瓜。"④

《淮南子·主术训》载："皋陶喑，为大理，天下无虐刑。"⑤

《抱朴子·博喻》载："皋陶面如蒙箕。"⑥

皋陶这些奇特的形象，是出于皋陶作刑传说而构建出来的。其中"色如削

---

① 《国语·晋语六》，徐元诰集解《国语集解》，第391—392页。
② 赵世超：《中国古代引礼入法的得与失》，《陕西师范大学学报》（哲学社会科学版）2011年第1期；另收入氏著《中西早期历史比较研究》，科学出版社2016年版，第101—171页。
③ （汉）毛亨传，（汉）郑玄笺，（唐）孔颖达疏，龚抗云等整理：《毛诗正义·鲁颂·泮水》，北京大学出版社2000年版，第1648页。
④ 《荀子·非相》，王先谦撰《荀子集解》，第74页。
⑤ 《淮南子·主术训》，刘文典撰《淮南鸿烈集解》，第329页。
⑥ （晋）葛洪：《抱朴子·博喻》，金毅校注《抱朴子内外篇校注》，上海古籍出版社2018年版，第1534页。

瓜",是说他脸色青绿,这是后世清正司法官铁面无私、面如黑炭等职业面相的原始祖型;"喑",《礼记·王制》与"聋跛躃断者侏儒"并称,郑玄注:"喑,哑也",孔颖达疏:"喑谓口不能言。"① 郑注与孔疏稍异,但可以看出皋陶口音嘶哑,乃至不开口说话。"面如蒙箕"一语,《荀子·非相》本说孔子,说"仲尼之状,面如蒙倛",这里"蒙箕"即"蒙倛",杨倞注:"倛,方相也。"② 方相,据《周礼·方相氏》载:"蒙熊皮,黄金四目,玄衣朱裳",职能本是"执戈扬盾,帅百隶而时傩,以索室驱疫"③。后世所言"傩"者,即上古之方相。傩师头戴面具,形象颇为凶恶,《抱朴子》所言,当言皋陶面色凶恶,方能以刑官震慑恶徒,此一形象亦当为"皋陶作刑"生发所致。

综上所述,"皋陶作刑"历史素地起源于唐虞时代中国早期国家的生成过程中,是伴随前国家社会向国家社会转变的历程中诞生的。以五刑为内容的、以"肉刑"为代表的皋陶之刑与属巫术神判之法范畴的唐虞"象刑"并存于皋陶一身,这正是他作为中国早期生成过程中作为法律过渡形态的呈现。而伴随着春秋后期成文法的出现,皋陶的早期战神,行刑敌族的传说就演化成了作刑传说,并随着法的普遍化广泛传播开来。

三 战国时代皋陶认识的分野

《韩非子·显学》篇载:"孔子、墨子俱道尧、舜,而取舍不同,皆自谓真尧、舜,尧、舜不复生,将谁使定儒、墨之诚乎?"④ 此一说法揭示出《韩非子》关于历史本体与历史认识的关系问题。孔、墨俱道之尧、舜乃历史认识中之尧、舜,"尧、舜不复生"之尧、舜乃作为客观存在的历史本体之尧、舜,"自谓真尧、舜"揭示出孔、墨自认为己方对作为历史本体的尧舜的历史认识是契合历史事实的,何以孔、墨历史认识中之尧、舜相差如此之大?《韩非子·显学》给出的答案是"取舍不同",从历史认识论的角度出发,"取舍不同"即作为历史认识主体的史家对陈述对象的选择性书写。

战国思想家对尧、舜"取舍不同"的问题,同样反映在对皋陶的认识上。"皋陶作刑"在战国伴随着法律统治在政治运作中地位的上升,日益开始成长为一种主流的关于法律起源学说,从而为战国以下的法律统治寻找一种远古的

---

① (汉)郑玄注,(唐)孔颖达正义,吕友仁整理:《礼记正义》,上海古籍出版社2008年版,第579—580页。
② 《荀子·非相》,王先谦撰《荀子集解》,第74页。
③ (清)孙诒让撰,王文锦、陈玉霞点校:《周礼正义》,中华书局1987年版,第2493页。
④ 《韩非子·显学》,陈奇猷校注《韩非子集释》,第1080页。

历史根据。但在关于"皋陶作刑"的传说中，则表现出多元性的陈述。

第一，皋陶之刑成为三代肉刑的远古历史根据，而成为战国以下法律统治下肉刑持续存在的传统制度资源。

《左传》昭公十四年引"《夏书》曰：昏、墨、贼、杀，皋陶之刑也"①。三代时期，肉刑普遍存在，但在战国早期成书的《左传》中，已经开始被认为"皋陶之刑"。"皋陶作刑"成为肉刑起源的一个重要学说，而肉刑的盛行，让战国时代关于皋陶的认识显示出肉刑的残酷性的一面。战国时期处于"争地以战，杀人盈野，争城以战，杀人盈城"的"大争"时代，②列国均采用比较残酷的强硬手段来安定社会秩序，以汲取社会资源，调取人力武力以应对战争。《商君书》公开主张"刺杀，断人之足，黥人之面"以"禁奸止过"，③云梦睡虎地秦简所见秦国法律规定"五人盗，赃一钱以上"，"斩左趾"，"黥为城旦"。④汉文帝有"除肉刑"的改革，但实际情况却是"以完易髡，以笞代劓，以钛左右止代刖"⑤。这说明汉文帝"除肉刑"改革徒有其名，实际上保留了大量的肉刑的内容。作为肉刑之名的"皋陶之刑"自然就成为了战国秦汉之后肉刑实践的历史根据。

第二，冠以"皋陶之刑"的肉刑残酷性催生出对肉刑的反思，产生了关于皋陶之刑的新陈述。

战国肉刑普遍实施的历史情境与"皋陶作刑"说在战国的流行，事实上形成了"皋陶之刑"即肉刑说的广泛传播。战国诸子中的人文主义思想家开始对肉刑进行反思，以荀子为代表的"治古无肉刑而有象刑"⑥论成为一种强力的批判肉刑的思想，并逐步影响后世。唐虞时代"象刑"的轻简性作为圣王之治开始成为秦汉以后历代王朝提倡法律轻简的思想资源，伴随着"引礼入法"，肉刑虽然还在实行，但日趋减少。

唐虞时代的轻简"象刑"成为"皋陶之刑"的新注脚。这一点反映在上博简《容成氏》中。在简文中，皋陶之刑的基本运作是"辨阴阳之气而听其讼狱"，以达到"天下之人无讼狱，天下大和均"的国家治理目的。⑦前文已揭，《容成氏》所言"辨阴阳之气而听其讼狱"本是中国早期国家生成过程中作为

---

① （晋）杜预集解：《春秋左传集解》昭公十四年，第1397页。
② 《孟子·离娄上》，（宋）朱熹注，王浩整理《四书集注》，第301页。
③ 《商君书·赏刑》，蒋礼鸿撰《商君书锥指》，第102页。
④ 睡虎地秦墓竹简整理小组编：《睡虎地秦墓竹简》，文物出版社1990年版，第93页。
⑤ 《汉书》，第1099页。
⑥ 《荀子·正论》，王先谦撰《荀子集解》，第326页。
⑦ 马承源主编：《上海博物馆藏战国楚竹书》（二），第272—274页。

过渡形态的法律情景，此时"讼狱"已生，但皋陶之法却是"辨阴阳之气"的巫术神判之法。严格意义上来说，它属于前国家社会法律形态的范畴。《容成氏》的作者身处战国时代，"狱讼"之烈，无时无处不在，战争是其最激烈的表达方式，出于现实主义的关怀，提出"无讼"为目的，以实现"天下大和均"的理想政治，无疑是作者人文主义思想的呈现。但其做法却是复古主义的"辨阴阳之气"。这与孔子的思想更为相似，在《论语·颜渊》篇中，孔子曾说："听讼，吾犹人也，必也使无讼乎。"①"无讼"是孔子在法律层面的政治理想，而要达到"无讼"，孔子的方案是恢复典范的周礼，以"君君臣臣父父子子"的上下有等、尊卑有序的礼制，来恢复他心中"郁郁乎文哉"，"礼乐征伐自天子出"的西周盛世。《容成氏》与《论语》呈现出共同的结构：以"讼"的现实主义视角，通过复古主义的"皋陶之法"或"礼"，以实现理想主义的"无讼"结果。据此判断，《容成氏》关于皋陶之法的陈述具有强烈的儒家思想色彩，当大致不误。

战国思想家对肉刑残酷性的批判，导致了对象刑轻简性的推崇，进而表现出"象刑"与"肉刑"的对立，从而诞生了以"象刑"来解释"皋陶之法"的新陈述，这让皋陶作刑具有了人文主义的色彩，为皋陶历史认识的多元演绎提供了基础。

第三，《皋陶谟》与皋陶德性认识的形成。

传统史学出于文本制作时代与文本内容指涉时代一致性的信仰，缺乏史料审查的自觉，认为《皋陶谟》文本的时代与文本内容指涉的"皋陶"时代一致，从而将《皋陶谟》的文本年代定在皋陶所在的尧舜时代。伴随着现代史学在20世纪初叶在中国的确立，学界开始对《皋陶谟》的文本年代提出新的意见。1923年，顾颉刚在《论〈今文尚书〉著作时代书》中提出了《皋陶谟》作于战国时代说的雏形。② 王国维主张在西周初年。③ 蒋善国则认为是秦、汉博士整理而成。④ 顾门弟子刘起釪重申师说，肯定顾颉刚《皋陶谟》文本制作战国说的同时，认为当提前到春秋晚期。⑤ 屈万里比较《皋陶谟》、"周诰"、《文侯之命》、《费誓》，提出《皋陶谟》的制作时代不可能早到春秋中期，进而比较《皋陶谟》与《尧典》《禹贡》，指出《皋陶谟》当晚于《尧典》《禹贡》，

---

① 《论语·颜渊》，（宋）朱熹注，王浩整理《四书集注》，第146页。
② 顾颉刚：《论〈今文尚书〉著作时代书》，顾颉刚编著《古史辨》第一册，第200—206页。
③ 王国维：《古史新证·总论》注释（一），谢维扬、房鑫亮主编《王国维全集》第十一卷，第242页。
④ 蒋善国：《尚书综述》，上海古籍出版社1988年版，第169—172页。
⑤ 顾颉刚、刘起釪：《尚书校释译论》，第506—511页。

并以《尧典》《禹贡》的制作年代为参照,最终得到《皋陶谟》的制成年代当在战国初叶而晚于《尧典》。[①] 顾颉刚与屈万里的说法可从,而战国初期正是列国法治勃兴的时代,儒家《皋陶谟》在这一时代制成当有其思想博弈之大因缘存在。

在《皋陶谟》中,皋陶与作为肉刑创始人、法律发明人的形象不同,而成为儒家德性的代言人。关于《皋陶谟》思想意旨的讨论前人之陈述已经相当丰富,择其要者如下。

《皋陶谟》主张"知人""安民",若想做到"知人""安民",要从自身的德性修养做起,"允迪厥德,谟明弼谐","慎厥身,修思永",进而"惇叙九族",为"知人""安民"打下坚实的德性基础。为了"知人",进而提出"九德"之法,若"其人有德",则"宽而栗,柔而立,愿而恭,乱而敬,扰而毅,直而温,简而廉,刚而塞,强而义",强调个人品质的养成。在此基础上,提出了五典、五礼、五服、五刑理论,而此时的"五刑"已经湮没在五典、五礼、五服的思想体系中了,刑只是作为辅助性的因素出现在《皋陶谟》的思想体系中,而德性与礼制才是占据支配性地位的思想重心所在,是治国安民的根本。至此,"皋陶作刑"之皋陶形象大变,成为一个温文尔雅的君子形象。

总之,战国时代的皋陶认识呈现出多元化的方向,与诸子思想的交锋相随而生。一方面,"皋陶作刑"传说的流行,让作为肉刑代言人的皋陶声名远播;另一方面,基于对肉刑严酷性的反感,"皋陶作刑"的新解释呈现出前国家时期巫术断狱、神判听讼的轻简性特征。而以《皋陶谟》为典范文本的儒家"皋陶"认识则塑造了一个以德性为基础,修身以达成知人、安民目的的儒家君子形象,而在其中,"皋陶作刑"的传说仅仅以"五刑"的辅助性作为德性治国理论的补充。

四 结语

通过以上分析,我们大致可获得关于皋陶的几点认识。

其一,皋陶本是东方鸟夷族系支系徐夷、群舒部族的宗神,他可能是帝尧的异名。传统认为皋陶属于西方姜姓炎帝族系的说法是不能成立的。共享皋陶氏名的徐夷、群舒部族力量强大,在春秋之前为江淮间一大政治力量,成为古代文献中皋陶延续不同世代的历史素地。

[①] 屈万里:《屈万里先生全集》第14卷《书佣论学集》,台北:联经出版事业公司1984年版,第70—85页。

其二,"皋陶作刑"伴随着春秋晚期成文法的出现兴盛起来。其历史素地在于中国早期国家生成过程中法律形态的转变,"象刑"代表的巫术、神判特征具有前国家时代的色彩,而"肉刑"的"皋陶之刑"则代表着中国早期国家的法律形态。随着中国早期国家超越了血缘亲族的范围之后,部落法向国家法的转型,肉刑开始大肆发展起来,形成了"兵刑合一"的早期刑法形态,在三代礼治国家时期,是国家法律的主要形态。伴随着春秋晚期成文法的出现,原本军法性质的刑法开始成为普遍实行的民法,伴随着战国时代法制国家的发展,"皋陶作刑"历史陈述成为一种流行的观点传播开来。

其三,"皋陶作刑"说在战国时代的流行催生出不同方向的皋陶认识:作为三代肉刑严酷性的"皋陶作刑"在战国以下时代的持续性存在,对肉刑的反动催生出人文主义的皋陶之刑的新解释,进而儒家《皋陶谟》中,皋陶五刑摆脱了刑法严酷性的束缚,成为德性政治的补充。

(王少林,安徽师范大学历史学院讲师)

考古发现与区域研究

失范与重构：对"马家窑文化"命名的反思*

李健胜

摘　要："马家窑文化"命名失范主要在于它无法涵括马家窑类型之前分布于甘、青诸地的彩陶文化，也无法合理解释马家窑类型与半山类型之间在器形、纹饰上的巨大转折。仰韶文化和"马家窑文化"是统属而非并行关系，早期西北彩陶当统一命名为仰韶文化，可分为庙底沟、石岭下、马家窑、半山和马厂五个时期。

关键词："马家窑文化"；仰韶文化；地方类型

1923 年，安特生在甘肃临洮马家窑发现了一处彩陶遗址，命名为"甘肃仰韶文化"①。1945 年春，夏鼐赴临洮调查史前遗址，挖掘、收集到"马家窑式"钵形器、卷唇盆、侈口盆、小口瓶、腹耳罐等彩陶完整器或残片。结合安氏在甘肃购买的类似陶器及罗汉堂、朱家寨的出土物，夏鼐判定马家窑遗址出土的彩陶在器形上只有钵与河南仰韶文化类似，不惟如此，"便是彩绘纹饰也是属于马家窑文化一系统，和河南仰韶彩陶有些不同"，尽管这次考古主要目的是确定"马家窑期遗址"和"寺洼期墓葬"的关系，但总体上以河南仰韶文化比对新出土的"马家窑遗物"，认为其在器形、纹饰上"颇多不同"，遂"另定一名称"，即"马家窑文化"②。

随着考古发掘和研究工作的进一步开展，西北彩陶文化总体上涵括入"马家窑文化"的命名和分期范式，已然成为习焉不察的认知惯习。1962 年出版的《新中国的考古收获》，正式使用"马家窑文化"这一名称，认为"马家窑文化"是受仰韶文化影响而发展起来的"另一系统的文化"③，1986 年出版的

---

* 本文为国家社科基金项目"甲骨卜辞所见人与动物权力关系研究"（项目编号：21BZS105）阶段性成果。
① 安特生：《甘肃考古记》，《地质专报》甲种第五号，1925 年。
② 夏鼐：《临洮寺洼山发掘记》，《考古学报》1949 年第 4 期。
③ 中国科学院考古研究所编：《新中国的考古收获》，文物出版社 1962 年版，第 22 页。

《中国大百科全书·考古学》，将该文化分为马家窑、半山、马厂三个类型，[①] 20世纪90年代以来，一些西北地区的地方通史著作专列节次叙述史前"马家窑文化"[②]，在一些学术公共场域，学者往往把"马家窑文化"视作仰韶文化西徙甘、青后与当地土著文化结合而形成的以农业为主的一种考古文化。[③] 夏鼐把仰韶文化的一个地方类型单独命名，将其上升为与之并列的一种考古文化，并将其他西北仰韶文化彩陶类型纳入其中，命名明显失当，这显然不利于认清早期西北彩陶文化的形态过程及其文化属性。本文在分析"马家窑文化"命名存在失范问题基础上，对仰韶文化人群的西进、西北彩陶类型的分期等问题展开讨论。

一　"马家窑文化"命名的失范

夏鼐的命名有两个背景，一是当时已展开仰韶文化研究，但对文化面貌的认识尚不完善，尤其是对陇山以西彩陶文化的认识尚处于起步阶段，夏先生多以仰韶文化有鼎、鬲而马家窑文化则无，区分二者的不同；二是对"马家窑文化"本身的认识也处于初级状态，安氏在临洮等地考古发掘的不科学、不规范，[④] "马家窑期"与"半山期""马厂期"关系认知不明等因素，都影响到夏鼐对这一彩陶文化属性的判断。不过，夏先生并未完全否定仰韶文化与"马家窑文化"的关系，认为二者"相似亦有不同"[⑤]，《临洮寺洼山发掘记》一文中，他在"马家窑文化期"后括号"甘肃仰韶期"，这或许说明他部分地认同安氏的命名。

"马家窑文化"命名失范主要体现在它无法涵括马家窑类型之前分布于甘、青诸地的来自中原的彩陶文化，也无法合理解释马家窑类型与半山类型之间在器形、纹饰上的巨大转折。因此，并没有得到学界的一致认同。吕振羽认为，从原始文化系统的发展变迁看，仰韶文化和马家窑文化属于一个文化系统，因处于不同时代或不同地区，以及其他文化系统的不同影响形成了彼此间的差异性，也可能是一个文化系统内涵中的两个分支。[⑥] 苏秉琦认为，仰韶文化遗存在甘肃境内

[①] 中国大百科全书总编辑委员会《考古学》编辑委员会编：《中国大百科全书·考古学》，中国大百科全书出版社1986年版，第302页。
[②] 祝中熹：《甘肃通史·先秦卷》，甘肃人民出版社2009年版；崔永红等主编：《青海通史》，青海人民出版社1999年版。
[③] 韩建业：《马家窑文化的历史地位》，《民族日报》2021年6月23日第4版。
[④] 夏鼐：《夏鼐日记》，华东师范大学出版社2011年版，第305—308页。
[⑤] 夏鼐：《夏鼐日记》，第321页。
[⑥] 吕振羽：《从远古文化遗存看我国各民族的历史关系》，《人民日报》1961年4月23日第5版。

的移动方向是自东部到中部,而马家窑类型遗存的移动方向也是自东部到中部,出现时间稍晚的半山、马厂类型遗存则自中部向西延伸到河西走廊的西端,①这说明二者有继承关系。严文明的相关考察和研究揭示了仰韶文化在西北地区自东向西分布的基本规律,他认为马家窑类型是仰韶文化晚期的一个地方类型,是庙底沟类型在甘、青地区的继续和发展,马家窑彩陶是在庙底沟类型基础上一步一步发展和分化出来的,追根溯源,它们本来是一个文化系统。②

夏鼐在考古学界、史学界有着巨大的学术影响力,他的这一考古学命名延伸出的不恰当学术认知首先体现在马家窑彩陶的"土著"问题上,学者普遍认为仰韶文化到达甘、青地区之时,当地已有土著居民。马家窑彩陶的主要分布区域介于黄土高原和青藏高原的过渡地带,以往认为距今3万年左右,这里才有人类活动迹象,③ 最近几年的考古发现证实,青藏高原东北乃至腹地区域的人类活动时间比原先认识的要早,考古工作者在藏北羌塘高原尼阿底遗址发现了4万多年前石制品,④ 在甘南夏河县发现距今约16万年丹尼索瓦人的活动遗迹。⑤ 这些旧石器时代晚期人类在青藏高原西北缘边一带的活动属于流动性极强的季节性狩猎,没有进入定居农业阶段,直到新石器时代早期,青海拉乙亥遗址所见人类活动仍处于游猎阶段。⑥ 处于游猎阶段的原始人群,往往在较大区域内开展狩猎、采集活动,这种作业方式本身决定了定居的不可能,因此也不会出现土著居民。大约距今6000—5800年,仰韶文化庙底沟类型人群进入洮河、湟水及黄河上游干流一带之时,当地还没有从事定居农业的人群,"土著"一说子虚乌有。然而,"马家窑文化"命名下的学术范式中,马家窑彩陶和仰韶文化的不同缘由与那个不存在的"土著"人群结合起来,进而形成错误的学术认知,并随着学术传播,已经在某种意义上成为常识。

"马家窑文化"命名失范引起的另一个问题是学界普遍把仰韶彩陶和马家窑彩陶等而视之,把文化上纵的统属关系误认为是横的并行关系。从1957年甘肃临洮马家窑南麻峪沟口北岸发现的马家窑遗存迭压在仰韶文化层之上,⑦ 青

---

① 苏秉琦:《关于仰韶文化的若干问题》,《苏秉琦考古学论述选集》,文物出版社1984年版,第183页。
② 严文明:《甘肃彩陶的源流》,《文物》1978年第10期。
③ 汤惠生:《青藏高原旧石器时代晚期至新石器时代初期的考古学文化及经济形态》,《考古学报》2011年第4期。
④ 高星:《4万年前人类登上了雪域高原》,《科学》2019年第3期。
⑤ 中国科学院青藏高原研究所:《科学家在青藏高原发现丹尼索瓦古老型智人活动证据》,《高科技与产业化》2019年第7期。
⑥ 盖培、王国道:《黄河上游拉乙亥中石器时代遗址发掘报告》,《人类学学报》1983年第1期。
⑦ 杨建芳:《略论仰韶文化和马家窑文化的分期》,《考古学报》1962年第1期。

海民和阳洼坡遗址发现庙底沟类型和石岭下类型两个阶段遗存①的事实看，马家窑彩陶的出土的确晚于仰韶文化。从器物类型上看，庙底沟类型的代表器物是卷唇曲腹盆、敛口小平底钵、双唇尖底瓶、釜和灶，纹饰以鸟纹、蛙纹等动物图像及与之相联系的圆点、勾叶和凹边三角等曲线花纹所组成的图案为主体，马家窑早期类型的典型器物为卷唇曲腹盆、敛口钵和小口长颈瓶，与庙底沟同类器物相同或相似，马家窑早期类型彩陶常见纹饰也与仰韶彩陶相近或相似。从马家窑早期类型与仰韶文化庙底沟类型的关系看，安特生起初把马家窑类型彩陶命名为"甘肃仰韶文化"是很有道理的，马家窑彩陶实际上是仰韶彩陶的一个西部类型，称之为仰韶文化的西北地方类型当更妥切。②

此外，在"马家窑文化"命名及分期范式中，甘、青彩陶文化变迁被解读为多元文化影响的结果，忽略了自身的发展变化和中原仰韶人群的持续性影响。邓建富认为，"马家窑文化"彩陶之所以能达到中国彩陶艺术的巅峰，归功于多方文化因素的合力作用，是史前不同系统的文化，包括中原仰韶文化，西亚中亚文化，甘、青地区土著文化，以及新疆、蒙古文化，印度、西藏文化汇聚于甘、青地区，以甘、青地区土著文化为主体相互融合的结果。③ 这种可称为"多源说"的观点把仰韶文化和马家窑彩陶的内缘关系视为外缘因素之一，把西北彩陶的起源、发展及其土著化等问题混同起来，从学理上把仰韶文化和"马家窑文化"等而视之了。

考古学上的"文化"一般指代表同一时代的、集中于一定地域内的，有一定地方性特征的遗迹和遗物的共同体。从仰韶文化各阶段发展的时代特点、社会背景及向外扩张等因素看，仰韶人群的西徙创造了"马家窑文化"，它的产生既有人口迁徙因素，也与当时的自然地理条件有关。④ 换言之，仰韶文化和"马家窑文化"是在代表同一时代、集中于一定地域的具有共同地方性特征的考古文化共同体，而非是以考古学"文化"区格的两种不同文化。

从西北彩陶分期问题本身的学术沿革看，起初的研究失范与研究尚在起步阶段，对仰韶文化和齐家文化孰先孰后等看法失当有关。安特生曾采用类型学和古典进化理论对甘、青地区的史前文化进行分期，提出"六期说"，即齐家期、仰韶期、马厂期、辛店期、寺洼期、沙井期，他把马家窑彩陶分为半山、马厂两期，后来又分为早、中、晚三期。从选定的遗址及对应关系看，安氏分期错误不仅仅体现于对仰韶文化和齐家文化时序关系的认识上，对日用陶器和

---

① 青海省文物考古队：《青海民和阳洼坡遗址试掘简报》，《考古》1984年第1期。
② 李健胜、象多杰本编著：《青海彩陶研究》，文物出版社2019年版，第6页。
③ 邓建富：《试以文化变迁理论评马家窑文化的起源、发展说》，《中原文物》1995年第3期。
④ 张强禄：《马家窑文化与仰韶文化的关系》，《考古》2002年第1期。

随葬陶器在文化面貌上的不同缺乏认知，也是一个重要因素。①

1945年，夏鼐在"齐家期"墓葬的填土中发现了"仰韶期"彩陶片，认为"当齐家期的人民埋葬死人的时候，这些彩陶是已被使用过打破了，碎片被抛弃在地上，因之便混入填土中"，据此得出甘肃"仰韶期"彩陶早于"齐家期"的结论，②从而解决了西北彩陶文化中仰韶彩陶和齐家陶器的时序关系问题。

接下来，学界需要解决的问题是西北新石器时代彩陶的分期问题。20世纪50年代以来，在"马家窑文化"命名范式的强势影响下，学界一般把它分为半山、马厂两个时期，也有学者称之为马家窑期、半山期。③1947年裴文中在天水武山发现了石岭下类型彩陶，这一类型主要分布于渭水上游及其支流葫芦河一带，以天水武山为中心，西抵湟水下游。1976年，《从马家窑类型驳瓦西里耶夫的"中国文化西来说"》一文首次提出"石岭下类型"，认为"马家窑晚于庙底沟，而且庙底沟通过石岭下类型发展为马家窑类型的前后因袭关系"④。1977年，夏鼐提出，甘、青地区有"石岭下类型的仰韶文化"或"石岭下类型的马家窑文化"，这一类型的文化内容既有中原地区的仰韶文化成分，又含有"马家窑文化"的成分，至于"马家窑文化"则可分为马家窑、半山、马厂三个类型，经测定，石岭下类型 zk186 为公元前 3813±175 年，马家窑类型两个数据 zk108、bk75020 分别为公元前 3100±190、前 3070±190 年，半山类型的三个标本平均值为公元前 2427±106，马厂类型中期数据年代为公元前 2180±110。⑤后经测定，乐都柳湾半山类型的年代为公元前 2505±150 年，马厂类型的年代为公元前 2415—2040 年间。⑥至此，学术界基本确定"马家窑文化"分为马家窑、半山、马厂三个类型，年代约为公元前 3500—前 2050 年。

在夏鼐命名范式的规约下，西北新石器时代彩陶文化被认定为一种地方性史前文化，进一步展开的分期研究基本上在此范式下展开，比如，丁见祥以东乡林家遗址为基准，以甘肃出土"马家窑文化"遗存为参照，把"马家窑文化"分为五期，第四期又分为早段和晚段。⑦尽管有学者认为石岭下类型继承

---

① 安志敏：《略论甘肃东乡自治县唐汪川的陶器》，《考古学报》1957年第2期。
② 夏鼐：《齐家期墓葬的新发现及其年代的改订》，《考古学报》1948年第3期。
③ 段小强编著：《马家窑文化》，文物出版社2011年版，第33页。
④ 甘肃省博物馆连城考古发掘队、北京大学历史系考古专业连城考古发掘队：《从马家窑类型驳瓦西里耶夫的"中国文化西来说"》，《文物》1976年第3期。
⑤ 夏鼐：《碳-14测定年代和中国史前考古学》，《考古》1977年第4期。
⑥ 青海省文物管理处考古队、中国社会科学院考古研究所：《青海柳湾》（上），文物出版社1984年版，第248页。
⑦ 丁见祥：《马家窑文化的分期、分布、来源及其与周边文化的关系》，《古代文明》（辑刊），2010年。

了庙底沟类型，孕育了马家窑类型，① 但是，石岭下类型所提示的仰韶文化从渭水上游向西扩张及其文化生成过程基本被忽略了。

二 仰韶文化人群西进与西北彩陶地方类型的形成

越过"马家窑文化"命名范式规约下的学术视域，仰韶文化人群的西进自然而然就成为西北早期人类历史和考古文化关注的首要问题，这既符合早期西北史发生发展的客观状况，也能体现现代史学、考古学以人为顶点和核心的研究价值取向。

粟作农业是仰韶文化人群的原生作业方式。距今8000年左右，兴隆洼、磁山、裴李岗、大地湾等新石器时代中期遗址中普遍发现了栽培的粟、黍，黍的比例最突出，粟次之。大致距今6000年前后，粟作农业发展成熟起来，居民采集野生果实数量大大下降，大豆的比例开始上升，碳氮稳定同位素比值的分析表明，猪和狗都是以粟黍为原料进行喂养的，这表明家畜和动物资源利用模式也基本固定下来。粟作农业不仅是在仰韶文化中孕育发展起来的，奠定了仰韶文化繁荣发展的经济基础，也为仰韶人群的扩张奠定了经济基础。大约距今6000年开始，仰韶文化庙底沟类型人群向四周扩散，以各类花瓣纹、豆荚纹、回旋勾连纹为主要特色的庙底沟类型彩陶遍布整个黄河中上游地区，并扩张至辽西、黄河下游和长江流域。粟作农业也自华北平原、渭水上游一带向西北传播，兰州白道沟坪、临夏马家湾、民和阳洼坡及河西走廊、天山一带都发现过粟作农业遗迹。总之，仰韶文化的向外扩张格局奠定了早期"文化中国"的空间基础，其中，庙底沟类型已然具备初步的礼乐文明要素。②

与东部地区仰韶文化和龙山文化的融合方式不同，西北地区的彩陶文化发展史中，仰韶文化一直是占主体地位的文化因素，这在一定程度上使西北地区保留了更为纯粹的仰韶文化，这也是西北地区彩陶文化十分繁盛的内在原因之一。甘肃东部本身就是仰韶文化的发源地之一，秦安大地湾史前人类孕育了仰韶文化的西部类型。因此，最早过上定居生活的"甘肃人"即是仰韶文化人群。青海民和阳洼坡、胡李家遗址，③ 化隆安达其哈遗址④的考古发掘皆能证

---

① 谢端琚：《论石岭下类型的文化性质》，《文物》1981年第4期。
② 罗新、田建文：《庙底沟二期文化研究》，《文物季刊》1994年第2期。
③ 中国社会科学院考古研究所甘青工作队、青海省文物考古研究所：《青海民和县胡李家遗址的发掘》，《考古》2001年第1期。
④ 肖永明：《青海东部地区仰韶文化的发展阶段探析》，《青海民族大学学报》（社会科学版）2013年第4期。

实，庙底沟类型人群曾到达青海的"东大门"，他们堪称最早的"青海人"。如前所述，石岭下类型人群主要分布于渭水上游，向东进入青海化隆、循化、民和一带，石岭下类型具有典型的大地湾后期文化特征，因此有学者提出过以"大地湾仰韶晚期"替代"石岭下类型"①的看法，以此推之，向西扩张的石岭下类型人群应当来自甘肃秦安为中心的渭水上游一带。距今 5500 多年始，文化面貌有别于石岭下的马家窑类型人群的西进使西北地区进入粟作农业和彩陶文化的繁盛期，这一人群向宁夏平原、河西走廊和共和盆地的扩张，使得粟作农业和彩陶文化基本覆盖了整个甘、青、宁河谷地区。

约 1200 多年后，半山类型人群徙入甘、青、宁。半山类型彩陶的黑红复彩、锯齿纹等诸多新因素并不是继承马家窑类型而来的，研究表明，半山类型人群来自西辽河、冀中北地区的雪山一期文化和内蒙古中南部的仰韶文化海生不浪类型文化人群，是内蒙古中南部及晋中仰韶晚期文化西向扩张的产物。换言之，半山类型人群来自东部地区。② 显然，广泛分布于甘、青、宁河谷地带，误认为承袭马家窑类型文化特征的半山类型也是仰韶文化晚期类型人群西迁的产物。半山文化居民与东亚蒙古人种华北类型比较接近，③ 半山类型突然增多的屈肢葬是马家窑类型所不曾有的，加之黑红复彩、锯齿纹彩陶的出现，表现出与马家窑类型明显的疏离，这一人群经黄河干流一带自东向西徙入宁夏、甘肃和青海，介于东部人群和半山类型人群之间的宁夏菜园遗址是实现东部人群彩陶文化西迁的主要考古学依据。菜园遗址早期类型马缨子梁遗存与石岭下、马家窑类型相类似，其中晚期类型林子梁一、二期，切刀把墓地、瓦罐嘴墓地、寨子梁墓地、二岭子湾墓地、石沟遗址等，出土了双耳罐、鸭形壶等，与半山早期类型十分接近，而其折腹盆却和内蒙古清水河白泥窑子出土的同类器很相似。东部文化人群盛行屈肢葬并有洞室墓，半山类型的屈肢葬和洞室墓表现为东有西无、东多西少，锯齿纹、折线纹、鳞纹、棋盘格纹、菱格纹等都先流行于东部文化而后盛行于半山类型，这些迹象表明，东部人群的西迁使得长城沿线首次出现贯穿东西部的大幅度的文化交流，造成了甘、青、宁地区文化发展方向的转变，为西部文化增添许多新鲜内容。④

继半山类型兴起的马厂类型人群向西、向南的扩张，使整个西北地区乃至青藏高原都受到彩陶文化的影响。河西走廊东段武威磨咀子马厂晚期文化、张

---

① 阎渭清：《略论大地湾遗址的发掘意义》，《西北史地》1988 年第 3 期。
② 李水城：《半山与马厂彩陶研究》，北京大学出版社 1998 年版，第 198—199 页。
③ 张忠培：《仰韶时代——史前社会的繁荣与向文明时代的转变》，《文物季刊》1997 年第 1 期。
④ 韩建业：《半山类型的形成与东部文化的西迁》，《考古与文物》2007 年第 3 期。

掖西城驿遗址马厂晚期到四坝文化遗存、玉门火烧沟墓地出土粟粒及人骨样品，[①] 清晰地揭示了马厂人群在河西走廊自东向西迁徙的具体过程。接着，马厂类型人群从河西走廊进入新疆哈密，到达天山以北的吐鲁番、乌鲁木齐和天山以南的焉耆盆地，后抵达费尔干纳盆地及附近地区，使当地成为粟作农业的分布地带和彩陶文化盛行之地。[②] 从四坝文化到四道沟、楚斯特等文化的形成与发展过程中，马厂类型人群将仰韶文化带到中国西北边疆，从而使这一地区于仰韶时代晚期纳入早期中国文化圈，而粟作农业经新疆地区向西亚地区的传播，体现了仰韶文化生业方式对人类文明进程的重大影响。

西藏昌都卡若遗址位于澜沧江畔的二级台地上，海拔高度为3100米，出土了大量石器、骨器和陶器，经碳-14年代测定，遗址距今5000—4000年。从出土的铲状器、锄状器、石刀、石斧等生产工具及其在石器中所占的较大的比重来看，农业无疑是一重要的生产部门，经对农作物遗迹的检测，卡若遗址主要农作物为粟，少量出土的彩陶，其彩绘是直接绘在夹砂陶的磨光面上的，黑彩暗淡，容易脱落，与马厂类型彩陶相似，卡若先民惯用的钻孔修补陶器的方法，也常见于半山、马厂文化类型。[③] 因此，卡若遗址出土的粟和彩陶当是马厂类型人群向南扩张的文化产物。

仰韶文化人群西进过程中，与西亚、南亚等地的史前文化发生广泛持久的文化接触，彩陶纹饰、农作物、青铜冶炼、家畜等方面的东西文化交流，极大地丰富、增强了仰韶人群的文化内涵和向外扩张动力，其中，卡若人群沿喜马拉雅山南缘长路西迁，形成了克什米尔地区的布尔扎霍一期乙段文化，[④] 足可说明仰韶文化西进的范围之广。

从以上分析看，新石器时代至铜石并用时代早期，仰韶人群自东向西不断迁徙构成了早期西北史的主体内容，早期移民及其生产生活方式建构了早期西北史生成和发展的基本模式，不同时期的仰韶人群也是早期西北史研究应当关注和研究的核心。从不同时期的移民角度可清晰地解释仰韶文化晚期不同彩陶类型之间的转折，这在"马家窑文化"命名下是做不到的。因此，新石器时代西北彩陶文化当整体收摄于仰韶文化命名之下，而非"马家窑文化"，所谓"马家窑文化"并非受仰韶文化影响形成的"另一系统的文化"，而是仰韶文化的组成部分，不具备独立命名的条件。

---

① 张雪莲：《碳十三和氮十五分析与古代人类食物结构研究及其新进展》，《考古》2006年第7期。
② 于建军：《新疆史前考古中发现的粟类作物》，《西域研究》2012年第3期。
③ 西藏自治区文物管理委员会、四川大学历史系：《昌都卡若》，文物出版社1985年版，第152—154页。
④ 韩建业：《早期东西文化交流的三个阶段》，《考古学报》2021年第3期。

从相关考古报告看，仰韶文化庙底沟、石岭下和马家窑类型的地层叠压关系是十分清晰的，这说明最早徙入甘肃中西部、青海、宁夏的仰韶人群是庙底沟类型人群，之后，代表大地湾文化晚期类型的石岭下类型人群从渭水上游向西扩张，马家窑类型人群则几乎遍及甘、青、宁河谷地带。后继而来的半山类型人群的西徙，使沿草原丝路传播的锯齿纹菱形图案纹样从河套地区传入甘、青。马厂类型人群经河西走廊和藏彝走廊向新疆、西藏的迁徙，使整个西北地区和青藏高原都受到仰韶文化的影响，影响力在一些地区持续到汉代。

基于以上认识，有必要重构早期西北彩陶的命名和分期。早期西北彩陶皆属于仰韶文化，当统一命名为仰韶文化，可分为庙底沟、石岭下、马家窑、半山和马厂五个时期。这样的命名和分期既吻合仰韶文化西徙的客观历史过程，在学理上也便于从整体史角度认知早期西北彩陶文化。

（李健胜，湖南师范大学历史文化学院教授）

盐城大松林墩墓地汉墓发掘简报

南京博物院、江苏省文物考古研究院、盐城市博物馆

摘 要：2020年南京博物院与盐城市博物馆对大松林墩墓地进行考古发掘。共清理墓葬141座，其中汉代墓葬9座，年代从西汉早期至西汉晚期，为研究盐城地区西汉中小型墓葬提供了考古材料。

关键词：盐城市；大松林墩墓地；汉墓

因盐城市进行旧城改造工程，2020年9月至12月，南京博物院考古研究所与盐城市博物馆组成联合考古队，对大松林墩墓地进行考古发掘。大松林墩墓地位于江苏省盐城市亭湖区，串场河之东、范公堤之西，因发掘区内北部存在大松林墩汉墓遗址点，发掘项目以此命名。发掘区以河道为界，分为南北两区，墓葬分区编号，分别为"NM"与"SM"。共发掘墓葬141座，其中汉代墓葬9座，明清墓葬132座。出土陶器、瓷器、铜器、金银器等各类文物463件（套）。现将其中9座西汉时期墓葬情况简报如下。

一 墓葬概况

大松林墩墓地被扰严重，南区曾先后被用作药材公司仓库和肉联厂区，更早则为乱坟区。北区原为批发市场、居民小区。现因拆迁，已完成房屋拆除和表土清理工作。区域内墓葬埋葬深度较浅，但因仓库、批发市场房屋低矮，地基不深，较多墓葬得以残存，且在房屋拆除后即已露出，部分早先即被浅埋的水管、砖排水沟等现代设施打破。

大松林墩墓地共发掘汉代墓葬9座（北区7座、南区2座）。北区7座汉墓集中分布于大松林墩汉墓遗址点范围内，南区2座汉墓分布零散，均与北区汉墓相去甚远（图2）。

9座汉墓均为竖穴土坑墓，原始开口面受破坏，目前基本开口于①层表土下，残深10—40厘米。墓坑内填土为黄褐或棕褐色五花土，部分墓葬坑壁经过

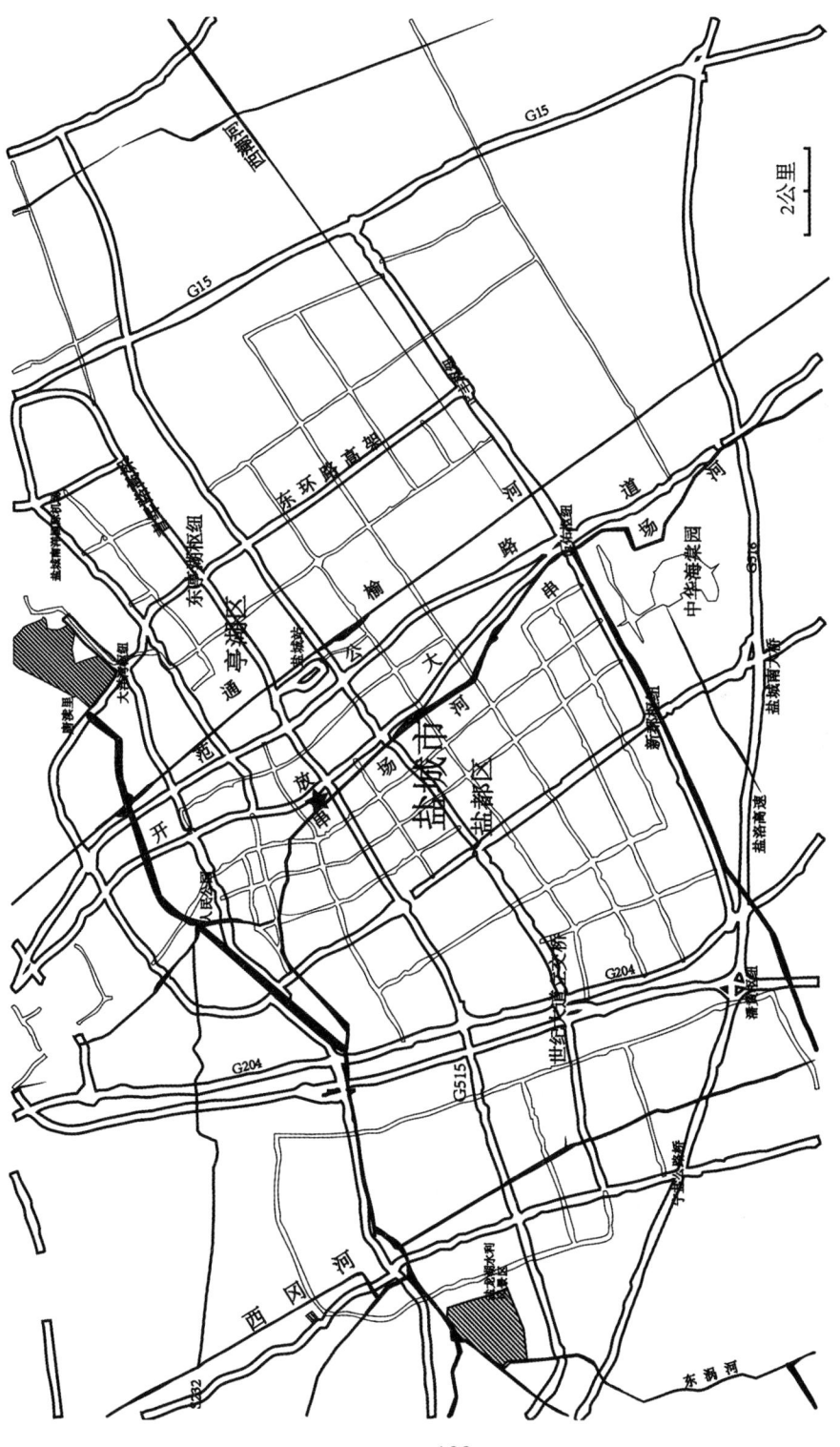

图 1 大松林墩墓地位置示意

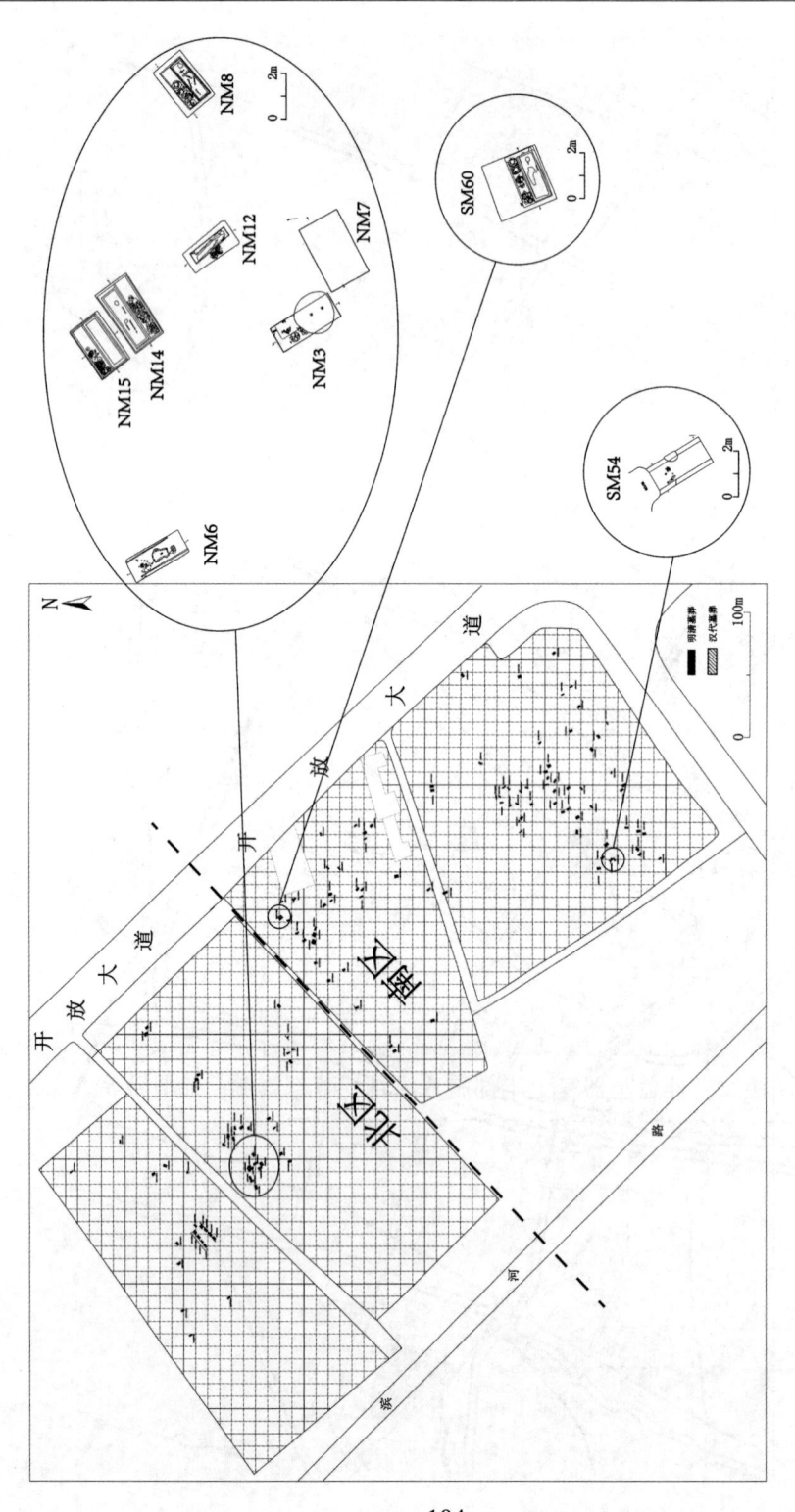

图 2　盐城大松林墩墓地墓葬分布

修整。墓葬保存状况一般，棺椁、人骨均已腐烂，部分仅存朽痕。根据葬式可以分为同茔异穴合葬墓和单人葬墓，根据葬具则分为一椁单棺木椁墓和单棺葬墓。墓葬方向与葬具存在一定对应关系，一椁单棺木椁墓基本为东北—西南向，单棺葬为西北—东南向。另有NM7、SM54两墓葬式不明。

二 墓葬形制及出土器物

依据葬式和葬具，我们初步将汉代竖穴土坑墓分为2类：一椁单棺墓，包括NM3、NM8、NM14、NM15、SM60，其中NM14、NM15为同茔异穴合葬墓；单棺墓，包括NM6、NM12。另NM7、SM54因为受破坏严重，葬式不明。

（一）一椁单棺墓

1. NM3

（1）墓葬形制

NM3墓圹长305、宽120厘米，墓葬开口被破坏，残深20厘米，墓向340°。墓葬南部被现代扰坑破坏。葬具为一椁单棺，椁板、漆棺均已碳化，仅存痕迹。木棺置于东侧，残长98、宽70厘米，骨骼几无痕迹。出土釉陶瓿、铜镜、铜钱等（图3）。

（2）出土器物

NM3出土器物4件，有釉陶瓿、铜镜、铜钱等（图4），另有釉陶壶残片，不可复原。

釉陶瓿 1件。

NM3：4，扁圆形蘑菇状器盖，覆斗形捉手，三钮等分立于器盖肩部。器身与盖子母口，平唇，短直口，微敛，溜肩，鼓腹，平底内凹。肩部对称附兽面铺首衔环耳，器耳左上及右上方、瓿器身肩部贴塑铆钉和卷云纹。肩部至腹部饰三组双凸棱纹，器盖至器身上半部施青绿釉，下部露胎。胎骨致密，呈红褐色。口径12、腹径39.4、底径18、通高40厘米（图4：1）。

陶器 1件。

NM3：3，夹砂灰陶，残破严重，不可修复，器形不可辨。目前可见有器底，矮圈足，器内壁有轮制痕迹。另有流部，为假流。

铜镜 1面。

NM3：1，近圆形，直径16厘米。锈蚀严重，无法修复，纹饰不可辨（图4：2）。

铜钱 1串。

NM3：2，残，锈蚀，原为一长串，现已粘结，不可剥离。圆形方孔，穿径较

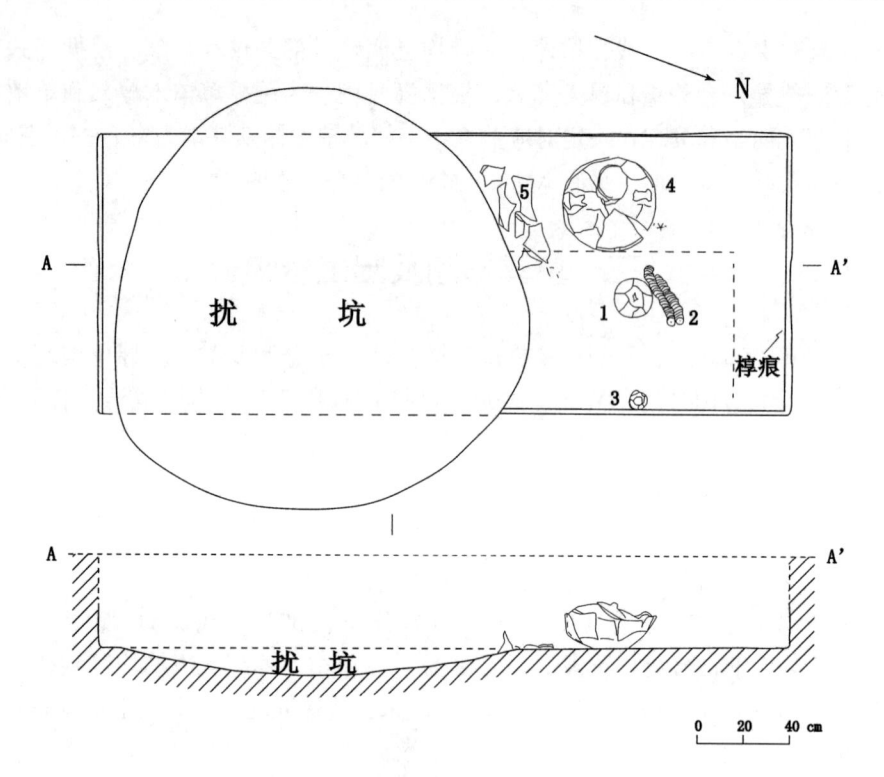

图3　大松林墩墓地NM3平、剖面

1. 铜镜　2. 铜钱　3. 陶器　4. 釉陶瓿　5. 釉陶壶（残片）

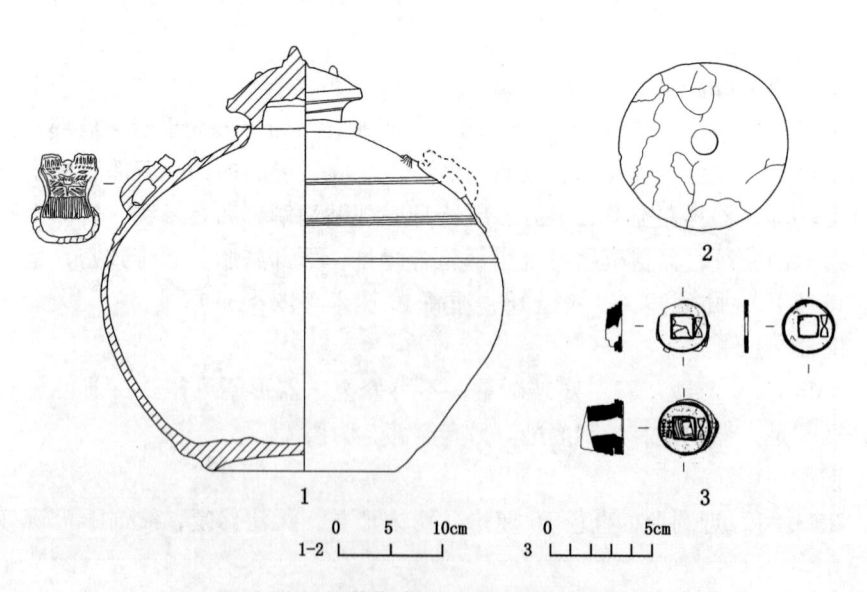

图4　大松林墩墓地NM3出土器物（部分）

1. 釉陶瓿（NM3：4）　2. 铜镜（NM3：1）　3. 铜钱（NM3：2）

大，部分可辨"五铢"钱文。直径2.5—2.6、穿径0.8—1厘米（图4：3）。

2. NM8

（1）墓葬形制

NM8墓圹长260、宽160厘米，墓葬开口被破坏，残深42厘米，墓向58°。葬具为一椁单棺。居中设置椁室，椁内用隔板分隔为边厢和棺室。椁板已碳化，仅见痕迹。南侧为棺室，漆棺留存侧边和棺底，漆棺长197、宽62厘米。棺内人骨基本朽烂，头向东北；北侧边厢长208、宽55厘米，出土釉陶鼎、釉陶盒、釉陶壶、釉陶瓿、陶罐、小陶罐等（图5）。

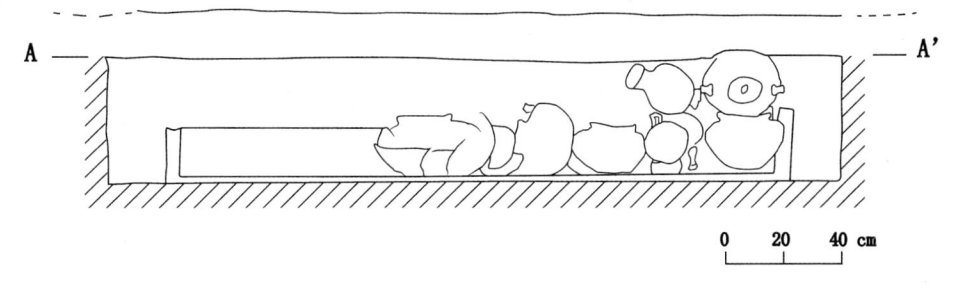

图5 大松林墩墓地NM8平、剖面

1、4. 釉陶瓿 2. 釉陶壶 3、6. 釉陶鼎 5、8. 釉陶盒 7、12—15. 小陶罐 9—11. 陶罐

（2）出土器物

NM8出土器物15件，有釉陶鼎、釉陶盒、釉陶壶、釉陶瓿、陶罐、小陶罐等（图6）。

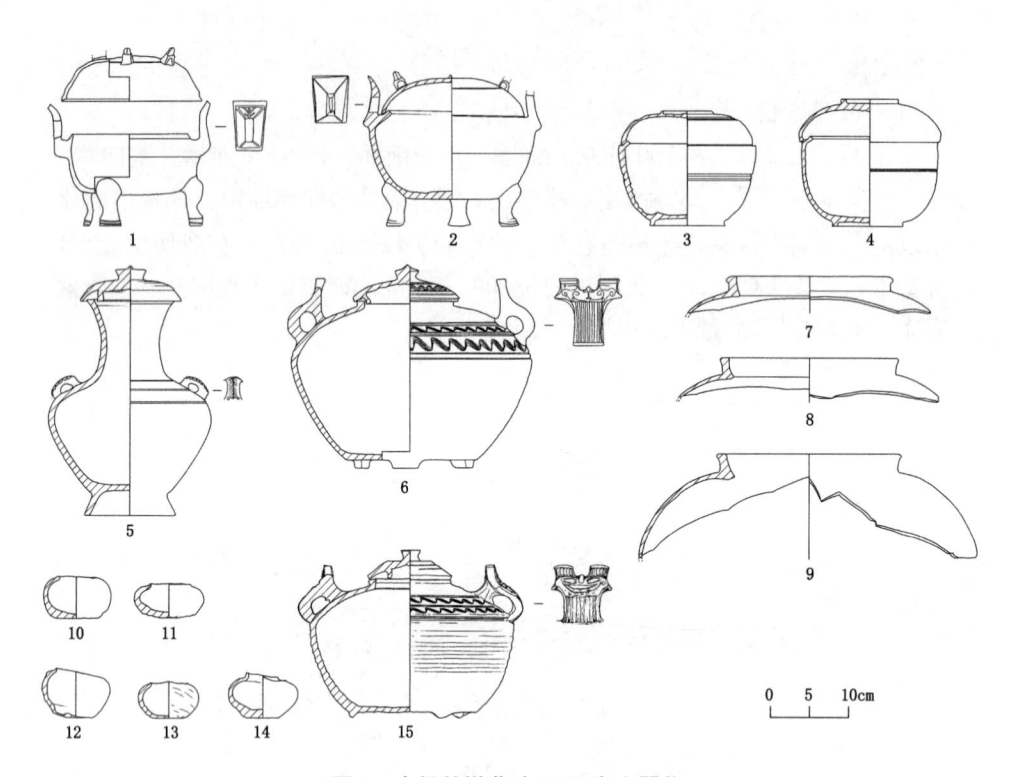

图6　大松林墩墓地 NM8 出土器物

1、2. 釉陶鼎（NM8∶3、6）　3、4. 釉陶盒（NM8∶5、8）　5. 釉陶壶（NM8∶2）　6、15. 釉陶瓿（NM8∶1、4）　7—9. 陶罐（NM8∶9—11）　10—14. 小陶罐（NM8∶7、12—15）

釉陶鼎　2件，形制相似。

NM8∶6，扁圆盖，等分立三环形钮，盖钮连接处饰一道凹弦纹。器身与盖子母口，方唇敛口，口沿下对称置长方形立耳，耳较高且顶端外撇，饰四条短凸弦纹。圆弧鼓腹，NM8∶6较NM8∶3腹深。腹部中部饰一周凸棱。平底，三蹄形足。器盖及上腹施青釉，腹下露胎及足，胎骨较为致密，有轮制痕迹，呈红褐色。盖径18.2、高4.5厘米，器身口径16.4、腹径21厘米，通高18.5厘米（图6∶2）。

NM8∶3，钵形盖，等分立三环形钮，盖钮连接处饰一道凹弦纹，盖顶近平。器身与盖子母口，尖圆唇敛口，口沿下对称置长方形立耳，耳较高且顶端外撇，饰蕉叶纹。弧腹，腹中部一周凸棱；小平底，对称饰三蹄形足。盖满施青釉，釉色莹润，现多剥落。器身无釉，表面光洁，胎质较致密，呈灰红色。盖径18、高6.5厘米，器身口径14.8、腹径17厘米，通高17.8厘米（图6∶1）。

釉陶盒　2件，形制相同。

覆碗形盖，盖顶有圈足形捉手，盖面饰两至三周凹弦纹。器身与盖为子母口，方唇敛口，弧腹平底，矮圈足，腹部饰两周凹弦纹。器盖外侧施青绿釉，器身未施釉，露胎，呈红褐色。胎质较致密，有轮制痕迹。NM8：5，盖径16.5、盖高3.9厘米，器身口径15、腹径17.3、底径9.5、高10.4厘米，通高14.3厘米（图6：3）。NM8：8，盖径18、盖高5.3厘米，器身口径15.2、腹径17.4、底径8.9厘米，通高16.3厘米（图6：4）。

釉陶壶　1件。

NM8：2扁圆弧形盖，盖顶有一蘑菇状捉手。盖与器身为子母口。器身平唇、侈口、粗长颈，腹部上部圆鼓，高圈足外撇。肩部对称附焦叶纹耳，耳部上下堆塑涡纹。自肩至腹部饰双凹弦纹三组，间饰水波纹；器盖、器口、颈部至腹部施青绿釉，下部露胎，呈红褐色，胎质坚硬，有轮制痕迹。口径11.2、最大腹径21、底径11.6、通高30.8厘米（图6：5）。

釉陶瓿　2件，形制相似。

NM8：1，扁圆弧形盖，盖顶有一蘑菇形捉手，盖身间饰凹弦纹及刻画水波纹。器身与盖为子母口，平唇，短直口，溜肩，扁圆弧形鼓腹，下内收，平底，底下部有三扁平的矮足。肩部对称附兽面纹耳，耳挺立翘起，高出器口。肩至腹部饰双凹弦纹三组，间饰刻画水波纹两组。口径12.4、最大腹径30.8、底径16.8、通高23.4厘米（图6：6）。

NM8：4，覆斗型盖，平顶，盖顶有一蘑菇形捉手，盖身饰凹弦纹一周。器身与盖为子母口，平唇，短直口，溜肩，扁圆弧形鼓腹，平底，底下部有三矮足，足较NM8：1更矮小。肩部对称附兽面纹耳，耳挺立翘起，高出器口。肩至腹部饰双凹弦纹三组，间饰刻画水波纹两组。口径10.4、最大腹径26.2、底径16.3、通高20.6厘米（图6：15）。

两件均制作规整，器盖施釉，现已剥落；器身施青绿釉至腹部，腹以下露胎，胎骨较为致密，有轮制痕迹，呈红褐色。

陶罐　3件，形制相似。

泥质灰陶，方圆唇，直口微侈，短束颈，丰肩，三件均肩部以下无法修复，NM8：9、10据腹片可见器身满饰绳纹。NM8：9口径20厘米（图6：7）。NM8：10口径20.4厘米（图6：8）。NM8：11复原口径23厘米，素面，无纹饰（图6：9）。

小陶罐　5件，依形制分为A、B型。

A型　4件。泥质灰陶，尖圆唇，敛口，丰肩，弧腹，平底。制作较粗糙，器形不规整，素面。NM8：7口径4.8、底径5.3、高5.2厘米（图6：10）。

NM8：12口径5.3、底径6.7、高4.2厘米（图6：11）。NM8：13口径5.6、底径5.1、高6.1厘米（图6：12）。NM8：14口径44.8、底径3.6、高4.5厘米（图6：13）。

B型　1件。泥质灰陶，圆唇，短直口，微敛，丰肩，鼓腹，平底。制作较粗糙，器形不规整，素面。NM8：15口径3.9、底径4、高5.6厘米（图6：14）。

3. NM14

（1）墓葬形制

NM14墓圹长315、宽161—173厘米，墓葬开口被破坏，残深18厘米，墓向65°。葬具为一椁单棺。椁板、漆棺保存较差，仅见痕迹。墓室居中设置椁室，椁内用隔板分隔为边厢和棺室。北侧为棺室，棺室长274、宽72厘米，棺室内一具人骨腐朽严重，头向东北。南侧为边厢，边厢长292、宽54厘米，出土釉陶鼎、釉陶盒、釉陶壶、釉陶瓿、陶罐、小陶罐、铜钱等（图7）。

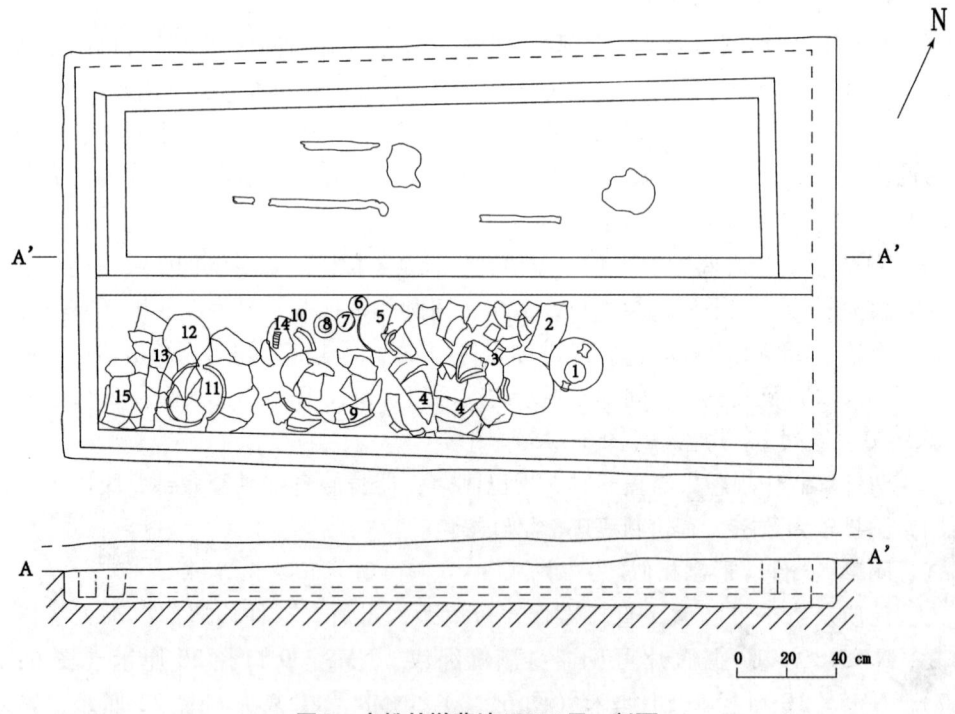

图7　大松林墩墓地NM14平、剖面
1. 釉陶瓿　2. 釉陶盒　3. 釉陶鼎　4、9、11、13. 陶罐　5、10、12. 釉陶壶　6—8. 小陶罐　14. 铜钱

（2）出土器物

NM14随葬器物14件，有釉陶鼎、釉陶盒、釉陶壶、釉陶瓿、陶罐、小陶罐、铜钱等（图8）。

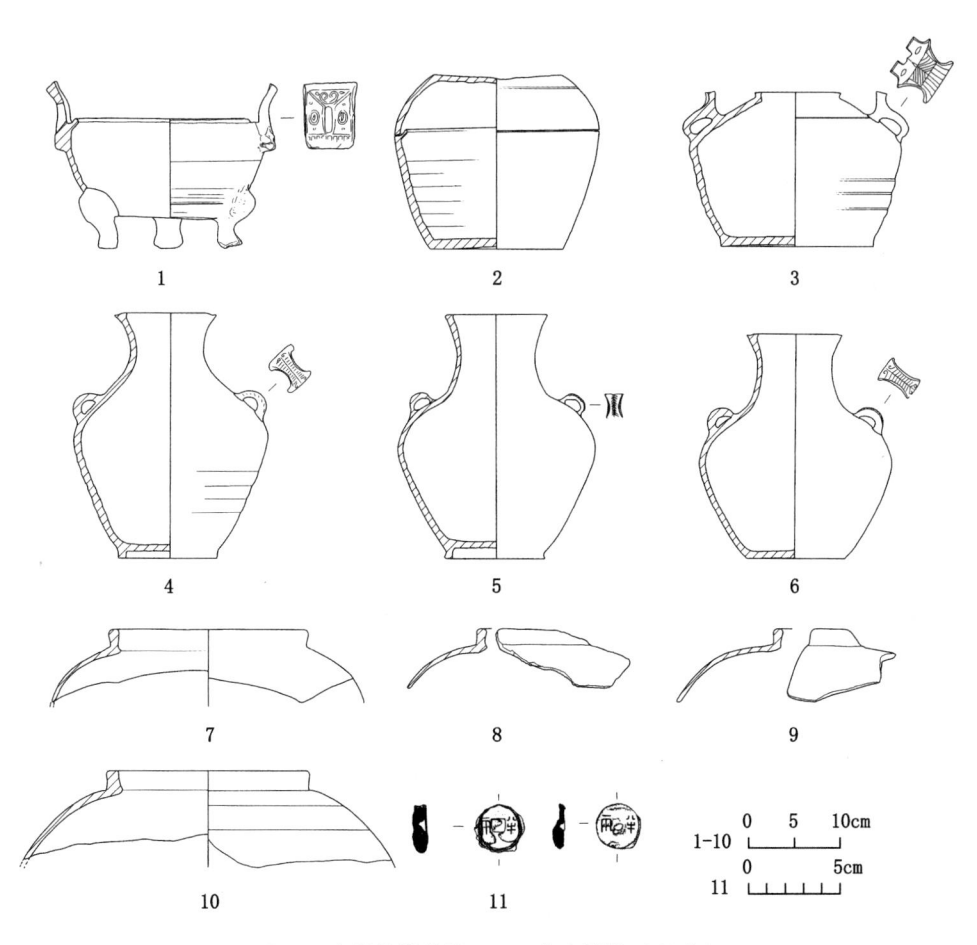

图8 大松林墩墓地NM14出土器物（部分）

1. 釉陶鼎（NM14：3） 2. 釉陶盒（NM14：2） 3. 釉陶瓿（NM14：1） 4—6. 釉陶壶（NM14：5、10、12） 7—10. 陶罐（NM14：4、9、11、13） 11. 铜钱（NM14：14）

釉陶鼎 1件。

NM14：3，鼎盖缺失，器身与盖为子母口，方圆唇敛口，弧腹内收平底，腹部一周凸棱，器底附三蹄形足，足面有模糊兽面纹。口沿下对称置长方形立耳，饰兽面纹，耳较高且向外撇。器身无釉，胎质致密，呈红褐色，有轮制痕迹。口径18.2、高17.4厘米（图8：1）。

釉陶盒　1件。

NM14：2，覆钵形盖，平顶，无捉手，盖顶饰两圈凹弦纹，盖肩部饰凹弦纹一周。器身与盖为子母口，方圆唇敛口，斜腹内收，平底略内凹。器盖施青绿色低温釉，器身未施釉，呈红褐色，胎骨致密，有轮制痕迹。盖径21.7、高6.3厘米，器身口径19.3、底径14.1、高12.7厘米，通高18.1厘米（图8：2）。

釉陶壶　3件。依形制分为Ⅰ、Ⅱ式。

Ⅰ式　2件。尖圆唇，侈口微敛，宽平沿，沿内凹，短束颈，溜肩，斜鼓腹，矮圈足。肩部对称置叶脉纹双耳，耳部上下刻画涡纹。器口、颈部至腹部施青绿釉，现多剥落，下部露胎，胎质致密，呈红褐色，有轮制痕迹。NM14：5，口径10.8、底径10.6、最大腹径20.8、高25.4厘米（图8：4）。NM14：10 口径10.9、最大腹径21、底径10.7、高25.4厘米（图8：5）。

Ⅱ式　1件。NM14：12，尖唇，侈口微敛，宽平沿，沿内凹，束颈，溜肩鼓腹内收，平底。肩部对称置叶脉纹双耳，耳部上下刻画涡纹。器口、颈部至腹部施青绿釉，现多剥落，下部露胎，胎质致密，呈红褐色，有轮制痕迹。口径10.4、最大腹径21、底径10.7、高23.2厘米（图8：6）。

釉陶瓿　1件。

NM14：1，无盖。器身平唇，短直口，溜肩弧鼓腹，平底。肩部饰凹弦纹一周，对称附兽面纹双耳，耳稍稍高出器口。器身腹部以上施釉，现已剥落，下部露胎，胎骨致密，为红褐色，有轮制痕迹。口径9.3、最大腹径23、底径16.5、高16.1厘米（图8：3）。

陶罐　4件，形制相似。

泥质灰陶，少量夹砂。方圆唇，短直口，溜肩，肩部以下残损，无法修复。腹片可见器身饰绳纹。腹片内侧可见泥条盘筑痕迹，外部修整平整。NM14：4，复原口径20.4厘米（图8：7）。NM14：13，复原口径21.6厘米（图8：10）。NM14：9、11无法复原口径（图8：8、9）。

小陶罐　3件。

NM14：6、7、8，泥质灰陶，残损严重，附大量土锈，可辨其为小陶罐，与NM8出土小陶罐相似。圆唇，敛口，溜肩，鼓腹，平底。制作粗糙，器形不规整。

铜钱　1串。

NM14：14，残，锈蚀，原为一长串，现已粘结，不可剥离。钱文可辨"半两"，直径2.2—2.5、穿径0.5—0.7厘米（图8：11）。

4. NM15

（1）墓葬形制

NM15 开口被晚期墓葬 NM12 打破，墓圹东西长 255、南北宽 163 厘米。墓葬开口被破坏，残深 40 厘米，墓向 63°。葬具为一椁单棺。椁板、漆棺保存较差，仅见痕迹。墓室居中设置椁室，南侧为棺室，棺室长 237、宽 71 厘米。棺室内人骨已腐朽。北侧为边厢，边厢长 237、宽 52 厘米，出土有釉陶鼎、釉陶盒、釉陶壶、釉陶瓿、陶罐、小陶罐、铜镜等（图9）。NM15 南邻 NM14，墓葬间间隔 30 厘米宽土壁，两棺紧靠土壁，随葬品置于棺外。依葬具、葬式，应为同一时期墓葬，初步推断两座墓为同茔异穴合葬墓。

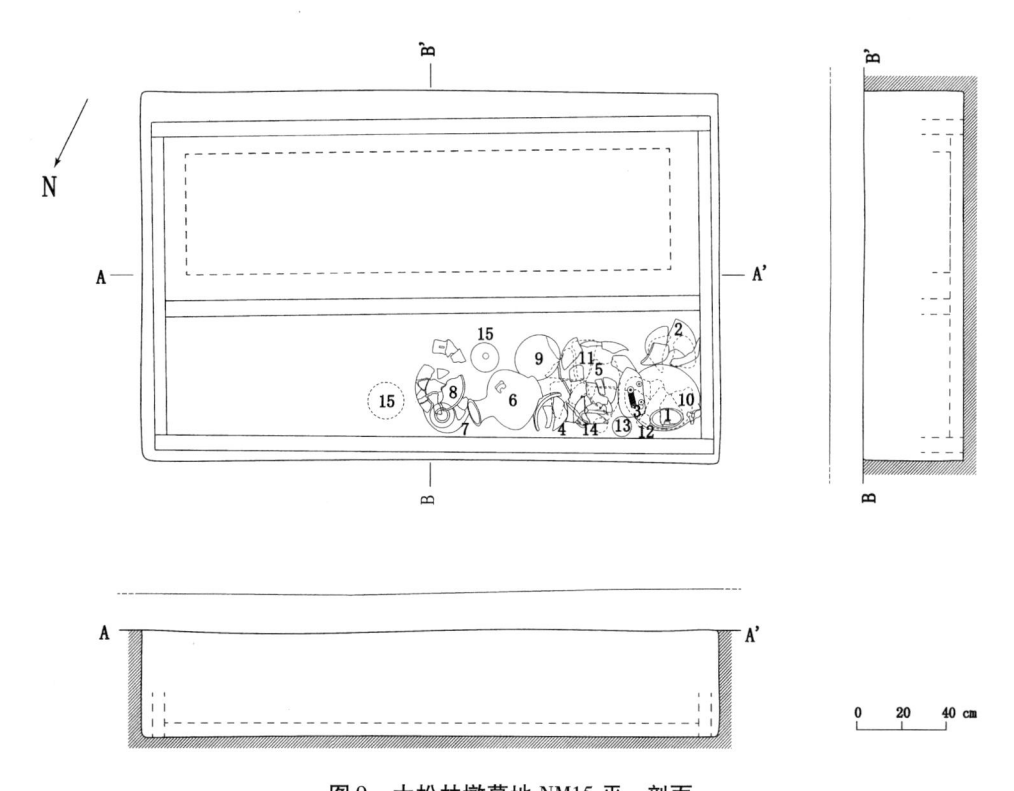

图 9　大松林墩墓地 NM15 平、剖面

1、5. 釉陶瓿　2、9. 釉陶盒　3. 铜钱　4、7. 釉陶鼎　6、8. 釉陶壶　10、11. 陶罐　12—14. 小陶罐　15. 铜镜

（2）出土器物

NM15 随葬器物 15 件，有釉陶鼎、釉陶盒、釉陶壶、釉陶瓿、陶罐、小陶罐、铜镜、铜钱等（图10）。

考古发现与区域研究

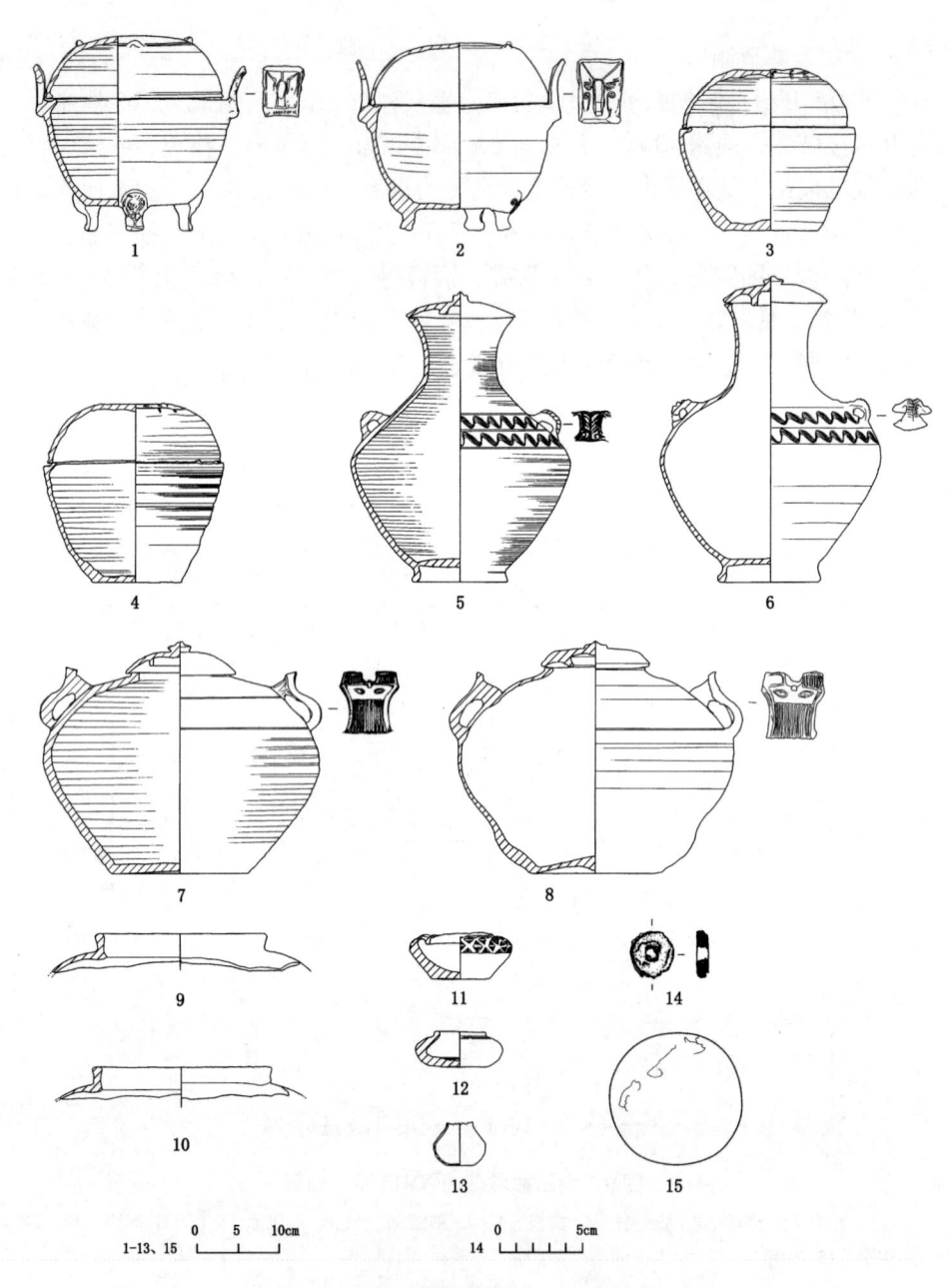

图 10　大松林墩墓地 NM15 出土器物

1、2. 釉陶鼎（NM15：4、7）　3、4. 釉陶盒（NM15：2、9）　5、6. 釉陶壶（NM15：6、8）
7、8. 釉陶瓿（NM15：1、5）　9、10. 陶罐（NM15：10、11）　11—13. 小陶罐（NM15：13、12、14）　14. 铜钱（NM15：3）　15. 铜镜（NM15：15）

釉陶鼎 2件，形制相似。

NM15：4，覆钵形盖，盖顶中心饰两圈凹弦纹。盖顶立三钮，钮为小三角锥状，盖钮连接处饰有两圈凹弦纹。器身与盖为子母口，圆唇敛口，斜腹内收平底。口沿下对称置长方形立耳，立耳较高且外撇，饰蕉叶纹。器底附三个兽面纹蹄形矮足，其中一足残断。器盖施青绿釉，现多剥落，器身无釉，胎质致密，呈红褐色，有轮制痕迹。盖径20.7、高7.4厘米，器身口径20.1、底径12.6、高20.6厘米，通高22.9厘米（图10：1）。M15：7立耳饰兽面纹，余与NM15：4形制相同。盖径21.6、高7.3厘米，器身口径19、腹径25.3、底径12.6、高20.1厘米，通高22.1厘米（图10：2）。

釉陶盒 2件，形制相似。

覆钵形盖，平顶，无捉手，盖顶饰两圈凹弦纹以替。盖肩部饰凹弦纹三周，弦纹间饰刻印纹，纹饰形似短绳纹。器身与盖为子母口，圆唇敛口，斜弧腹内收，平底。器盖、器身口沿施青绿釉，现多剥落，胎骨致密，呈红褐色，有轮制痕迹。NM15：2，盖径19.9、高6.9厘米，器身口径18.4、腹径21.3、底径11.3、高12.1厘米，通高19厘米（图10：3）。NM15：9，盖径21.1、高6.9厘米，器身口径19.6、腹径22.1、底径11、高14.1厘米，通高20.9厘米（图10：4）。

釉陶壶 2件，形制相同。

扁圆形盖，盖顶有一蘑菇状捉手，器身与盖为子母口，尖唇，宽平沿，侈口，长束颈，溜肩，斜鼓腹，矮圈足，足向外撇。肩部对称置叶脉纹双耳。肩腹部饰凹弦纹三组，间饰水波纹两组。器盖、器口、颈至腹部施青绿釉，现多剥落，下部露胎，胎质致密，呈红褐色，有轮制痕迹。NM15：6，口径13.2、最大腹径26.6、底径12、通高35厘米（图10：5）。NM15：8，口径10.2、最大腹径27、底径11.8、通高36.4厘米（图10：6）。

釉陶瓿 2件，形制相同。

扁圆形盖，盖顶有一蘑菇状捉手，盖身有轮制痕迹，釉已剥落。器身与盖为子母口，平唇，短直口，溜肩，扁圆弧形鼓腹，下内收，平底内凹。器身肩部饰凹弦纹两周，腹部饰凹弦纹数周。肩部对称附兽面纹耳，耳挺立翘起，与器口等高。器身腹部以上施釉，腹以下露胎，现釉已基本剥落。胎骨致密，制作规整，有轮制痕迹，呈红褐色。

NM15：1，盖径13.5、高4厘米，器身口径11.9、最大腹径33.8、底径16.7、高23.5厘米，通高27.2厘米（图10：7）。NM15：5，盖径13.2、高3.2厘米，器身口径12.2、最大腹径33.2、底径16、高24.2厘米，通高27.3厘米（图10：8）。

陶罐　2件，形制相似。

泥质灰陶，少量夹砂。方圆唇，直口，短直颈，溜肩，据腹片可见其器身饰弦纹数道。残损严重，无法修复，仅以口沿残片作为标准绘图。NM15：10，复原口径20.1厘米（图10：9）。NM15：11，复原口径21.6厘米（图10：10）。

小陶罐　3件。

形制各异，均为泥质灰陶，少量夹砂，制作较为粗糙。

NM15：12，方圆唇，短直颈，溜肩，弧鼓腹，平底略内凹，肩部饰凹弦纹数道。高5、口径6、底7.4厘米（图10：12）。

NM15：13，尖圆唇，敛口，丰肩，斜弧腹，平底略内凹，肩部周身剔刻菱形纹饰。高6、口径7.3、底径7.1厘米（图10：11）。

NM15：14，口残，直颈，溜肩，鼓腹内收，平底。底径3.2、残高4.9厘米（图10：13）。

铜钱　1串。

NM15：3，残，锈蚀，原为一长串，现已粘结，不可剥离，钱文不可辨。直径2.2—2.6、穿径0.6—0.8厘米（图10：13）。

铜镜　1面。

NM15：15，圆形，直径16厘米。锈蚀严重，无法修复，纹饰不可辨（图10：15）。

5. SM60

（1）墓葬形制

SM60墓圹南北长271、东西宽257厘米，墓葬开口被破坏，残深35—40厘米，墓向70°。据开口面推测其为一椁双棺，北部填土与南部相同，发掘后未见棺椁、随葬品等。目前所见葬具为一椁单棺，椁板、漆棺保存较差，仅见痕迹。南部棺室长215、宽78厘米，墓主头向北，骨骼保存情况较差，仅见痕迹，椁板和棺底板部分尚存，棺木上残存漆痕。棺北部置一边厢，随葬品全部出于边厢内，有釉陶鼎、釉陶盒、釉陶壶、釉陶瓿、陶罐、小陶罐等（图11）。

（2）出土器物

SM60出土器物8件，有釉陶鼎、釉陶盒、釉陶壶、釉陶瓿、陶罐、小陶罐等（图12）。

釉陶鼎　1件。

SM60：5，覆钵形盖，平顶，顶立三钮。钮为小三角锥状，盖钮连接处饰

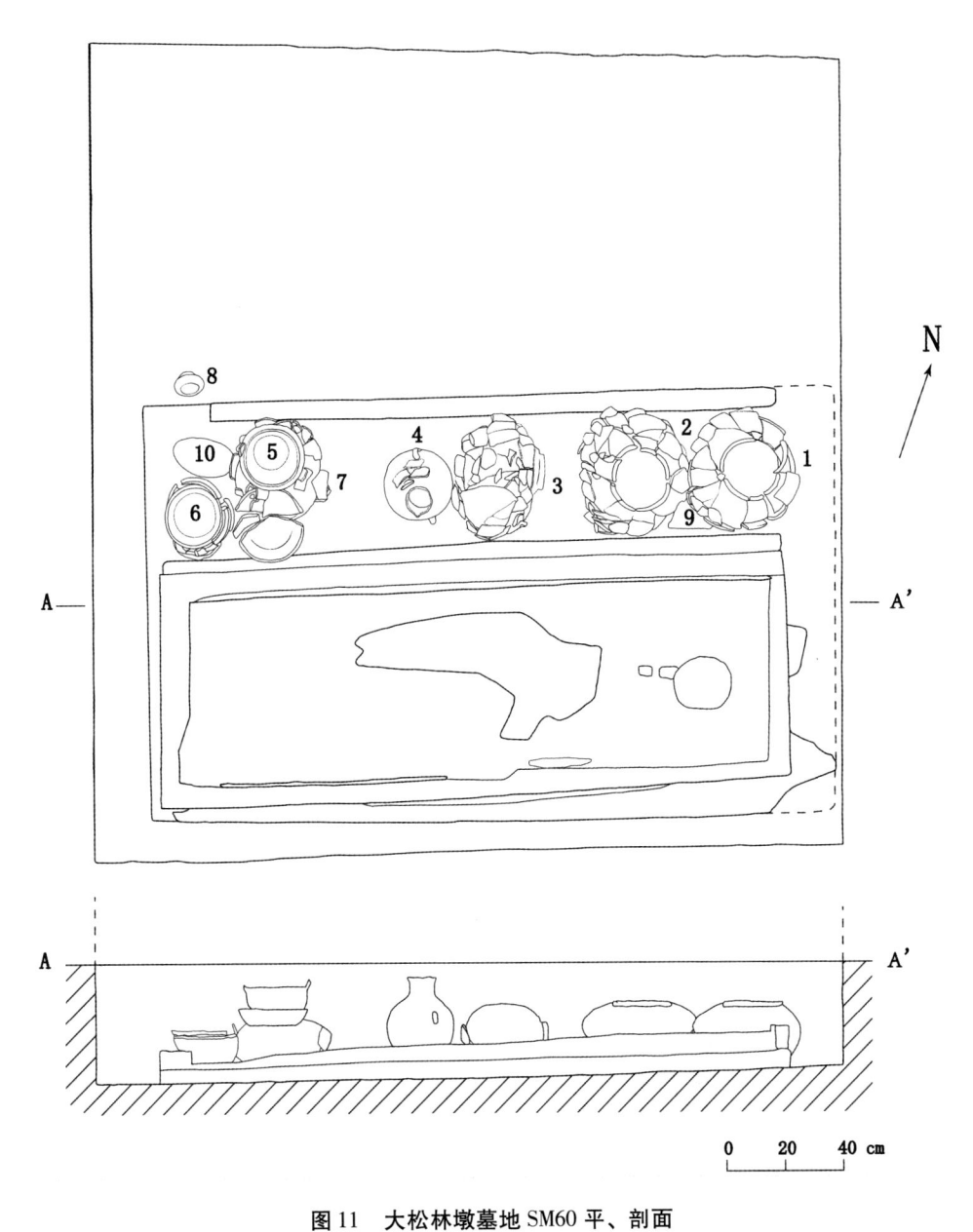

图 11 大松林墩墓地 SM60 平、剖面
1—3. 陶罐 4. 釉陶壶 5. 釉陶鼎 6. 釉陶盒 7. 釉陶瓿 8. 小陶罐 9、10. 漆皮

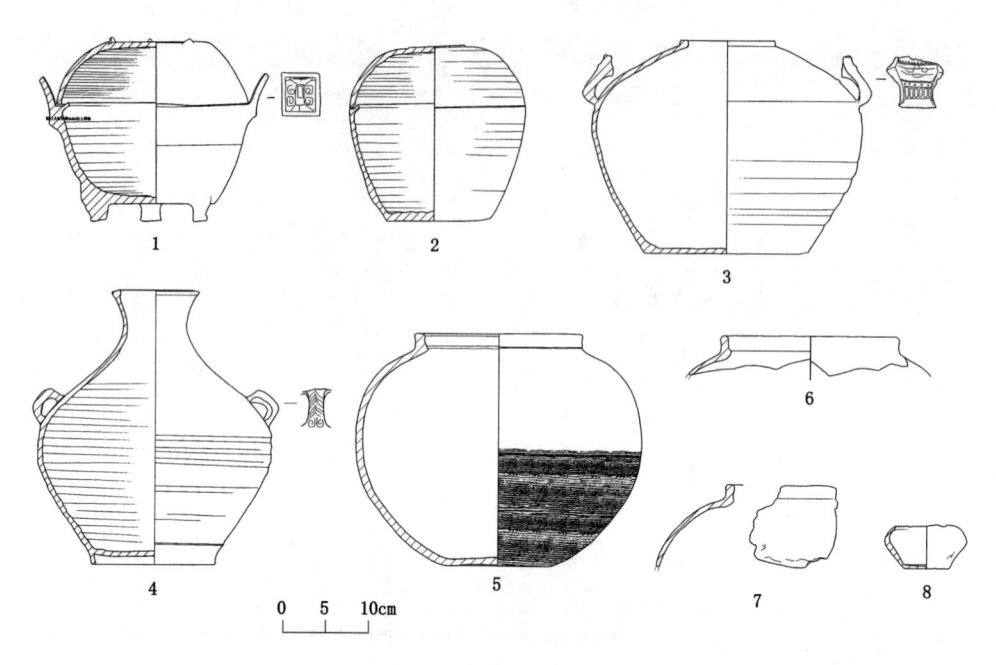

图 12　大松林墩墓地 SM60 出土器物

1. 釉陶鼎（SM60：5）　2. 釉陶盒（SM60：6）　3. 釉陶瓿（SM60：7）　4. 釉陶壶（SM60：4）　5—7. 陶罐（SM60：1、2、3）　8. 小陶罐（SM60：8）

有两圈凹弦纹。鼎身为子母口，口沿下对称置长方形立耳，立耳斜直且低矮，饰卷云纹。器身尖圆唇，敛口，斜弧腹内收，平底，底附三个蹄形矮足。盖径22.1、高7.7厘米，器身口径19.8、高16.3厘米，通高20.8厘米。器盖施青绿釉，现多剥落，器身无釉，胎质致密，呈红褐色，有轮制痕迹（图12：1）。

釉陶盒　1件。

SM60：6，覆钵形盖，盖顶有圆形捉手，捉手低矮，盖面饰数道凹弦纹。器身与盖为子母口，方圆唇，敛口，弧腹内收，平底。器盖施青绿釉，器身未施釉，呈红褐色。器深腹，腹内壁有轮制痕迹（图12：2）。盖径20.4、高7厘米，器身口径18、腹径20.5、底径12、高13.3厘米，通高19.8厘米。

釉陶壶　1件。

SM60：4，喇叭口，短粗颈，溜肩弧鼓腹，矮圈足，肩附叶脉纹双耳，耳上下饰涡纹。腹部饰凸弦纹。器口、肩至腹部施青绿釉，现多剥落，下部露胎，胎质致密，呈红褐色（图12：4）。口径10.3、最大腹径27.5、底径14.5、高31厘米。

· 118 ·

釉陶瓿　1件。

SM60：7，平唇，短直口，斜肩，扁圆弧腹，平底。肩部对称附兽面纹耳，腹部饰凹弦纹。腹部以上施青绿色釉，现已剥落，下部露胎，胎质致密，呈红褐色（图12：3）。口径10.8、底径18.8、高24厘米。

陶罐　3件，形制相同。

泥质灰陶，少量夹砂。方圆唇，短直颈，溜肩，弧鼓腹，平底略内凹。目前仅SM60：1可复原，口径19.6、腹径34、底径11.8、高26.4厘米（图12：5）。SM60：2，复原口径20厘米，目前残缺，仅口沿可复原（图12：6）。SM60：3残，无法复原（图12：7）。

小陶罐　1件。

SM60：8，夹砂灰陶，口略残，鼓肩，斜腹内收，平底，素面。制作较粗糙。口径6.9、腹径9.6、底径5.2、高5厘米（图12：8）。

（二）单棺墓

1. NM6

（1）墓葬形制

NM6墓圹残长278、宽110厘米，墓葬开口被破坏，残深13.5厘米，墓向335°。葬具为单棺。木棺仅存东西两侧朽痕，可见有漆皮。漆皮底色为黑色，绘有红色纹饰，所见纹饰有直线和圆圈。出土铜镜、釉陶壶、陶盒等（图13）。

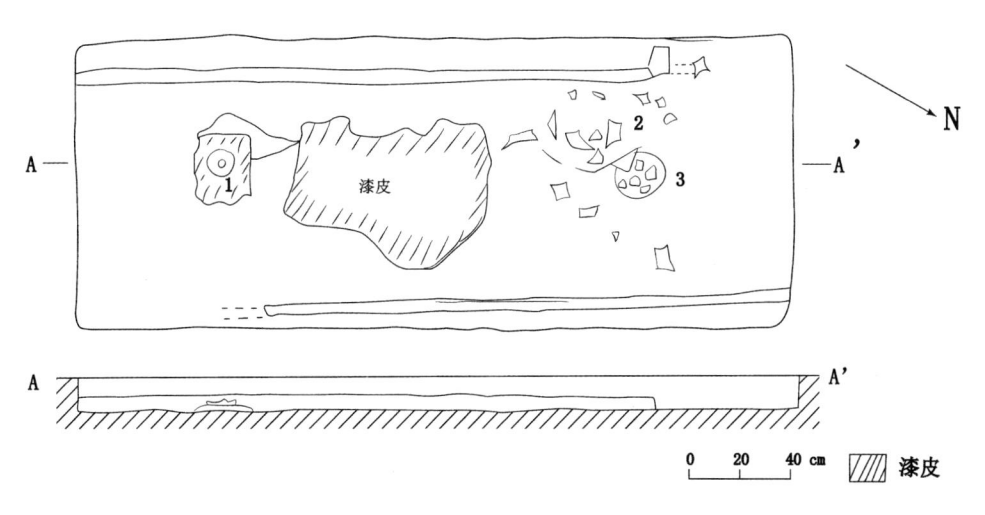

图13　大松林墩墓地NM6平、剖面

1. 铜镜　2. 釉陶壶　3. 陶盒

（2）出土器物

NM6 出土器物 3 件，有釉陶壶、红陶盒、铜镜等（图 14）。

釉陶壶　1 件。

NM6：2，仅底部可复原，弧腹矮圈足。口沿残片饰多组弦纹及水波纹，肩部饰多组凸弦纹。器上半部施青釉（青绿色釉），下半部露胎，胎骨致密，呈红褐色。底径 18.6、残高 10.7 厘米（图 14：1）。

陶盒　1 件。

NM6：3，目前仅器盖可修复，泥质红陶，覆钵形盖，平唇，无钮，素面，有轮制痕迹。器身不可修复，据残片可辨其为子母口，尖圆唇，敛口，弧腹，平底。盖口径 15.8、高 5.2 厘米（图 14：2）。

铜镜　1 面。

NM6：1，圆形，直径 13 厘米。锈蚀严重，无法修复，纹饰不可辨（图 14：3）。

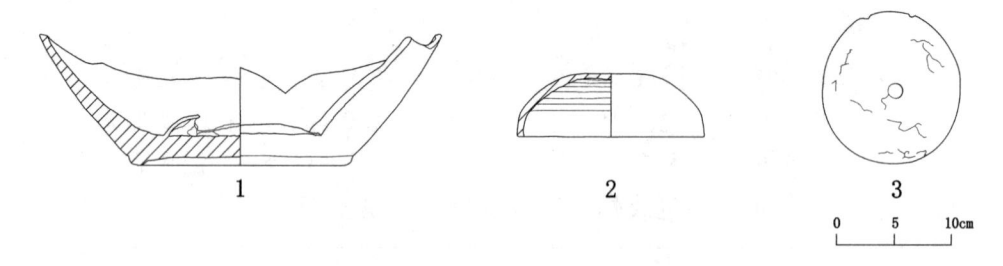

图 14　大松林墩墓地 NM6 出土器物
1. 釉陶壶（NM6：2）　2. 陶盒（NM6：3）　3. 铜镜（NM6：1）

2. NM12

（1）墓葬形制

NM12 墓圹长 270、宽 106 厘米，墓葬开口被破坏，残深 27 厘米，墓向 153°。葬具为单棺，仅保留部分棺壁痕迹，棺长 90、宽 45—55、残高 5—10 厘米。墓主头向东南，仅保留人骨痕迹。墓坑内棺壁外西南侧放置陶瓶、陶罐等随葬品（图 15）。

（2）出土器物

NM12 出土器物 5 件，有陶罐、陶瓶等。

陶罐　2 件，形制相似。

泥质灰陶，少量夹砂。平唇，短直口，溜肩。器身满饰拍印绳纹，有轮制痕迹。残损严重，不可修复，NM12：1 复原口径 23.4、残高 5.3 厘米（图 16：1）。NM12：2，方圆唇，短直口，溜肩，素面。现无法修复，以口沿处一片残片为标准绘制（图 16：2）。

陶瓶 3 件，形制相似。

夹砂灰陶，圆唇，口微侈，长束颈，溜肩，鼓腹，平底，素面。制作较粗

图 15 大松林墩墓地 NM12 平、剖面

1、2. 陶罐　3—5. 陶瓶

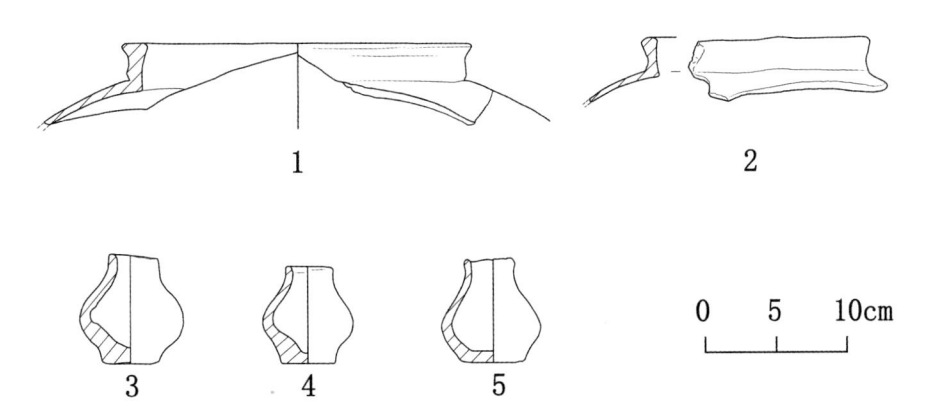

图 16 大松林墩墓地 NM12 出土器物

1、2. 陶罐（NM12：1、2）　3—5. 陶瓶（NM12：3—5）

糙，器形不规整。NM12：3，口径3.3、腹径7.1、底径3.9、高7.4厘米（图16：3）。NM12：4，口径3.3、腹径6.2、底径3.6、高6.5厘米（图16：4）。NM12：5，口径3、腹径6.9、底径3.3、高7厘米（图16：5）。

（三）葬式不明墓

1. NM7

（1）墓葬形制

NM7开口被现代建筑打破，墓圹长310、宽195、残深15厘米，墓室东部残存约50厘米的腐朽棺木，墓室铺满汉代泥质灰陶碎片，可辨器形有罐、盆、瓮等，部分陶片饰弦纹和绳纹，余为素面，未见人骨和其他遗存，头向和葬式不详，无随葬品出土（图17）。

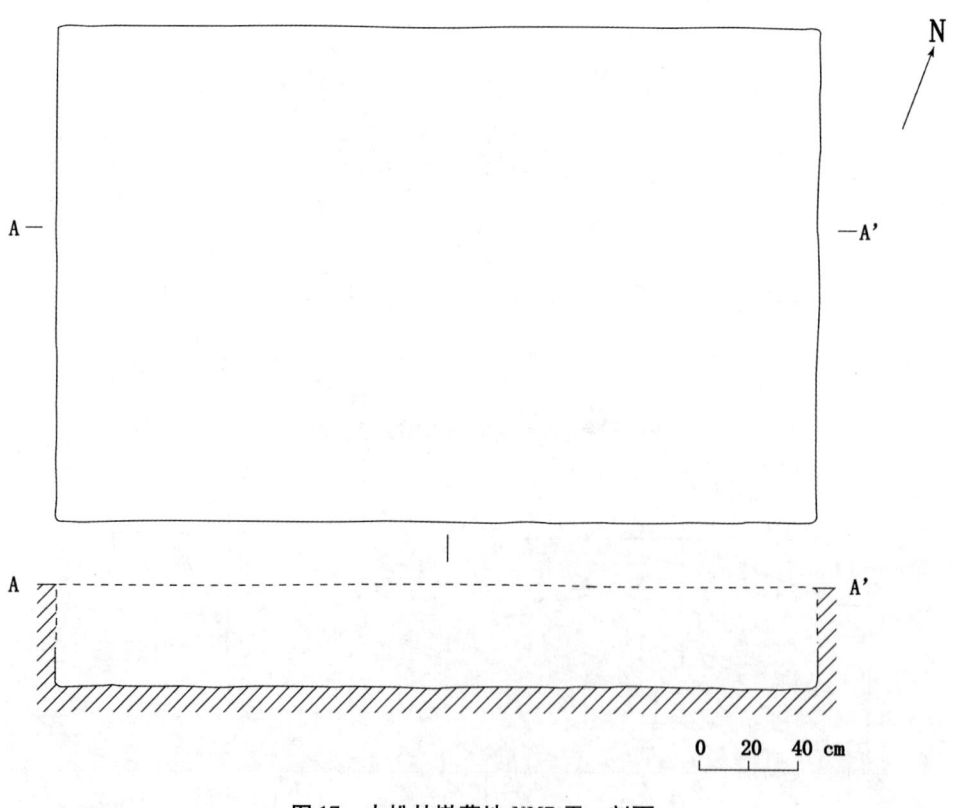

图17　大松林墩墓地NM7平、剖面

2. SM54

（1）墓葬形制

SM54被扰严重，北端被现代坑打破。墓室口大底小，斜壁向下，墓圹残长

270、上口宽113、底宽90、残深30厘米，墓向330°。残存零星碳化棺木，人骨腐朽无存，出土陶罐、釉陶残片、灰陶残片、铜器口沿、铜钱等。根据墓葬形制和出土器物推断SM54为汉代墓葬（图18）。

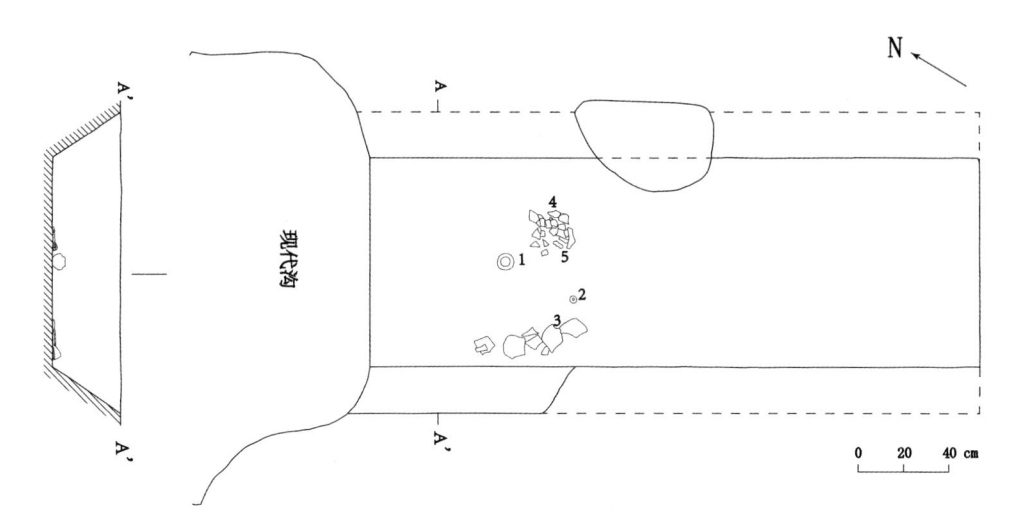

图18 大松林墩墓地SM54平、剖面
1. 小陶罐 2. 铜钱 3. 釉陶盒 4. 陶罐 5. 铜器口沿

（2）出土器物

SM54出土器物5件，有釉陶盒、陶罐、小陶罐、铜钱等（图19）。

釉陶盒 1件。

SM54∶3，器身残存底部，弧腹，平底内凹，腹部饰弦纹。盖余残片，覆钵形盖，盖顶饰双圈凹弦纹。器盖施青绿色低温釉，器身未施釉，胎骨致密，呈红褐色，有轮制痕迹。底径12、残高9.8厘米（图19∶1）。

灰陶罐 1件。

SM54∶4圆唇，短直口，溜肩，受损严重，不可修复。以口沿一残片为标本绘制（图19∶2）。

小陶罐 1件。

SM54∶1，尖唇，侈口，束颈，溜肩，平底，底部略向外撇。素面，器形不规整。口径4.5、腹径6.8、底径5.4、高3.7厘米（图19∶3）。

铜器口沿 1件。

SM54∶5，仅存一片，不可修复，残长4、残高1.35厘米（图19∶4）。

铜钱 1枚。

SM54∶2，直径2.55、厚0.25厘米，钱文锈蚀不清，可辨"五"字钱文

(图19∶5)。

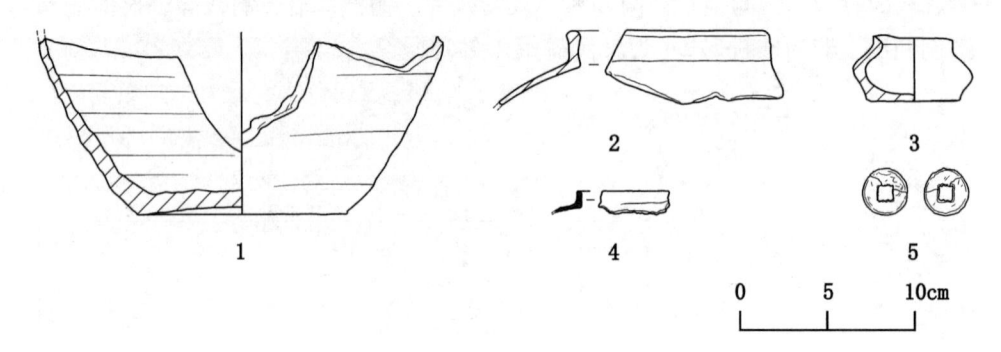

图19 大松林墩墓地 SM54 出土器物
1. 釉陶盒（SM54∶3） 2. 陶罐（SM54∶4） 3. 小陶罐（SM54∶1） 4. 铜器口沿（SM54∶5） 5. 铜钱（SM54∶2）

三 结语

（一）关于随葬品的认识与墓葬年代

大松林墩墓地汉墓除 NM7 外均有随葬品，共出土器物 69 件（套），其中釉陶器 28 件，泥质灰、红陶器 33 件，铜镜 3 面，铜钱 4 件（串），铜器口沿 1 件。釉陶器组合以鼎、盒、壶、瓿为主。未出土纪年材料，但随葬釉陶器的时代特征较为明显。下文依各类型器物进行详述。[①]

鼎（NM8∶3、6），盖似半球形，盖面置三个环形高钮，附耳较高且向外撇，耳尖高度与顶盖高度相接近，兽蹄形三足较高，具有西汉早期特征；鼎（NM15∶4、7）环形钮退化为小三角锥状，立耳高度有所下降，蹄足较 NM8 变矮。至鼎（SM60∶5），盖演变为覆斗型，盖钮也逐渐变小而成乳钉状，立耳进一步退化，较直且变短，蹄足造型简化，更为低矮，具有西汉中期特征。

盒（NM8∶5、8）盖为覆碗形，盖顶有圈足形捉手，器身腹部饰凹弦纹数周，矮圈足，具有西汉早期特征。盒（SM60∶6）捉手退化，矮圈足演变为平底。盒（NM15∶2、9）为覆钵形盖，至盒（NM14∶2）演变为平鼎覆斗型盖，均具有西汉中期特征。

壶（NM8∶2）口部微侈，带盖，颈部较长，器肩斜鼓，饰水波纹，圈足相

[①] 器物器形演变关系参考中国硅酸盐学会主编《中国陶瓷史》，文物出版社 2004 年版，第 123—124 页；陈刚、李则斌《关于安徽天长纪庄汉墓年代学的考察——以出土陶器的类型学研究为线索》，《简帛研究》（2010），广西师范大学出版社 2012 年版，第 76—81 页。

对较高，具有西汉早期特征。壶（NM15：6、8）出土壶，带盖，颈部变短，肩部斜度增加，鼓肩收缩，肩部仍饰水波纹，圈足较 NM8 低矮。壶（NM14：5、10、12）颈部进一步变短，肩部较 NM15 收缩，演变为溜肩，圈足更趋低矮或为平底，水波纹消失，具有西汉中期特征。至壶（SM60：4），短束颈更甚，溜肩，整体造型愈加演变为圆鼓形球形腹，矮圈足，具有西汉中晚期特征。

瓿（NM8：1、4）扁圆形盖，器身斜肩，扁圆浅腹，平底，底部三扁平的矮足，肩部有对称的铺首双耳，耳面翘起并高出器口，肩部饰水波纹与弦纹组合，具有西汉早期特征；NM15、14 出土瓿，肩部渐鼓，附耳顶端逐渐降低，与器口接近平齐，底部三足消失，至瓿（SM60：7），器耳顶部略低于器口，均具有西汉中期特征；瓿（NM3：4）的形体更加高大，宽平唇，圆球腹，肩部的双耳已大大地低于器口，形如大罐，为西汉晚期特征。

且 NM8 出土器物与西汉早期墓葬仪征张集团山汉墓[1]、扬州刘毋智墓[2]、仪征刘集联营汉墓[3]出土器物形制相似。其中鼎（NM8：3）、鼎（NM8：6）、瓿（NM8：1）分别于与刘毋智墓出土Ⅱ式鼎（M1：2）、Ⅰ式鼎（M1C：21）、Ⅰ式瓿（M1：1）形制相同；盒（NM8：5、8）与团山 1 号墓出土盒（M1：41）相同；壶（NM8：2）与团山 1 号墓出土壶（M1：58）、仪征刘集联营 1 号墓出土壶（M1：29）相同；所以，NM8 相对年代应为西汉早期。

NM14 出土釉陶盒、壶、瓿等器物，与丹阳十墓山[4]西汉中期偏早墓葬 M30 出土器物相似；NM14 内出土釉陶盒、壶，与扬州邗江胡场五号汉墓[5]（西汉中期）出土器物相似。且 NM14 内出土半两钱，半两钱流行于秦至西汉武帝元狩五年（前118），故其年代不晚于元狩五年，应为西汉中期前段。

NM15 出土器物为 NM8 与 NM14 的过渡形态，其中釉陶鼎、壶、瓿等与大云山 2 号墓[6]、14 号墓[7]出土器物相似，鼎（NM15：4、7）与大云山 M2 鼎（M2：71）相似，壶（NM15：6、8）与 M2 出土壶、M14 出土壶（M14：12）相同，所以，NM15 时代应处于西汉早、中期之间。

---

[1] 南京博物院、仪征博物馆筹备办公室：《仪征张集团山西汉墓》，《考古学报》1992 年第 4 期。
[2] 扬州市文物考古研究所：《江苏扬州西汉刘毋智墓发掘简报》，《文物》2010 年第 3 期。
[3] 仪征市博物馆：《江苏仪征刘集联营1—4 号西汉墓发掘简报》，《东南文化》2017 年第 4 期。
[4] 镇江博物馆、上海城建职业学院、复旦大学文史研究院、丹阳市文化广电新闻出版局：《江苏丹阳市十墓山汉墓发掘简报》，《华夏考古》2019 年第 5 期。
[5] 扬州博物馆、邗江县图书馆：《江苏邗江胡场五号汉墓》，《文物》1981 年第 11 期。
[6] 南京博物院、盱眙县文广新局：《江苏盱眙大云山江都王陵二号墓发掘简报》，《文物》2013 年第 1 期。
[7] 南京博物院、盱眙县文广新局：《江苏盱眙县大云山西汉江都王陵北区陪葬墓》，《考古》2014 年第 3 期。

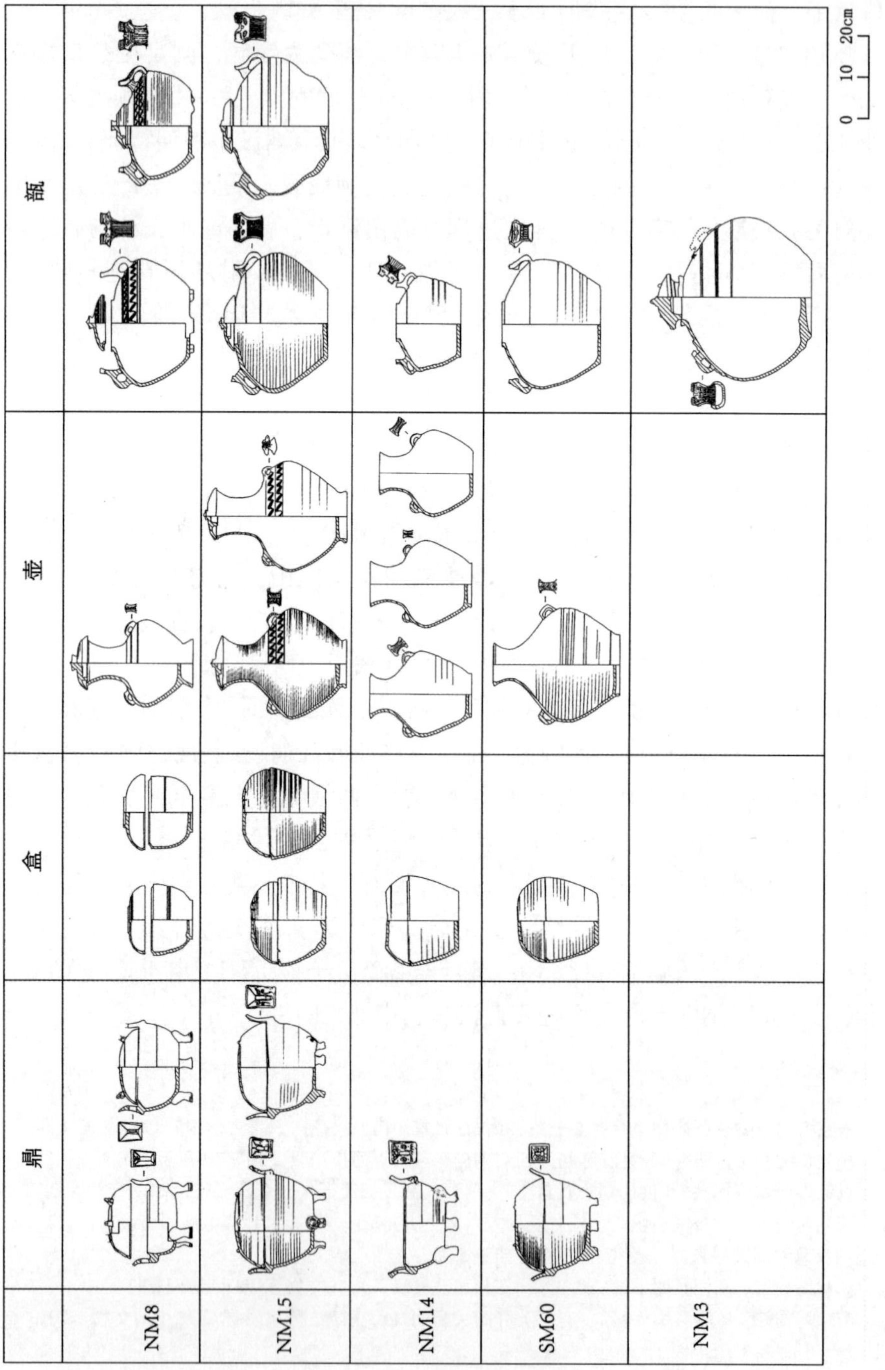

考古发现与区域研究

图20 大松林墩墓地出土釉陶器（部分）

SM60 器物延续中期的形态演变。NM3 出土五铢钱，自武帝元狩五年起，铸五铢钱，所以 NM3 年代不早于元狩五年。NM3 出土的釉陶瓿，具有鲜明的西汉晚期特征，进入东汉后，釉陶瓿不再生产，为陶罍所取代，所以 NM3 相对年代应为西汉晚期。

综上，据出土釉陶器形制分析，大松林墩墓地汉墓时代从西汉早期延续至晚期。NM8 为西汉早期墓葬，NM15 为西汉早期后段墓葬，NM14、SM60 为西汉中期墓葬，NM3 为西汉晚期墓葬。另 NM6、NM12、SM54 等，因墓葬被扰严重或出土器物较少，无法更进一步推判墓葬年代。

（二）墓地性质

盐城古为"淮夷"地，西汉元狩年间即已置县，大松林墩墓地位于古老的沙岗—东冈上，成陆较早，地势较高。20 世纪五六十年代，"在串场河以东范公堤以西的地带，有着大大小小的土墩……这些墩子都是高约 3—4 米的土丘。调查中发现地表残留一些汉代遗物，因此推测这些土墩大概是汉墓"[1]。现称"盐南汉墓群"，包括头墩汉墓群、二墩汉墓群、三羊墩汉墓群、三墩汉墓群等。[2] 目前土墩基本被夷平，部分土墩被清理或遭破坏。大松林墩属于盐南汉墓群土墩之一，其北部为麻瓦坟遗址，南距二墩汉墓群 4 公里。

除 9 座汉墓外，大松林墩墓地另发掘 132 座明清墓葬。根据出土器物以及墓葬布局特征可知，大松林墩墓地是一处平民墓葬区，时代为汉代及明清时期。墓葬等级不高，随葬品不多，但墓葬密度较高；大松林墩墓地的发掘，为研究盐城地区汉代及明清时期中小型墓葬制度及葬俗提供了实物资料。

发掘单位：南京博物院、盐城市博物馆

项目负责人：林留根

发掘人员：甘恢元、陈钰、许晶晶、杨汝钰、赵永正、史为征、田长有、任鹏、翟呈周、刘昊、周亮、季洪明、张雪萌、武瑾、赵五正、朱智立。发掘结束后由发掘人员进行墓葬资料整理。

绘图：发掘人员、黄庆林、杜凤燕、章思怡、孙孟菡、张菜玲、冷燕

整理：杨汝钰、陈钰

执笔：杨汝钰、陈钰

---

[1] 江苏省文物管理委员会、南京博物院：《江苏盐城三羊墩汉墓清理报告》，《考古》1964 年第 8 期。
[2] 20 世纪五六十年代，江苏省文物管理委员会、南京博物院清理了头墩汉墓群、三羊墩汉墓群；2018 年南京博物院考古研究所发掘了二墩汉墓群。

汉代的东阳城及其周边[*]
——基于文献、城址与墓葬的综合考察

刘萃峰

摘 要：东阳城是秦汉时期江淮之间的一座重要城市。结合文献记载与考古资料可以证实，至迟在战国末期，东阳就已经成为城邑。秦至西汉中期，它作为东阳县城或东阳侯国，城址范围大幅扩大。秦末动乱、汉初七国之乱等乱局中，东阳城都曾是重要的军事据点。随着江都立国，东阳城成为江都王陵墓的所在地，地位进一步提升。这一时期，东阳城周边活跃着江都国的王族、高官等上层人士，同时也居住着不少普通民众。不过，江都国除之后，东阳城在军事与政治上均失去原有地位，逐渐走向衰落。

关键词：东阳城；大云山；江都王国；江都王陵；刘非

东阳古城位于今江苏省盱眙县东30余公里处，它地处江淮之间，又沟通着东方的广陵城（曾为多个王国国都）和西边的盱眙城（曾为临淮都尉治所），是该区域内的一座重要城池。虽然是江淮平原交通线上的要地，但囿于文献记载的不足，学界一直未能对其展开系统研究。不过，随着考古工作的深入，这一情况在20世纪中后期迎来了改善的契机。

最早对东阳城进行全面研究的是尤振尧，他在《秦汉东阳城考古发现与有关问题的探析》一文中介绍了东阳城相关的考古成果，并结合文献记载绘制了东阳城的示意图。该文主要有三点贡献：第一，指出了东阳城为东、西二城并列的结构；第二，探索了该城内部结构，找到了秦汉两个时代的官署建筑所在；第三，通过对古城周边墓葬的发掘，明确了墓葬区域及墓葬时代与古城之间的关系。[①] 尤文是对东阳城的开拓性研究，也是迄今为止最为全面深入的研究。

---

[*] 本文为2020年度安徽省哲学社会科学规划青年项目"出土资料所见汉晋时期两淮地方家族研究"（项目编号：AHSKQ2020D40）的阶段性成果。

[①] 尤振尧：《秦汉东阳城考古发现与有关问题的探析》，中国考古学会编辑《中国考古学会第五次年会论文集1985》，文物出版社1988年版，第49—57页。以下所引尤振尧观点均出此文，不再逐一出注。

此后学者零星的研究，也无不建立在该文的基础之上。[1]

21世纪以来，考古工作者在东阳城及其周边展开了更加全面而深入的工作，收获了大批新材料，给我们重新研究东阳城提供了条件。对尤文结论进行修正的研究依然来自考古工作者。陈刚、盛之瀚、李则斌经过考古调查和勘探，发现了东阳城的大城，确认大城在小城之西，且远大于小城，从而大幅度修正了尤文对东阳城结构的认识。[2] 不过，他们并未涉及对东阳城地位及内部功能的研究，在这些方面，尤文仍具有指导意义。

本文拟在尤振尧和陈刚等人的研究基础上，结合文献记载和最新考古发掘，对东阳城及其周边展开探讨，以期丰富对该城及其周边地域社会的认识。

一 作为城市的东阳

（一）秦汉东阳县沿革

今东阳城是秦汉时代的东阳故城遗址，其始建时间则不甚明确。不过，从考古成果中仍能推知大概。尤振尧依据城内所出战国末期楚国的蚁鼻钱以及附近出土的楚"郢爰"等相关材料，推断该城很可能是在战国故址上兴建的。这一合理推测也能找到其他佐证。1976年安徽阜阳合作社废铜仓库中挑出一枚铜官印，上刻铭文"新东阳宦大夫钵"，韩自强推测其为战国时楚国官印。[3] 黄盛璋对文字的具体释读颇有疑义，但他同样认为其为先秦时期东阳的物品，且东阳即今东阳故城遗址。[4] 这表明战国末期东阳已属楚邑，并有官吏管辖。此外，根据最新的考古发掘，东阳城东郊有楚墓分布，[5] 这也进一步证实，至迟到战国末期，东阳已经是一座城邑。

秦灭楚后，在东阳置县，属东海郡。文献记载与考古资料均证实，秦代东阳县已颇具规模，所辖人口当已过万户。东阳本地发现的秦始皇廿六年颁布的诏书铜权也揭示了此地曾经的繁华。[6]《秦封泥汇考》中还收录了一枚秦代"新东阳丞"封泥，周振鹤以为当即南方原楚国之东阳，而非北方赵地之东

---

[1] 例如单爱美《江苏大云山江都王陵出土文物研究》，硕士学位论文，西北师范大学，2014年；邢力《江苏盱眙东阳军庄M210汉墓发掘报告及相关问题研究》，硕士学位论文，南京大学，2015年。
[2] 陈刚、盛之瀚、李则斌：《东阳城遗址调查纪要》，南京博物院编《南京博物院集刊12》，文物出版社2011年版，第32—34页。
[3] 韩自强：《安徽阜阳博物馆藏印选介》，《文物》1988年第6期。
[4] 黄盛璋认为第一字不当为"新"，第四字亦不从"邑"，具体释为何字，还须斟酌。参见黄盛璋《关于安徽阜阳博物馆藏印的若干问题》，《文物》1993年第6期。
[5] 承南京博物院江都王陵发掘负责人陈刚告知。
[6] 南京博物院：《江苏盱眙东阳公社出土的秦权》，《文物》1965年第11期。

阳，甚是。①

关于秦代东阳县的得名，文献中并无记载，尤振尧曾做出初步推测。他认为该城位于云山（园山）之南，故称为"阳"。而取"东"字则可能因为其位于秦地东方。"阳"字的推断是符合实际的，不过从上文的楚国官印来看，"东阳"之名恐怕并非秦代所取，而更可能是沿用旧称。如此一来，"东"字即便是方位，也应当代指楚国的东方，而非秦地。对这一观点，笔者有不同看法。秦汉淮河下游为西南—东北流向，而东阳位于淮河下游南岸，也可视作淮东。从命名法则来看，因其地处淮河以东、云山之南而名之为"东阳"，可能是更加合理的推测。

楚汉时期曾置东阳郡，东阳县隶之。入汉之后，东阳县先后隶属于荆国、吴国、江都国、广陵郡、临淮郡、下邳郡、广陵国等郡国，② 直至汉末成为魏吴交兵前线，沦为弃地。这期间，东阳亦曾一度为侯国。汉高帝十一年（前196）封张相如为东阳侯，武帝建元元年（前140）国除。③

（二）东阳城的结构

从文献中虽然能够梳理出东阳县的沿革，但却无法了解东阳城的结构。我们对东阳城结构的认识，是随着考古工作的不断深入而修正的，其大致可以分成三个阶段，邢力在其论文中已经有过介绍，④ 大致总结如下。

第一，20世纪60年代南京博物院的勘察，确定了秦汉东阳城遗址的位置在今盱眙县东东阳乡政府附近长岗上，该城为长方形土城。

第二，根据此后的考古发掘，尤振尧认为，东阳城由东西两城并列组成，二城均略呈方形，城垣相连，方向为正北，仅能确认一东门，城外未见城壕遗迹（图1）。

第三，2010年南京博物院的考古勘探发现了东阳城的大城，推翻了以往东西两城并列的认识。小城位于大城东南，大致呈方形，东、南两面与大城相连，四面均有城门遗迹。大城除西北角略不规整外，基本呈长方形，东西长、南北窄。城壕遗迹除城北外，其余较为清晰。

---

① 傅嘉仪编著：《秦封泥汇考》，上海书店出版社2007年版，第1425页；周振鹤、李晓杰、张莉：《中国行政区划通史·秦汉卷》，复旦大学出版社2017年版，第91页。
② 周振鹤、李晓杰、张莉：《中国行政区划通史·秦汉卷》，第356—361、766—777页。
③ 按，《汉书·地理志上》中有两个东阳县，分别在北方的清河郡和南方的临淮郡（中华书局1962年版，第1577、1589页），史籍不载张相如所封东阳具体何指。马孟龙认为系清河郡之东阳，周振鹤认为系临淮郡之东阳，兹从后者。分别参见马孟龙《西汉侯国地理》，上海古籍出版社2013年版，第390页；周振鹤、李晓杰、张莉《中国行政区划通史·秦汉卷》，第361页。
④ 邢力：《江苏盱眙东阳军庄M210汉墓发掘报告及相关问题研究》，硕士学位论文，南京大学，2015年。

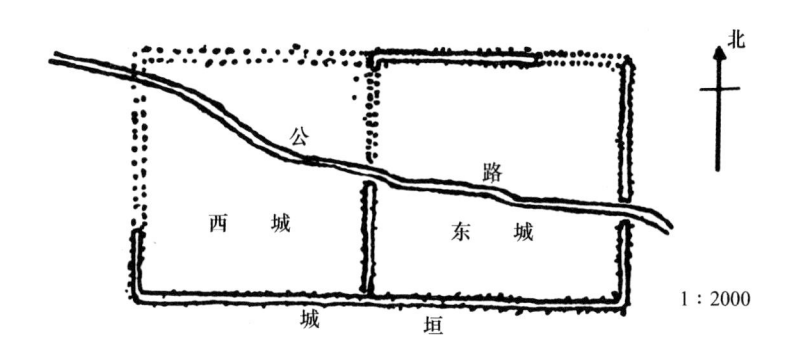

图 1　东阳城示意

资料来源：尤振尧：《秦汉东阳城考古发现与有关问题的探析》，中国考古学会编辑《中国考古学会第五次年会论文集 1985》，第 50 页。

而据最新出版的相关考古报告，[①] 近年来最新的考古勘探和发掘又进一步修正了邢力硕论中罗列的相关认识。首先，大城西北角较为规整，并不像此前认识的那样有曲折。其次，从出土、采集到的遗物年代可以推知，小城年代较早，且使用时间较长，从战国到西汉一直沿用；大城年代在西汉中期，且使用时间很短。据此可以绘制出最新的东阳城结构示意图（图 2）。

由此可见，关于东阳城的结构，学界的观点经历了如下变化：长方形土城—东西二方城并列—大小城并存。这是考古勘探与发掘工作层层深入的结果，现在的结论能否成为最终的定论，在系统、完整的考古报告发表之前，仍然无法确定。

（三）东阳城的功能

通过对文献的梳理可以看出，秦汉时代的东阳城均是作为东阳县治或东阳侯国国都而存在的，这一点本无异议。但是，随着近年来东阳城周边大云山发现江都王陵，有学者推测东阳城曾为江都国都。例如单爱美曾专门对东阳城的性质进行了讨论，其主要观点为：一，汉东阳城曾经短暂作为江都国都城；二，在国都迁走之后，东阳城成为护卫江都国王陵的园邑，这一情况至少持续了景帝后期至武帝前期的不短时期。第一个论点，她的论据是清代《宝应图经》中的一段记载。第二个论断则主要基于东阳城和大云山江都王陵之间的位置关系以及西汉帝王在陵墓附近营建陵园的制度。[②]

[①] 南京博物院、盱眙县文化广电和旅游局编著：《大云山：西汉江都王陵 1 号墓发掘报告》，文物出版社 2020 年版。

[②] 单爱美：《江苏大云山江都王陵出土文物研究》，硕士学位论文，西北师范大学，2014 年。

图 2　东阳城遗址地形

资料来源：该图系笔者以考古报告中"图二　大云山江都王陵地理位置示意图"（参见南京博物院、盱眙县文化广电和旅游局编著《大云山：西汉江都王陵1号墓发掘报告》，第6页）为底图改绘而成，感谢报告副主编左骏先生惠赐高清底图。

笔者认为这两个论断都缺乏坚实证据，恐怕存在一些偏差。先来看第一点。单爱美所据史料为清代刘宝楠所撰《宝应图经》，其中关于东阳城记载如下：

> 东阳县有二，一属清河郡，一属临淮郡。临淮之东阳，秦为东阳县，

楚汉之间为东阳郡，汉为东阳县，亦为国。①

这段文字的最后提到，东阳曾为国。单爱美据此以为汉时东阳城可能曾是江都国的国都，至于史料中明确记载江都国都城在广陵，则可能是因为东阳为都时间太短所致。

按，刘宝楠为清末人，此书为成书于光绪年间的地方志，从史料学的角度来说，它对于研究汉代东阳的价值十分有限，将之视为近人研究恐怕更加合适。更重要的是，这段记载中的最后一句，"汉时东阳为县，亦为国"中的"国"与"县"并称，可见并非指代江都王国，而应是张相如所封之东阳侯国。

单爱美的另一观点为东阳城是江都王陵的园邑。这一观点的前提是东阳城曾为江都国旧都，而该论点已被证伪。除此之外，单爱美还认为，诸侯王比照天子，各有园邑制度。而东阳城距大云山江都王陵极近，自当为江都王陵园邑。对此，笔者同样无法赞同。诸侯王有园邑制度，虽无史料明确记载，但有相关文献和考古材料为佐证，是比较合理的推测。但园邑自有长官，不当与县城混同，园邑制度也不能与郡县制度混为一谈。江都王陵存在祭祀所用的园邑，不等于东阳城就是其园邑所在地。事实上，除了关中西汉前期帝陵所置的陵县之外，并无诸侯王陵附近专门设置县城以为护卫、祭祀的例证。江都王葬于东阳城周边，则极有可能是因为其地在大云山附近，而汉代又有依山而葬的习俗，不宜过度推测。

除了上述说法，还有人认为，东阳城曾在楚汉之际做过东阳郡郡治，这一观点并无史料依据，只是根据东阳的名称做出的猜测。② 从江都国、广陵国均定都广陵而非东阳来看，这个猜测应该也是难以成立的。

综上，现有的材料只能证明东阳城在秦汉时代为县城或侯国都，王国都、郡治的推测均缺乏证据，无法信从。从前文对东阳城结构的论述来看，在西汉中期以前，主要使用的是小城，而修筑于西汉中期且使用时间很短的大城，则大概率是在营建江都王陵墓时一并建设的，其功能可能是供王室谒陵休息之用，故而江都国除后便遭到废弃。

二 秦至汉初政局动荡中的东阳

前文已经提到，东阳至迟在战国末期就已经形成城邑，并且应当隶属于楚

---

① （清）刘宝楠撰：《宝应图经》卷1，清光绪九年十月淮南书局刊本，第8b页。
② 该文曾在南京举行的江都王陵相关研讨会上报告，报告时南京博物院考古部马永强等学者曾提出此点猜测，不过他们的观点并未形成文字。

国。《史记·白起王翦列传》记载，王翦大破荆军后在蕲南杀项燕，后"乘胜略定荆地城邑。岁余，虏荆王负刍"①。黄盛璋据此推测秦得楚东阳在始皇二十三年至二十四年间，东阳就是王翦"略定荆地城邑"中的一座，甚是。②

秦时东阳县为江淮之间的重要城市，人口众多。在秦末大乱中，东阳也曾聚集了一股重要的反秦力量：

> 项梁乃以八千人渡江而西。闻陈婴已下东阳，使使欲与连和俱西。陈婴者，故东阳令史，居县中，素信谨，称为长者。东阳少年杀其令，相聚数千人，欲置长，无适用，乃请陈婴。婴谢不能，遂强立婴为长，县中从者得二万人。少年欲立婴便为王，异军苍头特起。陈婴母谓婴曰："自我为汝家妇，未尝闻汝先古之有贵者。今暴得大名，不祥。不如有所属，事成犹得封侯，事败易以亡，非世所指名也。"婴乃不敢为王。谓其军吏曰："项氏世世将家，有名于楚。今欲举大事，将非其人，不可。我倚名族，亡秦必矣。"于是众从其言，以兵属项梁。项梁渡淮，黥布、蒲将军亦以兵属焉。③

这段史料对研究秦末东阳的历史极为重要，故不避繁冗，全录于此。它也曾被多次引用，以证东阳县及其民众在反秦战争中的作用。而秦代东阳县境内人口过万户的推测也是来自其中"东阳少年杀其令"的记载。东阳反乱的领袖陈婴入汉后则被封为堂邑侯，封地就在东阳南边不远的长江北岸，传国近百年，直至武帝元鼎年间才被削去。④

不过，这段文字还透露出一个重要信息，不曾为前人所重视：项梁在江东起兵之后随即率军渡江，东阳成为其行军路线上的重要一站，而陈婴的投靠为其扫除了江淮之间的障碍，他也得以进一步渡过淮河。由此可见，东阳处在江淮交通的干线上，北上可渡淮，南下可渡江。尤振尧说它是沟通盱眙和广陵之间的孔道，其实它更是连接江淮的重要枢纽。

后来吴王刘濞发动叛乱时，东阳亦成为他进军的桥头堡。《续汉书·郡国志三》载：

> 东阳故属临淮。有长洲泽，吴王濞太仓在此。

---

① 《史记》卷73《白起王翦列传》，中华书局1959年版，第2341页。
② 黄盛璋：《关于安徽阜阳博物馆藏印的若干问题》，《文物》1993年第6期。
③ 《史记》卷7《项羽本纪》，第298页。
④ 马孟龙：《西汉侯国地理》，第369页。

刘昭注云：

> 县多麋。《博物记》曰："千千为群，掘食草根，其处成泥，名曰麋畯。民人随此畯种稻，不耕而获，其收百倍。"又扶海洲上有草名蒳，其实食之如大麦，从七月稔熟，民敛获至冬乃讫，名曰自然谷，或曰禹余粮。①

关于这段文字中"有长洲泽"的记载，有学者认为文字有脱漏，长洲泽可能是在海陵县境内，这里姑不赘言。② 不过即便如此，后半句话的"吴王濞太仓在此"的记载也不宜一并否定。东阳县本就处在江淮交通线上，吴王刘濞将太仓设置于此十分合理。在后来的叛乱中，它是进军起点之一，这一点从其叛乱初期的行军路线中已得到证实。存放在东阳太仓中的粮食，较之于海陵县及其他地区，当然更加易于调动。③ 不仅如此，刘昭的注解还提供了另一个线索：东阳县土壤十分肥沃。这些肥沃的泥土当然未必是因麋鹿掘食而形成的麋畯，但东阳之土便于耕作、稻米产量极高却是事实。丰富的粮食产量与便利的交通运输条件，促使刘濞将太仓设置于此，并将之作为日后反叛的基地之一。

吴楚之乱以汉王朝中央的胜利告终，为了巩固江淮地区的统治，景帝徙封在平叛中立下战功的其子汝南王刘非为江都王，治故吴王所属之地，东阳城也因此迎来了一个新的时代。

三　江都立国与东阳城周边

考古证实，东阳城周边大云山当为西汉第一代江都王刘非的陵墓所在地，虽然个别学者主张的东阳城曾为江都国都的说法恐难成立，但东阳城在江都国统治时期保持乃至发展了此前的繁荣，应该是不争的事实。而刘非选葬于此，无疑也加重了其政治上的地位。因而我们有必要参照《史记》《汉书》江都王的传记对江都国的情况做一简单的梳理。

汉景帝前元三年（前154），汝南王刘非徙封江都王，治故吴国，并因其军功得赐建天子旗，荣宠非常。在位二十七年薨，谥为易王。其子建即位，骄奢

---

① 《续汉书·郡国志三》，收入《后汉书》，中华书局1965年版，第3461页。
② 曹金华曾引用清人王先谦、刘宝楠等人的考证，认为这段文字有脱漏，长洲泽恐在海陵县境内，参见《东汉广陵郡领县确数考》，《扬州大学学报》（人文社会科学版）2005年第3期；又见于其《后汉书稽疑》，中华书局2014年版，第1533页。不过，依据清人考证推翻原始记载，恐怕存在一定危险，姑且附记于此，俟考。
③ 海陵县亦有吴国大仓，参见《汉书》卷51《枚乘传》及"臣瓒"注，第2363页。

跋扈，残忍嗜杀，终因企图谋反被告发，于武帝元狩二年（前121）畏罪自杀，国除，地入汉为广陵郡。

江都国承吴楚七国之乱之后而立，刘非得以王吴故地，是凭借他在平定叛乱中的战功，更是得益于他景帝亲子的身份。江都立国的三十多年间，江淮局势相对稳定，可以说实现了景帝将刘非徙封至此的目的。进入武帝中期，社会日趋稳定，矛盾已转移到新的诸侯国身上，江都国也完成了它的使命，不得不走向灭亡。认识到这一层，便更能深刻地理解，同样尚武好斗、行事高调，刘非得以善终、刘建却被迫自杀的根源。

在江都立国的三十余年时间里，活动于东阳城周边最重要的人群无疑应当是江都王王族及江都国的高官们。关于这些人群，文献中留有一些记录，今依据《史记》《汉书》的相关记载将之整理如下：

江都易王刘非，景帝与程姬之子，景帝二年封汝南王，三年徙封江都王，武帝元朔二年（前127）薨。事迹见《史记·五宗世家》《汉书·景十三王传》。

江都王刘建，非子，元朔二年嗣位，元狩二年自杀。事迹见《史记·五宗世家》《汉书·景十三王传》。

丹阳哀侯刘敢，非子，元朔元年封，元狩元年薨，无后国除。事迹见《史记·建元已来王子侯者年表》《汉书·王子侯表》。

盱台侯刘蒙之，非子，元朔元年封，元鼎五年（前112）坐酎金免。事迹见《史记·建元已来王子侯者年表》《汉书·王子侯表》。

胡孰顷侯刘胥行，非子，元朔元年封，享国十六年薨。子圣嗣，元鼎五年坐杀人，免。事迹见《史记·建元已来王子侯者年表》《汉书·王子侯表》。

秣陵终侯刘缠，非子，元朔元年封，四年薨，无子国除。事迹见《史记·建元已来王子侯者年表》《汉书·王子侯表》。

淮陵侯刘定国，非幼子，元朔元年封，元鼎五年坐酎金免。曾上书告发其兄刘建淫乱之事，事迹见《史记·建元已来王子侯者年表》《汉书·王子侯表》《汉书·景十三王传》。①

淖姬，刘非所宠美人，非死后刘建与之奸。后为赵王彭祖所取，生一子号曰淖子，其兄为汉宦者，事迹见《汉书·景十三王传》。

刘征君，刘非女，盖侯王信子妇，刘非死后来奔丧，与刘建通奸，事迹见《汉书·景十三王传》。

---

① 《汉书·景十三王传》作"淮阳"，《史记·建元已来王子侯者年表》作"睢陵"，《汉书·王子侯表》作"淮陵"，当从《汉书·地理志上》作"淮陵"。

成光，刘建王后，曾下神诅咒武帝，建自杀后弃市，事迹见《汉书·景十三王传》。

胡应，刘建王后之父，被刘建封为将军，事迹见《汉书·景十三王传》。

刘细君，刘建女，武帝元封中，为抗击匈奴，与乌孙和亲，嫁与乌孙王猎骄靡，事迹见《汉书·西域传》。

谒者吉，刘建之谒者，受刘建命往长安给鲁恭王太后（即刘非母程姬）请安，转达太后警告，为刘建所击斥。事迹见《汉书·景十三王传》。

中大夫疾，刘建之中大夫，姓氏不知，有材力，善骑射，号灵武君。事迹见《汉书·景十三王传》。

梁蚡，邯郸人，欲献女与刘非，遭刘建私留，因出怨言，为刘建所杀。事迹见《汉书·景十三王传》。

荼恬，淮陵侯刘定国予钱使之告发刘建淫乱，事未成，遭弃市。事迹见《汉书·景十三王传》。

刘宫，刘非庶子盱台侯刘蒙之之子，平帝元始二年（2）绍封为广陵王，以奉江都易王后，王莽篡位后贬废，活动时间不在江都国立国期间内。事迹见《汉书·诸侯王表》《汉书·景十三王传》。

以上为史籍中记载的江都国相关人物基本都是江都王族和地方官员。通过这些记载，我们对于江都王刘非子女的相关情况有了相对全面的了解。而对于后妃及官员情况，史籍中的记载则显得比较匮乏。后妃方面，只有刘非宠姬和刘建王后的记载，至关重要的刘非王后、刘建之母则一无所知。官员方面，除刘建王后父外，也只留下了一位谒者和中大夫的名字，并无姓氏。至此，若要对江都国情况展开进一步的研究，势必依赖于新的考古材料。

2009—2012年，南京博物院对大云山汉墓展开了抢救性发掘，揭露出一处相对完整的西汉诸侯王陵园，园内共发现主墓3座、陪葬墓11座、车马陪葬坑2座、兵器陪葬坑2座、陵园建筑等遗迹，出土文物合计一万余件。[1] 根据一号墓的墓葬形制（中子型大墓）、墓室结构（黄肠题凑）、葬具及随葬器物规格（镶玉漆棺、金缕玉衣），结合出土器物上的江都国铭文、"二十七年"的纪年文字等信息，基本可以证实，墓主即为江都易王刘非。[2]

除主墓一号墓外，陪葬墓中也出土了不少能够表明墓主身份的文物。虽然

---

[1] 李则斌、陈刚、盛之翰：《江苏盱眙县大云山汉墓》，《考古》2012年第7期；南京博物院编：《长毋相忘：读盱眙大云山江都王陵》，译林出版社2013年版；南京博物院、盱眙县文化广电和旅游局编著：《大云山：西汉江都王陵1号墓发掘报告》。

[2] 南京博物院、盱眙县文广新局：《江苏盱眙县大云山西汉江都王陵一号墓》，《考古》2013年第10期。

材料尚未公布完全，但梳理现有的材料仍能获取不少江都国王族和官员的新知。

二号墓与一号墓同茔异穴，封土叠压在一号墓大封土之下，下葬时间早于一号墓，年代下限为前127年或稍后，上限为前129年。综合墓葬位置、形制及随葬器物，该墓被推测为第一代江都国王后。通过大量随葬器物上"连"字的铭文，整理者推测其姓氏可能为"连"。①

9号、10号二墓为陵园内规模最大的两座陪葬墓，处于陵园中部，与一号墓封土相邻。10号墓中出土大量带有"淖""淖氏"铭文的器物。②前文已经提到，李则斌、陈刚推测其主人就是文献中的淖姬。③而李银德则提出反对意见，认为淖姬后嫁赵王刘彭祖，不当陪葬江都王陵，更推测该墓墓主当为淖姬同一家族成员，而非其本人。④两相比较，笔者更赞同李银德之说。

陵园北区陪葬墓现存9座，从规模、形制及随葬品来看，这9座墓葬应当都是江都王刘非的妃嫔。其中12号墓所出"淳于婴儿"铜印及大量带有"淳于"铭文的漆耳杯，可以证实墓主人为淳于婴儿。⑤

陵园东区陪葬墓中的16号、17号两座墓为同茔异穴合葬墓，当为夫妇合葬墓。从17号墓中出土的"郭义""臣义"印章来看，该墓墓主为郭义，应为江都国高级官员。⑥

通过这些已公布的考古材料，可以补充我们对江都国王族和官员的不少重要认识，结合文献的记载，可以将这些信息汇总成表1。为避免繁复，文献皆用简称，具体对应如下：史表 =《史记·建元已来王子侯者年表》，史本家 =《史记·五宗世家》，汉王表 =《汉书·诸侯王表》，汉侯表 =《汉书·王子侯表》，汉本传 =《汉书·景十三王传》，西域传 =《汉书·西域传》。

表1基本囊括了文献和考古材料中所见的江都国王族成员和官员，他们是当时活动于江都国的上层人士，死后又多葬于东阳城附近的大云山王陵内。景帝武帝之际，他们的活动与东阳城密切相关。

---

① 南京博物院、盱眙县文广新局：《江苏盱眙大云山江都王陵二号墓发掘简报》，《文物》2013年第1期。
② 南京博物院、盱眙县文广新局：《江苏盱眙大云山江都王陵M9、M10发掘简报》，《东南文化》2013年第1期。
③ 李则斌、陈刚：《江苏大云山江都王陵10号墓墓主人初步研究》，《东南文化》2013年第1期。
④ 李银德：《江苏西汉诸侯王陵墓考古的新进展》，《东南文化》2013年第1期。
⑤ 南京博物院、盱眙县文广新局：《江苏盱眙大云山西汉江都王陵北区陪葬墓》，《考古》2014年第3期。
⑥ 南京博物院、盱眙县文广新局：《江苏盱眙县大云山西汉江都王陵东区陪葬墓》，《考古》2013年第10期。

表1　　　　　　　　　　江都国王族及官员

编号	姓名	身份	出处	备注
1	刘非	第一代江都王，葬大云山	史本家、汉王表、汉本传	
2	连氏	刘非王后，陪葬	南京博物院、盱眙县文广新局：《江苏盱眙大云山江都王陵二号墓发掘简报》，《文物》2013年第1期	身份系推测
3	淖姬	刘非宠姬，后通刘建、又事赵王刘彭祖	汉本传	
4	淖氏	刘非妃嫔，陪葬	南京博物院、盱眙县文广新局：《江苏盱眙大云山江都王陵M9、M10发掘简报》，《东南文化》2013年第1期	身份系推测
5	淳于婴儿	刘非妃嫔，陪葬	南京博物院、盱眙县文广新局：《江苏盱眙县大云山西汉江都王陵北区陪葬墓》，《考古》2014年第3期	身份系推测
6	刘建	第二代江都王，非子	史本家、汉王表、汉本传	
7	成光	刘建王后	汉本传	
8	刘敢	丹阳侯，非子	史表、汉侯表	
9	刘蒙之	盱台侯，非子	史表、汉侯表	
10	刘胥行	胡孰侯，非子	史表、汉侯表	
11	刘缠	秣陵侯，非子	史表、汉侯表	
12	刘定国	淮陵侯，非子	史表、汉侯表、汉本传	
13	刘征君	非女	汉本传	
14	刘细君	建女，乌孙王妇	西域传	
15	刘宫	广陵王，非孙，蒙之子	汉王表、汉本传	
16	胡应	成光之父，刘建将军	汉本传	
17	吉	刘建谒者	汉本传	姓氏失载
18	疾	刘建中大夫	汉本传	姓氏失载
19	梁蚡	邯郸人，献女与刘非	汉本传	
20	茶恬	受刘定国指使告发刘建	汉本传	
21	郚义	江都国高级官员，陪葬	南京博物院、盱眙县文广新局：《江苏盱眙县大云山西汉江都王陵东区陪葬墓》，《考古》2013年第10期	身份系推测

四　东阳城周边的中下层民众

史籍中对吴国、江都国等郡国王族和高级官员的记载是有迹可循的，相关考古材料只是起到完善细节、丰富认识的作用。但关于东阳城周边居住、活动的中下层普通民众,史籍中则几乎未置一词,而站在社会生活史的角度来看,这些信息的重要性并不亚于王国兴衰等政治演变。研究这些问题,无疑更加依赖于考古发现。

秦汉时期东阳县的范围,大致当今江苏盱眙、金湖和安徽天长之地。① 这一区域的秦汉时期遗址、墓葬,大多应归在东阳县境内,其余也在与东阳相邻的盱眙等县范围之内。因此,考索这些遗址墓葬,特别是其中的中小型墓葬,可以了解东阳城及其周边中下层民众的生活面貌。虽然在已清理的遗址和墓葬中,已公布的材料不算多,但透过这些有限的材料,依然能够获得不少的认识。

这些墓葬大多无法确认墓主身份,其余部分则可以通过文字材料推知墓志身份、姓名或家族,这些信息能够直观显示居住或活动在周边的人群身份,兹将其整理为表2。

表2　　　　　　　出土资料所见东阳城附近可考居民

编号	姓名	出土时间	出土地点	文字载体	所属时代	资料来源	备注
1	陈何贾（陈君孺）	1990年	盱眙东阳乡小云山	铜印章	西汉中期	盱眙县博物馆:《江苏东阳小云山一号汉墓》,《文物》2004年第5期	
2	陈捝卿	1975年	天长安乐公社北冈大队	漆器	西汉晚期至东汉早期	安徽省文物工作队:《安徽天长县汉墓的发掘》,《考古》1979年第4期	推测
3	宋余	1975年	天长安乐公社北冈大队	铜印章	西汉晚期至东汉早期	安徽省文物工作队:《安徽天长县汉墓的发掘》,《考古》1979年第4期	
4	桓平	1991年	天长天长乡祝涧村	玉印、铜印章、漆案	西汉晚期	安徽省文物考古研究所编著:《天长三角圩墓地》,科学出版社2013年版	
5	桓蒿（桓蒿之）	1991年	天长天长乡祝涧村	木印、漆器	西汉中期	安徽省文物考古研究所编著:《天长三角圩墓地》,科学出版社2013年版	
6	谢子翁（谢孟）	2004年	天长安乐镇纪庄村	木牍、漆器	武帝太初改历（前104）至宣帝五凤四年（前54）	天长市文物管理所、天长市博物馆:《安徽天长西汉墓发掘简报》,《文物》2006年第11期	

---

① 参见谭其骧主编《中国历史地图集》第二册,中国地图出版社1982年版,第19—20页;周振鹤、李晓杰、张莉《中国行政区划通史·秦汉卷》,第361页。

续表

编号	姓名	出土时间	出土地点	文字载体	所属时代	资料来源	备注
7	公孙翁曲	2004年	天长安乐镇纪庄村	木牍	前104年至前54年	天长市文物管理所、天长市博物馆：《安徽天长西汉墓发掘简报》，《文物》2006年第11期	
8	丙充国	2004年	天长安乐镇纪庄村	木牍	前104年至前54年	天长市文物管理所、天长市博物馆：《安徽天长西汉墓发掘简报》，《文物》2006年第11期	
9	孙霸	2004年	天长安乐镇纪庄村	木牍	前104年至前54年	天长市文物管理所、天长市博物馆：《安徽天长西汉墓发掘简报》，《文物》2006年第11期	
10	贲且	2004年	天长安乐镇纪庄村	木牍	前104年至前54年	天长市文物管理所、天长市博物馆：《安徽天长西汉墓发掘简报》，《文物》2006年第11期	
11	方被	2004年	天长安乐镇纪庄村	木牍	前104年至前54年	天长市文物管理所、天长市博物馆：《安徽天长西汉墓发掘简报》，《文物》2006年第11期	
12	英横	2004年	天长安乐镇纪庄村	木牍	前104年至前54年	天长市文物管理所、天长市博物馆：《安徽天长西汉墓发掘简报》，《文物》2006年第11期	
13	榬中翁[①]	2004年	天长安乐镇纪庄村	木牍	前104年至前54年	天长市文物管理所、天长市博物馆：《安徽天长西汉墓发掘简报》，《文物》2006年第11期	
14	董父	2004年	天长安乐镇纪庄村	木牍	前104年至前54年	天长市文物管理所、天长市博物馆：《安徽天长西汉墓发掘简报》，《文物》2006年第11期	
15	朱中孺	2004年	天长安乐镇纪庄村	木牍	前104年至前54年	天长市文物管理所、天长市博物馆：《安徽天长西汉墓发掘简报》，《文物》2006年第11期	
16	蔡正？	2004年	天长安乐镇纪庄村	木牍	前104年至前54年	天长市文物管理所、天长市博物馆：《安徽天长西汉墓发掘简报》，《文物》2006年第11期	

① 另有榬卿、榬中君、榬翁中、榬少君等，不知是否为一人，不再全列。

续表

编号	姓名	出土时间	出土地点	文字载体	所属时代	资料来源	备注
17	陈嚊？	2004年	天长安乐镇纪庄村	木牍	前104年至前54年	天长市文物管理所、天长市博物馆：《安徽天长西汉墓发掘简报》，《文物》2006年第11期	
18	陈中公	2004年	天长安乐镇纪庄村	木牍	前104年至前54年	天长市文物管理所、天长市博物馆：《安徽天长西汉墓发掘简报》，《文物》2006年第11期	
19	范卿	2004年	天长安乐镇纪庄村	木牍	前104年至前54年	天长市文物管理所、天长市博物馆：《安徽天长西汉墓发掘简报》，《文物》2006年第11期	
20	赖幼功	2004年	天长安乐镇纪庄村	木牍	前104年至前54年	天长市文物管理所、天长市博物馆：《安徽天长西汉墓发掘简报》，《文物》2006年第11期	
21	榱氏、袁氏	2013年	金湖至盱眙马坝镇高速公路边	漆器	前127年至前70年	邢力：《江苏盱眙东阳军庄M210汉墓发掘报告及相关问题研究》，硕士学位论文，南京大学，2015年	
22	榱仁、袁氏	2013年	金湖至盱眙马坝镇高速公路边	铜印	西汉晚期	南京博物院、江苏盱眙县博物馆：《江苏盱眙县东阳汉墓群M213、M214发掘简报》，《南方文物》2021年第4期	

表2中所出现的姓氏有陈、宋、桓、谢、公孙、丙、孙、贡、方、英、榱（袁）、董、朱、蔡、范、赖等，他们无疑都是东阳城附近居住或活动的民众。

其中，能够确认有官职的只有天长三角圩1号墓的墓主桓平，他的墓中出土了印文为"广陵宦谒"的木印，证明他生前可能是西汉晚期广陵国少府的属官宦者或中书谒者。[①] 而同一墓群的19号墓墓主桓嵩（桓嵩之）的墓中出土了带有"厨"字的漆盘，这表明他生前可能为广陵国负责膳食的官员。[②] 除桓氏外，天长纪庄汉墓墓主谢子翁（谢孟）也可能为低级官员。[③]

其余诸人的身份均无法确认，这些人应当多是低级官员或者地方土民。通

[①] 安徽省文物考古研究所编著：《天长三角圩墓地》，科学出版社2013年版，第8—163页。
[②] 安徽省文物考古研究所编著：《天长三角圩墓地》，第255—292页。
[③] 天长市文物管理所、天长市博物馆：《安徽天长西汉墓发掘简报》，《文物》2006年第11期。

过考古材料的自证以及与史籍记载的比对可知,其中的陈氏、桓氏、榬氏(袁氏)是绵延上百年的大族。陈氏在秦末有举事于东阳的陈婴、在汉末有曹操重臣陈矫,桓氏曾在广陵国中任职,墓地也从西汉早期延续至东汉,榬氏(袁氏)亦然。

这些家族在东阳周边的地方行政事务和日常生活中,一定扮演着重要角色,这一点亦可从尹湾汉简中窥知。不过,较之于号令数郡数十县甚至影响中央政局的诸侯王、列侯以及高级官员们,他们只能周旋于底层民众之间,若无考古发现,恐将永久地湮没在历史尘埃之中。

五 东阳城的衰落——兼谈江淮间城市的兴衰

通过前文的分析不难看出,无论是史料记载中东阳城的地位,还是考古发现证实的东阳城周边人口的聚集,都向我们展示了这座城市在秦汉时期的繁荣景象。不过,自江都王刘建自杀、国入汉郡之后,东阳城便长期无闻于史册,绝大多数时候只是停留在地理郡国志中了。墓葬的发掘也证实了这一点,西汉晚期特别是东汉以降,其周边墓葬密度骤减,高级别墓葬更是几乎消失,东阳城走向了衰落。

爬梳史册,东阳城衰落的原因并不难寻。其中最为重要的原因应当是军事地位的下降。东阳最初可能是从自然聚落发展而来,但至迟从战国晚期开始,它就有了重要的军事意义,东阳及其周边处在楚人与越人对抗的交通要道上,起到掌控江淮、威震江南的作用。在秦灭楚的战役中,它也是一个重要的军事据点。秦末又凭借自身的地方力量,在反秦战争中占据了一席之地。七国之乱时,吴王刘濞把它作为战略物资的储备地和西向中原的跳板。东阳周边的这些既往历史,使得汉景帝不得不重视此地,并将亲子徙封至此,这一举措也带来了此地的长期稳定。正是这相对稳定的局面,使得东阳城作为军事堡垒的作用不断下降,最终不可避免地走向沉寂。

除军事地位的下降之外,西汉中期以后,东阳城原有的政治地位也逐步下降。汉初,东阳曾作为侯国国都,而江都国存在期间,它又是王陵所在地,无形中扮演着"陵县"的角色,自然政治地位非常。不过,在江都灭国之后,它没能成为新郡的郡治,直至汉末仍为一普通属县而已。

汉末豪强割据混战之后,对峙于江淮间的是曹魏和孙吴,而东阳城作为对峙前线,本可以像合肥、濡须那样成为军事据点。但无奈它正处于南北交兵的核心地带,双方在此拉锯并形成均势,以至没有一方能够长期占据之。权衡之下,魏、吴均不愿消耗人力、兵力、物力于此,干脆将之放弃,江淮间数百里无人居,东阳遂彻底衰落。西晋统一后虽重置东阳县,但它再也没能恢复往日的荣光。

众所周知,早期中国城市发展的决定性因素不是农商主导的经济,而是政治、军事地位。东阳城的兴衰,可以说是两汉魏晋时期江淮城市的一个缩影。同一时期江淮地区还有不少城市经历了相似的命运,典型者如六县。

六在西周时期就是英国、六国等的封地所在,是一座政治、军事功能兼具的早期城市。秦末楚汉相争之际,六人英布被项羽封为九江王,六成为九江国国都,汉初仍得以为淮南国国都。后高祖封子刘长为淮南王,徙都寿春,六县地位骤降。武帝元狩二年(前121),淮南王刘安、衡山王刘赐谋反案发自杀之后,武帝将衡山国更名为六安国,六安之名遂延续至今。虽然此后六县也曾短暂地作为六安国国都或庐江郡郡治,但时间都十分短促,加上军事地位的下降,东晋末期,六县甚至遭遇废置的命运,从而不可避免地走向衰落。[①]

这样的例子还能举出不少,如舒、阜陵[②]等,它们都有着相似的兴衰经历,此处不再逐一考论。六、舒、阜陵都曾作为国都或郡治,东阳则一度为军事要地,综观其发展脉络,可以明显地看出政治与军事所起到的决定作用,"成也军政,败也军政"的现象在江淮城市群中表现得尤其明显,这是由此间的地理位置和政治态势所决定的,关于这个问题,笔者将另行撰文考述,此处不再赘言。

结　语

东阳是秦汉之际江淮间的重要城市,也是诸多历史事件发生的舞台。不过,文献的相关记载却太过简略,使得人们长期难以知晓其面貌,以至宋人在编撰《太平寰宇记》时就已"不详所置年代"[③]。

本文在前人研究的基础上,综合文献记载和考古材料对东阳城及其周边进行了比较详尽的考察,明确了东阳城的结构与功能,揭示了其在秦汉之际历史中的地位,探索了居住、活动于东阳周边的上层人士与下层民众。通过这些研究可以清晰地勾勒出东阳城兴衰的轨迹,在这一轨迹中,起到操纵作用的无疑

[①] 关于六和六安的沿革,此处参考了《中国行政区划通史》的相关卷次和条目,不再逐一出注。又,六安城区汉代墓葬的情况,可以参考安徽省文物考古研究所、武汉大学历史学院考古系、六安市文物局编著《双龙机床厂墓群发掘报告》,上海古籍出版社2016年版;安徽省文物考古研究所编著,秦让平主编《巨鹰墓地发掘报告》,上海古籍出版社2017年版等考古报告。

[②] 关于阜陵城与阜陵县的相关情况,可以参考马孟龙《汉晋阜陵县地望再探——以新发现"阜陵丞印"封泥为契机》,《出土文献》第11辑,中西书局2017年版,第400—410页。

[③] (宋)乐史撰,王文楚等点校:《太平寰宇记》卷16《河南道十六》泗州盱眙县条,中华书局2007年版,第318页。

是军事与政治因素,这也是秦汉魏晋江淮间城市的普遍特征。不过,据笔者所知,东阳城周边还有大量已经发掘的遗址、墓葬等资料尚未公布,相信这些材料公布以后,必定能够使得东阳城的研究更加深入与具体。

需要指出的是,笔者研究目的并不仅限于东阳城本身,而是将之作为江淮地方城市和地域社会研究的一个典型个案进行探索。通过对东阳城的研究,可以丰富我们对江淮地域社会演进过程的认识,这将是笔者未来考虑的问题。

(刘萃峰,安徽师范大学历史学院讲师)

"缀点成线"让区域博物馆"活起来"
——以张家港博物馆"考古里的长江文明"展为例

钮 茜

摘 要：习近平总书记多次提出"让收藏在博物馆里的文物、陈列在广阔大地上的遗产、书写在古籍里的文字都活起来"。怎样真正更好地实现文物"活起来"，是每个博物馆人探求不止的议题。作为区域博物馆举办的考古主题综合特展的成功案例，"长江文明展"具有杰出的典型性、创新性、代表性。本文从介绍张家港博物馆作为区域博物馆的地缘优势谈起，结合展览对区域博物馆的优势与劣势进行深入剖析，并对"缀点成线"式的策展方式提出探讨和思考，旨在推动更多区域博物馆提高文物藏品的利用率和研究程度、加强区域之间的交流合作，让更多馆藏文物发挥最大价值，传播历史、科学、艺术审美价值导向。

关键词：区域博物馆；区域交流；"3E"功能；沉浸式互动

2021年10月28日至2022年2月16日，张家港博物馆成功举办了"考古里的长江文明"特展（下文简称"长江文明展"）。该展览以考古发掘为视角，以空间上的长江流域和时间上的考古遗址发现历程为线索，将1920年代至今长江流域的重要考古发现以考古档案的形式"缀点成线"，向观众集中呈现了中国考古百年间，在长江流域所发现的灿若星河的文化遗存。

党的十八大以来，习近平总书记多次提出"让文物活起来"。2014年3月，习近平主席在联合国教科文组织总部发表重要演讲，提出"让收藏在博物馆里的文物、陈列在广阔大地上的遗产、书写在古籍里的文字都活起来"。怎样真正更好地实现文物"活起来"，是每个博物馆人孜孜不倦探求不止的议题。

本文将着重探讨的"区域博物馆"是指地方综合性博物馆，即区别于国家级、省级行政区（省、自治区、直辖市、特别行政区）综合性博物馆的地级行政区（地级市、地区、自治州、盟）、县级行政区（市辖区、县、县级市、自治县、旗、自治旗、特区、林区）、乡级行政区（街道、镇、乡、苏木、民族苏木、县辖区）博物馆。根据全国博物馆年度报告信息系统最新统计，2021

年，全国备案博物馆6183家，其中国有博物馆4194家（文物行政部门管理的国有博物馆3252家）。① 区域博物馆遍布华夏大地，缀点成线，布线为网，形成一张细密的博物馆网络系统，若能最大限度地发挥功用，便可以让文物"活起来"，成为社会公众"家门口"的博物馆大学校，寓教于乐，在其中接受丰盛的精神盛宴。

作为区域博物馆举办的考古主题综合特展的成功案例，"长江文明展"具有杰出的典型性、创新性、代表性。该展览通过张家港博物馆联合国内多所博物馆共同举办主题展览的形式，以现代考古学百年历程和长江流域的考古发现为线索，将各地区缀点成线，带动馆藏文物形成交流互动"活起来"，可为更多区域博物馆提供经验与启示。

一 张家港博物馆简介

张家港博物馆位于江苏省张家港市杨舍镇暨阳西路2号，于1999年9月建成开放，建筑面积12000平方米，是一座集收藏、陈列、研究、教育于一体的地方多功能综合性博物馆。博物馆内设有长江文化博物馆、张家港历史文化陈列展厅、张家港民俗文化展厅、书画艺术展厅、碑刻陈列展示区、东山村遗址文物展厅，较清晰完整地展现了张家港的历史发展脉络和独特的地域文化。② 2020年，张家港博物馆入选"第四批国家二级博物馆名单"③。

（一）地缘优势

张家港有四通八达的水陆路网，地缘优势得天独厚。张家港为江苏省县级市，由苏州市代管，位于长江下游南岸，东南与常熟相连，南与苏州、无锡相邻，西与江阴接壤，北滨长江，与如皋、靖江隔江相望，位于长江经济带和21世纪海上丝绸之路交汇处，市域总面积999平方公里，下辖10个区镇，3个街道，拥有2个国家级开发区，1个省级高新区，1个省级冶金产业工业园，总人口167万，户籍人口93万。④

---

① 国家文物局：《全国博物馆年度报告信息系统》，国家文物局网站：http://nb.ncha.gov.cn/museum.html，2023年4月21日访问。
② 苏州市文化广电和旅游局：《张家港博物馆》，苏州市旅游咨询中心网站：http://visitsz.wglj.suzhou.com.cn/venue-detail.aspx?id=12，2023年3月27日访问。
③ 中国博物馆协会：《关于第四批国家一、二、三级博物馆名单的公告》，"附件2：第四批国家二级博物馆名单"，中国博物馆协会网站：https://www.chinamuseum.org.cn/webfile/upload/2022/05-30/12-33-100217263869457.pdf，2020年12月21日。
④ 张家港市政府办：《张家港市情简介》，张家港市人民政府网站：http://www.zjg.gov.cn/zjg/sqjj/lmtt.shtml，2022年5月8日。

（二）旅游资源优势

张家港自然环境优越，拥有香山、暨阳湖、凤凰山、永联小镇等风景名胜。截至最新（2021 年）统计，张家港全市有国家 AAAA 级旅游景区 4 个，国家 AAA 级旅游景区 2 个，省级旅游度假区 1 个，省级工业旅游区 3 个，省级非遗旅游体验基地 1 个，省级文明旅游示范单位 1 个。2021 年全年实现旅游总收入 142.55 亿元；接待国内外游客 708.76 万人次。[1] 根据中华人民共和国文化和旅游部 2021 年文化和旅游发展统计公报的数据，2021 年，国内旅游总人次 32.46 亿，国内旅游总消费 2.92 万亿元。张家港占到了全国旅游总人数的约 0.218%。张家港所属的苏州市在 2021 年中国旅游业综合排名中位列第 12。丰厚的旅游资源优势为张家港博物馆创造了可观的观众基础保障。

（三）文化土壤优势

张家港市原名沙洲，1986 年 9 月撤销沙洲县，以境内天然良港张家港命名设立张家港市。拥有 11 处新石器时代遗址：东山村遗址、徐家湾遗址、许庄遗址、蔡墩遗址、韩墩遗址、河阳山遗址、凤凰山遗址、西新村遗址、西张遗址、西旸遗址、老烟墩遗址。时间分布在距今 8000 年至 2500 年之间，其中南沙东山村遗址的出土文物是长江下游最早的古文化遗址。

黄泗浦遗址位于张家港市杨舍镇庆安村与塘桥镇滩里村交界处，北距长江约 14 千米，西距张家港市区约 3 千米，因黄泗浦河纵贯遗址核心区域故名黄泗浦遗址。黄泗浦遗址于 2008 年 11 月考古调查时发现，联合考古队自 2008 年 12 月至 2019 年 12 月历时 11 年，先后对黄泗浦遗址进行了 7 次考古发掘，总发掘面积约 8200 平方米，揭示房址 33 座、灰坑 170 处、灰沟 65 处、水井 65 口、灶址 13 座、道路 7 条、桥基 3 座等遗迹，出土了大量陶瓷器，确认黄泗浦遗址为唐宋时期繁华的港口集镇。黄泗浦遗址的发现和发掘对研究古长江口的变迁、长江下游港口史、海上丝绸之路等具有非常重要的价值和意义。[2]

二　展览概况

张家港博物馆"长江文明展"展期 112 天，共计联合 16 家考古文博单位，全景展现近百年来长江流域考古事业取得的重要成果。

---

[1] 张家港市统计局：《2021 年张家港市国民经济和社会发展统计公报》，张家港市人民政府网站：http://www.zjg.gov.cn/zjgszwz/gmjjfb/202205/23b73b19aa8440d98f36b5b024fa37f2.shtml，2022 年 5 月 19 日。

[2] 南京博物院、苏州市考古研究所、张家港市文物局：《江海滔滔留胜迹　瓷陶层层书青史——张家港黄泗浦遗址发掘的收获和意义》，载中国文物报社、张家港市人民政府编《长江文明考古纪》，江苏凤凰文艺出版社 2022 年版，第 25、30 页。

"长江文明展"以1920年代开始的考古发现为起点，分别展现了1920年代发现的重庆大溪文化遗址、四川广汉三星堆遗址；1930年代发现的浙江良渚文化遗址；1940年代发现的四川成都前蜀王建墓；1950年代发现的湖南长沙铜官窑遗址、湖北盘龙城遗址；1960年代发现的湖北江陵两周墓葬；1970年代发现的湖南长沙马王堆汉墓；1980年代发现的江西新干大洋洲遗址、江西景德镇御窑厂遗址、江苏张家港东山村遗址；1990年代发现的江苏南京六朝墓地、重庆三峡考古；2000年代发现的江苏盱眙大云山汉墓；2010年代发现的江西南昌海昏侯汉墓、黄泗浦遗址等16处长江流域重要考古遗址出土的100件文物珍品，遗址年代自旧石器时代直至明清。其中展出了三星堆遗址、江陵东周墓遗址的珍贵一级文物7件（套），其他重要遗址的二级文物13件（套）。

图1、图2　展厅场景实况

与一般主题性特展有很大不同，"长江文明展"采用了"考古档案"形式，根据时间脉络将近百年的长江考古发展历程分为10个年代单元。每个考古遗址的考古档案包含了遗址类型、遗址地点、发现年代和发掘情况，回顾了不同年代长江考古的重大发现和重要成果，结合展出的代表性文物，从考古学的专业视角向观众揭示考古工作者是怎样进行文明探源，一步步从无到有，用百年光阴证实长江文明与黄河文明一样，都是中华文明的摇篮。

"长江文明展"在陈列尾声处特别设置了创新项目——"风起黄泗浦"沉浸式考古互动展。在展厅中，策展团队模拟搭建复原了黄泗浦遗址考古基地，包含探方、探沟、灰坑、发掘现场中包含的不同年代文化遗存、考古工作人员的日常用具等，观众沉浸于此将化身为黄泗浦考古队员，通过在考古现场获得的线索拼接历史碎片，层层推理解密，从而通过切身体验加深观众的观展印象，获取直观具象的考古知识。

据统计，截至当年12月底，"长江文明展"开幕不到两个月的时间内，前往张家港博物馆观展的人数已超5万人次。是时处于疫情防控阶段，展馆设置了同一时段内的限流人数。尽管如此，每逢周末，观展市民都会排起长队，足以证明区域博物馆"缀点成线"式策展方式受到当地观众的极大支持和认可。

图3 "风起黄泗浦"沉浸式考古互动展

三 区域博物馆的功能分析

（一）区域博物馆的劣势分析

1. 观众覆盖面小

与观众流量密集的国内综合性一级博物馆相比，区域博物馆通常无法保证常年稳定且可观的稳定观众流量。在旅游淡季，区域博物馆的观众通常以本地及周边市县为主；而在旅游旺季，则可能出现外省市观众人流"井喷式"增长的情况。因此在当地旅游淡季时段，区域博物馆精心策划的展览可能出现观展流量不佳的情况，观众覆盖面受旅游季节影响较大。

2. 藏品资源薄弱

地方性区域博物馆的藏品通常来源于当地考古发掘、民间捐赠、征集。与省级、国家级综合性大馆相比藏品资源相对薄弱，尤其是具有重要历史、科学、艺术价值的"明星文物"通常被调拨至省级的综合性博物馆，造成地方性区域博物馆藏品多以一般文物为主，缺乏精美、典型的一级文物，对观众缺乏吸引力。

3. 人员力量不足

区域博物馆往往面临人员编制不足，缺乏专业人才的困境。组织架构不够完备，部分区域小馆在编人员仅为个位数，在博物馆日常管理维护运营中，工作人员须身兼数职，很难有专门的时间和精力完成特展策展、社教活动等。由此带来的后果是，很难长期固定推出对观众具有吸引力的公共活动，如特展及相应配套的一系列讲座、导赏、专场体验。

4. 资金不足

区域博物馆通常存在资金较少的困境，部分区域博物馆为自收自支状态，将会带来一系列连带效应，包括馆舍陈旧无法及时更新环境与设备、无力宣传、无充足资金外借展品、无法经常改陈等。

5. 宣传推广问题

发布平台较小，宣传力度不足，导致区域博物馆即使举办了特展，依然因宣传覆盖面不广而不被大众知晓。区域博物馆宣传推广多停留在博物馆官方公众号、当地媒体、广播电台的推送报道，缺乏国内主流媒体、主流社交平台的"热度"，很难达到因为某个特展吸引很多感兴趣的观众专程前来的影响力。

（二）区域博物馆的优势分析

1. 地域特色鲜明

区域博物馆往往对展现特定区域的当地历史文化风貌具有得天独厚的优势，带有鲜明的地域色彩。由于区域博物馆的馆藏多来自该辖区内的考古发掘、田野采集、社会征集，因此馆藏文物可记录和承载当地特有的遗迹遗物，与该区域内的方志、历史文献相结合印证，通过专题的研究与陈列，可填补以中央为视角的史料记载中该地域的空白，是展现区域文明的窗口。

2. "小而精"便于管理

如前文分析，区域博物馆虽存在藏品资源与工作人员上的不足，但与国家级、省级综合性博物馆相比，区域博物馆的藏品数量、展厅规模、馆舍空间、观众流量等诸多方面都"小而精"，不用耗费大量的人力、物力进行校对、维护，便于日常管理，也更有利于推出一些具有针对性的专题研究、讲座、陈列、社教活动。

3. 易于培养"博物馆之友"

区域博物馆在非游览旺季人员流动性相对较小，观众来源多为辖区内及周边市县居民、学生等，与综合性博物馆相比观众来源构成相对固定。因此，区域博物馆易于推出一些不间断的长期社教活动、系列主题活动、多期展览等，培养区域内的观众成为"博物馆之友"，让区域博物馆成为他们定期到访参加社教活动、拓宽知识、娱乐放松的殿堂。

4. 打造当地文旅名片

区域博物馆对发掘、研究、阐释、推广当地考古学文化、历史文脉渊源、打造文旅名片具有独特优势。目前国内区域博物馆在新建馆舍时通常会经过专业的建筑设计，融入当地独具特色的文化元素，将区域博物馆打造成为当地地标性建筑。不论是区域博物馆的馆藏文物、陈列设计还是建筑设计，都是展现区域特色文化的前沿窗口。

5. 开展创新项目

区域博物馆有利于尝试开展一些综合性博物馆较难推动实施的创新项目，例如开办专场互动解谜类游戏，沉浸式体验，剧本杀等。国家级与省级博物馆平台大、受众广、曝光度高、易受争议，推行创新项目难度高、阻力大。此时区域博物馆的优势便显现出来，在创新项目的开发、宣传、尝试过程中，还可提高博物馆知名度与流量，吸引更多对此类主题感兴趣的"玩家"来访体验。

四　"缀点成线"策展方式的思考

（一）激发文化认同

若把区域博物馆所在的地域视作一个"点"，策展思路便是"线"，将同一线索脉络上的不同地域用具有共通性的逻辑线索牵引起来。"长江文明展"以长江为纽带，让上、中、下游的考古学文化联结成为连贯的脉络，让观众从此不再孤立地看待长江流域星罗棋布的文明，在观展中激发共鸣与思考，加深文化认同感和全局观。当一个展览作为孤立的某个特定区域的专题时，观众可能始终处于局外人、旁观者的心态，以通识为主，易造成"走马观花"式参观，导致观展体验及效果无法达到策展人的预期。而当专题陈列"推己及人"，从观展观众所熟悉的当地文化引入，观众便更容易代入亲历者的视角，有助于观众理解不同文化之间的共性与差异，在观展过程中自发性地进行对比，引发观众深刻的思维，从而加深观众对展览内容的关注和理解，实现博物馆的社会教育目的。

（二）各地域文化交流的窗口

在"长江文明展"开幕之际，正值特殊的新冠疫情防控阶段，为防止病毒的流通蔓延，须在最大限度上控制人员流动。因此，当类似的特殊情况发生，使得公众无法满足出行游览的需求时，区域博物馆就可发挥各地域间文化交流的窗口作用。观众无法大规模流动，便转变思路让文物流动"活起来"，让具备展览条件的文物不再静静尘封于寂静无声的文物库房内，而是再次被展览陈列赋予新的生命，让陈列语言代替文物倾诉心声，作为各区域的使者，承载着文化宣扬的使命流通到其他地域，也让在某个特定区域内集中发现数量较大的文物与其他区域内的文物互通有无。观众也因此可以通过身边的区域博物馆多做展览引入而得以足不出"城"了解其他地域的文化。

（三）发挥考古资源优势，让文物"活起来"

考古遗迹遍布华夏大地，每个区域在开发和建设的过程中都难免抢救性发掘当地的考古遗存。这些最新发现的考古发掘遗物、遗迹往往对研究和阐释区域文化发展序列有着建设性的补史、证史作用。当前，考古发掘的资料大多需要经过漫长的整理研究后才会通过考古发掘报告的出版公布于世，彼时多数考古发掘的原址已沧海桑田，变成了高楼、公路，再无从寻觅其原生土壤。极少数保存较为完好的遗物有机会经历清理和修复后升为馆藏，与观众见面，但更多浩如烟海的遗物由于资源和精力有限，将被重新束之高阁，在库房内湮灭无声。区域博物馆作为该地区的文物保护机构，应当加强与当地考古队的合作联动，为最新发现和发掘的遗迹遗物提供集中展示的条件，引发公众对最新考古成果的思考与探索。条件允许的情况下，区域博物馆还可尝试开展"公众考古"事业，通过组织专场社会教育活动的方式让感兴趣的公众有机会参与见证考古发掘现场，更有利于推动考古学的进步与发展。

（四）服务当地社会

通过定期的展览引入，区域博物馆可为当地吸引更多的观众来访量，使区域博物馆所在地成为文化交汇的中心，从而促进一系列的公共服务、旅游业、餐饮服务业、酒店住宿等创收，为当地社会的经济发展提供推动力。区域博物馆也将会像商场、电影院等娱乐场所一样，成为当地及周边城市居民的放松娱乐场所，实现博物馆的"Entertainment"功能。

（五）吸引周边市县互动

"缀点成线"式的策展方式可促进周边城镇的文化交流互动。展览的发起馆可在向周边市县博物馆借展阶段与之签订互惠互利的合约，展览以巡展方式一站站途经借展馆，让展线相关的所有区域博物馆共同举办同一主题的展览，让沿线的居民都有机会在自己的"家门口"参观到文物数量庞大而精美的特展。由展览产生的涟漪可波及宣传、教育、旅游、文创等，促进当地文化产业发展，在合作的基础上，有助于推动各区域之间更深层次、更宽领域的交流互动，互惠互利，促进共同发展。

（六）当地学校课外教育的"第二课堂"

区域博物馆通过定期的系列专题展览引进，可为当地学校提供不断更新的教育主题，让博物馆成为当地学习课外教育的"第二课堂"，为当地的学生呈现与区域内本土文化既有联系又有差异的文化知识，提供更加广阔的平台与知识架构，拓宽学生的视野，丰富学生成长过程中除书本知识以外的知识模块，助力当地学生综合素质的培养。

(七) 互惠共建，帮扶地方

一个好的展览从最初的展览概念形成，再到主题确定、大纲形成、内容策划、形式策划、确定借展文物、流程审批、解决借展及布展经费、招商制作、宣传推广最后正式开放，这一系列工作都需要核心策展团队和庞大的运营能力。由于区域博物馆的规模不一，资源不均，一些地方的区域博物馆并没有人力、财力、物力资源来策划举办一次涉及众多地区的综合性专题展览。没有充足的借展经费，没有足够专业的展览策划与制作团队，没有保障重点展品安全的场地条件，没有严格的环境调节控制，甚至没有足够大的临展空间等，一些区域博物馆举办临展可谓是困难重重。而正是这些地区的居民往往对参观一些难得一见的展览需求更多、更迫切。对于一些没有条件前往大城市的居民、学生、老年人来说，可能家门口的区域博物馆是他们有机会亲眼得见国宝级文物的唯一窗口。

综合条件较好的区域博物馆在举办特展外借文物时，可有针对性地考虑与资源相对薄弱，但有一定独特性优势的区域博物馆合作，为之提供巡展资源的帮助，在保证展览条件允许的情况下，让更多身处欠发达地区的区域博物馆也有能力引进优秀的特展，为当地公众提供社教服务。

五　结语

在"长江文明展"中，笔者有幸参与了前期展览大纲编写的部分内容设计。每一单元的考古遗址在展览中浓缩为一张考古档案的展板，呈现几件具有代表性的文物，但背后是查阅海量的发掘报告、研究文献、期刊文章，进行提炼加工，整合成符合展览陈列要求的文字说明，选取可供借展的代表性文物、遗址发掘照片等大量工作。每个遗址都历经了考古发掘工作者少则几年、长则数十年的风餐露宿，头顶烈日面朝黄土的辛勤勘探发掘，夜以继日的资料整理与撰写研究，文保科技工作者们对珍贵文物的清理与修复等。与浩如烟海的考古发掘与资料整理、研究工作相比，一次展览策划中一个小单元的策划设计只是沧海一粟。身为青年文博人，把专家的学术研究成果更好地转化为展览语音，用观众热爱并且容易接受的方式呈现在展览中，思考与探索怎样将展览形式做得越来越好，是我们孜孜不倦追求和努力的方向。让文物"活起来"不仅仅是提高文物藏品的利用率和研究程度、让更多馆藏文物的价值被发掘、向观众开放呈现更多展览、举办更多形式多样的博物馆社会教育活动，更是要让博物馆的3E功能（即国际博物馆协会提出的"Entertainment""Education""Enrich"）更好地为公众服务，推进社会文化发展。

通过本文的分析探讨，期望能够以小见大，以少见多，重视和发挥区域博物馆看似渺小但实则庞大的影响力量。通过区域博物馆越来越多的特展、创新社教活动、公共考古等形式，逐渐培养社会公众将走进博物馆当作一种如同茶余饭后工作学习之余看电影、剧本杀、桌游一样的生活习惯，将观看博物馆展览当作日常生活中的娱乐活动，让社会大众对博物馆的印象不再只是停留在过去"冷门""晦涩""陈旧""古老"的刻板印象里，从走进身边的博物馆、发现博物馆的乐趣开始，逐渐培养更多的博物馆观众成为"博物馆之友"，常看常新、拓宽视野、寓教于乐，在博物馆的愉快观展过程中完成社会教育，传播历史、科学、艺术审美价值导向。

（钮茜，上海博物馆助理馆员）

徽学研究

从民间文献看传统时代深渡的商业与社会

王振忠

摘　要：关于新安江流域的城镇，此前已有一些概述性的论述，但就单个市镇而言，除少数（如屯溪、岩镇等）的研究较为深入之外，对于其他市镇之探讨仍有待拓展。本文利用一些新见的民间文献，重点论述了歙县南乡新安江畔的重要水运码头——深渡，从一些新见史料，探讨深渡的水陆交通、商业、社会等诸多侧面，以期推动相关市镇研究的进展。

关键词：民间文献；深渡；商业；社会

民国年间歙人何莲塘集有《随笔应酬》一书，其中收录有一批歙县地名诗，个中的《深渡》诗曰："侦探难将手段夸，三番告白说何邪？水滨开席方才半，弃了巾儿又自嗟。"这是供人猜测的字谜，其谜底自然是"深渡"二字。

深渡是歙县南乡新安江畔的重要水运码头，据说原是因村前深潭渡口而得名。[①] 北宋初年，乐史在《太平寰宇记》中记载：深渡在歙县东一百一十里，与睦州分界，"从新安江上，崇山峻流，爽秀尤异。欲到州界，峰峦掩映，状若云屏，实百城之襟带"[②]。在清代，此地另有"深溪"和"深川"之雅称。

从文献记载来看，"深渡"一名，早在唐朝大历年间就已出现，当时的江南诗人朱长文有《宿新安江深渡馆寄郑州王使君》，诗云："霜飞十月中，摇落众山空。孤馆闭寒木，大江生夜风……"这首诗见于《全唐诗》，全诗对新安江畔的深秋风景加以描述，寄托了作者对远方才子的赞颂。诗中的"孤馆""寒木"和"夜风"等，虽然主要是诗人心境的一种反映，但似乎也透露出深渡一地早期的荒凉。及至宋代，朝廷在此地设立深渡寨，明清以后则时常设置巡检司。

---

* 本文为安徽省高校协同创新项目"明清徽州地方文献与乡村治理研究"（项目编号：GXXT-2020-031）的阶段性成果。
① 歙县地名委员会办公室编：《安徽省歙县地名录》，歙县地名委员会办公室1987年版，第67页。
② （宋）乐史撰，王文楚等点校：《太平寰宇记》卷104《江南西道二·歙州》，中华书局2007年版，第2060页。

一　深渡的水陆交通

根据民间文艺调查，从前新安江上有一首"上徽州号子"，是传统时代船工纤夫撑船拉纤时喊出的号子："新安江，长又长，顺风了，开大船。树起桅，扬起帆，顶逆流，上险滩。纤要直，身要弯，步要稳，心莫慌。到深渡，上渔梁，莫叹息，路还长。天当被，地当床，冬去了，夏又还。"① 从中可见，深渡与其上游的渔梁一样，是新安江上最为重要的码头之一。

从历史文献记载来看，从深渡至歙县渔梁和街口的距离皆是50里。作为交通要冲，在明代以来的商编路程图记中，就屡屡出现"深渡"这一地名。例如，明末清初休宁人西陵憺漪子（汪淇）所编的《天下路程图引》中，就有"徽州府由严州至杭州水路程"，其中提及由本府梁下（歙县渔梁坝）搭船，十里至浦口，七里至梅口，然后经狼源口、瀹潭、薛坑口、庄潭、绵潭、蓬寨和九里潭，再五里至深渡……②而经折本《杭州上水路程歌》亦载："大川境口蓼花橙，白石磷磷傍岸行，深渡碧渡无可数，寒潭九里午风清。"③ 及至同治十二年（1873），在上海经商的婺源理坑人余岱雯，经由新安江辗转回到老家，写下了《徽浙水程诗》二十首，对沿途地名做了详细的描述，其中一句作："深渡清波鱼可数。"④

深渡依山傍水，街市及周遭村落民居鳞次栉比，当地与歙县的另一水运码头渔梁一样，以姚姓最占多数，故有"十里姚"之称。传说姚姓祖先始迁自成都西北武担山，故名"武担姚"，他们于宋代迁居于此，及至明清时代成为该处首屈一指的大姓。十数年前，笔者曾至深渡实地考察，见到当时尚存的姚氏宗祠，虽然其前半部分已完全毁损，但从残存的部分来看，仍可得见昔日雄伟的气势。关于深渡姚氏，现存的《姚氏宗谱》⑤ 中有《十世祖廷用公诗》，其中除《渔梁结屋》《凤池书隐楼》之外，还有《深溪结屋》，载："武担山人老东麓，偶向深溪结茅屋，溪萦水面几千寻，路转山腰三百曲。"这里也明确指出当地的姚姓源自"武担姚"。另一首《深溪凤池岩结屋》则载："茅屋初成三两间，半溪流水半依山，江空岁晚谁为友，松竹梅花伴老闲。"从中可见，深渡姚

---

① 金涛主编：《徽州记忆》第4册歙县，黄山市文化新闻出版局2009年版，第320页。
② 杨正泰校注：《天下水陆路程　天下路程图引　客商一览醒迷》，山西人民出版社1992年版，第360—361页。
③ 抄件，私人收藏。
④ 商编路程抄件《一帆风顺》，私人收藏。
⑤ 抄本一册，私人收藏。

氏中的一些人亦颇慕悦风雅。

明代以还，因转输贸易的兴盛，深渡一带店铺林立。及至清代民国时期，当地船行众多，这些船行主要都是姚姓所开。据调查，歙县全县共计有过载行（又名船行，即旧式之运货公司）14 家，主要分布于渔梁和深渡两处，其中，渔梁计有 8 家，深渡计有 5 家，即姚日新、姚宝和、姚宝信、姚泰和与姚景和。[1] 所以在歙县，一向就有"郡（按：指徽州府）中埠头在梁下，南乡埠头在深渡"的说法。从现存的徽州文书来看，这些过载行的历史显然至少可以上溯至清代。光绪年间歙县北岸乡方村生员方启训的一册"信底"——《鱼雁留痕》[2] 中，就提及深渡的姚宝信行：

……弟之行李，直至前月十四日到埠，因弟不能至深（渡）检点行李，即交行李单，着寿叔代点清浙【晰】。岂知失去四件，形迹毫无。并着行将船锁住查究，从中先慈首饰悉行失去。讵料姚宝信行将船户释放，据云手饰与均分……

这是一桩乘客与船行及船户之间发生纠纷的案例，从中可见，在新安江的旅行中，徽州人通过姚宝信过塘行属下的船户托运行李。正是因为其时的船行（过载行）多是姚姓所开，而当地的不少姚姓也以水上生涯之船工为主，故而民间俗有"深渡渡船深深渡，姚来姚去两边姚"之谣，"姚"谐音"摇"。

作为歙南重要的水运码头，深渡与县内外各地商埠都有着广泛的联系。清咸丰十一年（1861），太平军攻占徽州，在各交通要隘设置哨卡，民众往返，皆须持统一发放的"路凭"为证。1985 年，在深渡一处姚姓宅屋内发现的一份《太平天国告示》载："天福大人有令，绩溪官兵齐听，本爵恭奉王次兄金谕驻扎深渡安民，设关征收课税，以便商贾通行。该处尔等正月搬粮过起，已有一月有零，又兼大队过境，目下民不聊生，子民百般寒苦至今，何日安宁？所有绩溪兄弟明早即行归城，倘再任意驻扎，查出军令施行。为其办公至此，须呈路票为凭。急宜凛之慎之，勿怪本爵无情。太平天国辛酉十一年□月□日。"[3] 同时发现的还有木板印刷之太平天国路凭，其主要内容涉及深渡乡民姚社有前往街口一带买货贸易。此一路凭于 1998 年经国家文物鉴定组鉴定为一级文物，其最重要价值显然在于反映出深渡是徽州人外出经商的交通要冲，即使是在咸

---

[1] 《中国经济志（民国二十四年）》第 2 册"安徽省·歙县"，《民国史料丛刊》第 9 种，台北：传记文学出版社 1971 年版，第 448—449 页。
[2] 抄本两册，私人收藏。
[3] 黄山市地方志编纂委员会编著：《黄山市志（ ～2006）》下册，黄山书社 2010 年版，第 1695 页。

同兵燹期间亦不例外。①

《中国经济志》载:"新安江为境内大河,自休宁来,至篁墩入境,经水南王村、烟村渡、朱家村、棉潭、漳潭、深渡至街口出境,经流境内者,约长一百三十里,可航大篷船,每日篷船往来江内者,不下数百号。"关于这一点,迄今尚存的不少船运发票,皆反映了深渡昔日的运输盛况。譬如,"故纸收藏网"上曾登载过一张《船契》:

> 立承揽歙县船户孙灶金,今将自置民船,凭口载在浙杭江口,揽到徽州府歙县吴口海朝奉二位名下行李不计件,照客单查收,一路水脚并大小打滩、贴纤、神福,一应俱在杭付讫。……倘有透支以及偷窃、借贷等情,即在于沿途鸣保,即留原船赔偿理值。原船送至深渡顶埠交卸,此照。水酒一百三十六坛,纸脚十五件,行李五十口。光绪九年拾月廿八余锦洲……船票。
> 承揽船户 孙灶金
> 杭江摇艓钱书顺
> 走官坝 付讫
> 贴米滩。
> 一路福星,顺风快利。

上揭"深渡顶埠"中的"顶埠",意思应为"终点码头"之意。这是由杭州江干余锦洲转运过塘行出具的船契。船契中的"余锦洲"是清代著名的转运过塘行。上引船契是晚清光绪年间徽州歙县吴姓等二位商人,通过余锦洲转运过塘行与歙县船户孙灶金订立的合同。交运的东西,除个人行李外,还有水酒和纸脚等货品。类似于此的余锦洲转运过塘行之合同,尚有不少存世。揆诸实际,船契有的也写作"发票"或"船票",这在徽州发现的民间文献中颇有所见。

除了起始或终到的货物流通以外,深渡还是过往商品之集散地,1937年后的一张《民运车船通行证》就记载:"屯溪怡怡茶号,雇民船一只装运茶叶,经过朱家村、深渡到达杭州。这份由呈,经本部核准,特许通行。"该份落款署名为第三战区司令长官蒋介石和顾祝同的通行证,下令"凡本区以内各部队不得拦阻扣留,妨碍运输",显然是抗战时期签发给徽州茶商的特别通行证,其中亦提及经由深渡。此外,20世纪40年代由深渡商会开具的《证明书》,也反映

---

① 周琴:《歙县博物馆藏太平天国时期文物考释》,载《中国徽州文化博物馆论文集(2014年)》,合肥工业大学出版社2015年版,第119—123页。

了深渡与新安江流域各地的交流。其中一张是1944年2月7日前往办货的证明书，另一张则为1945年深渡前往遂安的《证明书》：

> 安徽省歙县深渡镇商会
> 　　发给证明书事。兹有裕康商号派店员潘承沐，前往浙江遂安采办货物。查该员确系正当商人，合行给书证明，希沿途军警机关查验放行，至纫公谊。此证，右给潘承沐收执。
> 　　理事长曾雨亭。
> 　　中华民国三十四年三月十六日填发。

《证明书》末尾上盖方形"歙县深渡镇商会图章"。附记有四条："一、本证明书限本会会员使用，限34年4月16日缴销。二、凡持本证明书者，不得携带违禁物品。三、凡持本证明书者，不得有偷漏关税情事。四、凡持本证明书者，不得购买敌货。"这显然也是抗日战争时期商会开具的证明书，其中规定了持证者的权利和义务。

在以舟楫为主要运输工具的年代，徽州府不少地方的货物皆从深渡转运，特别是深渡周边的昌源、华源、大洲源、小洲源和街源一带的山林土产及日用货物，也大都在此采买。例如，有一封从浙江金华启源南货油行寄来的信件，除书信外，还包括物包一个、火腿一只，信封上写着："深渡姚景和宝行，祈即发绩溪县章泰生宝号周铁如君查收。"并附有一信："铁如贤甥亲启：兹由便川【船】带上火腿一只，物包一件，由深渡姚景和宝行发绩，至望查收。金至深川【船】资付讫，深至绩担力，祈照给乃荷……""深川"与"深溪"一样，也都是深渡的雅化地名。

由于地处要冲，由水路进出徽州之人皆要途经此地，故有不少人都留下了咏叹深渡的诗歌。清乾隆时礼学家凌廷堪就有一首《深渡》诗：

> 客子溪头晚放船，缓摇双桨下长川。
> 一湾流水清见底，两岸乱峰高刺天。
> 饷妇携筐回蒨袖，村翁赛社敛青钱。
> 香醪莫惜频沽满，今夜蓬窗趁醉眠。

凌廷堪为歙县沙溪村人，生于淮盐转运中枢海州板浦。此人系乾隆五十五年（1790）进士，曾授宁国府教授。上揭一诗选自其人所著的《校礼堂文集》，诗歌状摹了深渡周遭的青山绿水，以及作为水运码头之船只来往。另外，他还提及深渡附近乡村的赛社活动等日常生活，颇具浓郁的田园诗风味。

与凌廷堪差相同时的江南著名藏书家吴骞，是祖籍徽州的海盐人，他在嘉庆五年（1800）返乡寻根，于三月十五日途经深渡。为此，吴骞在日记体的《可怀续录》中写道：此处"溪山绝胜，自西来云峰万叠，至此皆折而南趋。罗鄂州《新安志》云：'从此而上，穷山峻流，秀爽尤异，峰峦掩映，有若云屏，实百城之襟带。'非虚言也！"文中的"罗鄂州"，即歙县呈坎人罗愿，其所著的淳熙《新安志》，为徽州现存最早的一部完整方志。此处所引原文实出自北宋初年乐史的《太平寰宇记》，而罗愿将之系于"深渡水"之下，主要反映的还是深渡附近新安江沿岸的山水胜景。

深渡为徽州人进出黄山白岳之间的水路要冲，汪之谦《新安江竹枝词》载："深渡围屏路几程，磷磷石齿喷雷声，篙师半日无休歇，煞羡来船放溜行。"深渡、围屏，"皆江边地名"。而晚清的《南旋日记》①亦载："晡后过深渡，至此后，两岸青山垦而种麦，高山仰止，颠如铺绿茵，参差可爱。"与前述抄本的年代差相同时，祖籍徽州的丹徒人戴启文曾赴皖南督察盐务。他于公务余暇，格外留意桑梓故里之风土民情，著有《新安游草》，其中有一首《深渡》诗载："小泊江舟傍水涯，溪山深处聚大家。长流如带随湾转，叠嶂为屏隔岸遮。犹见衣冠风尚古，料无灯火市声哗。漫劳津吏来相问，不是浮梁客贩茶。"②该诗刻画了深渡一地的山水胜景及人文风俗，也点出了此处作为茶叶贸易中转站之特征。

清末民国著名诗人许承尧撰有《新安江杂诗五首》，其中有《深渡》一诗载："去岁曾来听雨声，今宵华月照波明，疏疏灯火围苍翠，一段幽奇画不成。"③与许氏相交莫逆的国画大师黄宾虹，也有一首同名诗载："山市成村傍水涯，通津编竹路犹赊。平林一抹烟横阁，曲岸闻香午焙茶。"④对比两首诗，许氏的诗歌主要是对个人心境的刻画，而黄宾虹的《深渡》诗，则更具有写实色彩，他点出了此处的"山市成村"，以及日间焙茶时散发出的浓郁香味。

二 深渡的商业

民国时人何莲塘在抄本《随笔应酬》中指出："深渡一镇，新安要冲，上

---

① 抄本一册，私人收藏。
② （清）戴启文撰：《新安游草》卷上，第6页下。光绪二十一年（1895）刊本，线装1册，安徽省图书馆古籍部收藏。
③ 许承尧撰，汪聪、徐步云点注：《疑庵诗》，黄山书社1990年版，第200页。
④ 上海书画出版社、浙江省博物馆编：《黄宾虹文集·诗词篇》，上海书画出版社1999年版，第120页。

以达江西,由太平之旱而来,必经此道;下以抵江、浙,从沪渎之水而至,不背斯途。"这段描述,出自他于1930年所写的《庚午年王乃臧撰句赠姚冠英寿赞》。稍后出版的《中国经济志》也认为:"歙县在公路未通前,商业市场均在河道两岸,如深渡、街口、渔梁、篁墩、岩寺、上丰、富竭等处是也,就中以深渡为最发达。"

1928年《徽侨月刊》报道:"深渡为歙之巨镇,水陆交通,商务繁盛。"① 1930年,途经此处的地理学者钱兆隆也指出:"深渡为浙江上流之一大镇,居户约千家,市况颇盛,居民殷实,朱门大厦,比比皆是。土产以米糟饺子为著,街巷交错,宛似县治。设有电灯厂、茶税局及三等邮局,歙县之电报局,亦设于此。"与传统时代的不少市镇一样,确切的统计数据通常只出现于民国时期。民国年间的商业调查表明:歙县商店约1300家,家数之多,首推城区(约300家),其次则为深渡,计120家,街道分岭上、里街、外街和横街四条。其时,货物全靠人挑马驮,歙县水南、旱南及绩溪等县的货物运输,水路皆在此处由民船装运,特别是徽州的茶叶、竹木、土特产品,都在此处集散,并由新安江源源不断地运往长江三角洲。与此同时,来自外埠的食盐、煤油、百货、布匹及海鲜南北货等日用商品,也经由此地源源不断地输入徽州。在此背景下,深渡成为徽州水上运输的重要码头。例如,根据歙县《北岸村志》的描述,1949年前,村中只有两三家商店,货物都是雇人从深渡码头肩挑或毛驴驮来的,而到年底买年货、衣料之类,人们必须步行到深渡去买并用肩挑回来。1949年后,村内除了一些商店之外,吴氏宗祠里还设有供销社,其物资同样是用毛驴或双轮车到大阜或深渡转运而来。另据吴正芳等人的讲述,由于歙南缺米,故有来自北方的大量米贩。当时,途经的米商亦经常在白杨源逗留,然后前往重要的港口深渡。往南去的主要货物有茶叶、猪肉和酒,人们在深渡、王村、渔梁坝购买江浙食盐、煤油、布匹、纸张等日用百货,经此运往北方。白杨人还到绩溪、旌德、宁国等地挑谷回来磨碾成米,然后再挑往昌溪、深渡等地出售,以此赚取差价。当地商号大宗的货源,则靠骡马行与独轮车队。有的也从事一些长途贩运生意,如驮些大米、枯饼、茶叶、猪肉、白酒等到深渡出售,然后在深渡购入江、浙、沪运来的食盐、煤油、布匹、纸张等,再驮往绩溪、旌德、宁国等地贩卖。②

从现有资料来看,深渡经济活动中最为重要的是茶市和枣市。

(1) 茶市

民国传钞本《安徽省志》记载:"深渡镇:在小昌溪入新安江之河口,距

---

① 少谈:《常倚门前欲待谁》,载《徽侨月刊》第10期《桑梓新闻》。
② 吴正芳:《徽州传统村落社会——白杨源》,复旦大学出版社2011年版,第258—271页。

徽州府城六十里，距屯溪一百二十里，住民三百五十户，商业兴盛，产茶极多，有大茶行五家，产额在十万元以上。"关于深渡镇上及其周遭农村的茶叶贸易，该书接着指出：歙县"山户者即以种茶为业之人民也，普通山户据有数山，大山户常拥有数十处之山地，虽小者亦有一二山地从事植茶。如歙县深渡地方亘数十里皆系茶山山户，每年当摘茶时极其忙碌，举家从事于此，甚至雇数十人为佐助。摘茶例用女工，制茶则男女合作，惯习如此也。凡小山户皆自家粗制之后，即售之于大户或托大户代为运送，大户将购诸小户之粗制茶售之于山内之贩户。贩户者即俗所呼螺司，将所收集之茶运至城中，售于茶行或茶号，或者由山户直接售之于茶行、茶号。又山户多以栽培米、豆、麦、黍等为副业，盖彼等惟当茶季事忙，其余闲暇正多也"。根据民间传说，清乾隆年间，歙县江某（一说琳村萧某）从闽中罢官归里，将珠兰花作为观赏花木带回故里。后来，珠兰花、白兰花主要产于琳村、问政山、山斗、鲍家庄、稠木岭和承旧岭等地。白兰花产地与珠兰花略同，而茉莉花之种植则稍晚，集中产于深渡、北岸、呈村降和棉溪等乡镇。① 而据《中国经济志》所列1930年代的经济调查，洋庄茶茶庄散布于深渡、渔梁和街口等数处。

晚清以来，深渡与屯溪、许村和薛坑口等地，共同成为徽州最为重要的制茶中心。清人毕体仁所撰《薛坑口茶行屋业本末（附体避乱实迹兼叙平生碎事）》中指出："每届新茶上市，本镇字号以及休之屯溪、歙之深渡等处茶号，其有出庄来薛镇买茶，皆要争先，且有沿途至漳村湾买者。"② 关于深渡的茶叶贸易，抄本《歙县乾裕号信底》中也有不少描述。该书收录了光绪二十九年（1903）至1913年的信件抄底68封，信底作者姓名不详，但其人曾于1902年在深渡开设乾裕号南货店，内中主要收录他写给苏州吴秋舫、杭州裕德茶行方树棠、苏州乾丰祥南货号吴声之、屯溪豫丰祥茶号吴瑞常和苏州集成酱园方季高等亲戚朋友的信稿。其中，就有一封反映深渡茶商与外界交往的书信。这封信的标题是"代与吴庭槐"，是由深渡的商人"寄屯溪吴本立茶号"，个中提及：

……闻深渡各茶号，已于是月初七悬秤办货，价目扯廿元左右，户家以此价低，俱不愿售，货亦不甚蜂涌，号家亦不肯恣办。日上此间门庄尚未开办，亦无市面。兹我号拟于明日开秤，惟户家皆已售出十有七八，缘贩子担囊，沿门罗购者，如蝇之附膻，价均在廿元外，第不识将来大局究

---

① 歙县地方志编纂委员会编：《歙县志（—2005）》，黄山书社2010年版，第312—313页。
② 王振忠主编：《徽州民间珍稀文献集成》第2册，复旦大学出版社2018年版，第441页。

竟若何耳！屯溪乃茶叶总汇之区，而足下又系个中人，其市面之升降，销货之俏钝，以及申江、汉口茶务之信息，较此间极为灵捷，仍望多多赐教，消息常通，则受益良深，感激无既矣……①

此信可能作于光绪三十年（1904）四月初九日，反映了深渡与屯溪乃至上海、汉口各地的茶业运销。当时，许多歙县茶商都有类似的情况。例如，晚清以来，歙县昌溪出现了一位茶商巨擘吴炽甫，他就委托各地水客帮助自己采购茶叶。从现存的徽州文书来看，不少水客皆根据要求，依照订单采办经过初制的毛茶，将之运往深渡茶栈中转，并在当地装船，由新安江发往杭州，然后再经杭州，将需要窨制的茶叶南运往福州，或直接北运天津、营口等地出售。另一位著名茶商江耀华，也十分关注深渡一带的茶市。他的表侄就在一封信中提道："……去岁申地市面各业皆尚平稳，而洋茶颇为得利，旧茶存底皆已售罄，今庚必又有一番争胜也。然而乃属高庄活消，如深渡一带之货，不甚见俏。"这是某年元月八日写的信，写信者是毕霞轩，当时寓居上海西门外武陵坊十一号，② 信中反映了深渡一带茶叶的销售行情。

除了文书之外，口述资料中也有相关的内容。根据白杨人吴正芳的描述，太平天国运动之前，白杨村人吴树荣开设有"吴裕记"杂货店，后又设裕记茶号，当时有炒茶锅360只，制茶工50余人，拣筛工约300人，每年产茶二三千担，在深渡堪称首富。他以经营所得，在方祈建了三间大房，还捐资铺砌了从白杨至后岭长达五华里的石道。后因茶市衰落而亏空甚巨，茶号和杂货店才告歇业。汪村人潘律和在深渡开设胜和成，坚守诚信经营理念。第一次世界大战期间，茶叶出口受战事影响，市场一度疲软，大多数收购商停秤，不再收购毛茶，以致茶农和茶贩求售无门。只有潘律和仍开秤收购，将所收茶叶经过精加工，运往上海出口。

从晚清迄至民国时期，深渡一带的茶庄与上海等地之茶商关系密切，每年固定时节，上海茶商会预先前来深渡发放制茶加工的贷款，而一般茶庄就利用这批贷款，先向上海进货，运回之后，一边销售一边支付贷款，其生意范围遍及附近的昌溪、大洲源、小洲源、老竹铺以及绩溪等百余里的范围。安徽黄山学院马勇虎等人曾介绍吴炽甫运茶开支簿6册，其中有《吴大昌茶庄光绪壬寅吉立运货便登》，记载介号京茶庄将所购茶叶从屯溪运至深渡、深渡运至杭州、杭州运至宁波、宁波运至福州、福州运至营口和天津等地的税费、运费及其他

---

① 王振忠主编：《徽州民间珍稀文献集成》第24册，第422—423页。
② 歙县芳坑江氏文书，档号：434304-Q309-005-00094-004。

开支等。①

在当时，深渡虽非产茶区，但华源、昌源、街源、大洲源以及小洲源水路一带年产茶叶颇为丰富，这些茶叶大多聚集在深渡一地运销。有一份徽州诉讼案卷抄件《冤帖》②中就提及："……缘生居家儒业，惜无生涯，承蒙亲友念生素向以来信实为本，各借本银与生做买茶叶，觅利养家。同治七年二月，生雇下磻溪现居屯镇方日辉代生运售茶业，因其交账不清，生坚辞不用。旧夏生做茶叶，怡和茶号共计五百十一箱，共成茶本银八千三百两有零。生在深渡姚源泰行内茶箱装船，屯溪益泰亨钱庄李殿扬仝生托汪瑞吉带运上洋，起存江裕昌茶栈……"这是同治七年（1868）歙县南乡监生方承木所具的"冤帖"，其中就提及磻溪人将茶叶由深渡外运上海的事实。关于茶叶之外运，私人收藏的一份《遵奉各宪明文船契》载：

> 口县船户罗永高，今在深渡埠头，揽到吕客名下袋茶货，装至杭州交卸，面议水脚银七千文正，当付一千八百七十七，欠找五千一百廿三，其货上船小心照管，不致欠少数目，倘有此情，照地时价赔偿无异，此照。
> 计开袋茶五十担，如多一担，加钱二钱；如少一担，除钱二钱。
> 客五位，行李照单，送至
> 江干交卸。
> 嘉庆十三年又五月廿二日立揽船户罗永高。
> 神福例给。
> 顺风大吉，官牙姚复盛行。

上揭船契的年代较早，为清代前期嘉庆十三年（1808）的文书。另一份同治元年（1862）八月初七的《奉宪明文船契》也提及：船户陈来嫂、陈元宝在深渡埠头揽到王裕茂号袋茶七十三，送至屯溪交卸。上述两份船契提及的袋茶，一是运往杭州，一是送往屯溪。关于送往屯溪的船票，另有一张《遵奉各宪明文船契》载：

> 本县船户彩顺，今将自己船一只，在深渡埠头揽到方客一位，装至屯溪交卸，三面议定水脚船钱五千四百六十正。其货上船，不得上漏下湿，

---

① 马勇虎、马路：《清末民初徽州京庄茶商经营实态研究——以吴炽甫京茶庄商业账簿为中心》，《安徽大学学报》（哲学社会科学版）2020年第2期。

② 抄件一份，私人收藏。

并欠少数目情弊,照地时价倍【赔】偿无辞。其行李照客单查收,恐口无凭,立此船契为照顺行。计开装茶叶念六担,当付钱一千文,欠找钱四千七百七十二文。

　　神福在内。

　　光绪十一年六月廿三日立揽船户

　　顺风大利,部帖,官牙姚日新茶船老行。

　　光绪十一年即1885年,当时,深渡的部分茶叶也运往屯溪精制。

　　1919年,著名社会学家吴景超曾撰写过一篇徽州洋庄绿茶的调查报告,文中提及:"谈徽州之物产者,必言茶叶,徽茶之名,几于中外皆知矣。业此者共分二种,曰店庄,曰洋庄。销于国内者曰店庄,销于国外者曰洋庄。店庄国人多知,兹无论矣。洋庄绿茶制法,与店庄大异……徽州之茶号,约计二百余家,欧战之前,尚不止此,欧战之后,银根吃紧,航路阻碍,洋庄不甚行销,故茶号亦因之而减少。茶号最多之处,在休宁则推屯溪,在歙则推深渡、岔口等处云。……可由新安江运往杭州,茶叶抵杭,可由行家代运往沪。杭州江头有行数十家,皆代客运货者,如洪大房、曹泰来,其最著者也。"[①] 报告中提到的洪大房、曹泰来,与前述的余锦洲一样,都是著名的过载行(亦作转运过塘行)。而在深渡,也有多家转运过塘行:

表1　　　　　　　　　　深渡过载行转运情况一览

深渡	姚日新	专以茶为主,杂货次之
	姚宝和	专以茶为主,杂货次之
	姚宝信	专以茶为主,杂货次之
	姚泰和	专以茶为主,杂货次之
	姚景和	专以茶为主,杂货次之

　　根据当时的调查,"过载行又名船行,即旧式之运货公司也。歙县过载行,概集于渔梁、深渡两处,渔梁计有八家,深渡计有五家,南源口亦有一家。全县共计十四家"[②]。在深渡的这些转运过塘行,就是以茶业转运为主。

---

①　参见拙文《20世纪初以来的村落调查及其学术价值——以社会学家吴景超的〈皖歙岔口村风土志略〉为例》,《安徽大学学报》(哲学社会科学版)2015年第3期。

②　《中国经济志(民国二十四年)》第2册"安徽省·歙县",第448—449页。

(2) 枣市①

除了茶市外，在深渡镇最为重要的还有枣市。根据民间传说，从前歙县有一既贤惠又聪明的妇人，其夫在苏州经商，她将自产的鲜枣煮熟焙干以后，托人带给丈夫吃。丈夫吃罢反馈说："枣子虽好，可惜不甜。"次年，她在煮枣子时放入蜜糖，焙干以后带给丈夫，丈夫回话说："今年的比去年的甜，只是甜在外面。"第三年，她把枣子切了许多缝，再用糖煮，焙干后又托人带去，丈夫这才满意。这种加蜜糖、煮熟、焙干的枣子，既香甜又耐贮，称为"徽枣"，又叫"金丝琥珀蜜枣"。此后，徽州蜜枣逐渐远近闻名。当时，苏、杭等地所产蜜枣，一部分青枣由歙县供应，制枣师傅也从歙县聘请。有一册徽州商业书抄本上，有"蜜枣"条："出于徽州府歙县南乡深渡城、休城等。"这说明深渡蜜枣在徽州最为有名。而在《歙县乾裕号信底》中，则有一封《与家声之兄》，是"寄苏阊乾丰祥南货号"的信函："……在苏与兄面谈，合办蜜枣运苏之事。兹探深渡各号，俱已脱售大半，价俱昂贵，而舍亲裕美号今庚未做。且闻苏地市面顿踬，疲滞不销，故未举办，以免受亏也。"此一信函，反映了深渡一带的蜜枣，曾销往苏州一带。民国《歙县志》记载："咸同以后，其制为蜜枣，有京庄、天香、贡枣诸目，武阳、深渡人工制之。"②

在当时，每年茶市过后，枣市接踵而来。因水利交通便利，相距 50 里以外的农民，也赶到深渡镇出售生枣，因此，深渡成为歙南枣行的集中地。根据民国时人的观察，每年茶、枣登场之际，茶枣工人约有 6000 人聚集于深渡，当时全镇大小工商户有 100 余家，从业人员 600 余人，资金约 20 万元。对此，《申报》1927 年 3 月 8 日上有《佚名：徽州之蜜枣》一文，指出：蜜枣的出产区域，除浙江兰溪、金华之外，主要就是徽州深渡。"枣于成熟时摘下阴干，复用清水一浸，用刀切成条痕，腌以白糖，乃用蒸法蒸之，制法颇属简约，不甚繁重。惟业此者，辄谓制蜜枣有精粗之别，精则有光泽而可口，粗则入口无味。"深渡出产的蜜枣，每年多达数万担，"东运严、杭或西运川、汉，销路之最广区当推北京……十年以来，运来上海不在少数"。另外，1940 年皖新社通讯《徽州的枣市——深渡》也报道：

> 熙熙攘攘的茶市过去了，跟着茶市而来的是枣市，茶市和枣市造成了新安江畔深渡镇的热闹与繁荣。……深渡镇是一个枣行的集中地，虽然他

---

① 关于深渡的枣市，此前崔龙健、后娇娇《近代徽州蜜枣加工业述论》（载《徽学》第 15 辑，社会科学文献出版社 2021 年版，第 174—182 页）一文稍有涉及，此处则利用文书等不同史料加以新的揭示。

② 民国《歙县志》卷 3《食货志·物产》，《中国地方志集成》安徽府县志辑 51，江苏古籍出版社 1998 年版，第 101 页上。

的附近并不出产鲜枣,但是靠着水路交通的便利,毕竟给枣行老板看中了。每天上午,街上挤满了自四五十里以外而来的农夫挑着半边红半边青黄的生枣,赶到深渡来出售,每担生枣只能卖十三四块钱。生枣进枣行后,就被拣生枣的工人分为头号、二号、三号三种,头号最大,是要给刀法最好的工人切的。……切枣的工人是很苦的,切一篮枣只有五分钱,每篮枣重七斤左右,最快的工人一天也只能切十篮……做蜜枣手续是相当麻烦的。……深渡的蜜枣每年出产达数十万,盛销于沪杭一带,因为徽州的蜜枣切工好,煮工好,又大又美丽,所以到处欢迎,尊为珍品……

当时,徽州蜜枣有"琥珀蜜枣"之称,极受世人欢迎。根据我们的了解,杞梓里村在1949年以前最兴旺时期,年产千担左右。开始是将生枣收购后运往深渡加工,或从新安江转运至浙江、苏州加工蜜枣。当时,徽州蜜枣主要行销于江南的上海、苏州、嘉兴等地以及海外的部分地区。

(3) 其他

除了茶市和枣市之外,深渡还有不少其他的行市。徐松如在《抗战时期徽州基层社会权力关系探析——以歙县为例》一文中,根据安徽省档案馆馆藏档案,列举出1944—1945年"歙县深渡商会呈报停歇业商号名单",其中提及肉、油、杂货、烟、菜馆、酒、百货、浴业、药、炉各业。从他的分析可知,当时上文请求停歇的商号数量较大,大约占深渡商号总数量的23.9%。[①] 以其中的杂货业为例,《歙县乾裕号信底》中有一封《与吴萃英》,是寄往街口潘玉和号的信函:

> ……兹有恳者,家三弟阆如,向在兰江米业营生。连年以来,未得蔗境,旧冬因抱呕红之恙,请假在家调治。新正忽接该行来函,谓旧岁粮食生意,大受亏损,只得汰省人员,所以家三弟目下兔守家园,尚乏一枝之借,欲于深溪、街口一带,改图杂货行业,弟义在同胞,焉能漠置?曾央二三知己四处吹荐,迄今未得端倪,转思街口生意,市面不亚深溪。而足下又值扬镳得意之秋,故不揣冒昧,特具寸楮于台前,务祈口角春风,吹植一枝,勿论行业之卑微,薪水之优劣,遇有配合之处,即鼎力为之介绍。

此信是光绪三十一年(1905)所写,收信人吴萃英是写信者的妹丈,其中

[①] 徐松如:《抗战时期徽州基层社会权力关系探析——以歙县为例》,《上海师范大学学报》(哲学社会科学版)2012年第3期。

提及深渡、街口一带的商况市景，特别是杂货行业的情况。另一封《与汪彩堂妹倩》，是寄往上海三牌楼源复春茶号，并由后者转寄营口某茶栈。该信作于光绪三十三年（1907），收信人汪彩堂是作者的妹丈。从信函内容来看，其人当时"业设申江，商行营口"，又"分设苏庄茶栈"，生意似乎是如日中天。而写信人则因深渡南货铺行情不佳，只得辞职，并请妹丈为他在外谋得一枝之栖。另外，民国时期的《应酬杂记》[①] 中，也有一封深渡福记杂货店寄往宁波江北岸万象春药材号的书信，其中提及："某某仁兄阁下：自别回里，两月于兹矣，想客怀如意为慰。启者，弟在家，现办有药材京元十余担，又有生晒三四担，未知此刻宁地市面何如，望见字，即烦顶[鼎?]力探听一番，将京元、生晒之价钱，随即具字寄上。如可合，立即将货寄下，托兄代售可也。如此刻市面弟不高，只好开春亲自带下，再与吾兄计议也。是否，均望速付回示为要。"该信末署"癸丑"，即1913年。书信中的"某某"，反映的并不是通常意义上的书信活套，而是真实的商店名称，只是在日用类书中隐去其名。此信反映了深渡福记杂货店的药材经营，亦折射了宁波与徽州在中医药材方面的贸易流通。

关于深渡的杂货业，还有现存的不少仿帖可以为证。如两张"阜康字号"仿帖，其中一张比较简单："南北杂货，官礼茶食。"该号主要经营"杭箔纸张，粮食贡枣"，经营方式是"门庄批发，定价从廉"。另外一张则较为详细："加料麻酥/本号开设徽州歙南深渡中街，坐西朝东门面，自行加工，精制金丝琥珀蜜枣，各种茶食。自运南北杂货，苏松布匹，粮食油烛，杭箔纸张发兑。凡蒙光顾者，请认明本号招牌嘉禾商标为记，庶不致误。本号主人披露。"这是开设在深渡中街的一爿杂货店。从仿帖来看，还有一爿"德生昌"，也是经营"南北杂货，中西佳点"。

在晚清、民国时期，深渡中街以及岭上有多家布庄、布号。如协昌布庄就开设在深渡中街，"专运纱罗绸缎，呢绒哔叽，中外布匹，各色鞋帽，京广洋货"。丰泰则开设于深渡中市的石库门内，"专售国产布匹、呢绒哔叽、绸缎丝葛、云纱夏布、名厂棉毛织品，零趸批发，兼售华洋百货、日用物品、衣帽玩品、套鞋跑鞋、被单线袜等，应有尽有，品质精良，定价低廉"。方裕大布庄开设里街上岭石库门面，"专办中外绸缎、纱罗绨葛、云纱粤拷、江西夏布、呢绒布匹、顾绣妆奁、化妆物品、十番响器，花色繁多，不及细载"。此外，还见有1939年益新布庄、华丰布庄瑞丰棉布号和泰丰祥绸布庄的发票。直到20世纪50年代，还见有开设于深渡中街的"大纶号棉布百货"店，专营"国产棉布，华洋百货"。

---

① 抄本封面除书名外，题作"张源庆书"，私人收藏。

关于布业，《歙县乾裕号信底》中有一封《代与邵启泰贺新年》，是寄往沪北正元祥茶栈的信函："……屯溪、深渡各帮生意，旧岁钱业、布业亦称获利，惟南货业盈歉不一。"此信之末有"甲　元月廿三日"的落款，可能是光绪三十年（1904）的信函，其中提及深渡一带的钱业、布业和南货业的经营状况。《酬世汇编》一书中有歙县人王景铭的小传，个中指出：1946年以前，"本邑深渡镇布庄，敦请接充经理数年"。

除了上述诸业之外，深渡是歙县境内浙盐销售的集散地之一。晚清时期，朱家村开设有苏德泰总栈，老板苏成美还在歙县渔梁、深渡、街口、休宁屯溪、龙湾、上溪口、绩溪临溪以及黟县渔亭等地，开设了盐行分店。当时，在深渡的是撷记盐栈。另外，由于开设酱园的主要原料是盐，故而盐业与酱业通常是二位一体。现存的1936年之《永祥牲和记合同》，就反映了深渡的酱园经营，其中提及方迪人、鲍霖生、吴圣功、泰隆号、方鸿泉、黄鸿志、鲍良生、胡桂舲和余锡庭，"志同道合，各愿投资"，合伙在深渡里街开设南货酱园，营业牌号为"永祥牲和记"，共集八股，每股计国币1000元。其中，泰隆号认定两股，方迪人认定一股，鲍良生认定一股，鲍霖生认定一股，方鸿泉认定一股，胡桂舲认定半股，吴圣功认定半股，黄鸿志认定半股，余锡庭认定半股。综计股本基金8000元正，其股本统于成立之日一并收足，议举方鸿泉为经理，鲍良生、吴圣功为协理，"所有财政、人手去留、店中各事，概归经理人秉公主持，设有要事，当与协理人参商办理"。其后，还列有公议条规八款。这份1936年的商业合同为红纸书写，贴有印花税票。其中，认定一股者及见议人皆用印，而认定半股者和遵书人则书押。

此外，深渡还是粮食的集散地之一。由于歙县各地长年缺米，来自本省宁国府以及江浙一带的粮食，往往要途经此地输入。早在明末，傅岩《歙纪》就指出："新安米谷，向藉外来。目今青黄不接，有等奸恶牙行铺户，高抬价值，惑乱人心。……其水路船只自街口、深渡、坑口直至渔梁，陆路自冷水以达休宁，不许中途牙店阻截及率众争买打夺，有坊【妨】城市。"[①] 当时，有位叫姚虹溪的米商"贩米至徽，于严陵雇梭船十只，至深渡点视，则已损折多米，盖长年自分，至休宁沿途窃贸也"[②]。清道光年间，"春甫氏"所著《新安纪程》[③]的作者指出："深渡烟火数千家，市肆环列，徽人具斗米，上水七日，下水八日告罄，皆以深渡米价为准。"笔者手头有一册咸丰年间的信底，其中一封提及：

---

① （明）傅岩撰，陈春秀校点：《歙纪》卷8《纪条示·通商贩平籴粜》，黄山书社2007年版，第91页。
② （明）傅岩撰，陈春秀校点：《歙纪》卷9《纪谳语》，第167页。
③ 抄本一册，私人收藏。

"现在徽地粟以【已】收成,扯来六七分之数。深渡米全不行消[销],行情起号四千,至四千四百看顶。兰溪米价前日到信稍提,造[糙]尖三元七角至三元九角、白米四元四角至四元七角,亦因天时久晴,出货稀少之故"。另一封信中也谈道:"日内米价因各处皆通,已回贱,二百一担,兼之屯溪、深渡等处到货稍旺,消路不多,徽邦一时可无虑矣。"① 根据《王振声日记》的记载:光绪三十二年(1906),"深渡有抢米店事",后来"米店集议购米平粜,盐店亦减价二文","深渡米商已赴兰溪购办米石"②。由于各地粮食经由此处,故深渡一带也有不少米店从事粮食贸易。郑德昭《暴吴士和秽行(仿骆宾王檄)》中,有"恶吞深渡镇各铺户捐米"③ 的指控。《中国经济志》所列1930年代调查报告指出:"米之来源,可分二路,凡接近浙境如街口等处,则由浙江金华、兰溪输入;城区、深渡等处,则由绩溪、临溪一带输入;面粉则由沪杭水道输入。"

另外,深渡还是歙县木材交易的场所。抄本《鱼雁存书》④ 中有一封信提及:"所询徽河水势,刻下春间山水正发动之时,时常天降大雨,现在各板客以及木行扎牌[排]放水,已有多数,诚恐再不早预备放水,尤恐河内挤港,难放到深渡,仰祈早日动身,来徽布置矣,迄今未得知来徽开公司可能实行开办否?如实开办,亦要早尽来徽,摆布一切事情,而不知择选何日起程来徽矣。……"此信谈及春季雨水充沛时期木商忙于放排的情形。根据歙县白杨村人吴正芳的描述,乾嘉年间白杨人吴承醰发家致富后改做木材生意。其人以深渡与街口为木材集结地,扬言要"收尽南源木"。只是后来木材生意因一夜桃花汛,冲走了深渡、街口的全部木材而彻底破产。在迄今所见的徽州文书中,偶尔亦可见南乡人前往深渡购置木料的记载。有一份文书,是道光七年(1827)十月徽州某村"来龙山拼批缴回存公匣",其中提及:"缘中下门将来龙出拼深渡姚客支下,不愿,但拼批交凭中劝处,本祠将举院山松木等计,并桥会存项,计洋七十元,兑付拼客,方将此拼批缴回……"另外,绩溪人通过放筏将要卖的竹木运到深渡一带。

最后还应当提及,除了上述较为详细的论述外,深渡还有其他一些行当,我们只能简单地概括性了解。例如,现存的《珠玑》《昔时》《应急》《百家姓》《千字文》和《四言杂字》等启蒙读物,都题作"深渡永兴椿梓"。可见,此处也是歙县南乡启蒙读物刊发、销售的中心之一。又如,道光三十年

---

① 抄本一册,私人收藏。
② 参见拙文《清末徽州知府与地方社会——以王振声相关文献为例》,载《徽学》第17辑,社会科学文献出版社2022年版,第57—84页。
③ 《芳义明录》,抄本一册,私人收藏。
④ 抄本一册,私人收藏。

（1850）八月的一份"遗嘱合议据"，提及徽州歙县深渡附近开设的道生油坊榨场。① 再如，《深渡招商旅馆对联》载："招徕远近良朋，停骖暂驻；商集高低好友，息足安身。"② 这是深渡一地旅馆业的相关对联。此外，目前尚存的辛酉年（1921）同裕典当票，反映出深渡当地亦有典当铺的存在。

清末民初，徽商李跃庭在歙县深渡镇创办"协和公司"，专营煤油、蜡烛、肥皂、火柴、白糖和砂糖等民生用品之批发生意，该公司通过新安江水道，从苏州、上海、杭州购进大量的名牌洋货，如鹰牌和亚细亚牌煤油、僧帽牌矿烛、祥茂牌肥皂、茶花牌火柴，还有苏州名酒、天津红枣和闽广台糖等，加以批发销售。协和公司开张后，深渡镇周围百里乃至徽州各地的不少零售商皆来此处批量进货，再返销至广大农村。③《故纸堆》中还收录有一张广告，其中提及："保安善提果为前苏州名医曹沧州先生亲传与其外甥吴子深医生灵方，现经华庚制药厂精选上等国产原料，用科学方法制成，功能散寒退热，调和气血，去湿消食，清洁肠胃，对于伤风感冒，寒热头痛，胸胃涨闷，饮食无味，一经服用，二三小时，即见功效。至于药性和平，不论男妇老幼，均极相宜，诚为居家行旅必备之品，同人等为提倡国药起见，特为介绍证明。"其后有虞洽卿等人的亲笔签名，以示"各界领袖证明药力"，广告上注明由"徽州深渡总经理"④。

此外，《徽州楹联通览》中有一份《深渡镇路亭联》载："深渡渡船渡深渡，高山山顶山南山。"⑤ 及至20世纪，水运亦发生了一些变化。根据《中国经济志》的记载，1930年代，出现了一种定时航船——快船，为十二舱大篷船，航行于屯溪、深渡之间的，称为"渐江快船公司"，一共有四艘，下水一天，上水需一天半至二天不定，每日上下水各一班，沿途各大村庄皆可停靠、上下。另外，自深渡至淳安、严州之间，则有"深严利行公司"，计有快船八艘，下水至淳安一天，上水需二天，每天上下水各一班，沿途各埠，均可停靠、上下。

因公路的兴建，新安江流域的交通形势有所改变，从而在一定程度上影响了整个流域的商业地理格局。根据《中国经济志》的记载，歙县货运渠道的情况即是，"经售商品，多由浙江杭州输入，前均由水道循新安江至深渡、朱家村上陆，今则除笨重各货仍由水道运输外，轻便各货，悉由杭徽公路汽车运入，

---

① 抄本一册，私人收藏。
② 吕绍常文书之一《对联便读》，抄本一册，私人收藏。
③ 安徽五福文化产业发展有限公司编：《徽商大典》，上海书店出版社2013年版，第283页。
④ 鲍传江等主编：《故纸堆》壬，北京图书馆出版社2003年版，第163页。
⑤ 舒育玲主编：《徽州楹联通览》，黄山书社2013年版，第154页。

商业市场因之呈一变化"。不过，在歙县，民国时期深渡的商业仍然占有重要的地位。"全歙县商业以深渡居首位，城梁（城区渔梁）次之，岩寺、三阳坑又次之。"

三　余论

抄本《姚氏族谱》中有《深渡十二景共七律十二章》，包括《凤池红叶》《深溪古渡》《洪谷松涛》《湖田麦浪》《水月钟声》《夕阳柳影》《双潭印月》《九里归帆》《南屏烟雨》《北岸渔灯》《小桥残雪》和《平堤春晓》。从这十二景的名称来看，明显反映了深渡一地对江南核心地带审美旨趣的模仿。

由于深渡是外埠进入徽州的一个大码头，此处也成为徽州人慈善设施分布的首选地之一。在清代，歙人程光国"念里人客死江浙，柩不得归，买舟载归。子孙力能葬者，听葬；不能者，于南乡深渡买地，为广阡高原，标碣以志"[①]。民国时期，歙县旅沪同乡会又出资在深渡建造首安堂，专门办理自上海运柩回歙及寄厝、掩埋等事，还就近设置田产，以田产的收入，支付办理自沪运柩回歙及寄厝掩埋等事的费用。[②] 关于这方面的情况，近年来在歙县安梅村发现的一个清代厝屋，就与此有关。

迄今，深渡尚有一段老街犹存。当地有一种小吃形如老布包袱，称曰"深渡包袱"。据说是因传统时代徽商多背包袱旅行，当地饮食摊主遂仿其形，创制出一种在馄饨皮上放上馅，卷包成如同商人背负之包袱形状的小吃，此种小吃原汁原汤，食之颇感鲜嫩、香美，广受欢迎，遂流传至今。这与徽商外出所携的行李铺盖相映成趣，想来是别有深意存焉。《深渡》民谣载："走到深渡，丢塌（掉）家务；到了杭州，万事一丢。"当时，歙县的深渡、街口和浙西桐庐县的七里泷，都成了徽州人外出具有指标性意义的地点，大概是留守故乡的亲人，想方设法地希望远去的游子，千万记住桑梓故里的眷属。

1933 年，随着徽杭公路的开通，昔日繁盛的水运事业日渐衰退。20 世纪以来，深渡多次遭受特大洪水之冲击，有时全镇几乎被淹没，街衢巷陌之间一片狼藉。不过，尽管灾害频仍，但因深渡在交通上仍然具有一些优势，而周遭的产业亦未遭受完全破坏，故而历次灾后都能很快得以恢复。1950 年代后期，新安江大坝建成，深渡虽然没有沉下湖底，但随着水位的上涨，不少古街仍遭淹

---

① 道光《徽州府志》卷12 之5《人物志·义行》，《中国地方志集成》安徽府县志辑50，江苏古籍出版社1998 年版，第25 页。
② 民国《歙县志》卷3《恤政志·优老（义田义冢附）》，第139 页下。

没,只有里街尚存五分之一。迄至今日,深渡为深渡镇政府所在地。此处仍是水陆交通枢纽,相距徽城镇只有50里左右,公路每天都有来自屯溪、黄山和旌德等地的客车经停,而从歙县县城至深渡亦有多趟班车往返,其水路则有开往排岭、街口等地的客轮班次。

(王振忠,复旦大学中国历史地理研究所教授)

从徽商字号到徽商品牌
——以"胡开文"为例

栗幻影　朱小阳

摘　要：从徽商字号到徽商品牌的发展体现了徽商的商业活动与商品经济的发展都进入了一个新的发展阶段。徽商字号到品牌的表现,以"胡开文"为例,首先是品牌意识的提升,扩大了字号的知名度;其次是字号所代表的内涵不断丰富,形象在消费者心中愈发立体;再次是字号的经营管理逐渐制度化;最后是字号被普遍假冒抄袭。字号发展到品牌,对徽商商业活动的扩大和继续具有一定的积极作用,也是商品经济发展到新阶段的表现之一。因此对徽商字号到品牌的动态研究,还是比较有价值的。

关键词：字号；品牌；徽商；胡开文

中国古代商业史中关于字号的研究已取得了较为丰硕的成果,其关注点在于,一是群体字号的经营问题;[①] 二是字号经营过程中的仿冒问题;[②] 三是关于字号的承继与竞争问题。[③] 古代商业字号的研究不仅是史学界关注的内容,也

---

* 本文系安徽省哲学社会科学规划项目"17—19世纪中日贸易里的徽州海商研究"(项目编号：AHSKY2018D109)阶段性成果。

[①] 相关研究成果参见范金民《明清社会经济与江南地域文化》,中西书局2019年版;范金民《国计民生：明清社会经济新析》,江苏人民出版社2018年版;范金民《清代江南棉布字号探析》,《历史研究》2002年第1期;范金民《明清地域商人与江南市镇经济》,《中国社会经济史研究》2003年第4期;范金民《清代刘家港的豆船字号——〈太仓州取缔海埠以安海商碑〉所见》,《史林》2007年第3期;范金民《清代前期上海的航业船商》,《安徽史学》2011年第2期;邱澎生《由放料到工厂：清代前期苏州棉布字号的经济与法律分析》,《历史研究》2002年第1期;王红《老字号》,北京出版社2006年版。

[②] 相关研究成果参见范金民等《明清商事纠纷与商业诉讼》,南京大学出版社2007年版;李斌《从碑刻资料看清代的假冒商标》,《东南文化》1994年第3期;邱澎生《由放料到工厂：清代前期苏州棉布字号的经济与法律分析》,《历史研究》2002年第1期。

[③] 相关研究成果参见范金民、罗晓翔《清代江南棉布字号的竞争应对之术》,《安徽史学》2009年第2期;邢铁《我国历史上商铺字号的继承问题》,《云南社会科学》1997年第2期;戴昇《明清以来商业字号的创立、维系与承继》,《湖南社会科学》2020年第3期等;王焯《百年百号：老字号的传承与变迁》,知识产权出版社2020年版。

是经济学、法学等诸多领域关注的重要内容。① 而目前对古代商业字号的研究，仍有几个问题需要解决。首先是对古代商业字号的概念认识仍有争议；其次是古代商业字号同我们现在所说的"品牌"有什么样的关系；最后是古代字号对中国古代商品经济的发展有何影响。针对以上问题，本文选取了传承至今的徽商字号"胡开文"作为主要叙述对象，梳理其发展过程，考察字号同"品牌"之间的关系及相关的字号问题，以探究徽商字号与商品经济之间的相关关系。

一 字号与品牌

（一）古代商业文化载体：字号

古代字号的概念在不同领域的研究学者当中有着不同的认识，一说字号又称商业名称；② 一说字号称幌子，专指悬挂在店铺门前的招牌；③ 一说字号就是指标；④ 一说字号是指商号。⑤ 以上几种说法均体现在不同的研究领域当中。《辞源》中对"字号"的相关解释为："商店、钱庄、客栈等的名称。旧时商店招牌，皆谓之字号；开设商店，亦云开设字号。"⑥

明清两代是"字号"一词含义不断丰满的时期，其商业含义也变得愈加丰富。"字号"在中国基本古籍库中对其进行检索，"字号"一词共出现13802条，在明代以前共检索出510条例句，在明代检索出4401条例句，在清代检索出8190条例句，民国时期检索出701条例句。在《牧津》卷一八中记载："蔡襄尹京日时京师置杂买务，买内所须之物，而内东门复有字号，径下诸行市物以供禁中。"⑦ 此处"字号"是指实体店铺，又有《读律琐言》中载："……附写客商船户住贯、姓名、路引、字号、物货数目……"⑧，此间"字号"则表示

---

① 相关研究参见赵中孚主编，马强等撰《商法总论》，中国人民大学出版社1999年版；马咏蕾《品味百年：沪上食品老字号商标设计》，上海锦绣文章出版社2013年版，第20页，将"字号"与"商标"做了区分；蒋虹《论商号及其法律保护》，博士学位论文，华东政法大学，2011年；孙丽娟《清代商业社会的规则与秩序——从碑刻资料解读清代中国商事习惯法》，博士学位论文，华中师范大学，2003年；刘云生《中国古代承揽契约论略——兼论明清江南棉布字号产业之法律调整》，《重庆大学学报》（社会科学版）2004年第4期等。
② 赵中孚主编，马强等撰：《商法总论》，第172页。
③ 邢铁：《我国历史上商铺字号的继承问题》，《云南社会科学》1997年第2期。
④ 范金民：《国计民生：明清社会经济新析》，第176页脚注①；范金民：《明清社会经济与江南地域文化》，第286页；李斌：《从碑刻资料看清代的假冒商标》，《东南文化》1994年第3期等。
⑤ 蒋虹：《论商号及其法律保护》，博士学位论文，华东政法大学，2011年；戴昇：《明清以来商业字号的创立、维系与承继》，《湖南社会科学》2020年第3期等。
⑥ 何九盈、王宁、董琨主编：《辞源》第三版（上册），商务印书馆2015年版，第1059页。
⑦ （明）祁承㸁撰：《牧津》卷18《政术》，明天启四年刻本。
⑧ （明）雷梦麟撰：《读律琐言（30卷）》卷10《户律》，明嘉靖四十二年歙县知县熊秉元刻本。

用以区别商人经营的店铺或其他的名称。《续纂淮关统志》中载:"山东周村,布客恒祥各字号,八家所有南来货物,具由此旱运东省售销……"①,记载相似,"字号"代表商人经营的商铺。又如《宜焚全稿》中载:"……于松江府地方开设张万元字号布店……"②,在这份《全稿》当中多次提及"开设字号"③,皆是将字号等同店铺一般使用。又如《(光绪)湖南通志》中记载:"每字号缴税后酌给从九职衔议叙一名……"④,其中"字号"亦是指代每家店铺或者商号。又《长芦盐法志》记载盐商字号:"于某年某月某日某商某字号引盐若干……"⑤,其中字号亦是指盐商的商号。在《清经世文新编》中载:"他国产也以英国字号……""本不得移作各项工业字号……"⑥,这里的"字号"具有区分同类行业和产品的作用,具有商业意义。又如《金吾事例》中载:"宣武门外兴盛字号当铺……""若市肆铺户立有牌匾字号……"⑦,亦或是在《风行录》中所载:"该犯包揽本城各大字号店铺""为城中字号店铺做米囤贩……"⑧ 等,"字号"均有店铺名称的意义。在《官场现形记》中小说家说:"他现在南京一爿字号里做挡手"⑨,在小说中的字号既有商铺实体本身的含义,同时也已经抽象成一种名誉上的东西了。至清末,"字号"的商业意义已经广为使用,在《中西纪事》中提道:"注明本商姓名及本行字号""开张洋药店铺请领字号招牌并颁准充执照"⑩,这里将字号作为区别其他同行店铺的标识。古代商业字号与商号含义其实是相似的,如《两浙南关榷事书》中记载:"……但遇各衙门修理合用木植,俱是大小牙行出办,向与商人不相于(干)涉,近有牙行王杰、俞其、胡伟等,见得工程浩大,捏□差官对商号买亏陷资本,实为阻绝商路……"⑪,在《广治平略》中记载:"中原寇起,道路阻塞,客商号少,关榷

---

① (明)马麟原纂,(清)杜琳初修,(清)李如枚重修,(清)元成续纂:《续纂淮关统志(14卷)》续纂卷11,清乾隆刻嘉庆光绪间递修本。
② (明)祁彪佳撰:《宜焚全稿(18卷)》卷8,明末钞本。
③ (明)祁彪佳撰:《宜焚全稿(18卷)》卷8载:"钱找文六十三两六钱计开字号""另将万有字号布七百零八筒伊托先在官",明末钞本。
④ (清)卞宝第、李瀚章修,(清)曾国荃、郭嵩焘纂:《(光绪)湖南通志》卷59《食货志五》,清光绪十一年刻本。
⑤ (清)黄掌纶纂:《长芦盐法志(20卷)》卷9《转运上》,清嘉庆十年刻本。
⑥ (清)麦仲华辑:《清经世文新编(32卷)》卷10下《商政》,清光绪二十七年石印本。
⑦ (清)载铨修:《金吾事例(11卷)》缉捕下、章程卷2,清咸丰元年刻本。
⑧ (清)张五纬撰:《风行录(7卷)》卷4,清嘉庆十八年重刻本。
⑨ (清)李伯元撰:《官场现形记》,北京实文堂书店1954年版,第三十一回,第276页。
⑩ (清)夏燮撰:《中西纪事(24卷附录1卷)》卷17《长江设关》、卷18《洋药上税》,申报馆丛书本。
⑪ (明)杨时乔撰:《两浙南关榷事书(不分卷)·牙书》,明隆庆自刻本。

倍征……"①，又有《清经世文续编》中提道："再分红利皆于天顺祥商号……"②，这里"商号"也可以理解为店铺。这里也指出商号即是店铺。《霆军记略》中记载："……及各省协饷并挪借商号银两"③，亦是指店铺。《丁文诚公奏稿》中载："凡滇黔各岸商号均可指为唐炯所开。"④ 则明确地指出"商号"同于店铺，此类文献记载颇多，由是可见，商号与字号也都可理解为店铺。诸多记载当中对于字号的使用皆是将其延伸到了商业含义当中，通过上述的史料来看，可以简单地将字号等同于商号。

而如果要将字号的商业含义单纯地看作是店铺，那么可能就会忽略字号的动态发展过程。因此对字号概念的认识还需要从其内涵演变上来谈。起初，字号是一种代表人的雅称的文化现象；但随着社会和商品经济的发展，字号在商业领域上也有了特殊的指代含义。唐宋之后的经济发展也使这一含义在社会上获得了广泛认可，并且随着商品经济的再度发展，字号的含义也越来越丰富。从某一字号的发展历程来看，字号经历了创立、经营发展、繁荣或衰落的几个阶段，流传至今者，则被视为老字号。然现在所说的"老字号"一般是指被认定为"中华老字号"称号的："历史悠久，拥有世代传承的产品、技艺或服务，具有鲜明的中华民族传统文化背景和深厚的文化底蕴，取得社会广泛认同，形成良好信誉的品牌。"⑤

在历史上出现的很多词汇，因为社会发展的缘故，又比较容易出现混淆概念的情况，会导致理解不同，因此对其进行梳理和区别也是有意义的。根据范金民先生的解释，将字号理解成光绪年间颁发的《商标注册试办章程》中的"商标"。⑥ 从时间角度上来看，这个解释是合理的。这里根据《商标注册试办章程》认为字号等同于"商标"，倒不如说是字号包含"商标"。究其原因，这个《商标注册试办章程》是根据西方较为成熟的商标法来制定的，先不说清朝政府有没有特别理解西方的商标法，单就其不同的政治背景、文化背景以及商业发展路径来看，就不能直接将西方的商标法套用到中国古代商业字号的发展上来，还是需要遵循中国古代字号的发展路径去探索其实际意义。古代字号的含义是逐渐发展的，由单一的对人的雅称，到发展为区别店铺和商品的名称；

---

① （清）蔡方炳撰：《广治平略（44卷）》卷23《征榷篇》，清康熙三年会间沈宁宇刻本。
② （清）葛士濬辑：《清经世文续编（120卷）》卷26《户政三》，清光绪二十四年石印本。
③ （清）陈昌辑：《霆军记略（16卷）》卷15，申报馆丛书本。
④ （清）丁宝桢：《丁文诚公奏稿（26卷）》卷19，清光绪二十五年补刻本。
⑤ 商改发〔2006〕171号，《商务部关于实施"振兴老字号工程"的通知》附件2《"中华老字号"认定规范（试行）》，2006年4月10日。
⑥ 范金民：《国计民生：明清社会经济新析》，第176页。

再随着商品经济的发展，为了适应市场的发展，字号就具有了用以区别其他店铺、商品或者服务的内涵与作用；商品经济逐渐繁荣后，不同的商业群体为了争夺更多的市场，就需要一些有力的手段，这使得字号就有了进一步的发展。它能够表现出店铺经营的理念，起到增强顾客对店铺的信任和店铺声誉的作用，并在无形之中能够使店铺经营的商品或服务升值，甚至可以用来买卖，这就具有了现代品牌的意义。因此笔者认为古代商业字号的概念可以概括为：字号是一种商业名称，商业文化载体，能代表店铺特色内容和声誉，是以用来区别不同经营者的产品或服务质量的标识。

（二）商品经济发展的产物：品牌

品牌作为一种经济现象长期存在于中国封建时代，品牌现象的活跃是中国封建时代商品经济活跃的表现之一。在史学研究中，"品牌"一词作为近代词汇，甚少有专门的研究，但却有许多学者提及，如在探究古代徽商问题时，徽商创立并传承至今的字号品牌就作为研究徽商经营问题的切入点，而下文提及的徽商字号传承至今的徽墨品牌"胡开文"则能够反映出徽商字号到品牌的发展路径。在此基础上，从现实问题出发，在泛品牌的时代中，诸多领域的学者都有对当下的品牌问题进行一系列的探讨，由此而发，关注历史上的品牌现象也是一件具有现实意义和有趣的事情。品牌的产生与维护会涉及多方面的因素，当今是如此，历史上任何一个时代都是如此，而关注其背后的社会、经济、政治等因素则是研究历史上的"品牌"现象的主要内容。

"品牌"一词在不同的时代具有不同的含义，其古老意义是鉴别的标志，近代意义是企业管理的自然品，而现代意义是市场营销的工具，当代意义是传播推广的旗帜。[①] 第六版《辞海》中对"品牌"的解释是："品牌亦称'厂牌'、'牌子'。指企业对其提供的货物或服务所定的名称、术语、记号、象征、设计、或其组合。主要是供消费者识别之用。品牌的组成可分为两部分：一是品牌名称，是指品牌中可用语言称呼的部分；二是品牌标志，是指品牌中可以被识别但不能用言语称呼的部分，如符号、设计、色别等。企业如将某品牌在政府有关主管部门注册登记以后，即成为商标。"[②] 大卫·奥格威对品牌的定义是："品牌是一种错综复杂的象征，它是产品属性、名称、价格、历史、文化、声誉、品质、包装、广告风格等方面留给消费者的印象的综合体，是组织、产品或服务的有形和无形的综合表现，其目的是借以辨认组织、产品或服务，并

[①] 余明阳、姜炜编著：《品牌管理学》，复旦大学出版社2006年版。
[②] 夏征农、陈至立主编：《辞海》第六版（彩图本），上海辞书出版社2009年版，第3册，第1737页。

使之同竞争对手区别开来。"①

那么，字号和品牌是有怎样的区别呢，笔者认为区别有以下几点：

（1）字号是古代中国商业的产物，品牌是近代词汇，先是有字号，再发展到出现品牌，产生时代和背景都不相同；

（2）字号只具有代指功能，就是商业上的招牌，代指、简称，品牌则不仅是代指的名称，还包括标志。更是产品或服务的一系列属性给人们留下印象的综合体；

（3）字号是一个中性的名词，而品牌则具有褒义，为人们肯定，有影响力的意义；

（4）从商品发展的角度来看，先是有字号，再发展到出现品牌，字号尚没有形成实际的体系，主要是经验运行。品牌所包含的内容更丰富多元，可以将字号的内容囊括在其内。

"品牌"作为舶来品，它与中国古代商业字号的形成和发展具有两套不同的文化传统背景，② 但是在作用上都具有区别于其他字号和品牌商品与服务的功能。而古代商业字号确认之后可以进行变更，近代"品牌"一旦形成，就会作为一种无形的资产和商业印象，难以变动品牌名称，这也是明清以来知名字号所具有的表现之一。中国封建时代商人所创立的字号，在市场中取得良好口碑之后，字号往往会被社会大众认可，这也就将普通的店铺名称，转为商家为顾客提供的优良商品或高质量的服务，以及顾客对商家的信任与良好印象的标志，这一点同现代品牌的内涵是相似的。研究古代字号与品牌之间的关系可以推进中国品牌史的研究，以此来为完善中国品牌话语权做出一些贡献。而对字号与品牌之间的关系问题的探讨也是本文的一个重要内容，以下就以明清时期徽商的知名字号之一"胡开文"为例，对其中的关系做一探讨。

二 "胡开文"字号到品牌的经营

"胡开文"是胡天注（1742—1809）于乾隆三十年（1765）草创于休城的墨店，其前身是在屯溪租开的"彩章墨店"。后从其岳父手中接管"汪启茂"墨室，并将其与"胡开文"合并，以"胡开文"为招牌进行经营。"胡

---

① 喻荣、宗林、孙明海主编：《标志与品牌 VI 设计》，华中科技大学出版社 2018 年版，第 27 页。
② 林一民、卢太宏：《商业传播中的儒家传统与现代规范——中国"老字号"与西方品牌的文化比较》，《南昌大学学报》（社会科学版）1999 年第 3 期。

开文"传至胡余德时,就已经成为了广为人知的字号,后经过百年的沧桑经营,一直延续经营至今,并在2006年被商务部认定为"中华老字号品牌"。"胡开文"是一个具有浓厚历史文化底蕴的品牌,迄今为止已有两百多年的历史。在这两百多年的发展历程中,"胡开文"从默默无闻到独树一帜,一路经历了许多的波折。而有关"胡开文"的研究成果涉及各个方面,其中最为突出的几个问题主要集中在"胡开文"创立时间的考证、创建者的考证,"胡开文"名号的由来,"胡开文"的经营研究,"胡开文"发展时间梳理。① 除以上一些基本问题的讨论外,近来也有人从现实问题出发关注到"胡开文"的其他相关问题的研究,例如对其实用价值和艺术价值领域的探讨、家族企业的演变、知识产权的保护以及徽墨文化的传承与保护等。② 因此,本文也是在前人研究的基础上,选择品牌发展这一角度对"胡开文"这一"老字号"进行探讨,从现实问题出发,探讨清代中后期品牌发展的特点与社会经济环境状况,从而有助于我们保护历史品牌继续传承和发展,同时也为中国品牌史的建设做出一些贡献。

(一)从模仿到超越:在同质化严重的市场中走向成熟

"胡开文"字号的产品除贡墨和高档油烟墨之外,还开发了礼品墨、纪念墨、自制墨等花色品种,如胡开文制八卦图墨、五老图集锦墨、黄山图墨、御制棉花图集锦墨、百寿图集锦墨,③ 墨品造型优雅别致,题材丰富,寓意美

---

① 对于这几个问题的研究焦点主要见于以下内容:创立时间:陈平民《也谈徽墨奇葩"胡开文"——与紫玉同志商榷》,《江淮论坛》1984年第4期;陈希《胡开文墨业史略(上、中、下)》,《徽州社会科学》1986年第1、2、3期;徐子超《胡开文墨业系年要录》,《江淮论坛》1992年第6期。"胡开文"创建者问题:胡云《胡天注与"胡开文"墨业考证》,《黄山学院学报》2005年第5期;胡毓华《徽墨世家"胡开文"》,《寻根》2003年第1期;徐子超《也谈"胡开文"的创业与创名》,《江淮论坛》1985年第3期。经营发展问题研究:有关"胡开文"研究的论著有林欢《徽墨胡开文研究(1765~1965年)》,故宫出版社2016年版;朱福枝《老字号的经营特色》,《武汉文史资料》1997年第4期;陈健《群芳争艳的富贵园墨——胡开文创业史略》,《中国文物报》2002年6月19日第6版等;张海鹏、王廷元主编《徽商研究》,安徽人民出版社1995年版。发展时间有关研究:徐子超《胡开文墨业系年要录》,《江淮论坛》1992年第6期;胡毓骅《胡开文墨业系年辑要》,《徽州社会科学》2016年第12期;鲍杰《安徽屯溪胡开文墨店史记》,《江淮文史》1999年第2期。

② 胡佳梅:《胡开文墨票赏析》,《收藏》2021年第12期;王世华:《家族企业如何让"富"延续——"胡开文":品牌传承的力量》,《北大商业评论》2012年第3期;尚子翔:《〈申报〉广告战中的知识产权纠纷:胡开文内部"休屯之争"》,《黄山学院学报》2021年第1期;徐美玲:《清代徽墨的研究——以胡开文墨为考察对象》,硕士学位论文,安徽大学,2012年。

③ "八卦图墨""五老图集锦墨"藏于北京艺术博物馆,信息转引自胡桂梅《北京艺术博物馆藏清代集锦墨赏鉴》,《收藏》2017年第12期;"黄山图墨"藏品信息转引自赵正范编著《清墨鉴赏图谱》,上海书店出版社2010年版,第16—17页;"御制棉花图集锦墨"信息转引自朱良剑主编《圆明园景御制墨藏》,安徽科学技术出版社2015年版,第35页;"百寿图"信息转引自赵正范编著《清墨鉴赏图谱》,第116页。

好，蕴含着优秀传统文化的妙意。另外胡天注还根据《本草纲目》的记载，用黄山松烟研制出了"八宝五胆药墨"①，可用于治疗，拓展了墨的用途。而当时向"胡开文"订制自制墨的文人也多具有官方、军界背景，如曾国藩的"求阙斋"朱墨、李鸿章的"惜如金"墨、左宗棠的"八宝奇珍墨"、袁世凯的"万物咸成，长生无极"墨、孙中山的"总理三周年纪念墨"、张大千的"云海归来"纪念墨、于右任的"鸳鸯七志斋"墨、梅兰芳的戏装纪念墨、张謇定制专用墨等，②这些为名人定制的墨品不仅提高了"胡开文"字号的知名度，还发挥口碑的作用，吸引了更多的潜在顾客。"胡开文"字号的得意之作就是"御园图集锦墨"③，本品耗时长、造型多样、墨模景观精美别致，64锭墨连在一起就是一幅完整的清代皇家立体园林图。"胡开文"字号还在新产品出世时利用各种形式进行宣传，在墨品包装上也足以见其别致用心，包装盒形式多样，材质丰富，使得墨品更显优美典雅；不仅利用模特进行实物展示，还将名人所写墨赞刻印在包装上，起到很好的代言效果，发挥名人效应，树立良好的产品形象，开拓产品市场。"胡开文"字号发展至民国时期，虽然受外国同类商品竞争的挑战，但"胡开文"所制"地球墨"产品还是凭借着质量和创意在1915年巴拿马万国博览会上荣获金奖，④这也为"胡开文"在国际上赢得了声誉。

"胡开文"墨品所面临的市场竞争是比较激烈的，据不完全统计，⑤收集样本共551件墨品，能够推测出大致时间的有516件，因此根据这些墨品信息，制作图1、表1。

---

① "求阙斋"朱墨信息转引自秦安《胡开文徽墨流芳》，《中国新时代》2011年第9期；"八宝五胆墨"墨品信息转引自林欢《药墨史话——从胡开文"八宝五胆药墨"谈起》，《中医药文化》2013年第1期。

② 李鸿章"惜如金墨"信息转引自赵正范编著《清墨鉴赏图谱》，第119页；左宗棠"八宝奇珍墨"信息转引自赵正范编著《清墨鉴赏图谱》，第38—39页。

③ 现藏安徽博物院，信息转引自王健《安徽博物院藏墨述要》，《书画世界》2017年第10期。

④ "地球墨"藏品信息来源于安徽博物院官网：https://www.ahm.cn/Collection/Details/wfyj?nid=228.

⑤ 统计信息多来源于赵正范编著《清墨鉴赏图谱》，其中所收藏的墨品400余件；周绍良《周绍良清墨谈丛》，紫禁城出版社2009年版，其中所藏的墨品；博物馆（院）墨品信息：安徽博物院藏品栏：https://www.ahm.cn/Collection/List/wfyj#page=1，共有17件清代藏品；故宫博物院藏品栏：https://www.dpm.org.cn/collection/studies.html，共有26件清代藏品；苏州博物馆：http://www.szmuseum.com/Home/Index，所藏墨品有68件，其中清代68件，与"胡开文"品牌同时期的墨品有68件；上海博物馆：https://www.shanghaimuseum.net/mu/frontend/pg/index，所藏清代墨品有7件。

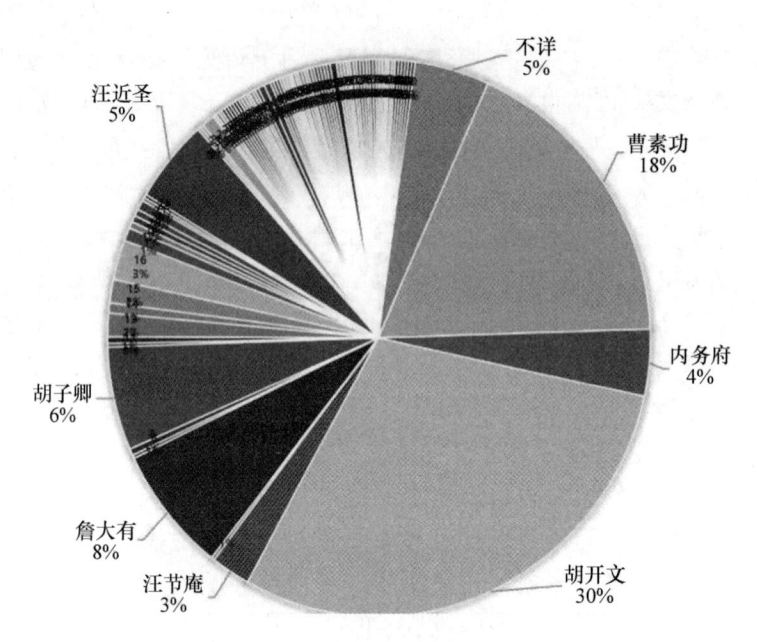

图 1　清代墨品样本占比

表 1　　　　　　　　　　　　清代墨品样本时间统计

款识	清前期	乾隆	乾嘉	嘉庆	清中期	道光	清中后期	咸丰	同光	光绪	宣统	民国	记录不详	总计
汪近圣	6	8	2	2	3				1	1				23
曹素功	6	14	10	2		4	6	1	23	6	12	5	3	92
内务府		18							1		1			20
胡开文	1	6	1	2	4	5	37	2	32	33	17	7	6	153
汪节庵	1	5		3	2	1								12
方维甸				1										1
詹大有			11			2	4		15	3	2		1	38
方于鲁	1													1
程君房	1		1											2
胡子卿						1	2	1	9	14	4			31
孟春									1					1
石爱文									1	1				2
查二妙堂							4		3					7

续表

款识	清前期	乾隆	乾嘉	嘉庆	清中期	道光	清中后期	咸丰	同光	光绪	宣统	民国	记录不详	总计
胡同文									1	1	1			3
胡学文							3			3	1			7
胡爱棠						2	7			3				12
詹成圭			2							2				4
詹公五				2										2
詹益三	1		1											2
超然台											2			2
鲍乾元						2				1				3
杨沂孙								1						1
瓯香馆										1				1
不详	1	3				4				3		2	12	25
中华书局												1		1
上海云朵轩												1		1
吴天章	4													4
丁兴茂									1					1
余有元										1				1
余子上莫		1												1
郎桂山										1				1
汪继廷								1						1
汪春山					1									1
李友兴												1		1
李富有												1		1
周永孚									1					1
余新昌		1												1
冯燮堂													1	1
胡永元										1				1
胡咏文										1				1
曹索功										1				1
曹素文										1				1
曹圣文								1						1

续表

款识	清前期	乾隆	乾嘉	嘉庆	清中期	道光	清中后期	咸丰	同光	光绪	宣统	民国	记录不详	总计
詹方寰						1					1			2
詹斗山		1											1	2
詹公三如一氏									1					1
詹达三	1													1
詹有乾				1										1
詹同文													1	1
詹正元林一氏		1												1
詹大昌							1							1
詹奎元							1							1
詹汇川											1			1
潘怡和			1											1
文友社														0
文光堂												1		1
文英斋											1			1
文雅堂											1			1
文雅斋													1	1
三友堂													1	1
玉华堂										1				1
源一氏							1							1
同仁堂							1							1
志成堂				1										1
上海四宝斋笔墨庄											1			1
董恒昌润卿氏											2			2
华千氏													1	1
武汉张开文													1	1
王景福											1			1

· 188 ·

续表

款识	清前期	乾隆	乾嘉	嘉庆	清中期	道光	清中后期	咸丰	同光	光绪	宣统	民国	记录不详	总计
王廷魁												1		1
古梅园			1											1
袁枚		1												1
汪惟高		1												1
张英呈	1													1
胡开						1								1
林惠臻									1					1
詹文川		1												1
詹云从						1								1
桂芳斋						1								1
金农						1								1
王晋卿						1								1
龙门氏	1													1
曹寅监制	1													1
叶玄卿	1													1
叶公侣	1													1
汪心农		1												1
求是堂		1												1
巴慰祖		1												1
程丽仲				1										1
汪斗山		1												1
总计	28	64	30	16	10	27	67	6	93	71	52	23	29	516

根据图1、表1信息，可以了解到"胡开文"墨品数量大概占样本总量的30%，"曹素功"墨品数量占18%，"胡子卿"墨品数量占6%，"詹大有"墨品数量占8%，"汪节庵"墨品数量占3%，"汪近圣"墨品数量占5%，在此其他拥有少量墨品的字号共占样本总量的30%。经过对这些数据的初步统计之后，又根据占比较多的三类，按照产品出世的时间顺序进一步分析，可以发现在嘉庆之前，"曹素功"墨品数量较多，占本身数量的33%；其次是"其他"类的墨品占本身数量的77%；最后是"胡开文"墨品数量占本身数量的5%。

由此我们可以直观地从数据上看到在嘉庆之后，"胡开文"的产品在市场上占据主要地位，已经成为知名的字号。囿于清代墨品数量颇多，一时难以进行全面、细致的分析，因此只能够通过大数据检索的手段，并站在前人收集墨品信息的基础上对清代的部分墨品进行统计，并尝试推测出当时墨业市场的环境。

另外我们也可以根据以上统计的信息得知，在嘉庆朝之前的墨品款式多数是墨店自己创作；而嘉庆朝之后，多家墨店的产品款式大多是互相抄袭和模仿。尽管各家都有明确的款识，体现出了各家低微的商标意识，但是却缺乏原创保护意识，同时市场也缺乏保护产权意识，保护制度是不完善的。这也反映出了至少在清代中后期，商业的发展，在制度上得不到完善的保护，在以封建自然经济为主导的社会经济形态当中，新萌发的商品经济因素不能够冲破旧有禁锢，即便已经出现了超前的商业意识，却受封建社会体制制约，只能止步于前。

（二）从创立到新生：传承至今的"老字号"品牌

在同治、光绪年间，"胡开文"字号已经占领了国内的大部分市场。[①] 胡开文墨业的发展起源于清朝，因此关于"胡开文"字号，应当进行长时段的阐述。虽然关于"胡开文"墨业发展历程的研究已有许多成果，但内容却有所偏差，故结合多家之言，统一进行比对校正后，将结果制定成表2、表3，方便阅览。

从表2、表3统计信息综合来看，"胡开文"字号的经营大致分为休城系、屯溪系、芜湖系、上海系四个体系，经营范围十分广泛，其主要集中点是在屯溪、休宁、歙县、芜湖、上海、南京、杭州、汉口、扬州、九江等地。在乾隆、道光、同治、光绪年间"胡开文"字号多以门店为单位，并且是以自产自销为主要的经营方式。虽然在阄书中提道"屯店本不起桌，所卖之墨向系休城店制成发下。嗣后不论墨料贵贱，仍照旧价，不许增减；屯店代休城店办买各货照原买价发上，亦不许加增。屯店起桌自造，更换'胡开运'招牌，不得用'胡开文'字样"[②]。单从表面意义上理解，即"胡开文"字号下的商品只能是由屯店生产，如其他店铺起桌制墨则需要另改招牌，这样也就使字号形成了总店与分店的经营模式，初具现代经营管理的模式。但是从"嗣后不论墨料贵贱，仍照旧价，不许增减"这句话的意思来看，其做法似乎有些不合常理，却能够保持品牌产品的质量，维护品牌口碑，这在当时来看有一定的好处。

[①] 林欢：《从墨票看胡开文墨业发展的几个问题》，《徽学》第六卷。
[②] 转引自张海鹏、王廷元主编《徽商研究》第十章第二小节《胡氏阄书》研究，第567—568页。

表2　　　　　　　　中华人民共和国成立前"胡开文"品牌经营分布

派别	墨店	店址	业主	起始时间	备注
休城系	汪启茂墨室	海阳	胡天注	乾隆三十年（1765）	由胡余德（27岁）主持
	休城胡开文	休宁	胡余德		第二代传人
	休城胡开文	休城	胡锡熊	道光二十五年（1845）	第三代传人
	休城胡开文	休城	胡贞观	同治元年（1862）	第四代传人
	休城胡开文	休城	胡祥禾	光绪五年（1879）	第五代传人
	休城胡开文	休城	胡洪椿	光绪三十四年（1908）	第六代传人
	休城胡开文	长沙、汉口	胡祥光		
	休城胡开文	扬州	胡祥礼	同治十一年（1872）	传至其孙胡恩松歇业
	休城胡开文	杭州	胡祥钰	同治末	
	休城胡开文	歙县	胡祥遑	光绪二十八年（1902）	
	休城胡开文	上海	胡祥泰	光绪年间	于抗战期间歇业
	休城胡开文	苏州	胡祥厚	光绪年间	于抗战期间歇业
	休城胡开文	安庆	胡祥厚	光绪四年（1878）	1953年歇业
	休城胡开文	芜湖		光绪十六年（1890）	
	休城胡开文	宣城			
屯溪系	汪彩章墨店	屯溪	胡天注	乾隆二十五年（1760）	乾隆五十四年（1789）之后，由次子胡余德接手经营
	屯镇胡开文	屯溪	胡颂德		第二代传人
	屯溪胡开文	屯溪	胡锡环、胡锡畴		第三代传人
	屯溪胡开文俊记	屯溪	胡贞奎、胡贞堤		第四代传人
	屯溪胡开文	屯溪	胡祥春、胡祥铺	光绪二十六年（1900）	第五代传人
	屯镇老胡开文墨店	屯溪	胡祥春	民国九年（1920）	
	胡开文俊记	屯溪	胡祥铺		
	胡开文仁记	屯溪	胡连生		俊记改仁记
	屯镇老胡开文墨店	屯溪	胡洪道	民国二十五年（1936）	第六代，在1949年入股"胡开文义记"
	屯溪胡开文寿记	屯溪	胡贞鉴、胡贞铭		

续表

派别	墨店	店址	业主	起始时间	备注
芜湖系	胡子卿墨肆	休城	胡贞权	同治三年（1864）	
	胡子卿墨肆	休城	胡祥振		
	胡开文墨庄	歙县	胡贞大	光绪七年（1881）	胡谅德
	胡开文沅记	芜湖	胡贞一	咸丰二年（1852）	第一代
	胡开文源记分店	芜湖	胡贞一		
	胡开文亨记	九江	胡贞一	同治九年（1870）	聘曹认仙经营，1892年关闭
	胡开文利记	南京	胡贞一	同治九年（1870）	聘曹认仙经营，后由胡祥祉经营
	胡开文贞记	汉口	胡贞一	光绪十八年（1892）	聘胡祥善经营
	胡开文贞记	汉口	胡洪震	民国九年（1920）	胡祥善子
	胡开文立记	安庆	胡贞一	同治九年（1870）	胡祥龙经营，后由胡祥祉经营
	胡开文正记	安庆	胡祥龙	宣统元年（1909）	由"立记"改为"正记"
	胡开文沅记	芜湖	胡祥祉		第二代传人
	胡开文沅记	芜湖	胡洪昭	民国二年（1913）	第三代传人
	胡开文沅记	芜湖	胡恩森	民国三十年（1941）	第四代传人
	胡开文立记	安庆	胡洪读		
上海系	老胡开文广户氏	上海	胡祥均	光绪十八年（1892）	第一代
	胡开文广户氏分店	天津	胡祥均		
	老胡开文广户氏	上海	胡洪开		第二代（胡祥礼子）
	胡开文益记笔庄店	上海	胡洪开	民国十八年（1929）	

表3　　中华人民共和国成立后"胡开文"品牌经营分布情况

时间	名称	备注
1955	胡开文墨品工业社	歙县、休宁、绩溪、宁国以及芜湖市共由11家墨品工业社组成
1956	"胡开文"墨厂	先由屯溪胡开文仁记、义记与程氏木材商店合并成立墨品工业社，后又与胡开文墨店及胡开文大记、仲记，日新化工厂合并成立公私合营胡开文墨厂；1973年9月1日改为"国营徽州墨厂"；1980年易名"国营屯溪徽州胡开文墨厂"

续表

时间	名称	备注
1982	上庄老胡开文墨厂	聘胡余德七世孙胡福同为顾问
1988	上庄老胡开文墨厂	
1990	上庄老胡开文墨厂	
1990	承文堂胡开文墨厂	
1990	正记胡开文墨厂	
1990	胡开文墨厂	
1990	同文堂墨厂	
1994	上庄老胡开文墨厂	
1998	绩溪胡开文墨业有限公司	

注：本表内容转引自徐子超《胡开文墨业系年要录》[1]，王毅《中国徽墨》[2]，黄秀英、汪应元《胡开文墨业考》[3]，胡毓骅《徽墨世家"胡开文"》[4]，林欢《徽墨胡开文研究（1765～1965年）》[5]，张海鹏、王廷元主编《徽商研究》，徐美玲《清代徽墨的研究——以胡开文墨为考察对象》[6]，安徽省地方志编纂委员会编《安徽省志·轻工业志》[7]，另根据《上川明经胡氏宗谱》的内容做一些更正。

从表2信息来看，在同治至光绪时期，"胡开文"的招牌在各地都有所发展，休城系"胡开文"从乾隆时期一直到1953年才彻底歇业；屯溪系"胡开文"从乾隆年间直到1949年入股"胡开文义记"截止；芜湖系"胡开文"从咸丰年间直到中华人民共和国成立前歇业。从时间上来看，"胡开文"延续至今经历了两百五十余年，它的经营方式、品牌价值、品牌文化、经营理念及其背后所隐含的社会背景和各种关系也是值得我们去探究的。

在中华人民共和国成立以后，我们可以看到冠以"胡开文"名号的工厂和企业经营比较分散，并且经营的范围也变小了，逐渐演变成为乡镇地区企业。而且从"备注"的信息来看，"胡开文"品牌已经不再是由"胡氏家族"所掌管，已经成为独立个体的一个品牌名词，并不会随着经营者的更换而消亡，而是会作为一个有价值的资产传承下去。因此从表3信息来看，"胡开文"品牌经营情况每况愈下，生产量萎缩，分店品牌经营权被卖，早已不复当年盛况，只

---

[1] 徐子超：《胡开文墨业系年要录》，《江淮论坛》1992年第6期。
[2] 王毅：《中国徽墨》，学林出版社2011年版，第26页。
[3] 黄秀英、汪庆元：《胡开文墨业考》，《东南文化》2003年第9期。
[4] 胡毓华：《徽墨世家"胡开文"》，《寻根》2003年第1期。
[5] 林欢：《徽墨胡开文研究（1765～1965年）》。
[6] 徐美玲：《清代徽墨的研究——以胡开文墨为考察对象》，硕士学位论文，安徽大学，2012年。
[7] 安徽省地方志编纂委员会编：《安徽省志·轻工业志》，方志出版社1998年版。

能龟缩一隅,继续经营,直至现在。

综上,关于"胡开文"字号的研究是基于大数据检索和数量统计方法基础之上的,"胡开文"字号经历从创立之初的仿古,同行竞争到占据墨业市场大半江山,"胡开文"三个字已经不仅仅是用以区别其他同行的名称,反而成为能够代表产品质量和保障的标志,已经具备了现代品牌的基本要素。因此可以说至少在同治光绪年间,"胡开文"已经成为一个为人们所接受且具备现代意义的知名品牌。"胡开文"品牌的发展在不同的时期,采取不同的管理战略,这对当代企业与品牌的管理具有先鉴作用。在未来,我们更应当去保护和传承像"胡开文"这种承载中国优秀传统文化的老字号品牌的发展,发挥品牌文化的作用,创新文化产品和品牌管理战略,重新让老品牌焕发生机。

三 "胡开文"字号到品牌的发展

"胡开文"字号的发展划分是以其经营情况为依据,大致可以分成以下几个部分:品牌草创初期大致划为胡天注经营时期;在胡余德经营时期,品牌具有较高的知名度,品牌维系方面已经有了一套较为成熟的管理办法,也逐渐发展成熟;胡贞观经营时期,从品牌维系、经营手段和规模上,都超越以往所展现的格局,因此可以说这个时期是"胡开文"品牌发展史上最为成熟的阶段;此后,受战乱、政府政策、外来资本主导市场等影响,品牌经营惨淡,虽然偶有发展,但是同以往盛况相比,在清末民国时期的经营,都可将其列为品牌衰落的阶段。

(一)初创阶段:字号的稳步发展

关于"胡开文"制墨业创立的时间问题主要有两种观点,一是"乾隆三十年(1765)",二是"乾隆四十七年(1782)"。胡毓骅在《胡开文墨业系年辑要》[①]中通过观察"大国香"上的款识,而认为"胡开文"制墨业的创建时间是在乾隆三十年。徐子超在《胡开文墨业系年要录》中也认为"胡开文"墨业草创于乾隆三十年。[②] 目前学界大多数也都认为"乾隆三十年"的说法更为可信。

"胡开文"名号的由来亦有三种说法,其一是取南京贡院"天开文运"匾额中"开文"二字;其二是取歙县文庙"天开文运"匾额中"开文"二字;其三是居安村石亭门楣上"宏开文运"中"开文"二字。但无论是哪一种说法,

---

① 胡毓骅:《胡开文墨业系年辑要》,《徽州社会科学》2016年第12期。
② 徐子超:《胡开文墨业系年要录》,《江淮论坛》1992年第6期。

"开文"二字都能够迎合文人举子通过科举改变命运的殷切期望,从而激发消费者对产品浓厚的情感倾向,进而促进购买。

"胡开文"墨业还根据不同的消费群体,以价格、档次和技术为基础,将市场细分为以下几类:面对中下层文人、商贾所需的一般书写用墨;选料、制作上精益求精的珍藏墨;为社会名流、高级官吏定做的雅玩墨;专供宫廷的贡墨;满足上层社会交往所需的礼品墨。面对不同消费群体制定不同的定位策略,使"胡开文"能够更快地占领市场。《天注公分析阄书序》中提道"初在屯开'彩章墨店',期满后,开创海阳、屯溪两店"[1],这也就是说"胡开文"的前身是"彩章墨店"和"汪启茂墨室",而胡天注作为这两个墨店的管理者为了扩大影响力并没有选择立刻更名改姓,而是继续使用原来招牌的声誉在市场上进行经营,并且还十分巧妙地附着"胡开文"款识,逐渐使品牌走进大众视野,占据有利的市场,为新生的品牌打下良好的基础。[2]"胡开文"从创立之初就规定产销一体的经营模式,保证产品的质量和声誉,规定"店业:休城墨店坐次房余德,屯溪墨店坐七房颂德,听其永远开张,派下不得争夺。屯店本不起桌,所卖之墨向系休城店制成发下。嗣后不论墨料贵贱,仍照旧价,不许增减;屯店代休城店办买各货照原买价发上,亦不许加增。屯店起桌自造,更换'胡开运'招牌,不得用'胡开文'字样"[3]。这也就是说屯溪墨店在这一时期实行水平分销。在初创时期,胡天注精心所作的"御园图集锦墨"已经将其市场打开,并依靠原有积累的信誉、高超的制墨手法和品质在市场上稳步发展,成功在市场上站住脚跟,渡过字号的初创阶段,并在新的社会市场环境下逐渐走向成熟。

(二)成长阶段:品牌意识发展

"胡开文"字号的成长期实际上是一段很短的历程。在胡余德经营时期,"胡开文"字号已经拥有较高的知名度。而对"胡开文"字号的品牌意识走向成熟的论述,是以"胡开文"的两次大发展作为主要论述对象,从其成长与继续发展的策略以时间的维度展开。

在这一发展阶段,字号产品面临着更为激烈的市场竞争,因此拓展分销渠道是其占有更大市场份额的关键。"胡开文"从创立之初,就实行垂直分销和水平分销两种销售体系,产销一体,统筹协调。商品经济的发展以及外来理念的输入,为了进一步将字号的名气打开,将一些官宦、名人对"胡开文"

---

[1] 转引自张海鹏、王廷元主编《徽商研究》第十章第二小节《胡氏阄书》研究,第567页。
[2] 林欢:《关于胡开文徽墨的年代辨析问题》,《故宫学刊》2014年第1期。
[3] 转引自张海鹏、王廷元主编《徽商研究》第十章第二小节《胡氏阄书》研究,第567—568页。

墨品的墨赞刻印在包装纸上，从而达到广告宣传的效果。这种方式成本低、成效好，还有利于提高顾客对"胡开文"的好感度和知名度。从以上维护"胡开文"的手段来看，能够体现出"胡开文"的品牌意识是比较强烈的。在进行品牌核心价值的宣传、以优质的产品与消费者建立联系之外，"胡开文"品牌的管理者还参与了许多社会公益事业，增加品牌的亲和力。在"胡开文"经营的早期，胡氏经营者就为当地做一些公益事件，如品牌创始人胡天注在世期间，"独修观澜阁下至杨林桥大路，建竦岭半岭亭"①；胡余德"道光八年，合邑议建东山书院，公捐银一千余两"②；后在上海的"胡开文"品牌管理者"救灾拯饥，泽及穷黎"③，使品牌拥有一个社会使命，发挥一个社会角色该有的担当和使命，以此来增加品牌的亲和力，使消费者对品牌产生好感，建立品牌的知名度和美誉度。处于成长阶段的"胡开文"品牌，是最早一批敢于使用新兴媒介做宣传的品牌之一，正如芜湖胡开文墨局在新兴媒介上所投放的广告所言：

> 本号向在徽州开张百造余年，货真价实，天下闻名。老六房五世孙胡元阶按易水法制，虔十进呈贡墨。士商赐顾者，每因路道远隔，不甚便捷，分店芜湖城内皖南总镇，前赐顾者请认字号招牌，庶不致误。④

从这则《申报》上的广告内容来看，其中"前赐顾者请认字号招牌"中的"字号"应当是指店铺名称，而"招牌"则具有商标的功能。而其自称"天下闻名"，虽有自夸成分，但也能显示出其知名程度。同时从这份证明广告的登出可以推测出当时市场上的假冒伪劣产品和字号居多。因此"胡开文"字号才会登广告，告知顾客自家正品店铺所在位置和招牌，同时也提醒顾客认准字号。而这种现象也是现代品牌在管理过程中经常出现的。据此，不仅能反映出此时商品经济发展活跃，也能看到此时市场秩序混乱，市场制度已经跟不上新的经济环境的变化。

"胡开文"传至第三代传人胡锡熊经营时期，其时正值鸦片战争和咸丰兵

---

① 上海图书馆编：《上川明经胡氏宗谱》上卷之中《善行》，上海科学技术文献出版社2018年版，第172页。
② 上海图书馆编：《上川明经胡氏宗谱》上卷之中《善行》，第172页。
③ 《申报》第8173号（上海版）第4版，乙未年十二月初四日，清光绪二十一年十二月初四日，1896年1月18日。
④ 《申报》第964号（上海版）第5版，乙亥年五月十六日，清光绪元年五月十六日，1875年6月19日。

燹时期，品牌能够保持原有经营状态，可以说明品牌强盛的生命力和坚实的基础。至胡贞观管理"胡开文"时，字号迎来了第二次大发展。同治二年（1863），二房孙胡贞观和胡贞乾主持召开各系房会议，在《思齐堂·天注公分析阄书》的基础上，重新议定："胡天注派下子孙均可利用'徽州胡开文墨庄'字号起桌做墨，但须以'记'字区别，以示各负其责。"① 使用同一品牌名称，将"胡开文"开到全国各地，以量取胜，快速占领市场，再次扩大知名度。胡贞观在阄书基础上议定各自起桌做墨并以"记"相区别，这是维护品牌声誉的重要举措，这也是商品经济发展到一定程度的必然结果。因此在胡贞观管理时，"胡开文"的品牌意识更为强烈。

（三）成熟阶段：品牌的成熟

品牌的成熟阶段是品牌发展中最理想阶段，也是需要进行维护的阶段。品牌的成长伴随着品牌发展的全过程，并不会因为品牌进入不同的发展阶段而停止。"胡开文"在第四代管理者胡贞观的手中实现了品牌的辉煌时期。这一时期"胡开文"墨店的规模壮大，资产高达20万银元，职工100余人，年产高级墨300担，这在当时的徽墨行业中，独占鳌头，享有很高的品牌价值。②

同治至民国初年可以说是"胡开文"品牌发展的成熟阶段。光绪十二年（1886）四月，屯溪胡开文墨店定制"铜柱墨"纪念墨；宣统二年（1910）他制制的上等油烟墨，并在南洋劝业会荣获"优等文凭"和"金质奖章"；祥禾与当时徽州著名墨模雕刻家王绥之、著名墨工曹观禄等人合作，精心制作的"圆明园""黄山图""十二生肖"墨；以及荣获1915年巴拿马万国博览会金质奖章的"地球墨"等，这些产品都为"胡开文"品牌赢得了很高的声誉，使"胡开文"墨品畅销海外。这一时期，"胡开文"也具有了很高的知名度、美誉度和忠诚度，经营手段与应对风险的能力也已经成熟。但是"胡开文"并没有止步于此，时刻以诚信和产品质量为核心，精益求精，继续研究创新产品，维护品牌的影响力。

后因市场环境变化，"胡开文"面对外国自来水笔进入中国市场，并且以价格低、使用便利占有市场的挑战，不得不采取新的策略，开始经营新的业务，开展新的品牌产品，来抢夺市场。"胡开文"开始经营笔业和其他文具，以便在充斥着外国商品的市场上占有一席之地，维持品牌的经营。诚如老胡开文墨庄在《申报》上对自家延伸的产品进行宣传：

---

① 转引自胡毓骅《胡开文墨业系年辑要》，《徽州社会科学》2016年第12期。
② 王艳红编著：《贾道儒行的徽商》，安徽师范大学出版社2017年版，第193页。

徽学研究

> 本庄向在徽州休邑，自制徽墨百有余年，远近驰名。前在扬州、安庆、汉口三处分设墨号。今又在苏州分设，并精制各种湖笔。如蒙诸公赐顾，请认明苏州察院场北仓硚口老胡开文墨庄为要。①

此时的"胡开文"字号已经具备了一个知名品牌的相关内涵，不仅拥有良好的声誉，还有忠实的顾客群体，承载了一定的历史文化底蕴，能为顾客提供一些具有标志性的服务和商品，给顾客留下了深刻的印象。

而除与墨业相关的行业的经营之外，"胡开文"还进行了跨行业的经营。因"胡开文"研制的"八宝五胆药墨"与药品相关，故而又与医疗行业有所交往，利济堂告白中就有提道药房寄售胡开文名墨：

> 本堂自往东洋采办各种驰名神效丸、散药水，虔制一切奇验膏丹、药酒、花露痧药、戒烟参片、丸酒。药名价目另有仿帖，不及备载，又真宗日本西京。本愿寺曾开别院于沪北院内施医给药，存心济世。今接该院来函云，意欲使爱乐如来之教法者二世安稳耳。本堂敦请该院名医西泽先生七月十九日起，每逢单日送诊十点钟至十一点半，十号为限。求药者往本愿寺别院照取。倘病重不能离褥，亦可至别院，或本堂请医就诊，俱不取分文。本药房在上海三洋泾桥北堍利济堂便是，并寄售徽州休城真老胡开文名墨。②

由于"胡开文"品牌与医疗行业有所相关，因此"胡开文"便邀名医到店，为病患看诊，增强联系，因此这品牌延伸倒也不算失败。

> 徽州休宁世医□竹轩先生传授高足程君星园，道经沪江，某等素知程君精于脉理，着手成春，为特挽留在沪，以便病家问症，且程君只图扬名济世，不论诊金多寡。如要访请移玉棋盘街休城胡开文便是。黄静园、谢筠亭、汪垲基同启。③

---

① 《申报》第1940号（上海版）第6版，戊寅年七月二十三日，清光绪四年七月二十三日，1878年8月21日。
② 《申报》第2625号（上海版）第5版，庚辰年七月十六日，清光绪六年七月十六日，1880年8月21日。
③ 《申报》第8701号（上海版）第7版，丁酉年六月初九日，清光绪二十三年六月初九日，1897年7月8日。

民国十四年（1925），"胡开文"品牌用"西烟"代替了"松烟"和"油烟"，光泽好，墨色度也不亚于油烟，价廉物美，为"胡开文"墨业注入了新鲜血液，进行产品技术革新，使其能够更好地继续经营。又将所经营产品的价格做出调整，在借以新的媒体形式进行广告宣传，刺激消费，如：

> 本号开设镇江鱼巷转角西门大街石库门面便是，专制徽墨湖水名笔，比众格外克己，择定阴历二月选吉开张，笔墨减价一月，照码七折以广招徕，倘蒙绅商学界赐顾者，请认明牌号地点，庶不致误。主人告白。敬谢助款。①

在面对市场萧条时，上海"胡开文"品牌创新产品式样，吸引目光，延伸新的产品，使得品牌依旧活跃在市场上，又如徽州老胡开文广告所言：

> 本号开设上海抛球场三百八十四号门牌数十余年，所有文具笔墨无不应有尽有，素向精良，以致声名远播中国全境，东西各国均来定制，尚有八宝五胆药墨能治吐血热毒及孩童一切无名肿毒，效验无匹，火体之人可以常饮，免得发生吐血各热毒等症，较药铺之丸散症治功效十倍。时人未识功用，请注意采试。又独出心裁造成磨墨机器以供书法大家之用，此机磨墨便利，比手法速度百倍，文法家用此利器称便快捷，各色笔墨本号均选上等材料加工督制，较他人特胜一筹。庚申年蒙徐大总统亲出花样、文露、夬庐、水竹村人、晚晴簃、弢斋特赠、渊云妙墨、退畊堂等定制名目多种，曹秘书长、许秘书长均蒙定制，足见本号出品精良明证。如蒙学政商绅各界大书法家惠顾须请认明广户氏及地址，以免受愚，本分号一在汉口大兴巷，一在北京琉璃厂，一在天津锅店街，用特声明。②

造成磨墨机器，翻新花样，并利用意见领袖的作用，吸引用户，促进消费。通过以上对"胡开文"经营策略的分析，可知经过几代管理者的精心经营，即便是市场环境恶劣异常，"胡开文"品牌依旧占有很大的市场，并培养出了高强的抵御风险的能力。"胡开文"品牌实施了正确的市场策略，对产品

---

① 《申报》第14741号（上海版）第1版，甲寅年二月初一日，中华民国三年二月二十五日，1914年2月25日。
② 《申报》第17625号（上海版）第9版，壬戌年二月二十三日，中华民国十一年三月二十一日，1922年3月21日。

式样、质量都做了进一步的改进，以消费者为中心，并且还将品牌进行了有效延伸，又以价格、促销和广告相结合的组合营销方式，方能成功地使品牌继续经营下去。

（四）衰落与新生：历经时代变革的成熟品牌

"胡开文"品牌从民国至今一直处于品牌成熟后的发展阶段，是在不断衰落的时期。品牌虽已老化，但其积累的良好声誉和制作技术还在，也在不断地尝试创新，使其恢复生机。刘巍认为"胡开文"墨业的经营从民国时期到新中国成立这段时间内，先后经历了1911—1937年急剧衰落，1937—1945年短暂复兴，1946—1949年极度衰落三个阶段。① 这一点笔者也是认同的，但"胡开文"品牌在市场上的影响力还在，甚至到新中国成立之初，"胡开文"墨业在全国28个市镇仍有墨店84家，职工近千人。②

1911—1937年"胡开文"品牌经营受外来产品以及书写习惯变革的影响，加之品牌抵御能力不足，导致市场低迷，低端市场被挤占，经营困顿。但是品牌管理者采取了产品创新、技术创新和管理创新等举措，积极适应新的市场需求，并且还派人专门去国外学习制墨技术，以期改良原料，提高产品质量；又采用股份经营形式，发挥名牌的光环效应，吸引投资，维护品牌的继续发展。1935年的《中国经济志》上也记载：民国期间，各省墨店皆以"徽州胡开文"等相标榜。之后便出现了大肆出租、出卖"胡开文"招牌，于是出现了许多非胡天注后裔开设的"胡开文"，这也使得"胡开文"品牌处于低谷状态。③

1937—1945年"胡开文"的经营获得短暂的生机，品牌所处大后方的外部环境较为安稳，能够让其稳定经营。1946—1949年"胡开文"经营因外部环境所致极度衰弱。抗日战争结束后，制笔业的大宗日货退出中国，中国其他的制笔产业兴起，挤占市场，这也使"胡开文"的产品缺少用处，导致经营较为惨淡。又因早前大卖"胡开文"招牌，这就使得品牌出现危机，原本较好的声誉被毁，一度衰落。幸而"胡开文"品牌具有深厚的文化底蕴和基础，管理者才能采取措施进行抢救，缩减墨店经营，挽救品牌声誉；拉拢投资，经营方式开始多元化；开拓新的小众市场。

1949年以后，"胡开文"品牌作为本土知名品牌，虽然管理者多半已经不

---

① 刘巍：《胡氏家族与民国时期的徽墨业》，《哈尔滨工业大学学报》（社会科学版）2008年第4期。
② 冯剑辉：《走近徽州文化》，安徽师范大学出版社2016年版，第49页。
③ 《中国经济志》内容转引自刘巍《胡氏家族与民国时期的徽墨业》，《哈尔滨工业大学学报》（社会科学版）2008年第4期。

是胡天注的后人，但却流传至今，依旧发挥着强有力的生命力，实现了品牌的无限发展。1955年屯溪胡开文仁记、义记与程氏木材商店合并成立墨品工业社；1956年又与胡开文墨店及胡开文大记、仲记、日新化工厂合并成立公私合营胡开文墨厂；1973年9月1日改为"国营徽州墨厂"；1980年易名"国营屯溪徽州胡开文墨厂"；1982年胡昆任上庄老胡开文墨厂厂长，聘胡余德七世孙胡福同为顾问；1988年程景福接任上庄老胡开文墨厂厂长；1989年屯溪胡开文墨厂生产的高级书画墨获得了最高奖——国家优质产品金质奖；1990年汪鹏舞接任上庄老胡开文墨厂厂长，后胡景福开设承文堂胡开文墨厂、胡福涛开设正记胡开文墨厂、胡永恭开设胡开文墨厂、胡国林开设同文堂墨厂，1994年胡嘉明独自经营上庄老胡开文墨厂；1995年出版的《安徽省志·商业志》称："'胡开文'几乎成了'徽墨'的象征"①，这也就意味着"胡开文"品牌以"徽墨"代表的身份重新活跃在市场上。

进入21世纪后，泛品牌现象充斥着整个市场，"胡开文"墨业也面临着新的挑战。书写习惯的彻底变革，自来水笔、铅笔、钢笔、圆珠笔等产品成为大众消费的首选，而墨品成为小众市场的选择。"胡开文"品牌虽受政府的政策支持，在2006年将其制墨技术列入首批国家级非物质文化遗产名录中，在2010年被商务部认定为"中华老字号"品牌，但也面对着品牌老化的现象，须得跟上市场的潮流，革新经营，重新焕发品牌生机。"品牌"是一种无形的资产、文化和理念，是需要一代一代传承下去的，而"胡开文"品牌的发展战略在传统时代具有一定前瞻性，对其品牌史的梳理讨论，在一定程度上对中国品牌史的发展具有一定的意义。

四　总结

透过徽商"胡开文"字号到品牌发展的过程，可知"胡开文"字号之所以能够传承至今，不仅依靠经营者合理的经营策略，最主要是因为自身产品从模仿到不断创新，最终以优异的质量获得市场的认可。从徽商"胡开文"的发展过程可以看到至少在清代中期以后就已经出现因模仿和抄袭而导致同质化的产品较多的现象，既体现了清中期之后商品经济的活跃发展，又体现了这一时期缺乏产权保护意识的特点，反映出当时封建商品经济经营机制不够完善，不能够支撑已经出现的新的商业现象的发展。同时也说明了这一时期名牌已经开始深入人心，品牌意识强烈，使得抄袭者争前恐后地模仿以获利。古代商业字号

---

① 安徽省地方志编纂委员会编：《安徽省志·商业志》，安徽人民出版社1995年版，第358页。

的发展得益于商品经济的发展，它的概念也是随着商品经济的发展而不断丰富，演变成具有现代意义的品牌。而从其发展的全过程，我们可以得出结论，即至少在清中期，徽商字号就已经发展为具有现代意义的品牌，体现出当时的商品经济与徽商发展到一个新的阶段。

（栗幻影，安徽师范大学历史学院硕士研究生；
朱小阳，安徽师范大学历史学院副教授）

专题研究

唐代宫廷赋税类粮食供给研究

崔靖娟

摘　要：唐朝宫廷生活代表着繁华帝都的最高消费水平，是当时经济社会发展的一种标志。而粮食是宫中群体最基本的消费物资，赋税类粮食是满足宫廷消费需求的重要供给来源。随着赋税制度的变革与宫廷消费需求的变化，源自赋税类的宫廷粮食供给也呈现明显的阶段性特征。唐前期，源于租赋的谷物用于满足宫廷消费需求。唐后期，政府经由两税所征收的粮食有些被宫中成员消费。而且，供给宫廷的赋税类粮食来源地在不同时期不断发展演变。

关键词：唐代；宫廷；赋税；粮食；供给；地区

唐朝政府征收多种赋税，除货币外，粮食和布帛是赋税物资的主要表现形式，其中一部分用于供应宫廷。关于唐代宫廷赋税类粮食供给，学界已有研究中内容多少有所涉及。有学者从唐食封制度改革的原因、措施及食封继承等方面，对由唐初至玄宗开天之间的宗室食实封制度变化进行探析。[1] 唐朝漕粮数额增多与统治阶级的奢侈腐化是分不开的，为解决关中粮食问题朝廷实施了各种办法。[2] 有学者认为，漕运活动有其特殊含义，是指封建王朝通过水道将各地的粮食等物运至京城，以满足官俸、军饷和宫廷的消费。并且，漕运是朝廷通过行政手段自上而下的粮物征调，而非各地自下而上的粮物朝贡。[3] 总之，为满足天子消费所需，唐朝廷不断地改进漕运方法。[4] 这些学术成果主要论述了租赋所缴纳粮食的一部分被用于宫中群体消费，以及为满足宫廷粮食需求朝廷大力发展漕运业。来自赋税方面的宫廷用粮受当时政治局面、经济状况、税收政策以及宫中用度等多种因素影响，呈现出一定的阶段性特征。不同时期，

---

[1] 刘思怡：《唐代宗室食实封问题研究》，《陕西师范大学学报》（哲学社会科学版）2012年第3期。
[2] 史念海：《三门峡与古代漕运》，《人文杂志》1960年第4期。
[3] 吴琦：《"漕运"辨义》，《中国农史》1996年第4期。
[4] 辛德勇：《隋唐时期陕西航运之地理研究》，《陕西师范大学学报》（哲学社会科学版）2008年第6期。

宫廷用粮所依赖的赋税种类不尽相同，赋税类粮食供给地区也有一个演变过程。因此，这些问题仍需进一步探讨。

一　来自不同赋税的宫廷用粮

唐前期宫廷赋税类物资主要源于租庸调，太子、诸王和公主也分割有一定的租庸调之物，其中包括粮食。两税法实施后，两税成为供给宫廷赋税类粮食的主要来源。

（一）源于租赋的宫廷用粮

租庸调是唐前期的主要税种，租的实物是粟和稻，庸和调则对应绢、绫、布等丝麻织品，以庸代役、不役收庸，[①] 此为学界所熟知，无需赘述。概括来讲，租庸调主要涉及衣、食两方面物资，这是人类最基本的物质生活需要。而政府以租庸调名义所征收的物资中，很大一部分被宫廷消费。

唐代全国各地租税粮食被输往都城，贮藏在仓库之中。储存租税粟、稻的太仓负责"供天子六宫之膳"[②]，是供给宫廷用粮的主要仓廪。《唐两京城坊考》卷一"宫城太极殿"条载，殿阁之外仓一，曰内仓廪。此"内仓廪"也供应宫内膳食，是太仓的一个小分仓，可能由内侍省掌管。[③]

《通典》清楚记载了天宝年间赋税之物的使用状况，包括供给宫中米豆的比例，其文如下：

> （天宝中）大凡都计租税庸调……其度支岁计，粟则二千五百余万石（三百万折充绢布，添入两京库。三百万回充米豆，供尚食及诸司官厨等料，并入京仓。四百万江淮回造米转入京，充官禄及诸司粮料。五百万留当州官禄及递粮。一千万诸道节度军粮及贮备当州仓）。[④]

天宝年间，源自租赋的粮食每年达2500多万石，供给尚食和诸司官厨的为300万石，约占总数的12%。尚食局掌管御膳，从一个侧面反映出宫廷耗费粮食数量之大。

[①] 此制度始于开皇三年，《北史》卷11《隋高祖纪》载："（开皇三年）始令人以二十一成丁，岁役功不过二十日，不役者收庸。"（中华书局1974年版，第408页）
[②] 《新唐书》卷53《食货志三》，中华书局1975年版，第1369页。
[③] 李锦绣：《唐代财政史稿》（第一册），社会科学文献出版社2007年版，第126页。
[④] （唐）杜佑撰，王文锦等点校：《通典》卷6《食货六·赋税下》，中华书局1988年版，第110—111页。

· 206 ·

表1　　　　　　　　　　天宝中租赋粮食用途比例

用途	数量（万石）	占比
折充绢布，添入两京库	300	12%
供尚食及诸司官厨等料	300	12%
官禄及诸司粮料	400	16%
留当州官禄及递粮	500	20%
诸道节度军粮及贮备当州仓	1000	40%
总计	2500	100%

太子、诸王和公主是宫廷重要的消费群体，赋税类供给物资主要源于其占有的庄田、田园和封户等。东宫消费物资有些来自庄田租税，"凡庄宅、田园，必审其顷亩，分其疆界，置于籍书；若租税，随其良瘠而为收敛之数，以时入之，禁其逋违者"①。庄宅、田园的租税之物专门供给东宫，交纳数额依据土地良瘠而定。诸王以及公主通过食邑封户分割国家租庸调收入，满足日常消费。《新唐书》卷四六《百官志一》载："皇后、诸王、公主食邑，皆有课户。"② 关于唐前期诸王、公主的封户数量变化，详见表2。

表2　　　　　　　　　　唐前期宫中群体封户数量变化③

封家	时间	封户数量
公主	唐初	三百
长公主	唐初	六百
诸王	贞观二十三年（649）	一千
相王	圣历初	三千
	神龙初	五千，又增至七千

---

① （唐）李林甫等撰，陈仲夫点校：《唐六典》卷27《太子家令寺》，中华书局2014年版，第697页。

② 细检史料，除《新唐书》外，尚未见到关于皇后食邑情况的记载。（《新唐书》卷46《百官志一》，第1189页）

③ 《新唐书》卷82《十一宗诸子传》，第3615页。（宋）王溥撰：《唐会要》卷5《诸王》、卷90《缘封杂记》，中华书局1955年版，第51、1642、1645页。由于本文宫廷定义为长安宫城，故而公主、诸王等结婚、搬出宫后便不在论述范围之内。表2所引用史料并无区分诸人婚否，但《新唐书》载："后咸宜以母爱益封至千户，诸主皆增，自是著于令。主不下嫁，亦封千户。"（《新唐书》卷83《玄宗二十九女传》，第3658页）明确记载了公主出嫁前执行同一封户标准。特别说明的是，神龙初，安乐公主、长宁公主均尚未出嫁。

续表

封家	时间	封户数量
寿春等五王	圣历初	三百
	神龙初	七百
卫王	神龙初	三千
温王	神龙初	二千
嗣雍、衡阳、临淄、巴陵、中山王	神龙初	五百
安乐公主	神龙初	二千，又增至三千
长宁公主	神龙初	一千五百，又增至二千五百
宣城、宜城、宣安	神龙初	一千，又增至二千
宁王	开元中	五千五百
岐王、薛王	开元中	五千
申王	开元中	四千
邠王	开元中	一千八百
长公主	开元中	二千
皇妹	开元中	一千
皇女	开元中	五百，后加至一千
诸公主	乾元元年（758）	五百

由表2可知，武德、贞观时期封户数量较低，武则天、唐中宗朝封户增加，一定程度上反映了唐前期社会人口在不断增加。不过，诸王和公主的封户多少也受皇帝主观意志影响，开元年间，玄宗减少了诸王、公主的封户，后又将公主封户数量提高至一千户。史书记载：

> 公主邑入至少，至不能具车服，左右或言其太薄，上（玄宗）曰："百姓租赋，非我所有。战士出死力，赏不过束帛；女子何功，而享多户邪？且欲使之知俭啬耳。"①

开元前期，玄宗为使诸王、公主们懂得节俭消费，有意减少了其封户数量。肃宗时，诸公主封户数量又降至五百。

关于封户封物，其征收标准与收取方式在不同时期均有变化。玄宗时，封

---

① 《资治通鉴》卷214"玄宗开元二十三年三月"条，中华书局2011年第2版，第6932页。

户由以七丁为限改为以三丁为限，租赋也由封家封地自征改为政府统一征收后再行分配。

神龙年间，"相王、太平、长宁、安乐以七丁为限，虽水旱不蠲，以国租、庸满之"①。中宗时，相王、安乐公主等人封户以七丁为限，即使发生水旱灾害，封户封物也不被免除，由国家租、庸之物补给。此时，诸王与公主皆到封地自征封物。大臣纷纷上疏谏言，论述封家就地取物的弊端。景龙二年（708）十一月，河南巡院、监察御史宋务光上疏说：

> 又征封使者，往来相继，既劳传驿，甚扰公私，请附租庸，每年送纳，望停封使，以静下人，仍编入新格，庶为永例。②

宋务光以为诸家自行征取封物，不仅劳烦传驿，还扰公扰民。景龙三年（709），兵部尚书韦嗣立上疏说：

> 封户之物，诸家自征，或是官典，或是奴仆，多挟势骋威，凌突州县。凡是封户，不胜侵扰，或输物多索裹头，或相知要取中物，百姓怨叹，远近共知。复有因将货易，转更生衅，征打纷纷，曾不宁息，贫乏百姓，何以克堪！若必限丁物送太府，封家但于左藏请受，不得辄自征催，则必免侵扰，人冀苏息。（疏奏不纳）③

因诸王、公主派人到封地征取封物，常常仗势骋威、侵扰百姓、勒索物资，韦嗣立上疏，请求皇帝派遣地方专人将封物送至太府寺，然后再由封家到左藏库领取物资。此奏议意在保护百姓免受侵扰，但唐中宗并未采纳。

唐玄宗时，诸王、公主等封户征收标准和征收办法发生了改变。《唐六典》载："开元中定制，以三丁为限。"④ 开元新制，封户改为以三丁为限。开元三年（715）五月敕：

---

① 《新唐书》卷82《十一宗诸子传》，第3615页。
② （宋）王溥撰：《唐会要》卷90《缘封杂记》，第1643页。
③ 《旧唐书》卷88《韦嗣立传》，中华书局1975年版，第2871页。《唐会要》载："封户之物，诸家是征，或是官典，或是奴仆，多挟势骋威，凌蔑州县，凡是封户，不胜侵渔。若户不满丁，物送太府，封家但于右藏请受，不得辄自征催，则不免侵渔，人冀苏息。"［（宋）王溥撰：《唐会要》卷90《缘封杂记》，第1644页］《唐会要》载其事在景龙二年（708），今从《旧唐书》。其中，"右藏"当为"左藏"之误，左藏方为赋税物资的贮藏、管理机构。由上下文语义可知，"不免侵渔"当改为"必免侵渔"。
④ （唐）李林甫等撰，陈仲夫点校：《唐六典》卷2《尚书吏部》，第37页。

封家总合送入京，其中有别敕许人就领者，待州征足，然后一时分付，征未足闻。封家人不得辄到出封州，亦不得因有举放，违者禁身闻奏。①

国家统一征收诸州封物，运送至京师后，再由太府寺分配，封家不能自行到封州征取。关于诸王、公主对封物的占有比例，由取租庸调三分之二到庸调全入封家。② 天宝六载（747）三月六日，户部奏：

诸道请食封人，准长行旨，三百户已下，户部给符就州请受；三百户已上，附庸使送两京太府寺赐坊给付者。③

关于"附庸使"，史书仅有此事一条记载，疑是租庸使之误。可知，租庸使出现后，拥有300户以上封户的诸王、公主封物便改由其征收。

（二）源于两税的宫廷用粮

德宗时开始实施两税法，④"自国家置两税已来，天下之财，限为三品，一曰上供，二曰留使，三曰留州"⑤。关于两税收入上供京师的比例，《通典》卷六《食货六·赋税下》载，建中初，两税钱共3000余万贯，2050余万贯以供外费，950余万贯供京师。两税米麦共1600余万石，200余万石供京师，1400万石给充外费。⑥ 其中，被送至京师的两税米麦有些用于满足宫廷消费需求。贞元元年（785）十一月，制曰："应宫人等，每月惟供给粮米一千五百硕。飞龙厩马，从今已后，至三十日已前，并减一半料。"⑦ 宫人用粮削减之后，每月仍需1500硕，一年便是18000硕，再加上飞龙厩马料，可想见两税每岁供给宫廷谷物数量之多。另外，诸公主封物的性质也发生了变化。贞元七年（791）十一月敕，"诸公主每年各给封物七百端、匹、屯，依旧例，春秋两限支给"⑧。"春秋两限"与两税征收的时间相吻合，此乃用缯布支付封物，形同俸赐，已

---

① （宋）王溥撰：《唐会要》卷90《缘封杂记》，第1644页。
② 内容请详参李锦绣《唐代财政史稿》（第三册），第328页。
③ （宋）王溥撰：《唐会要》卷90《缘封杂记》，第1645页。
④ 建中元年颁行两税法时的新规定和新措施，反映出中央对地方的财权之争。（黄永年：《文史探微：黄永年自选集》，中华书局2000年版，第386页）
⑤ （唐）元稹撰，冀勤点校：《元稹集》卷34《钱货议状》，中华书局1982年版，第396页。
⑥ 而《新唐书》卷52《食货志二》载："岁敛钱二千五十余万缗，米四百万斛，以供外；钱九百五十余万缗，米千六百余万斛，以供京师。"（第1351—1352页）其记载收入数字与《通典》出入较大，但均说明两税物资一部分被供送京师，有些用于宫廷消费。
⑦ （唐）陆贽撰，王素点校：《陆贽集》卷2《冬至大礼大赦制》，中华书局2006年版，第69页。
⑧ （宋）王溥撰：《唐会要》卷90《缘封杂记》，第1647页。

全非封邑的本来意义。①《唐会要》卷三〇《杂记》载：

> （贞元）十三年九月，上谓户部侍郎判度支裴延龄曰："朕以浴堂院殿一栿损坏，欲换之而未能。"裴延龄曰："陛下自有本分钱物，用之不竭。"上惊曰："本分钱物何也。"对曰："准《礼经》，天下赋税三分，一分充干豆，一分充宾客，一分充君之庖厨。干豆者，供宗庙也，亦不能分财物。至于诸国蕃客，及回纥马价，皆极简俭。庖厨之余，其数尚多，陛下本分也。用修数十殿，亦不合疑，何况一栿邪？"

裴延龄此语源出《礼记·王制》："天子诸侯无事，则岁三田：一为干豆，二为宾客，三为充君之庖。"②此处说的本是田猎之事，裴延龄偷换概念，将其说成是赋税分配。然而，两税所纳钱谷一部分被用于天子消费并无疑问。"奸臣"裴延龄所说"庖厨之余，其数尚多"虽有逢迎德宗之嫌，但也反映了皇帝消费物资在两税收入中所占比例不为小数。

宪宗时，诸州府所交纳两税收入仍为三分。元和十五年（820）八月，中书门下奏：

> 据诸州府应征两税，供上都及留州留使旧额，起元和十六年（应为长庆元年）已后，并改配端匹斤两之物为税额，如大历已前租庸课调，不计钱，令其折纳。（诏从之）③

诸州府征收两税，其中一份被供给京师，然后再分配给宫廷消费。元和十六年（按，应为长庆元年）（821）以后，两税不再征收钱币，而是效仿大历以前的租庸课调制，折纳成以端、匹为单位的布绢绵和以斤两为单位的谷物。文宗朝，"计天下租赋，一岁所入，总不过三千五百余万，而上供之数三之一焉"④。文宗时，全国所交纳租赋数量一年仅3500余万，1/3上供京师，再从中抽出一部分供给宫廷。可知，此时来自赋税方面的宫廷物资已经减少。

综上，随着赋税制度的变革、宫廷消费需求的变化，源自赋税的宫廷用粮

---

① 韩国磐：《唐代社会经济诸问题》第三章第二节《唐代实封的办法及其演变》，台北：文津出版社1999年版，第142页。
② （汉）郑玄注，（唐）孔颖达等正义：《礼记正义》，《十三经注疏》上，上海古籍出版社1997年版，第1333页。
③ 《旧唐书》卷48《食货志上》，第2093页。
④ 《旧唐书》卷157《王彦威传》，第4157页。

也呈现明显的阶段性特征。唐前期，源于租赋的谷物用于满足宫廷消费需求。唐后期，政府经由两税所征收的粮食有些被宫中成员消费。

二 源自赋税方面的宫廷用粮来源地演变历程[①]

唐朝近三百年间国家赋税来源地有明显的区域变化，前贤时彦对此已有研究。笔者考究发现，源于赋税的宫廷用粮来源地有着明显的地域差异和变化，呈现出由黄河流域到江淮地区再到零星分布的个别州县的演变趋势。

武德、贞观年间，漕粮主要来自传统的赋税基地即黄河中下游流域，此时源于赋税方面的宫廷粮食自然也主要依靠黄河中下游地区。高宗时，江淮地区的租米即被运送至含嘉仓，然后再供给太仓。[②]《新唐书》卷五三《食货志三》载：

> 初，江淮漕租米至东都输含嘉仓，以车或驮陆运至陕。……显庆元年，苑西监褚朗议凿三门山为梁，可通陆运。乃发卒六千凿之，功不成。

张荣强也指出，高宗、武则天时期，由于东北、北部边境屯驻重兵，黄河中下游地区的租赋主要供应军需，在这种形势下，江淮地区就成为入京漕运的主要来源。[③] 中宗时，关中出现饥荒，江淮地区的粮食被用来补给京师。景龙三年（709），"关中饥，米斗百钱。运山东、江、淮谷输京师，牛死什八九。群臣多请车驾复幸东都"[④]。关中饥馑，即便天子也受到影响，而用牛将山东、江、淮等地的谷物运至关中，可想而知，其中一部分必定供给宫廷以解皇帝燃眉之急。

玄宗开元时期，来自洛阳以东百姓所交租赋谷物储存于东都含嘉仓，再转运至太仓后供给宫廷。[⑤] 但开元前、中期自然灾害较多，[⑥] 加之宫中群体日益

[①] 唐前期，宫廷物资由国家财政机构按照一定程序拨给。唐后期虽然出现了专门供应天子消费的库藏，但至唐末依然存在度支拨给宫廷物资的情况。因此，有些史料虽然记载赋税所纳物资供送至京师，但其实也包括了供应宫廷部分。加之明确记载赋税性粮食用于供给宫廷的史料有限，此部分内容使用了一些供给至京师的史料，以窥探赋税类宫廷用粮来源地演变的大概面貌。

[②] 徐龙国《唐长安城太仓位置及相关问题》（《考古》2016年第6期）指出，太仓距太极宫、皇城和西市较近，方便宫城、皇城及其他政府人员的粮食供应。

[③] 张荣强：《初唐时期的江淮漕运》，《中国社会科学院研究生院学报》2005年第1期。

[④] 《资治通鉴》卷209"中宗景龙三年十二月"条，第6756页。

[⑤] （唐）李林甫等撰，陈仲夫点校：《唐六典》卷3《尚书户部》载："凡都之东租纳于都之含嘉仓，自含嘉仓转运以实京之太仓。"（第84页）

[⑥] 据曹尔琴《论唐代关中的农业》（《中国历史地理论丛》1989年第2期）统计，开元时期关中地区灾害共9次，包括旱灾、雨灾和雹灾等，且最后出现时间为开元二十四年。这和玄宗开元二十五年后不再幸东都时间大致吻合。

庞大,①物资运输效率不高,玄宗不免要充当"逐粮天子","数幸东都"②。《资治通鉴》卷二一一玄宗开元五年正月条载:

> 时上(玄宗)将幸东都……(姚崇)对曰:"……陛下以关中不稔幸东都,百司供拟已备,不可失信;但应迁神主于太极殿,更修太庙,如期自行耳。"上大喜,从之。

"以关中不稔幸东都"表明,粮食供给不足时,纵是天子也要转至物资较为丰裕的洛阳就食。开元二十一年(733),"关中久雨谷贵","以地狭谷少,故乘舆时幸东都以宽之"③,开元末期玄宗仍要到东都就食。《通典》载:"今升平日久,国用渐广,每年陕洛漕运,数倍于前,支犹不给。"④"国用渐广",收不抵支,陕洛漕粮已无法满足日常消费。《旧唐书·裴耀卿传》也载:

> 今国用渐广,漕运数倍于前,支犹不给。陛下(玄宗)数幸东都,以就贮积,为国大计,不惮劬劳,只为忧人而行,岂是故欲来往。若能更广陕运,支粟入京,仓廪常有三二年粮,即无忧水旱。⑤

此处的"漕运数倍于前"指陕洛漕运,而从玄宗因关中粮食不足而多次到洛阳就食可知,"国用渐广"包括宫廷用粮在内。

现实情况迫切需要政府增加陕运之外谷物的运输途径,以方便租赋物资的供送。裴耀卿建议在河口建仓作为转运仓,在三门东西各置一仓,实行水陆并用。《资治通鉴》卷二一四玄宗开元二十二年八月条载:

> 上(玄宗)以裴耀卿为江淮、河南转运使,于河口置输场。八月,壬寅,于输场东置河阴仓,西置柏崖仓,三门东置集津仓,西置盐仓;凿漕渠十八里以避三门之险。先是,舟运江、淮之米至东都含嘉仓,僦车陆运,三百里至陕,率两斛用十钱。(裴)耀卿令江、淮舟运悉输河阴仓,更用河舟运至含嘉仓及太原仓,自太原仓入渭输关中,凡三岁,运米七百万斛,

---

① 《旧唐书》卷184《宦官传》载:"开元、天宝中,长安大内、大明、兴庆三宫,皇子十宅院,皇孙百孙院。"(第4754页)宫女多达四万人,皇子皇孙自当也不在少数。
② 《旧唐书》卷98《裴耀卿传》,第3081页。
③ 《资治通鉴》卷213"玄宗开元二十一年九月"条,第6922页。
④ (唐)杜佑撰,王文锦等点校:《通典》卷10《食货十·漕运》,第222页。
⑤ 《旧唐书》卷98《裴耀卿传》,第3081页。

省僦车钱三十万缗。

相较于之前"江、淮之米（舟运）—含嘉仓（陆运）—关中"的运输路径和方式，裴耀卿改为"江、淮之米（舟运）—河阴仓（舟运）—含嘉仓及太原仓（入渭水）—关中"，三年运送江淮之米共计700万斛，增加了宫廷消费物资，并节省运费30万缗。

由裴耀卿调整运输方式以增加江、淮之米的供送可知，江、淮地区在满足宫廷需求方面发挥了重要作用。但至开元二十五年（737），关中蓄积羡溢，江、淮所运租米便停，玄宗也不再去东都就食。① 史书载：

> （天宝中）大凡都计租税庸调……其度支岁计，粟则二千五百余万石……三百万回充米豆，供尚食及诸司官厨等料，并入京仓。②

天宝年间，贮存于京仓的租赋有些作为原料供给宫廷，由"尚食"加工烹饪，提供宫中膳食。供尚食局等的"三百万回充米豆"指的是河南、河北通漕州租粟回造米豆，③ 河南、河北通漕州在天宝时仍是宫中粮食的主要供给地。故总体来看，虽然唐前期江淮地区财赋在供给宫廷物资中发挥了重要作用，但安史之乱以前，依靠关中、河南、河北地区州县差纲运送租赋，一般年景还能满足唐王朝的需要。④

肃宗时，"租庸盐铁溯汉江而上。河南尹刘晏为户部侍郎，兼句当度支、转运、盐铁、铸钱使，江淮粟帛，繇襄、汉越商於以输京师"⑤。江淮租庸粟帛被运送京师，也满足了宫廷的消费需求。代宗时也从南方地区转运粮食至太仓，"江南之运积扬州，汴河之运积河阴，河船之运积渭口，渭船之运入太仓"⑥。从江南输送至太仓的谷物即被宫中群体食用。此外，宫廷消费的赋税性粮食除依赖江淮，还有京畿地区。《旧唐书》载："中外艰食，京师米价斗至一千，官厨无兼时之积，禁军乏食，畿县百姓乃挼穗以供之。"⑦ 可知，在某些时期，宫中用粮还依靠畿县百姓供给。

---

① 《资治通鉴》卷214"玄宗开元二十五年九月"条，第6950页。
② （唐）杜佑撰，王文锦等点校：《通典》卷6《食货六·赋税下》，第110—111页。
③ 李锦绣：《唐代财政史稿》（第二册），第32页。
④ 何汝泉：《唐财政三司使研究》，中华书局2013年版，第21页。
⑤ 《新唐书》卷53《食货志三》，第1368页。
⑥ 《新唐书》卷53《食货志三》，第1368页。
⑦ 《旧唐书》卷123《刘晏传》，第3511—3512页。

德宗时，宫中部分用粮来自关中永丰仓。《新唐书》载："贞元初，关辅宿兵，米斗千钱，太仓供天子六宫之膳不及十日，禁中不能酿酒，以飞龙驼负永丰仓米给禁军，陆运牛死殆尽。"① 太仓谷物不足，天子、六宫均受到影响，粮食储备不及十日，宫中不得不停止酿酒，甚至飞龙驼都用来驮运华阴县永丰仓米粮以供给禁军。贞元初，"（齐抗）为水陆运副使，督江淮漕运以给京师"②。供送至京的江淮贡赋有些也应被宫中消费。贞元元年（785）夏四月，"江陵度支院失火，烧租赋钱谷百余万。时关东大饥，赋调不入，由是国用益窘"③。江陵度支院钱谷被烧，关东又发生饥荒，赋调不入，国用益窘，也使得源于赋税的宫廷物资减少。《资治通鉴》卷二三二德宗贞元二年四月条载：

> 关中仓廪竭……上（德宗）忧之甚，会韩滉运米三万斛至陕，李泌即奏之。上喜，遽至东宫，谓太子曰："米已至陕，吾父子得生矣！"

贞元二年（786），关中仓廪枯竭，韩滉运送东南粮米至京师，德宗迅速到东宫与太子分享此消息，称米已运送至陕，生活有了一定保障。可见，此时宫廷所需基本物资对江淮地区的依赖程度已非常之高。贞元四年（788）二月，"元友直运淮南钱帛二十万至长安，李泌悉输之大盈库"④，淮南大量钱帛输入大盈库，显示出淮南地区在供给宫廷物资中发挥了重要作用。

懿宗咸通元年（860）三月，王式说："国家用度尽仰江、淮，若阻绝不通，则上自九庙，下及十军，皆无以供给。"⑤ 这表明此时宫廷所需物资基本上全部仰赖江淮之地。然至僖宗时，江淮地区不再上供租赋。光启元年（885）三月，"江淮转运路绝，两河、江淮赋不上供，但岁时献奉而已。国命所能制者，河西、山南、剑南、岭南西道数十州"⑥。《唐会要》卷八七《转运盐铁总叙》亦载：

> 至光启中，所在征镇，自擅兵赋，皆不上供，岁时但贡奉而已，由是江淮转运路绝。国命所能制者，唯河西、山南、剑南、岭南西道。

---

① 《新唐书》卷53《食货志三》，第1369页。
② 《旧唐书》卷136《齐抗传》，第3756页。
③ 《旧唐书》卷12《德宗纪上》，第348页。
④ 《资治通鉴》卷233"德宗贞元四年二月"条，第7631页。
⑤ 《资治通鉴》卷250"懿宗咸通元年三月"条，第8204页。
⑥ 《旧唐书》卷19下《僖宗纪》，第720页。

光启年间，诸方镇拥兵自重，均不上缴赋税，每年仅纳贡奉之物。此时，国家财富仰仗河西、山南、剑南、岭南西道等地，供给宫廷的粮食自然也不例外。唐朝末年，"度支惟收京畿、同、华、凤翔等数州租税"[1]，国家只能从京畿、同州、华州和凤翔等几个州收取租税，宫廷所需粮食也只能来源于此。赋税征收地区由光启元年三月的四道数十州到闰三月的寥寥数州，由此可知唐朝国势已急转直下。

三 简短结记

赋税是唐朝宫廷用粮的重要来源之一，随着赋税制度的变革、宫廷消费需求的变化，源自赋税的宫廷粮食供给也呈现明显的阶段性特征。唐前期，源于租赋的谷物用于满足宫廷消费需求。唐后期，政府经由两税所征收的粮食有些被宫中成员消费。此外，唐前期，东宫征收其庄田、田园的赋税粮食，以满足日常生活所需。公主和诸王通过食邑封户分割国家租庸调，不同时期封户数量不同，且由"以七丁为限"改为"以三丁为限"，封物的内容及分配方式也有变化。唐后期，诸公主封物的性质发生变化，形同俸赐，已全非封邑的本来意义。

唐初，黄河中下游流域依旧是宫中赋税物资的基地，江淮物资也不断增多。至天宝年间，关中、河南、河北地区仍是宫廷主要物资供给地。安史之乱后，国家经济重心南移，南方成为宫廷物资的主要来源地。僖宗时，江淮地区不再上供租赋，税赋仅来自河西、山南、剑南、岭南西道等地。

（崔靖娟，北京联合大学马克思主义学院讲师）

---

[1]《资治通鉴》卷256"僖宗光启元年闰三月"条，第8443页。

元代真定安氏家族及其社会网络变迁

王翠柏

摘　要： 安氏家族世代儒家，经金末战乱，转徙至真定藁城，以教授为业。安氏家族通过婚姻、师生关系、同僚、同乡、诗文唱酬和学问切磋等方式构建其家族的社会网络，通过教化乡里，结交同乡官员、地方监察官员和学官来提高声望，进而获得出仕机会。安氏家族在元代发展的历史，对我们认识金元时期汉人士人家族的生存状况、社会地位、社会影响具有非常重要的意义。

关键词： 元代；真定；安氏家族；社会网络

安氏家族本为金代太原儒学世家，经金末战乱转徙至真定地区（今河北正定县），并开始在该地区的社会经营。安氏家族因元初程朱理学在北方不甚流行的情况下，能够较早地接受这一学说而在北方士人中产生了重要影响。他们通过教化乡里，在本地获得较高的声望；通过婚姻、师生关系、同僚、同乡、诗文唱酬和学问切磋等方式来构建其家族的社会网络，发展家族势力。其社会网络的内容主要是以当地著族、同乡官员、地方监察官员和学官等为核心的士人阶层。安氏家族在安熙这一代达到了鼎盛，这一时期的社会网络也最为丰富，但是随着安熙和安松父子的相继去世，其家族的社会影响力也在逐渐消失，以至后来的默默无闻，安氏家族社会网络也随之急剧萎缩。真定安氏家族在元代中前期发展的历史，对我们认识元代汉人士人家族的生存状况、社会影响和社会地位具有重要的学术意义。

---

*　本文系安徽省哲学社会科学规划青年项目"金元之际北方地区秩序重建研究"（项目编号：AHSKQ2021D209）阶段性成果。

前人关于元代汉人士人方向研究成果比较丰富,① 但研究真定安氏家族的文章迄今只有葛仁考的《封龙山名人安熙及安氏家族研究》一文,文中主要从安氏家族人物生平、思想渊源和教育成就等三个方面展开。② 笔者在前人研究的基础上,通过广泛搜求相关史料,在探讨安氏家族发展历程的基础上,对其社会网络进行探讨,进而揭示真定安氏家族兴起与元代蒙古统治之间的关系,不足之处,请学界师友批评指正。

一 金元时期安氏家族的发展历程

安氏本太原离石(今山西吕梁市离石区)人,金末战乱,安滔(安熙祖父)之父安升举家迁往孟门(今山西中阳县境内)③ 之义居丁氏庄。其家世代业儒,安滔的曾祖父安玠曾在金代官至修武校尉,祖父安全广和父安升皆不仕,但善于经营,资雄乡里,以教书为业。安滔即在祖父安全广所设的家塾中接受启蒙教育。在他九岁时以经童登第,"复习词赋举"④。就在安滔准备应试时,蒙古军开始对金发动进攻,这也阻断了安滔的科举之路。更大的灾难接踵而至,"岁丁丑(1217),君(安滔)家避兵石洞,军士以火逼之,举族皆死,君仅得出,为所执。时太师国王(木华黎)以诸州久拒不下,亲往用师,令无男女少长皆杀,违者以军法论。君即被执,而监军事石抹陈奴闻获一儒者,驰使呼之。至则易以敝服,诡其乡里,令朝夕从之,由是获免。君自以当此大变,举族皆没,幸全性命,遂委身从之,誓不他适。君时年十有九,实贞祐五年(1217)

---

① 关于士人的社会地位的研究成果主要有萧启庆《元代的儒户:儒士地位演进史上的一章》,《内北国而外中国:蒙元史研究》,中华书局2007年版,第371—414页;陈得芝《从"九儒十丐"看元代儒士的地位》,《蒙元史研究丛稿》,人民出版社2005年版,第424—429页。关于汉人士人群体研究的成果主要有孟繁清等《金元时期燕赵文化人》,河北人民出版社2004年版;赵琦《金元之际的儒士与汉文化》,人民出版社2004年版。关于汉人士人个体研究的成果主要有刘晓《耶律楚材评传》,南京大学出版社2001年版;申万里《元代儒士许衡的社会网络》,《许衡与许衡文化》(下卷),中州古籍出版社2007年版,第165—182页;张帆《〈退斋记〉与许衡刘因的出处进退——元代儒士境遇心态之一斑》,《历史研究》2005年第3期;商聚德《刘因评传》,南京大学出版社1996年版。
② 葛仁考:《元代直隶省部研究》第五章附录二《封龙山名人安熙及安氏家族研究》,博士学位论文,南开大学,2010年。
③ 据《酹江月》载:"吾家桑梓在卧龙冈(金代附属孟门,今山西中阳县境内)之阳。"可知安升迁居地为卧龙冈。参见(元)安熙撰《默庵先生文集》卷5《酹江月》,《元人文集珍本丛刊》(五),台北:新文丰出版公司1985年版,第241页上。
④ (元)安熙撰:《默庵先生文集》卷5《石峰府君行状》,第238页上。

也"①。安熙以儒士身份免遭杀身之祸，但遭此罹难，从此委身石抹陈奴，跟从他四处转战，居无定所。

经过十余年的漂泊，"岁壬辰（1232），从石抹陈奴来山东，至真定之藁城，陈奴与之田宅，使定居而教其子焉"②。"戊戌之试"，"以词赋高等中其选，于是始以聚徒讲授为业"③。安氏占籍真定，以教授为业，开始了在此地区的社会经营。先是中统二年（1261），时任参议中书省事的张德辉延请安滔授馆其家，"使教其诸孙"，至元三年（1266），"郡博士遂举君贰其学事"④。

安滔"晚而学《易》，嗜伊川程先生《传》，读之未尝去乎"⑤。在元初北方程朱理学不甚流传的情况下，安氏能够较早地接受，也为安氏的学术渊源奠定了较高的地位。安滔《行状》中记载："隐居教授余三十年，贵人子弟往往出其门者。"⑥他的学术影响不断扩大，"延安府尹牛子益、总管袁某，少与君同里闬，因君内弟米脂尹送某致书劝归乡里，且遗以束帛，君不受"⑦。至元十三年（1276），安滔去世，葬于藁城县安仁乡新里之西原。

安滔虽乐于真定风土，但却时刻不忘其家乡祖茔，"尝欲更葬而力有未能，迁延岁久，每一念之，未尝不怆然也"⑧。即便如此，安滔在真定地区安定后，于宪宗八年（1258）携长子安芝西归，修完先垄而还。但于其家乡之不忘，因以自号"石峰"，后人称其为"石峰先生"。

安滔在真定地区的教学活动和社会经营对安氏家族在其地区的声望和发展起到了重要作用，尤其是他与名公显宦、当地著族和著名士人的交往，对于安氏家族成员的教育和出仕有很大的帮助。安熙在《神主入祠堂致告文》中写道："我家自金源板荡以来，失其所安。石峰府君兵后至真定，实维再造有家。凡今日之子孙，孰非蒙其休庇者耶！"⑨门人王思廉感叹道："窃念石洞之祸，安氏几绝。今而子孙会元，宦达衍蕃，为海内文章家，非君（安滔）之阴功潜德有以启迪之，何以致此。"⑩

安氏在真定的第二代为安芝、安松、安筠。安芝从学于迂轩李谦，由张德辉辟

---

① （元）安熙撰：《默庵先生文集》卷5《石峰府君行状》，第238页上。
② （元）安熙撰：《默庵先生文集》卷5《石峰府君行状》，第238页上。
③ （元）安熙撰：《默庵先生文集》卷5《石峰府君行状》，第238页下。
④ （元）安熙撰：《默庵先生文集》卷5《石峰府君行状》，第238页下。
⑤ （元）安熙撰：《默庵先生文集》卷5《石峰府君行状》，第238页下。
⑥ （元）安熙撰：《默庵先生文集》卷5《石峰府君行状》，第238页下—239页上。
⑦ （元）安熙撰：《默庵先生文集》卷5《石峰府君行状》，第239页上。
⑧ （元）安熙撰：《默庵先生文集》卷5《石峰府君行状》，第239页下。
⑨ （元）安熙撰：《默庵先生文集》卷4《神主入祠堂致告文》，第237页上。
⑩ （元）王思廉撰：《石峰先生墓表》，《默庵集》附录，《文渊阁四库全书补遗》集部第四册，北京图书馆出版社1997年版，第332—333页。

为转运司从事，复辟为监收嘉祥县丝料，以其廉，寻升为行省掾史，不久即卒。①

安筠（1232—1296），字庭实，习进士业。安筠很早就表现出其政事才能：

> 既冠，从提举真定路学校事，侍其乘之学，受进士业。燕南河北道提刑按察使马公某辟为从事，后以御史中丞史公彬荐除河东山西提刑按察司知事，转山北辽东，迁河西陇北道按察司经历，秩满，移陕西汉中。至元二十八年（1291），更按察官名肃政廉访，就充本道经历，改同知绵州事……在宪司幕府近二十年，多所赞益。如御史中丞程公思廉，参知政事姚公天福，皆尝同事，亟推重焉，其余所友，亦皆一时名卿士夫。②

安筠仕宦一生，官至承事郎、同知绵州事。虽未及显宦，但声望素著，他"为政知大体，其于吏事，初不经意，及案牍满前，条析剖决，虽素精于其事者，不能及也"③，即使像程思廉、姚天福这样的能臣也对其极为赞赏。元贞二年（1296），安筠卒于任上。

安松（1228—1322），字庭干，号恕斋，人称恕斋先生。安松师从于缑山李元，习进士业。安松于"至元癸未（1283），由名臣荐，起家江淮转运司知事，历潜江尉、峡州司狱、江东宣慰司照磨，遂谢事归。再除建宁令，不赴，时年五十余矣"④。安松出仕较晚，且出仕时间并不长，官至将仕郎、建宁令。出仕并非所愿，弃官后，回到真定，教授于家，从学者多至百人。

安氏在真定地区的第二代，均有出仕记录，虽无官至显宦者，然其均由名臣推荐，可见安氏在真定地区声望甚高。

安氏在真定地区的第三代，主要是安松之子安熙和安煦。安松弃官归乡后，其父子主要从事教育活动。

安熙（1270—1311），字敬仲，号默庵，人称默庵先生，元代北方理学名家，《元史》有传。他幼承家学，后私淑于元代著名理学家刘因习朱子之学。安熙的求学之路十分坎坷，他在《记斋名》中写道：

> 予少与白习乌君叔备友讲论从容，无日不相从也。岁丁亥（1287），叔备始从容城刘先生受学，凡所授精微之言，某亦得与闻其一二，由是始

---

① 参阅（元）王思廉撰《石峰先生墓表》，《默庵集》附录，第330页。
② （元）安熙撰：《默庵先生文集》卷5《故承事郎同知绵州事安公墓志》，第240页上。
③ （元）安熙撰：《默庵先生文集》卷5《故承事郎同知绵州事安公墓志》，第240页上。
④ （元）苏天爵著，陈高华、孟繁清点校：《滋溪文稿》卷14《安先生墓志铭》，中华书局2007年版，第219页。

慨然有志于正学而不迷于所向者,皆自先生之语发之也。自此益相亲厚。每一来,所闻必益超绝,盖欲相率同门以卒此业者,于今七年矣。不幸未能得遂,叔备南去,茕茕独立,颓惰无成,而先生亦既谢世。今则已矣,勠力大业之志。卒不能有以少遂矣。然先生之言,拳拳服膺,未尝敢坠。暇日读先生遗诗,则又往往皆是语也。先生之诲我亦谆谆矣。某虽至愚,敢不加勉,遂撮取先生诗语,以"远游"书于斋之楣间,坐对观省,庶不忘先生之训,且以为鞭绳之助云。①

安熙师从刘因学习朱子之学,对于他的影响是极大的,此后他身体力行,"故其教人,必尊朱氏"②。

安熙对于朱子之学的发挥也有重要贡献。安熙在读《朱子文集》时与《四书集义精要》相对校,发现许多疑误,他认为:"虽非大义所关,然亦不可不订正也。"③ 遂著《四书精要考异》录呈与乌冲。为方便初学者学习《诗传》,安熙取《朱子文集》及《语录》之言凡涉论《诗》有与《集传》相发明者,依《精要》例写出,遂作《诗传精要》。对于违背朱子之意的异说,安熙从不隐晦自己的观点,对其进行辩驳。安熙《行状》中记载:

> 国初有传朱子《四书集注》至北方者,滹南王公(王若虚)雅以辩博自负,为说非之。赵郡陈公(陈天祥)独喜其说,增多至若干言。及来为真定廉访使,出其书(《四书辨疑》)以示人。先生(安熙)惧焉,为书(《斋居对问》)以辩之。④

自此以后,人们开始钦服这位年轻学者谈经之精,见识之卓,而有功于朱子之学。

安熙之教人,以居敬为本,读书以经术为先,其讲说也毫分缕析,融会贯通,使学者有如亲闻圣贤之言,释然无疑。其弟子常至百人,但出入周旋,咸有规矩,使人见之即知是安氏弟子。以致"凡当世名公巨儒经过宦游于真定者,请问无虚日,先生各随所问而告之,莫不虚往实归"⑤。在其行上,安熙佐其父安松于大德六年(1302),"首建祠堂以奉四世神主,冠昏丧祭一遵文公礼书,

---

① (元)安熙撰:《默庵先生文集》卷3《记斋名》,第230页上。
② 《元史》卷189《安熙传》,中华书局1976年版,第4328页。
③ (元)安熙撰:《默庵先生文集》卷3《与乌叔备书二》,第232页上。
④ (元)苏天爵著,陈高华、孟繁清点校:《滋溪文稿》卷22《默庵先生安君行状》,第363页。
⑤ (元)苏天爵著,陈高华、孟繁清点校:《滋溪文稿》卷22《默庵先生安君行状》,第364页。

本之以爱敬，明讲而熟习，合宜而应节，乡人观感而化者居多"①。

安熙不仅在理学上精深，在诗文上也颇有造诣。安熙之文以理为主，皆有为而作，其诗则学陶渊明、朱熹，第以吟咏性情、陶写造化而已。例如安熙中年体弱，曾于大德十年（1306）养疴避暑于封龙山修真观，因以自号"神峰野客"。在此期间，安熙教授于封龙书院，"旦望，必帅诸生谒拜先圣祠下。暇日，则杖策登览，攀危履险，以穷全山之胜"②，遂作《封龙十咏》，对封龙山十处景物进行歌咏。

安熙一生未仕，教授为业，以其学行教化其乡人。这也许是受到刘因治学思想的影响。苏天爵在《内丘林先生墓碣铭》中论道："文正公（许衡）被遇世祖（忽必烈），征居相位，典教成均，而门人贵游往往仕至显官。文靖公（刘因）既出即归，学者多穷而在下，传其师说，私淑诸人。"③ 安熙自己也在《封龙书院释菜先圣文》中说道："追忆旧闻，卒究前业。洒扫应对，谨行信言。余力学文，穷理尽性。循循有序，发轫圣途。以存诸心，以行诸己。以及于物，以化于乡。"④ 又安熙《行状》中记载："宪司数以其行荐于朝，卒无所就，先生亦介然不动其心。"⑤ 由此可见，安熙一生致力于发扬道学、教化乡里，而对于出仕似乎并不十分在意。

安熙之弟为安熙，前人并未见其史传，仅知其字和仲，号素庵。今笔者于《四库全书补遗·默庵集》附录中发现由王守诚为安熙所作的《素庵先生墓志铭》一文。文中记述了安熙的基本信息和生平行为。《墓志铭》中记载："［安熙］延祐庚申（1320）六月癸丑终于家，年四十有七。"⑥ 由此推知，安熙应生于1274年。此篇《墓志铭》作于1326年，是根据安氏的门生、时为乡贡进士的杨俊民所作《行状》来撰写的。安熙"与其兄熙居家自为师友，宗濂洛性理之学"⑦，后自为师，"受学质疑于门者，随其材以立教，人人咸有得焉"⑧。安熙虽屡被宪司荐举，然亦一生未仕。安熙与其兄安熙极相友爱，在安熙《文集》中存有与安熙唱和的诗数首，⑨ 多是有关安熙问学和他们之间日常生活的

---

① （元）苏天爵著，陈高华、孟繁清点校：《滋溪文稿》卷22《默庵先生安君行状》，第364页。
② （元）安熙撰：《默庵先生文集》卷1《封龙十咏并序》，第221页下—222页上。
③ （元）苏天爵著，陈高华、孟繁清点校：《滋溪文稿》卷14《内丘林先生墓碣铭》，第223页。
④ （元）安熙撰：《默庵先生文集》卷4《封龙书院释菜先圣文》，第237页下。
⑤ （元）苏天爵著，陈高华、孟繁清点校：《滋溪文稿》卷22《默庵先生安君行状》，第364页。
⑥ （元）王守诚撰：《素庵先生墓志铭》，《默庵集》附录，第337页。
⑦ （元）王守诚撰：《素庵先生墓志铭》，《默庵集》附录，第336页。
⑧ （元）王守诚撰：《素庵先生墓志铭》，《默庵集》附录，第337页。
⑨ （元）安熙撰：《默庵先生文集》卷2《病中斋居杂诗次和仲韵五首》，第224页；卷2《和仲弟生朝》，第225页下；卷5《酹江月二》，第241页上。

琐事，诗文生动，情真意切。

安仲举为安熙从兄，然其名不详。① 在安熙所作《石州庙学记》一文中记载道："石州新修庙学成，从兄仲举父实为郡文学。"② 并作诗《尊兄仲举父典教石州乡郡》③ 一首寄与安仲举。从中我们可以看出，安仲举亦从事儒学教育。

安氏家族的第四代有活动记录的仅有安壆一人。安壆承其家学，泰定年间任广宁路（今辽宁锦州市北镇市）儒学正。

综上所述，安氏家族经金末战乱，转徙至真定。教授为业是安氏家族发展的重要环节，也是其家族在当地保持繁荣和较高社会地位的保证。但是随着安氏家族仕宦不畅和安松父子的逝世，史料中有关真定安氏家族的记载已经不多，这说明，元代中后期安氏家族已经衰落。

二　真定安氏的社会网络

为了更准确地说明安氏家族在元代的社会网络情况，本节首先对安氏家族的社会交往情况进行统计，然后根据统计结果和相关史料，分析其社会网络的构建方式、构建内容和发展变化情况。

表1　　　　　　　　　　　安氏家族社会网络统计

姓名	籍贯	身份	交往方式	史料来源
石抹陈奴	不详	监军	文友	《默庵先生文集》卷5/238—240页上《默庵集》附录/324—333页
张德辉	交城	士人 参议中书省事	同乡 同僚 文友	《默庵先生文集》卷5/238—240页上《默庵集》附录/324—333页
牛子益	不详	士人 延安府尹	同乡	《默庵先生文集》卷5/238—240页上《默庵集》附录/324—333页
袁湘	临州	延安路兵马都总管	同乡	《默庵先生文集》卷5/238—240页上《默庵集》附录/324—333页
送某	不详	士人 米脂尹	姻戚	《默庵先生文集》卷5/238—240页上《默庵集》附录/324—333页

---

① 在安氏第三代中，除安熙、安煦知其名外，其余男性成员还有安焘、安汝止、安烈。在《石峰先生墓表》中记道："焘、熙俱传家学。"（第330—331页）在《神主入祠堂致告文》中记载道："焘，就室他氏……俟孝孙焘卜居有定，当议考按《礼经》，属之奉祀。"（第237页上）说明安焘不在真定地区。而在安筠《墓志》中并未记载安汝止业儒或从事儒学教育，史料中也未提及安烈业儒或从事儒学教育，故安仲举疑为安焘。

② （元）安熙撰：《默庵先生文集》卷3《石州庙学记》，第230页上。

③ （元）安熙撰：《默庵先生文集》卷2《尊兄仲举父典教石州乡郡》，第225页上。

续表

姓名	籍贯	身份	交往方式	史料来源
吴先生	不详	士人 真定路学官	同僚 文友	《默庵先生文集》卷5/238—240页上 《默庵集》附录/324—333页
李谦	不详	士人	师长	《默庵集》附录/324—333页
李元	不详	士人	师长	《默庵集》附录/324—333页
王思廉	获鹿	士人 翰林学士承旨	同乡 门生 文友	《默庵集》附录/324—333页 《滋溪文稿》卷22/362—365页 《默庵集》附录/319—323页
程思廉	东胜	士人 廉访使	同僚	《默庵先生文集》卷5/240页
姚天福	稷山	士人 大都路总管	同僚 同乡	《默庵先生文集》卷5/240页
史彬	永清	士人 中书左丞	同僚 同乡	《默庵先生文集》卷5/240页
马公	不详	士人 提刑按察使	同僚	《默庵先生文集》卷5/240页
陈天祥	宁晋	士人 中书右丞	同乡 文友	《滋溪文稿》卷22/362—365页
王仁	中山	士人 肃政廉访使	文友 同乡	《默庵先生文集》卷1/220页下、卷2/224页上；卷3/231页下—232页；卷5/241页上 《滋溪文稿》卷22/362—365页
王结	中山	士人 中书左丞	文友 同乡	《默庵先生文集》卷2/226页上；卷3/231页下—232页
赵时勉	中山	士人 定陶县尹	文友 同乡	《滋溪文稿》卷22/362—365页
刘因	容城	士人 集贤学士	师长	《默庵先生文集》卷首/215—216页上；卷3/229页下—230页上/231页下—232页/232页下—233页上；卷4/第235页下—236页上；卷5/240页下—241页上 《滋溪文稿》卷22/362—365页
乌冲	川州	士人	同门 文友	《默庵先生文集》卷3/229页下—230页上/231页下—232页 《滋溪文稿》卷14/224—226页 《元史》卷190/4328页
董士良	藁城	士人 开州尹	同乡 文友	《默庵先生文集》卷4/235页下
李士兴	藁城	士人	门生 同乡	《滋溪文稿》卷24/414—415页
杨俊民	真定	士人 国子祭酒	门生 同乡 同僚	《默庵集》附录/336—338页
王俊民	不详	士人	门生	《默庵先生文集》卷4/235页下

续表

姓名	籍贯	身份	交往方式	史料来源
苏天爵	真定	士人 江浙行省参知政事	门生 同乡 同僚	《滋溪文稿》卷 14/218—219 页；卷 22/362—365 页；卷 24/406—407 页/414—415 页 《默庵先生文集》卷首/215—216 页上 《默庵集》附录/319—323 页
鲁古讷丁	不详	士人 监察御史	门生	《默庵先生文集》卷 4/234 页
李椿	藁城	布衣	同乡	《默庵先生文集》卷 2/226 页下—227 页上
赵瑗	不详	士人	文友	《默庵先生文集》卷 4/234 页上
安好古	沁阳	士人 肃政廉访司掾史	门生	《默庵先生文集》卷 4/234 页下—235 页上
宋鼎	不详	士人 平江路监税	文友	《默庵先生文集》卷 4/235 页下
董源	藁城	士人 提刑按察使	同乡 师长	《默庵先生文集》卷 4/236 页
李枢判	不详	士人 枢密院判官	文友	《默庵先生文集》卷 2/224 页下
刘氏	不详	不详	姻戚	《默庵先生文集》卷 5/238—240 页上 《默庵集》附录/324—333 页
苑大亨	不详	士人 易县尹	姻戚	《默庵先生文集》卷 5/238—240 页上/240 页 《默庵集》附录/324—333 页
苑弼	不详	士人	姻戚	《默庵先生文集》卷 5/238—240 页上/240 页 《默庵集》附录/324—333 页
乔岳	真定	同知真定路事	姻戚 同乡	《默庵先生文集》卷 5/238—240 页上 《默庵集》附录/324—333 页
乔木	真定	不详	姻戚 同乡	《默庵先生文集》卷 5/238—240 页上 《默庵集》附录/324—333 页
张氏	不详	不详	姻戚	《默庵先生文集》卷 5/238—240 页上 《默庵集》附录/324—333 页
王氏	不详	不详	姻戚	《滋溪文稿》卷 22/362—365 页
焦悦	真定	士人 真定路学官	同乡 文友	《滋溪文稿》卷 14/226—228 页

表 1 主要是根据《默庵先生文集》《滋溪文稿》和四库全书补遗本《默庵集》等相关史料进行统计的。统计原则是只收录史料中有明确记载与安氏家族有交往的人，史料中没有明确记载与安氏家族交往的人，则不予收录。表 1 中

的交往对象的籍贯则以原籍或当时居住地为准，身份则以交往时的身份或最终身份为准（士人是其家族交往对象的主体，故具有士人身份的均予以标出）。交往方式中的姻戚以与安氏家族有婚姻关系的为准；同乡，以河东地区和真定路地区的为准；同僚，以与安氏家族成员有仕宦交往的为准；师生，以与安氏家族有师学关系的为准；文友，以与安氏家族有诗文唱和和学问切磋的为准。

(一) 安氏家族社会网络构建的方式及其特点

安氏家族的社会网络主要是通过姻戚、师生、同僚、同乡、文友等方式构建起来的。本节就这些要素展开探讨。

表2　　　　　　　　安氏家族社会网络构建方式统计

构建方式	姻戚	师生	同僚	同乡	文友
数量（人）	8	12	8	19	14

1. 姻戚

婚姻在一个人的社会网络中占有重要地位，它可以使两个人甚至两个或多个家族结成纽带。在中国古代，姻戚特别注重门第，因为这种结合往往是与仕宦相辅相成的，门当户对的观念深入人心。

安滔祖父安全广，资雄乡里，妻王氏。安滔父安升，妻送氏。《石峰府君行状》中载："延安府尹牛子益、总管袁某，少与君同里闬，因君内弟米脂尹送某致书劝归乡里。"① 文中"内弟"似应为其母家的兄弟，若如此，送氏似应为仕宦之家。安滔初娶同郡（离石）李氏，殁于兵间，生一女，嫁给刘氏。再娶磁州（今河北磁县）贾氏（1196—1279），有贤行，善持家。女孙五人，长嫁给易县尹苑大亨之子苑弼，次嫁给同知真定诸路军奥鲁总管府事乔岳之子乔木，皆仕宦之家。次嫁给张氏，次夭，次尚幼。安松娶刘氏，安筠初娶李氏，再娶孙氏。安熙初娶张氏，再娶焦氏。女宜宁嫁给王氏。安煦娶张氏，生一女，许人，姓氏不详。

从安氏的姻戚关系来看，安氏有着与仕宦之家的婚姻关系。尤其是安滔女孙这一代，五人中，除一女夭折，一女尚幼外，其余三人有两人都嫁给了仕宦之家，这可能与安氏第二代均出仕有关。

姻戚是安氏家族社会网络的中间部分。姻戚人数在安氏家族社会网络中占第四位，共8人，6个家族，占总人数的20.5%。虽然姻戚人数是因家族规模

---

① （元）安熙撰：《默庵先生文集》卷5《石峰府君行状》，第239页上。

而议，无法大量扩张，我们将安氏家族姻戚放于中间地位，主要是因为在文献中安氏家族与姻戚之间进行的互动较少。即便如此，一个家族姻戚的社会地位同样能够反映出这个家族的社会地位。从与安氏家族有婚姻关系的6个家族来看，其中有3个家族为仕宦之家，占整个家族数量的50%。能与这么多的仕宦之家互为婚姻，说明安氏家族的社会地位并不低。

2. 师生与同门

师生关系在士人网络中是最基本、最经久的一环。在儒家伦理道德中，与君臣、父子并列。就师生关系构建特征而言，师生关系的形成大体上可以分为家塾、学校及问学三种。

安氏家族世为儒家，以教授为业，故在安氏的社会网络中，师生关系占有重要地位。据现有史料统计，安氏家族五代七人以教授儒学为业，即：安全广、安滔、安松、安熙、安煦、安仲举、安堑。

安滔幼读书家塾，由其祖父亲自训授。安滔亦以儒士身份免遭罹难，跟随石抹陈奴，后至真定藁城，陈奴与其田宅，使定居而教其子。"戊戌之试"安滔占儒籍开始以聚徒讲授为业。张德辉闻其名，聘请安滔至其家塾，教授其诸孙。后郡博士荐举安滔为真定儒学正。由此而看，其弟子应为数不少，其中最为知名者应为王思廉。

王思廉（1238—1320），字仲常，元真定获鹿（今河北石家庄市鹿泉区）人，元初名臣，《元史》有传，官至翰林学士承旨。王思廉初师从于元好问，后又拜安滔为师。在安滔去世后，安松请王思廉为安滔撰写《墓表》。在此篇《墓表》中记载道："思廉猥以晚生，得拜君床下，且与芝等或联事，或同舍，交深契厚。"① 在此文句中，我们不仅可以得知王思廉曾拜安滔为师，而且《元史·王思廉传》中记载："张德（耀）〔辉〕宣抚河东，辟掌书记。"② 因此他与安芝亦为同僚。王思廉与安氏交情甚厚，互为文友，安松"暇则与翰林王公（王思廉）唱酬，有诗若干篇"③。王思廉对安熙也十分欣赏，在安熙《行状》中记载道："故翰林韩山王公（王思廉）以文章名中朝，视先生（安熙）父行也，凡有制作必见示焉。"④ 在安熙中年早逝后，王思廉致书安松道："令嗣物故，不惟安氏不幸，吾道之不幸也。"⑤

由上文已知安芝师从于迂轩李谦，安松师从于猴山李元。由于二人缺乏史

---

① （元）王思廉撰：《石峰先生墓表》，《默庵集》附录，第332页。
② 《元史》卷160《王思廉传》，第3765页。
③ （元）苏天爵著，陈高华、孟繁清点校：《滋溪文稿》卷14《安先生墓志铭》，第219页。
④ （元）苏天爵著，陈高华、孟繁清点校：《滋溪文稿》卷22《默庵先生安君行状》，第364页。
⑤ （元）苏天爵著，陈高华、孟繁清点校：《滋溪文稿》卷22《默庵先生安君行状》，第364—365页。

料记载，在此不加详述。

安熙私淑于刘因。刘因（1249—1293），字梦吉，号静修，后世称之为静修先生，元雄州容城（今河北容城县）人。元初理学大家，与许衡、吴澄齐名，《元史》有传。安熙通过乌冲得闻刘因之学，从此立志于理学。在安熙写给其叔父的书信中写道："某自少闻汎翁先生（刘因）道学之裔，即心悦而诚服之，慨然有求道之志。以谓为学而不往见，真可谓虚生者。"① 刘因去世后，安熙"往拜其墓，录其遗书而还"②。并作《题刘静修石鼎联句图诗后》《祭刘先生文》《酹江月》③ 来缅怀先师。安熙以后学无所师仰，独学而无友而感到痛苦，遂一意问学，亲贤取友。虞集在《默庵安先生文集序》中感叹道："诚使［安熙］得见静修，廓之以高明，厉之以奋发，则刘氏之学，不既昌大于时矣乎！"④

安熙的同门为乌冲，乌冲（1264—1315），字叔备，元大宁川州（今辽宁朝阳市）人，寓汴梁通许（今河南通许县），从刘因学，家居授徒。安熙自少年既与乌冲相知相识，其得闻刘因之学即乌冲之功。安熙《行状》中记载："［安熙］成童慨然有志于求道，闻容城刘公以理学淑多士，欲往从游，以乌君叔备为先容。"⑤ 刘因去世后，安熙与乌冲亦多往来，切磋学问。

安熙之师还有董源。董源（1208—1294），字巨源，元真定藁城（今河北石家庄市藁城区）人，属藁城董氏家族，官至淮东按察使。至元三十一年（1294），董源去世，安熙在《祭董少中文》中写道："某甫弱冠，拱手趋庭。实始拜公，德容粹清。公不我鄙，诲语丁宁。晚益爱我，期许非轻。谓子可语，抚接弥倾。执手晤言，罄竭平生。"⑥ 可见安熙亦从师于董源。

安松父子门人甚多，仅据笔者所见有：王俊民、鲁古讷丁、安好古、苏天爵、杨俊民、李士兴。

鲁古讷丁，⑦ 奈蛮和利氏，故行省左丞资善公之嗣子，用荫授历监浚、邳两州。大德间授监察御史，在此期间向安熙问学，并请安熙为其取汉名并命字。安熙以《嵩高》之诗，易其名为良翰，又以《周书》之语制其字为宪辅。安熙对这位异族弟子的求学态度大加赞赏，他在《御史和利公名字序》中写道：

---

① （元）安熙撰：《默庵先生文集》卷3《与叔父书》，第233页上。
② （元）苏天爵著，陈高华、孟繁清点校：《滋溪文稿》卷22《默庵先生安君行状》，第362页。
③ （元）安熙撰：《默庵先生文集》卷4《题刘静修石鼎联句图诗后》，第235页下；卷4《祭刘先生文》，第236页上；卷5《酹江月》，第240页下—241页上。
④ （元）安熙撰：《默庵先生文集》卷首虞集《默庵安先生文集序》，第215页下。
⑤ （元）苏天爵著，陈高华、孟繁清点校：《滋溪文稿》卷22《默庵先生安君行状》，第362页。
⑥ （元）安熙撰：《默庵先生文集》卷4《祭董少中文》，第236页。
⑦ 关于鲁古讷丁，参阅萧启庆《元代多族士人网络中的师生关系》，《历史研究》2005年第1期。

"[鲁古讷丁]更家居待次,益自力问学,以求其所未至,间从予游,温恭自虚,刻意清苦,吾党之士,鲜能及之,于其请字也。"① 从中我们还可以看出鲁古讷丁师从于安氏的方式为问学。

安好古字从道,沁阳(今河南焦作市沁阳市)人,由岁举来为燕南宪辅掾,拜安松于堂下,成为安氏弟子。安熙在《送安从道序》中写道:"[安好古]以宗盟之故,拜吾亲堂下,执子弟礼甚勤,家君时器爱之。吾和仲弟相得尤欢。"②

苏天爵(1294—1352),字伯修,后世称之滋溪先生。元真定(今河北正定县)人,元代中后期著名政治家、文学家、史学家,有"独身任一代文献之寄"之称,《元史》有传,官至江浙行省参知政事。苏天爵幼年师从于安熙,接受启蒙之学。他在《祭默庵先生墓文》中写道:"天爵少年,实侍函丈。曾未卒业,奉亲北上。"③ 在安熙、安松先后去世后,苏天爵积极为安氏树立丰碑。他先后撰写了《默庵先生安君行状》《祭默庵先生墓文》《安先生墓志铭》④,并请袁桷为安熙撰写《默庵先生墓表》⑤。苏天爵与杨俊民共同辑录和整理了安熙的诗文,汇编成《默庵先生文集》。并请虞集为之作序。在《文集》目录后记有:"前乡贡进士、真定路赵州儒学正、门生杨浚民校雠;应奉翰林文字、承(值)〔直〕郎、同知制诰兼国史院编修官、门生苏天爵编集。"⑥ 此外,苏天爵还致书同门李士兴,商议为安氏建祠。在《与西管李士兴书》中写道:"安氏自石峰、(如)〔恕〕斋、默庵祖子孙三世,或家于斯、游于斯者,七十余年矣,凡使是镇之人诵诗读书,立身行道,敬老而慈幼,善俗而化家,莫非安氏之教使之然也。"⑦ 后安氏祠建于藁城西管镇,奉安熙与其祖、父之位,岁时致祭,以彰其家三世教化乡人之功。

杨俊民,字士杰,元真定(今河北正定县)人。少从师于安氏,至顺元年(1330)登进士第,官至国子祭酒。除与苏天爵共同辑录和整理安熙《文集》外,他还为安熙撰写《行状》,请王守诚为安煦撰写《墓志铭》。

安氏的主要活动即为传授儒业。一方面,安氏承其家学,另一方面,安氏能够较早地接受程朱理学,这也为其学术渊源奠定了基础。苏天爵感慨道:

---

① (元)安熙撰:《默庵先生文集》卷4《御史和利公名字序》,第234页下。
② (元)安熙撰:《默庵先生文集》卷4《送安从道序》,第234页下。
③ (元)苏天爵著,陈高华、孟繁清点校:《滋溪文稿》卷24《祭默庵先生墓文》,第407页。
④ (元)苏天爵著,陈高华、孟繁清点校:《滋溪文稿》卷14《安先生墓志铭》,第218—219页;卷22《默庵先生安君行状》,第362—365页;卷24《祭默庵先生墓文》,第406—407页。
⑤ (元)袁桷:《默庵先生墓表》,《默庵集》附录,第319—323页。
⑥ (元)安熙撰:《默庵先生文集》卷首《目录》,第219页上。
⑦ (元)苏天爵著,陈高华、孟繁清点校:《滋溪文稿》卷24《与西管李士兴书》,第414—415页。

> 呜呼，昔者靖康之变，中原文献悉萃而南，金有国百年，士之为学不过记诵词章而已，其于性命道德之文何有哉，矧贞祐衰乱之余乎！赖一二儒家传其遗业，俾吾道不绝如线，若先生（安熙）之家是也。①

师生关系的人数在安氏家族社会网络中占第三位，共 12 人，占总人数的 30.8%，其中包括安氏师长 4 人，门生 7 人，同门 1 人。在安氏家族社会网络的师生关系中，有仕宦经历者 8 人，占师生关系总人数的 66.7%，其中还有 3 人是否有仕宦经历不详。安氏家族师长中，有仕宦经历者 2 人，占师长人数的 50%，其中 2 人是否有仕宦经历不详。安氏门生的 7 人中，有仕宦经历者 5 人，占门生总人数的 71.4%，其中 3 人官至三品以上，1 人是否有仕宦经历不详。从中我们可以看出，安氏家族在师承上主要以有仕宦经历者为师，其门生出仕者居多。从地缘上看，安氏门生有 4 人为其同乡，占门生总人数的 57.1%。此外，还有 2 人为宦游至真定者，籍贯不详者 1 人。这说明安氏家族在真定地区声著乡里，同乡学子和宦游至真定地区的官员多愿从其学。

3. 同僚

同僚在士人社会网络中占有非常重要的地位，同僚之间相互援引、推荐是士人仕途前进的重要一环。

安氏在第二代均有出仕记录，安滔、安仲举、安墅均任学官，其仕宦不显，同僚记述也较少。除上文所述王思廉外，笔者仅在史料记载中见与藜轩吴先生、张德辉、马公、程思廉、姚天福、杨俊民和苏天爵的仕宦交往。

程思廉（1235—1296），字介甫，元东胜（今内蒙古鄂尔多斯市东胜区）人。元初名臣，《元史》有传，官至河东廉访使。姚天福（1230—1302），字君祥，元稷山（今山西稷山县）人。元初名臣，《元史》有传，官至大都路总管。在安筠的《墓志铭》中记载道："[安筠] 在宪司幕府近二十年，多所赞益，如御史中丞程公思廉、参知政事姚公天福，皆尝同事，亟推重焉。"②

同僚人数在安氏家族社会网络中人数最少，是其家族社会网络的边缘部分。共 8 人，占总人数的 20.5%。安氏家族同僚较少，这主要是因为安氏家族成员的出仕时间不长且仕宦不显。

4. 同乡

同乡为士人网络中的一个环节，是士人之间相互联系的一个重要纽带。同乡士人之间相互援引的例子屡见不鲜。

---

① （元）苏天爵著，陈高华、孟繁清点校：《滋溪文稿》卷 22《默庵先生安君行状》，第 365 页。
② （元）安熙撰：《默庵先生文集》卷 5《故承事郎同知绵州事安公墓志》，第 240 页上。

安氏本为太原离石人，由于金末兵乱才迁徙至真定藁城，并占籍此地。因此，安氏的同乡可以分为河东和真定两地。河东地区的同乡主要有张德辉、牛子益、袁某①、姚天福等。真定地区的同乡主要有史彬、董士良、董源、王思廉、陈天祥、王仁、王结、赵时勉、李士兴、苏天爵、杨俊民、焦悦、李椿等。

张德辉（1195—1274），字耀卿，号颐斋，元冀宁交城（今山西交城县）人。元初名臣，《元史》有传，中统初为河东宣抚使，迁东平宣慰使，官至参议中书省事。张德辉在金亡后北渡，被史天泽辟为经历官。他与元裕北觐，请忽必烈接受儒学大宗师称号，忽必烈命其提调真定学校。张德辉以安滔为其同乡，又熟知其学行，于是请安滔至其家塾，教授其诸孙。在张德辉宣抚河东时，他辟安芝为转运司从事，后张德辉迁东平宣慰使，复辟安芝监收嘉祥丝料，寻升其为行省掾。

值得注意的是，安氏与真定的两大著族——真定史氏和藁城董氏亦有往来。史彬，元永清（今河北永清县）人，史天泽第八子，历官御史中丞、中书左丞。② 史彬为御史中丞时，曾荐举安筠为河东山西道提刑按察司知事。董士良（1265—1327），字善卿，元藁城（今河北石家庄市藁城区）人，董文忠次子，官至开州尹。大德七年（1303），安松与董士良、宋鼎和王俊民同游水窦岩，并在此题名。安熙作《游水窦岩题名》，文中写道："神峰道人（安松）以大德癸卯（1303）正月戊午晦来游兹岛。观浮休石刻，长吟坐啸于飞泉怪石间。飘然若有得也。同行者，曲阳令董侯士良、平江路监税宋鼎、门生王俊民，道人则安某敬仲父也。"③

焦悦（1266—1337），字子和，号兑斋，元真定（今河北正定县）人，师从于藜轩吴君，讲究理学，荐授本郡学官。焦悦"尝与同郡安君熙讲说六经之旨，伊、洛诸儒之训，莫不究其精微，一时朋友皆自谓弗及也"④。焦悦的学行受到了当地士人的高度赞赏，"乡之先进若翰林王文恭公（王思廉）、恕斋安先生（安松）咸器重之"⑤，遂被中台御史荐举为真定路学官。

李椿（1227—？），字寿卿，本维扬故家，后迁徙至藁城（今河北石家庄市藁城区）西管镇，以陶为业，善营生，为里巨族。西管镇为安氏旧居，大德十年（1306），安熙来此授书，居住于李椿家中，恰逢李椿八十寿辰，安熙遂作《寿李

---

① 袁某疑为袁湘（1195—1253），临州（今山西临县）人。官至延安路兵马都总管。（据姚燧《牧庵集》卷17《袁公神道碑》，《四部丛刊初编》本，上海：商务印书馆1922年版）
② 史彬具体事迹参阅毛海明、张帆《史彬事迹钩沉》，《中国史研究》2014年第1期。
③ （元）安熙撰：《默庵先生文集》卷4《游水窦岩题名》，第235页下。
④ （元）苏天爵著，陈高华、孟繁清点校：《滋溪文稿》卷14《焦先生墓表》，第226页。
⑤ （元）苏天爵著，陈高华、孟繁清点校：《滋溪文稿》卷14《焦先生墓表》，第227页。

翁八十诗三首并序》，在《诗序》中写道："兹镇（西管镇）实先玉峰君（安滔）旧隐，比岁冬，余以羸疾来居，且幸以诗书教其乡人子弟，翁（李椿）请余处其别馆，而使其孙兴宗执几杖之役，岁久而翁不余厌也。翁长家君（安松）一岁，故余以父执事之。"① 从文中我们可以看出，安熙备受当地人的尊崇。

同乡是安氏家族社会网络中数量最多的部分，是其社会网络的核心内容。共19人，占总人数的48.7%。安氏家族通过结交当地著族、名公显宦和学官来扩大家族影响，从而获得出仕机会、改善生存环境。

5. 文友

在社会网络中，文友较姻戚、师生、同僚、同乡更具扩张性与选择性。文友数目的多寡固然因人而异，而交友的对象也可根据个人的身份、学识、地缘、族群等因素加以选择。因而，文友的交往既能反映个人的身份，亦能显示其文化素养及政治社会抉择。

在本文中，笔者将"文友"界定在有诗文唱酬和学问切磋上。因为诗文唱酬和学问切磋不仅可以提高技艺，而且可以用以敦睦情谊。居下者借此结纳长上，居上者亦可示惠后进。据笔者所见，安氏文友有张德辉、王思廉、王仁、王结、赵时勉、乌冲、董士良、宋鼎、李枢判、焦悦等。

王仁（1241—1311），字仲安，元中山（今河北定州市）人。大德九年（1305）拜治书侍御史，官至河东廉访使。

赵时勉（1274—1327），字致堂，元中山（今河北定州市）人，蜚狐赵氏后裔，从学于滕安上，荐授侍仪通事舍人，官至定陶县尹。

王结（1275—1336），字仪伯，元易州定兴（今河北定兴县）人，徙中山。元代中后期名臣，《元史》有传，官至中书左丞。

上述三人，均为中山人，这是由于安熙曾受聘于王仁和赵时勉的家塾到中山授业。安熙《行状》中记载："故宪使中山王公（王仁）、侍仪赵君（赵时勉）以礼币延［安熙］于家塾，俾教诸子以及乡人愿学者。"② 又《与乌叔备书二》中记载："某一来此（中山），行及三载……此间惟王仲安（王仁）时相见，渠读《四书》，甚有得处，时与之语，亦多有警助。去岁又得一王仪伯（王结），年二十五六，曾从董宗道受《四书》、《诗书传》，好学不倦，作文字亦可观，岁一至中山，时来晤语也。"③ 此外，安熙与王仁和王结均有唱酬记录。

文友人数在安氏家族社会网络中占第二位，共14人，占总人数的35.9%。

---

① （元）安熙撰：《默庵先生文集》卷2《寿李翁八十诗三首并序》，第226页下。
② （元）苏天爵著，陈高华、孟繁清点校：《滋溪文稿》卷22《默庵先生安君行状》，第364页。
③ （元）安熙撰：《默庵先生文集》卷3《与乌叔备书二》，第232页。

安氏家族的文友均为士人身份,这也是他们之间进行文化互动的基础。在安氏家族文友中,有仕宦经历者12人,占文友总人数的85.7%,同乡者8人,占文友总人数的57.1%。这说明安氏家族交往的文友对象主要为官员,且多为同乡。安氏家族与文友之间的社会网络主要是通过师生关系、切磋学问和诗文唱酬的方式建构起来的。

(二) 安氏家族社会网络的内容

下面根据安氏家族社会交往的统计情况,分析其家族社会网络的构成及特点。安氏家族社会网络构成见表3。

表3　　　　　　　　　安氏家族社会网络构成内容统计

构建内容	士人	学官	官员	其他
数量（人）	31	2	25	1

据笔者统计,在史料中与安氏家族交往的对象有39人,其中具有士人身份的有31人,占总人数的79.5%,不详者4人,均为其姻戚。但能与安氏家族有婚姻关系,亦应为士人家族。如加上这4人,那么与安氏家族交往的具有士人身份的人数占总人数的89.7%。这说明安氏家族以士人为主要的社会交往对象,这是由安氏家族成员的士人身份决定的。在其家族交往的士人中,主要通过同乡、文友、师生和同僚等方式来构建的。

从交往对象有无仕宦经历来看,有仕宦经历的有27人,占交往总人数的69.2%,其中官至三品及以上者有16人之多,占有仕宦经历人数的59.3%,这是安氏家族善于社会经营的结果。一般士人结交官员,对改善他们的生存环境,提高声望有比较大的作用。安氏家族就非常重视这一点,而且他们也确实从交往的官员中得到过一些帮助。

有仕宦经历者,可分为一般官员和学官。从交往一般官员的地缘上看,安氏家族交往的官员又可分为同乡官员和真定地区的监察官员。其中同乡官员16人,占有仕宦经历总人数的59.3%。这说明安氏家族十分重视同同乡官员的交往来扩大影响。安氏家族与同乡官员主要是通过师生关系、切磋学问和诗文唱酬等方式建立起来的。其中,通过师生关系构建起来的同乡官员4人,通过切磋学问和诗文唱酬方式建立起来的同乡官员7人。

此外,还有宦游至真定者3人,且均为监察机构官员。安氏家族与地方监察官员交往方式,一位为荐举安氏家族成员出仕,另外两位则为向安氏问学。元代的监察机构负责督促、勉励学校事宜,一些官员将教育、教化作为分内之事，常常参与学校祭祀，交往地方士人，并且元代的监察机构有着"举贤"的职能。[①] 一方面，安氏家族与当地监察机构官员交往，是有利于安氏家族获得出仕机会的；另一方面，宦游至真定者向安氏问学，也说明安氏家族在此地区声望甚高。

元代儒士另立户籍，隶于地方官学或书院，学官不仅分管教育，也负责管理当地儒士。因此，与地方学官的关系如何，对于一般儒士而言，直接关系到其日常生活。安氏家族著儒籍，长期从事地方教育活动，安氏家族成员亦有担任当地学官的记录，因此与当地学官的交往直接关系到安氏家族的生存环境。在本文中与安氏交往的当地学官有2人，其交往方式一为同僚，另一为切磋学问。

（三）安氏家族社会网络变化描述

为了叙述方便，现将安氏家族在金元时期的社会网络按照安氏世系分为四代。根据表1、表2、表3的统计材料，列出其社会网络的变化情况，具体数据见表4、表5。

表4　　　　　　　　安氏家族社会网络变化统计

世系	具体人物	数量（人）
第一代	石抹陈奴、张德辉、牛子益、袁湘、送某、吴先生、王思廉、史彬、马公、刘氏	10
第二代	张德辉、李谦、李元、王思廉、程思廉、姚天福、史彬、马公、董士良、李士兴、王俊民、杨俊民、苏天爵、宋鼎、安好古、刘氏、苑大亨、苑弼、乔岳、乔木、张氏、王氏、焦悦	23
第三代	王思廉、陈天祥、王仁、王结、赵时勉、刘因、乌冲、董士良、李士兴、王俊民、杨俊民、苏天爵、鲁古讷丁、安好古、李椿、赵君、宋鼎、董源、李枢判、刘氏、苑大亨、苑弼、乔岳、乔木、张氏、王氏、焦悦	27
第四代	杨俊民、苏天爵	2

表5　　　　　　　　安氏家族各代社会网络构建

构建方式＼世系	姻戚	同僚	师生	同乡	文友
第一代	2	3	1	5	2
第二代	7	6	7	10	4
第三代	7	0	9	14	11
第四代	0	2	0	2	0

---

① 李治安：《元代政治制度研究》，人民出版社2003年版，第323页。

表4、表5反映了安氏家族社会网络的发展情况，现根据所统计数据，对安氏家族不同阶段社会网络的特点及变化轨迹进行分析。

安滔自金元之际由河东转徙至真定地区，其社会网络主要是通过同乡的方式构建的。尤其是在刚刚迁徙至真定地区，安滔主要依靠在河东地区的同乡来构建自己的社会网络。随着在真定地区生活的稳定，安滔开始结交当地著族和学官。

第二代在承袭安滔社会网络的基础上将其家族社会网络继续扩大。这一时期，安氏家族的社会网络变化主要表现在以下三个方面：第一，河东地区交往对象的数量逐渐减少，真定地区交往对象的数量不断增多。安氏家族在这一时期与当地互有婚姻关系，据已知记载，最初以地方军官为主，其原因很可能为元初地方统治秩序不稳，与军官家庭联姻，有助于维护安氏家族在地方上的稳定性。其后，安氏家族又多与当地著族、同乡官员和地方监察官员交往。这说明安氏家族在真定地区已站稳脚跟，逐渐与当地人融合。第二，同僚的数量不断增多，这与第二代安氏家族成员均出仕有关。第三，师生关系和文友的数量不断增多，这说明安氏家族的学术影响力在不断增强。

安氏家族的社会网络在第三代继续扩大，但与第二代相比，有很多的重复。这主要是因为社会网络具有继承性。一方面，在婚姻关系上相互继承，另一方面，安松父子在家教授，故其门人均以"安氏弟子"自称。但安氏家族第三代的社会网络也有其新的元素，其中最显著的内容为文友范围的扩大。这种范围的扩大不仅表现在人数上，在地域上也有所扩展。安氏家族前两代文友多为真定地区人，而第三代的文友已经扩展到真定周边地区，这说明安氏家族的学术影响力还在不断地扩大。

有关安氏家族第四代的社会网络的情况，由于史料的缺乏，我们表4、表5中所给的数据肯定是不完整的。但据现有记载，我们有理由推测，安氏家族的社会网络在第四代相对萎缩。其原因主要有二：第一，随着安松父子相继离世，安氏家族第四代年纪尚幼，没能继承其家族的社会网络；第二，安垫在成年后任广宁路儒学正。安垫离开真定地区在很大程度上就丢失了其家族在该地所构建的社会网络。

三 结论

安氏家族自金末战乱转徙至真定地区，到元代中前期迅速崛起，这与元代北方文化环境有关。首先，金末蒙古在北方造成了极大的破坏，许多士人家族流离失所，失去了他们所安身立命的文化资源，在一定程度上造成了传统文化的缺失。安氏家族世代儒家，在安滔时期既能接受程子之学，在"戊戌之试"中著籍儒户，以传道、授业、解惑为己任。在这种情况下，自然会让那些向往儒学的士人心向往之，这也为其家族构建社会网络奠定了文化基础。其次，在蒙古入侵南宋的过程中，朱子之学北传，开阔了北方士人的视野，为其欣然接受。安熙继承家学，自幼即有求道之心，后成为刘因的私淑弟子，通过对程朱理学的继承和发展，逐渐确立了其北方儒学的正统地位。程朱理学在元代被立为官学，但元初程朱理学在北方不甚流行的情况下，安氏家族成员能够较早地接受这一学说，当然会得到士人的支持与推崇。

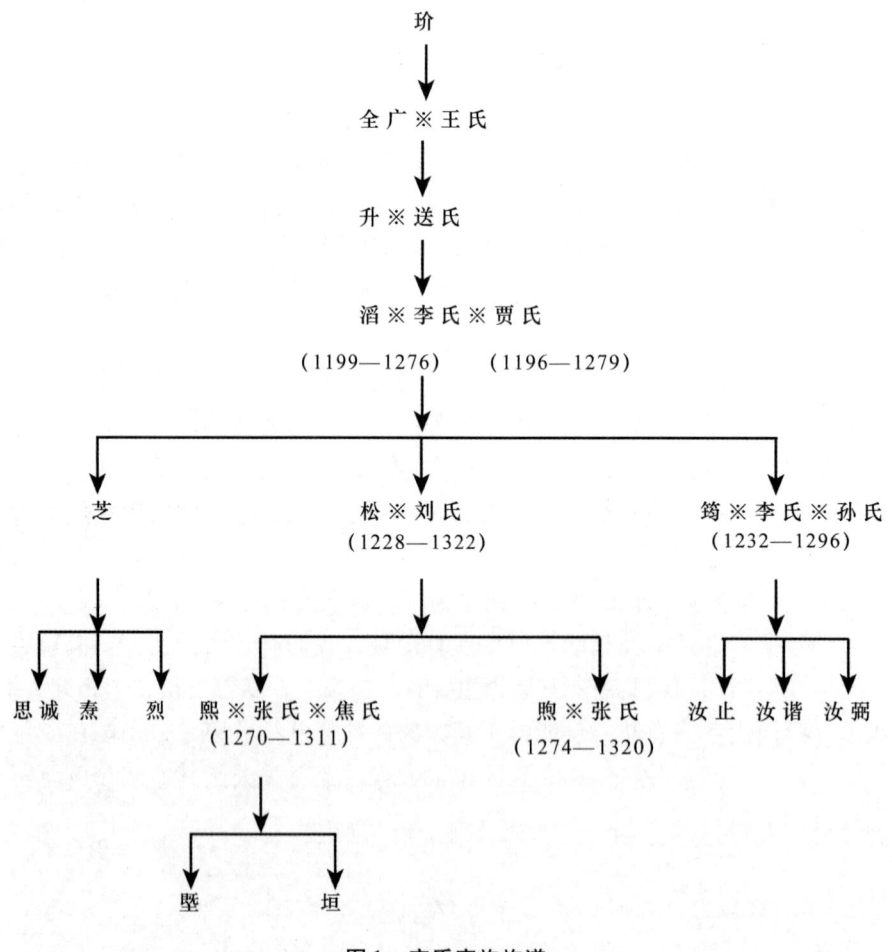

```
                    玠
                    ↓
                全广※王氏
                    ↓
                 升※送氏
                    ↓
            滔※李氏※贾氏
          (1199—1276) (1196—1279)
                    ↓
    ┌───────────────┼───────────────┐
    ↓               ↓               ↓
    芝          松※刘氏         筠※李氏※孙氏
              (1228—1322)       (1232—1296)
                    ↓
  ┌──┬──┐    ┌─────┴─────┐    ┌──┬──┐
  ↓  ↓  ↓    ↓           ↓    ↓  ↓  ↓
 思诚 焘 烈  熙※张氏※焦氏  煦※张氏  汝止 汝谐 汝弼
           (1270—1311)  (1274—1320)
                ↓
            ┌───┴───┐
            ↓       ↓
            坚      垣
```

图1　安氏家族族谱

安氏家族以其所占有的文化资源为基础，通过婚姻、师生关系、同僚、同乡、诗文唱酬和学问切磋等方式构建其家族的社会网络，这一社会网络是一个以士人身份为主体的士人圈，其交往的范围主要集中在真定地区，其针对的对象是当地著族、同乡官员、地方监察官员和学官。其社会网络又可分为核心、中间和边缘三个层次：以当地著族、同乡官员、地方监察官员和学官所组成的社会网络是安氏家族社会网络的核心部分。通过这一社会网络，安氏家族得到了社会舆论的赞扬和支持，为其子弟接受良好的教育和出仕创造了条件。以婚姻组成的社会网络是安氏家族社会网络的中间部分。与地方军官和仕宦家族联姻，有助于维护安氏家族在地方上的稳定性和声望的提高。同僚是安氏家族社会网络的边缘部分，安氏家族主要以教授为业，其家族成员仕途并不算显赫，同僚对其家族发展也没有显示出十分重要的作用。安氏家族社会网络的发展轨迹，反映了安氏家族的繁荣程度，随着社会网络的急剧萎缩，安氏家族在元代后期变得默默无闻了，从中我们可以看出，社会网络的经营对于士人家族的生存状况、社会影响和社会地位具有重要的作用。安氏家族是元代中前期汉人士人家族的一个典型案例，对于我们认识元代汉人士人家族的发展历程和社会网络的构建具有非常重要的意义。

（王翠柏，安徽师范大学历史学院副教授）

《明宣宗实录》对朱瞻基形象的多元化建构

李俊颖

摘　要：《明宣宗实录》对朱瞻基的形象进行了多元化的建构，一方面对其非正面形象加以隐饰，另一方面则多角度地展现其正面形象，使其更贴近传统的儒家君主。这种建构方式虽然带有主观与客观、曲笔与直书的二重性特征，但史官们主要是基于朱瞻基的客观活动进行有选择的历史书写，因此除去其中溢美、隐饰的成分，从《明宣宗实录》中能够看到他相对真实、立体的帝王形象。

关键词：《明宣宗实录》；朱瞻基；形象；建构；隐饰

明宣宗朱瞻基在位的近十年间，明朝经济稳步发展、政治相对清明、百姓安居乐业，可谓"蒸然有治平之象焉"[①]，基于此，后世将其与明仁宗的统治誉为"仁宣之治"，朱瞻基的个人形象在史家的笔端也多为正面。以朱瞻基的言行事迹为中心，记载了洪熙元年六月至宣德十年正月（1425—1435）间史事的官修史书——《明宣宗实录》，则在史官们的精心书写下，对朱瞻基的形象进行了更加多元化的建构。这种建构，一方面对朱瞻基的非正面形象进行隐饰，另一方面则从多个角度展现其正面形象，既有在政治上颇有作为的明君形象，也呈现了家庭生活中的温情帝王、宫廷生活中的文艺天子等多种形象，使其更贴近传统的儒家君主。因此，相对其他史籍而言，《明宣宗实录》虽不乏溢美、修饰的成分，但对朱瞻基形象的建构更加多元、立体和生动，这种主、客观相互渗透的历史书写，对于较为全面地了解朱瞻基及宣德朝史事有着重要价值。

关于《明宣宗实录》，前人已有相关研究，主要是对其隐讳、不实之处及

---

* 本文为国家社科基金重大项目"《明实录》整理与研究"（项目编号：13&ZD090）阶段性成果。
① （清）夏燮撰，沈仲九点校：《明通鉴》卷21《宣宗章皇帝纪》，中华书局2009年版，第801页。

其修纂过程进行了探讨,① 然而《明宣宗实录》对朱瞻基形象的建构问题,未见有相关论述。因此,本文试图对这一问题进行考察,以期展现明宣宗朱瞻基的立体形象,并探讨实录在对其形象建构过程中的隐饰问题。笔者学力浅薄,不足之处恐难避免,请方家学者赐教。

一　温情帝王形象的建构

朱瞻基成长于安逸的环境中,自小受父祖钟爱,并且长期接受传统儒家思想的教育,秉承仁孝理念,在《明宣宗实录》的诸多记载中,可见其重视孝道、和睦宗亲的一面,由此展现出充满人性化与温情的帝王形象。

(一) 重孝道

朱瞻基同祖父和父亲之间有着极为深厚的感情,即位之后,他时常怀念父祖对自己的钟爱,曾多次前去拜谒陵寝,甚至因思念而落泪,这在《明宣宗实录》中有生动的记载。如宣德元年(1426)清明节前夕,朱瞻基对侍臣说:"朕自幼钟爱于皇祖,未尝一日不侍左右,弘谟伟略随事训教。皇祖妣同历艰难,弼成国家,抚育朕躬,慈爱备至。我皇考德绍先烈,仁覆苍生,不期年而遽上宾,劬劳之恸终身。今山陵在望,霜露之感尤切,将以清明日展谒。"当车驾到达天寿山时,"上遥望二陵松柏郁茂,因呜咽流涕,是日诣陵行谒祭礼,不胜哀恸,左右亦皆感泣"②。短短几句话,将朱瞻基对祖父母养育之恩的感激,以及对父亲骤然离世的悲痛之情表现得淋漓尽致。

类似的记载亦可见于《明宣宗实录》卷六三,宣德五年(1430)二月乙未,在奉皇太后拜谒长陵、献陵的途中,朱瞻基见到百姓夹道瞻望的场景,恻然道:"自嗣位以来,凡昔皇祖教诏之言,未尝敢忘,今出都门望村落居民及其田作,追思往事,怆戚之情,自不能抑。"拜谒后,与侍臣谈到祖父和父亲时再

---

① 相关研究成果:明朝王世贞《史乘考误》(《弇山堂别集》第1、2册收录,中华书局1985年版)对明朝实录进行了系统考辨,其中以野史、家乘等材料与《明宣宗实录》互做比对;吴晗《记明实录》(载《"中研院"历史语言研究所集刊》第十八本,1948年)从评骘、史官、仪制、掌故、刊布等方面对明代各朝实录做了综合性论述;李晋华《关于明实录问题材料汇辑》(载《明清史研究论集》,台北:大陆杂志社编辑委员会1975年版,第59—61页)对明代各朝实录存疑之处进行辨证举例,其中第8部分《宣宗实录辨证举例》列举材料对"高煦被擒非归降""胡皇后被废非逊位"予以辨证;黄云眉《明史考证》(中华书局1979年版)旨在考订《明史》,该书第1册卷9《(宣宗纪)考证》用了许多《明宣宗实录》的内容与《明史》互证;谢贵安《明实录研究》(上海古籍出版社2013年版)从文献学角度对明朝实录进行系统研究,该书正文共9章,其中第4、5章记述了《明宣宗实录》的修纂过程和修纂人员。

② 《明宣宗实录》卷14,宣德元年二月乙酉、丙戌条,台北:"中研院"历史语言研究所1962年版,第387页。

次"凄怆弗已"。《明宣宗实录》中的这些记载，使人直观地感受到朱瞻基对父祖深厚的感情与深切的怀念，"呜咽流涕""自不能抑"这些字眼更是为朱瞻基的帝王形象增添了些许真实、温情的色彩。

对待自己的母亲张太后，朱瞻基也十分孝顺。宣德三年（1428）二月，朱瞻基陪同母亲游览西苑，《明宣宗实录》卷三六在记载这件事情时，特意记述了朱瞻基平时的孝行："上即大位，尊事皇太后，极其孝敬，每旦暮诣西宫，朝谒愉色，奉承惟恐弗及。皇太后慈仁隆至，每见上则忻然从容询及政事及所平决，上敷陈明达，皇太后喜动颜色，凡军国大政，必禀命而行，四方贡献，虽瓜果之物必先以奉皇太后，皇太后或时召，上虽有急务，必促驾而往。"这条记载穿插于朱瞻基奉皇太后游西苑一事中，体现了实录夹叙夹议的记事特点，同时也可见史官力图整体展现朱瞻基孝子形象的深意。

这种总体陈述之外，《明宣宗实录》更多地是以细节性的记载来突出朱瞻基的孝行，如卷四七载，宣德三年九月，朱瞻基巡边回京，原本于二十三日便可到达京师，却令诸将"过通州二十里扎营"，并解释道："非谓远不可至，朕前奏皇太后以二十四日朝见，言不可爽也。"一个细节、一句话便突出了他体贴母亲、谨遵孝道的形象。

明朝自开国便宣扬儒家传统的"以孝治国"的思想，《明宣宗实录》通过史官们精心细致地记载，生动地展现朱瞻基的孝心、孝行，以期将其树立为孝子贤孙的典范，不仅由此建构出朱瞻基面对至亲时的温情帝王形象，从更深层的意义而言，这也是明朝孝治思想渗透于实录中的一个突出表现。

（二）睦宗亲

"仁者人也，亲亲为大"[①]，朱瞻基自小就深受儒家学说的熏陶，自然深知此理，所以他强调"为治之道，亲亲为先"[②]，不仅对祖父母和父母竭尽孝行，对谨守礼法的宗亲也往往恩礼有加，《明宣宗实录》中便展现了他和睦宗亲、充满温情的形象。

朱瞻基在实录中的睦亲形象首先体现在对宗亲时有恩赏，《明宣宗实录》卷三载，洪熙元年七月，汉王高煦奏事，"上览之喜，命有司施行"，并命礼部："朕初即位，诸王宗亲守藩在外，宜有赐赉，用展亲亲"，于是赐七位藩王白金、文绮等物，不久加赐赵王高燧"田园八十顷有奇，以初之国故也"[③]。汉王和赵王是当时对皇权威胁较大的两位藩王，朱瞻基尚能以礼相待，对不设护

[①]（汉）郑玄注，（唐）孔颖达疏：《礼记注疏》卷52《中庸》，景印《文渊阁四库全书》第116册，经部·礼类，台北：台湾商务印书馆1983年版，第363页上。
[②]《明宣宗实录》卷70，宣德五年九月壬寅条，第1636页。
[③]《明宣宗实录》卷4，洪熙元年七月癸未条，第99页。

卫的五位亲兄弟自然更加优渥，《明宣宗实录》卷五六载，宣德四年七月，户部奏请给郑、襄、荆、淮、梁五王禄米各三千石，朱瞻基却提出"诸弟初之国，凡百所需未备，其禄各岁给万石"，由三千石加至万石，可以说是十分优厚的待遇了，可见朱瞻基对诸弟的恩宠。另外，他对无子国除的藩王宫眷也没有丝毫怠慢，郢靖王朱栋是朱瞻基的叔祖父，因无子而国除，《明宣宗实录》卷五一载，宣德四年二月，朱瞻基命人将郢靖王宫眷移居南京旧内，"敕太监王景弘等，凡岁时朝暮衣服饮食百需皆内府依期给之，仍时遣人省视，不许怠慢。先是，上谓侍臣曰：'郢靖王无嗣，其宫眷尚留安陆，国中无主，朕欲移置南京旧内，庶供给皆便，于义何如？'侍臣对曰：'此陛下亲亲之仁，处置当矣。'遂有是命"。这条记载典型地反映出实录兼具纪事本末的体裁特点，"先是"二字后的内容是对移居郢靖王宫眷一事的解释，同时又自然地展现出朱瞻基的"亲亲之仁"，可见史官们建构其睦亲形象的良苦用心。

《明宣宗实录》中朱瞻基的睦亲形象还体现在对宗亲不计小过、不听妄言。卷五载，洪熙元年闰七月，代王进谢恩表不合规范，礼部尚书吕震奏请罪其官属，朱瞻基认为"此书者之疏略也，代王老矣，若责其官属，王心不安，其宥之，但移文长史俾知之"。类似于这样的记载，在实录中多有出现，显示了朱瞻基对宗亲宽厚、温和的一面。

朱瞻基对宗亲示以温情的同时，也或明或暗地采取措施来限制、削弱藩王实力，以消除对皇权的威胁，《明宣宗实录》记载了一些臣子的相关建议及朱瞻基的反应，如卷二〇载，宣德元年八月，平定汉王朱高煦叛乱回京的途中，"户部尚书陈山迎驾……见上首言：汉、赵二王实同心，宜乘今席卷之势，移兵彰德，赵王就禽，国家可永无虞。上不听，山退，诣尚书夏原吉、蹇义力言，冀两人赞，上必行。上终不听"。这条记载言简意赅，表现出朱瞻基对发兵赵王这一建议是果断、坚决地拒绝。然而，朱瞻基的态度真如实录所记的如此坚决吗？其实不然，据杨士奇文集所记，朱瞻基听完陈山的建议后"召杨荣以山言谕之，荣对曰：'山言国之大计。'遂召蹇义、夏原吉谕之，两人不敢异议，荣言：'请先遣敕赵王，诘其与高煦连谋之罪，而六师掩至，可擒也。'从之"[①]。由此可见，朱瞻基最初对陈山的建议是心动的，并为此召集重臣商议，商议的结果是"从之"，而最终在杨士奇的竭力劝谏下才放弃发兵赵王，这与实录中果断拒绝的态度是大相径庭的。毕竟，意图对无明显过错的叔父发兵，有损朱瞻基的形象，所以实录对此事的具体过程只字不提，仅用"上不听""上终不

---

① （明）杨士奇撰：《东里集·东里别集》卷2《圣谕录下》，景印《文渊阁四库全书》第1239册，集部·别集类，第636页。

听"来陈述朱瞻基的最终态度，目的就是为了突出朱瞻基不听妄言、和睦宗亲的温情形象。

朱瞻基性格较为宽和，又深受儒家仁孝思想的影响，所以对待自己的亲人往往比较宽厚仁爱，在此基础上，史官通过据实直书或略加隐讳的书写方式，于《明宣宗实录》中建构了朱瞻基在家庭生活中的一种温情帝王形象。当然，朱瞻基戒饬宗亲、惩治不法藩王的较为严厉的一面，史官也有所选择地加以记载，以彰显其处事公正的明君形象，由此亦可见《明宣宗实录》对朱瞻基形象进行多元化建构的特点。

二 治世之君形象的建构

有学者指出，明朝实录内容取舍的标准，从对象上看是以皇帝为核心，从内容上看是以政治为核心，以经济、军事、文化教育为辅助内容，其目的是为皇帝提供治乱兴衰的鉴戒，并歌颂先帝的功德与仁政。[1]《明宣宗实录》亦不例外，是书大量着墨于朱瞻基治国理政方面的言行事迹，以期为后世子孙提供有益借鉴，同时也整体呈现了他治世之君的形象。

（一）虚怀纳谏、求贤若渴

儒家主张"为政在人"，要求君主不仅要以身作则，还要选贤任能，因此历史上英明的君主无不虚怀纳谏、求贤若渴，史官们在《明宣宗实录》中便通过有选择的历史记载来展现朱瞻基的这一面。

一方面，在《明宣宗实录》中，朱瞻基被描绘成一位广开言路、虚怀纳谏的君主。朱瞻基的即位诏书中便有提倡臣民进言的内容，实录卷五载，洪熙元年闰七月，有朝臣认为一些吏、卒进言是为了升官，其言不可听，朱瞻基却认为"朝廷但当察其言之当否，不必计其人之贵贱"，不久又强调："致理之道，莫尤于广言路，盖天下之大，吏治得失，民生休戚，人不言，朝廷何由悉知？古人谓明主视天下犹一堂，满堂饮酒，一人对隅而泣，则一座（为）之不乐，若令天下有匹夫、匹妇不得其所实，为君德之累，凡有建言民瘼者，卿等勿讳言……"[2] 表明了他效法明主、广开言路的态度。朱瞻基在位期间，基本做到了虚怀纳谏，实录中的相关记载多是据实直书，但也有少数朝臣因劝谏触怒朱瞻基，而遭到严厉惩罚，史官们对此类有损朱瞻基形象的事件采取了避而不书的处理方式，体现了实录刻意为帝王隐饰的一面，后文对此将有详细论述，在此便不作赘言。

---

[1] 参见谢贵安《明实录研究》，第291页。
[2]《明宣宗实录》卷41，宣德三年四月癸亥条，第1005—1006页。

另一方面，《明宣宗实录》记载了许多朱瞻基求取贤才的言行事迹，鲜明地表现出他求贤若渴的形象。如卷一载，洪熙元年六月庚戌，朱瞻基颁布即位诏书，其中一条便是要求官员荐举守令，不久因荐举者寥寥无几，他再次提出"荐贤为国事君之义……各举所知，除见任府州县正佐官及曾犯赃罪者不许荐举，其于见任及屈在下僚官员并军民中有廉洁公正、才堪抚字者，悉以名闻，务合至公，以资实用，不许徇私滥举"①。可见，朱瞻基的求贤之诏并非一纸空文，据实录所记，此后他又多次督促官员荐举贤才，同时完善荐举之法，荐举而来的人才要经过考试合格后再授官，不合格者，则要罚其举主，如此便有效地防止官员滥举，以求得真正贤能之士。诏令之外，实录还记载了朱瞻基曾先后创作《招隐诗》（《明宣宗实录》卷七六）、《招隐歌》（《明宣宗实录》卷八〇）等赐给朝臣，以示其求贤心切。

总体来看，史官们在《明宣宗实录》中刻意忽略朱瞻基某些拒谏行为，通过对其正面言行事迹的书写，来展现他虚怀纳谏、求贤若渴的形象，以使其在更大程度上贴近贤明的儒家君主。纵览朱瞻基当政时期，官僚群体中人才济济，而且君臣融洽，政治生态环境相对洪武、永乐时期得到极大改善，这种良好局面的出现与实录所载的朱瞻基纳谏求贤的言行事迹是基本吻合的，由此可见，史官们在必要的隐饰之外，还是以相对客观的历史记载来建构朱瞻基的这一形象。

（二）重农固本，仁政爱民

明朝经过永乐时期的大规模发展，国力逐渐强盛的同时，四处征战、远航西洋等活动也极大地消耗了国家财政，百姓负担沉重，亟须得到休养生息。面对这一局面，朱瞻基即位后，顺应时势，延续了其父明仁宗息兵养民的治国理念，重视恢复和发展经济，改善百姓生活，相关为政举措被连篇累牍地载入《明宣宗实录》中，由此展现出他重农固本、仁政爱民的形象。

朱瞻基十分推崇"德惟善政，政在养民"的观点，《明宣宗实录》记载，他不仅多次与朝臣论及这一观点，还将其写入《帝训》，作为自己的施政方针和追求目标。所谓"善政"，就是儒家宣扬的德政、仁政；所谓"养民"，强调君主要让百姓的生活有保障。朱瞻基的养民之道，首先是薄税敛，促进农业的恢复与发展。针对当时农田抛荒的现象，朱瞻基在即位诏书中明确提出，百姓耕种抛荒田地，官田要依民田起科，实录卷一四载，宣德元年二月，朱瞻基听闻户部仍依官田起科，责令尚书夏原吉等："若果如此，岂不失信？民粮远运艰难，必致外逃，则田将复荒，卿等宜遵依诏书，无失人心。"朱瞻基对夏原吉等

---

① 《明宣宗实录》卷7，洪熙元年八月壬申条，第188页。

老臣一向温和，而这条谕令可见其语气之严厉，减税态度之坚决。据实录记载，此后他又多次命户部减免一些地区的税粮，甚至实行了全国范围内的减税，卷六三载，宣德五年二月他颁布宽恤之令，规定"自今年为始，每田一亩，旧额纳粮自一斗至四斗者，各减十分之二，自四斗一升至一石以上者，减十分之三，永为定例"。卷八八载，宣德七年三月，再次下诏，今后官田塘地不分古额、近额，皆依宣德五年二月的规定减免，并戒饬户部："今减租之令，务在必行，书曰：民惟邦本，本固邦宁。有子曰：百姓不足，君孰与足？卿等皆士人，岂不知此？"可见，朱瞻基对百姓、国家与君主之间的关系有着清晰的认识，所以他秉承"以民为本"的理念，轻徭薄赋，减轻百姓负担，以达到"本固邦宁"的目的。但从《明宣宗实录》的记载来看，他薄税敛的命令并未得到朝臣的完全支持，统治集团内部在政策的制定与实际执行之间存在一定的矛盾，而实录将这种矛盾呈现出来，在一定程度上反而更加突出了朱瞻基理想化的政治追求和爱民养民的形象。

其次，朱瞻基的养民之道还表现在对灾荒的应对十分迅速。《明宣宗实录》卷二载，洪熙元年六月，河南新安知县未及上报已先借函关驿的粮食分给受灾百姓，奏请秋成后还官，朱瞻基对这一做法赞赏有加，此后这种未及上报、先行赈济的情况，也都得到了他的支持，实录中多有记载。对于上报来的较为严重的灾情，朱瞻基也不拘泥于成宪，如卷一六载，宣德元年四月，青州府奏请朝廷赈济，但未报饥民之数，户部请先派人覆勘，朱瞻基却认为："民饥无食，济之当如拯溺，救焚不可少缓，若待覆勘而行，岂不有馁死者？"即刻命人赶往山东，令地方官核实后立即发放官粮赈济。赈灾救荒的同时，朱瞻基还往往减免灾荒地区的赋税，有学者根据《明宣宗实录》做出统计，这样的情况从洪熙元年至宣德九年间发生了129次。[①]

最后，朱瞻基的养民之道还在于不夺农时，尽量减少干扰农业生产的活动。《明宣宗实录》卷一四载，宣德元年二月，工部尚书吴中奏造军器缺熟铁，请于江南收买后发民往遵化冶炼，遭到朱瞻基的斥责，他认为"今当农时，而有此役，官吏里胥逼迫，民必受害，而妨废农功"，卷七二载，宣德五年十一月，有御史反映山海关一带本有官军防守，而有司又派民夫守望烟墩"实劳民力"，朱瞻基为此下令："凡军以卫民，民以给军，各有常职，何得虚劳民力，以妨农功，即令罢遣民夫，一委军士守瞭。"实录中此类记载比比皆是，对于这些非必需的活动，朱瞻基一律不予准允，以免妨碍生产、增加百姓负担。而对于一些必要的工程，朱瞻基也多命人安排在秋后农闲时动工，如卷一九载，宣德元年

---

① 马渭源：《大明帝国（洪熙、宣德帝卷）》（下册），东南大学出版社2014年版，第407页。

七月，御史王彰奏修理行宫的民丁多有逃者，请命人逮问，朱瞻基并未同意，反而说："方秋民正收获，无夺其时，行殿候农隙略加修葺，官吏亦不必问。"笔者统计，诸如此类命人待秋成或农隙发民动工的记载，在《明宣宗实录》中约有33处。① 此外，实录还多处记载了朱瞻基下令停止部分采办以缓解百姓压力。

以民为本，重农桑、薄税敛、不违农时，从《明宣宗实录》对朱瞻基这些养民之道的连篇累牍的记载中，不难发现，深受儒家影响的朱瞻基在时时践行着"德惟善政，政在养民"的政治理想，彰显出重农固本、仁政爱民的儒家君主形象。

（三）兴灭继绝，避免战争

永乐时期，北征蒙古、南征安南，在边防上基本采取以攻为主的政策，前文已提及，这些活动对国力消耗极大，客观条件已不允许继任者继续进行这种扩张式的发展。朱瞻基延续明仁宗息兵养民的治国理念，及时调整边防政策，以守为主，在《明宣宗实录》中，便可见其兴灭继绝、尽量避免战争的一面。

自明成祖讨平安南，在其地设立交阯布政司后，明朝与交阯的战争从未停息，尤其是永乐后期土官黎利领导的起义，使双方的战火愈演愈烈。朱瞻基即位后，对交阯继续用兵的同时，有意兴灭继绝，使交阯自成一国，以减轻明朝政府和百姓的负担。《明宣宗实录》卷一一载，洪熙元年十一月，朱瞻基敕谕陈智、方政等尽快讨平黎利，次日却向杨士奇、杨荣表示"若陈氏果有后，选一人立之，使共藩臣之职，三年一贡，如洪武之制，用宁其民，而中国亦省兵戎之劳，岂不可乎？如此不免论者谓朕委弃祖宗之业，然继绝兴灭，实我皇祖之志"。卷一六载，宣德元年四月，朱瞻基以太祖皇帝"得其地不足供给，得其民不足使令"的祖训为由，再次向近臣提出"只欲如洪武中及永乐初，使自为一国。岁奉常贡以全一方民命，亦以休息中土之人"。但几位近臣对此意见不一，而且明朝对黎利的军事行动接连失利，没有得到体面退出战争的机会，直至宣德二年十月，朱瞻基收到了所谓安南陈氏后人请求恢复独立、向明朝进朝贡义务的奏疏，于是以此为契机，正式宣布退出战争，使交阯自成一国，并强调："论者达不止戈之义，必谓与之不武，但得民安，朕亦奚恤人言！"② 诚然，后世对朱瞻基放弃交阯的评价褒贬不一，但从实录的相关记载可见他兴灭继绝的态度始终十分坚决，其理由一是为了遵循祖训，二是为了"全一方民命"

---

① 分别见于卷2、卷4、卷11、卷14、卷18（2处）、卷19（2处）、卷28、卷40、卷41（2处）、卷53、卷54（2处）、卷70、卷74、卷80、卷82、卷84、卷87、卷89（2处）、卷90（2处）、卷91（2处）、卷94、卷103、卷108、卷109、卷111、卷112。

② 《明宣宗实录》卷32，宣德二年十月癸未条，第834页。

"休息中土之人"，甚至不在乎争议，"但得民安"而已，展现了他息兵养民的仁慈的儒家君主形象。

　　为保证国内平稳发展，朱瞻基对待少数民族地区及边疆问题，也力图以抚为主，尽量避免军事冲突。如《明宣宗实录》卷六六载，宣德五年五月，云南顺宁府有出没为盗者，云南三司请求发兵，朱瞻基认为"彼窃盗耳，遽加兵是激其为乱，且令黔国公沐晟遣人招抚，不服则用兵剿捕"，这种先遣人招抚，不服再用兵剿捕是朱瞻基处理少数民族地区小动乱的常用方式，在实录的记载中颇为常见。当藩属国之间出现军事冲突的时候，他也尽量避免明朝卷入其中，如鞑靼阿鲁台和瓦剌部有冲突，朝臣请求出兵协助，朱瞻基提出"朕亦不欲劳中国之力，以事远夷，若又迫之于险，岂仁者所为哉"①，只命人前去抚谕。可见，朱瞻基时刻以仁君的标准要求自己，尽量用和平安抚的手段解决问题，力图求稳，避免战争给百姓和国家造成损失。

　　朱瞻基时期，出现为后人称赞的"吏称其职，政得其平，纲纪修明，仓庾充美，闾阎安乐，岁不能灾"②的仁宣之治，而《明宣宗实录》中展现的他求贤纳谏、仁政爱民、息兵养民的儒家君主形象，综合来看正是这样一种治世之君的形象。朱瞻基的时代，无论是客观局势的变化，还是主观上深受儒家政治思想的影响，都促使他的治国方式趋向保守和平稳，所以《明宣宗实录》虽难免有隐饰之处，但他的这种治世之君形象，总体上并非出自史官们的刻意塑造和美化，而是他的治国之策在历史书写中所折射出的一种相对真实的形象。

三　文艺天子形象的建构

　　朱瞻基受过较全面的文化教育，并且热衷书画和诗文创作，后人赞其"游戏翰墨，点染写生，遂与宣和争胜"③，认为他的才华堪比宋徽宗，由此可见其良好的文化艺术修养。《明宣宗实录》记载了朱瞻基许多引经据典的精彩政论和富含政治说教色彩的诗文，便在一定程度上展现了他文艺天子的形象。

　　（一）引经据典

　　朱瞻基自小熟读经史，尤其对治乱兴衰的典故十分熟悉，因此他与臣下谈论政事时常引经据典，以史为鉴。如《明宣宗实录》卷七〇载，宣德五年九月，朱瞻基与侍臣讨论享国长久之道，侍臣认为是由天命所致，而他却说："国

---

① 《明宣宗实录》卷78，宣德六年四月己未条，第1816页。
② （清）夏燮撰，沈仲九点校：《明通鉴》卷21《宣宗章皇帝纪》，第801页。
③ （清）钱谦益辑：《列朝诗集》乾集卷上《宣宗章皇帝》，《续修四库全书》第1622册，集部·总集类，上海古籍出版社2002年版，第287页上。

家创业垂统，贵有根本，三代以下，若汉高帝扫除秦苛以济苍生，唐太宗革隋敝政以致太平，其规模皆弘远，所以传之子孙皆长久。若后周之主称兵为逆，劫掠京城，曾无匡济之功，室家先覆，而世宗以养子继之，欲其宗祀长久，得乎？宋太祖陈桥之变，一号令之间，秋毫无犯，拯生民于沦溺，革叔季之兵祸，子孙享国与汉、唐同久者，盖有仁厚为之根本，岂偶然哉。"他细数历代明主所为，从而得出享国长久的根本不在于天命，而在于仁厚安民的结论。卷七一载，宣德五年十月，朱瞻基与侍臣论及养民之道时提出："朕常爱唐太宗言：凡营衣食以不失时为本，夫不失时者，唯人君简静可致，若兵戈屡动，土木不息，而欲不失时，岂可得也？此诚名言。"不违农时、不动兵戈、与民休息，唐太宗所说的这些也正是朱瞻基的政治思想，朱瞻基引用唐太宗之言，实际是以史为鉴，表达效法唐太宗、创造太平之世的自我期许。

从《明宣宗实录》的记载来看，朱瞻基对历朝史事十分熟悉，几乎能随口说出每位君主的事迹，不仅对他们的评价有自己的独到见解，也能适时地借助他们的事迹来阐述自己的政治思想，展现出一种引经据典的文雅形象。事实上，明朝除太祖朱元璋之外，"后嗣君主都受过儒家的良好教育，无论说话还是行文，都能做到慢条斯理和文绉雅致，无待实录过多地雅化"[1]，所以《明宣宗实录》中朱瞻基的这种文雅形象，是其自小受到良好教育的反映，并非出自史官们过多地"雅化"。

(二) 诗文创作

朱瞻基自称"喜吟咏，耳目所遇，兴趣所适，往往有作"[2]，得益于这种创作热情和良好的文化修养，加上日益稳定的统治环境，他创作了大量诗文，有《大明宣宗皇帝御制集》（存26卷）传世。他的创作风格多样，《明宣宗实录》中所载的则多是富有政治意义的诗文，从中亦可见其文艺天子的形象。

朱瞻基写过很多文章，除了一些诏令和训词是经杨士奇等人起草、润色外，其余的文章绝大部分是其本人亲笔撰写的。[3]《明宣宗实录》中的御制文章，大多内容平实，但寓意深长，如卷一六所载《历代臣鉴》和《外戚事鉴》序文，意在言明两书写作意图，即"用示法戒，其择善而从，以保福禄于永久"；卷三八完整记载了《帝训》的正文25篇及其序跋，此文"其词简，其义明，修身齐家治国平天下之道，大要具矣"，综合阐述了自己的治国之道和政治追求；卷九二载《官箴》35篇，是朱瞻基对各级官员的告诫规劝，希望君臣同心同力

---

[1] 谢贵安：《试述〈明太祖实录〉对朱元璋形象的塑造》，《学术研究》2010年第5期。
[2] （明）朱瞻基撰：《大明宣宗皇帝御制集》卷3《御制诗集序》，《四库全书存目丛书》集部第24册，齐鲁书社1997年版，第126页上。
[3] 赵中男：《宣德皇帝大传》，辽宁教育出版社1994年版，第327页。

"以兴起治功"。另外，朱瞻基的《序西汉循吏》（《明宣宗实录》卷二六）、《曹参论》（卷四一）、《广寒殿记》（卷一〇一）等文也都带有浓厚的政治说教色彩。他比较有特色的一篇散文是卷六四所载的《记农语》[①]，记录了自己与一位农夫的对话，文字流畅、内容朴实，真切地反映出农民生活，有一定的社会史料价值。

朱瞻基不仅是一位宫廷作家，还是一位多产的宫廷诗人，《明宣宗实录》中便有许多御制诗词。从内容看，实录中的御制诗词有的反映朱瞻基关心百姓疾苦，如卷四七、卷七二所载的《喜雪诗》，卷七七所载的《喜雨诗》以及卷八〇所载《悯农诗》等，都体现了朱瞻基关心农业生产、恤民爱民之心；有的御制诗词显示了君臣同心的融洽局面，如实录卷五三载，宣德四年四月赐杨士奇、杨荣和金幼孜鲥鱼、美酒，加赐御制诗，士奇等人唱和，促进君臣间的情感交流，卷七六载，宣德六年二月，朱瞻基感念蹇义、胡濙等人"旦夕同心协虑"，特赐御制诗，以示恩宠；实录中更多的御制诗词是为辅助政令而作，如《猗兰操》（《明宣宗实录》卷五九）、《招隐诗》（卷七六）、《招隐歌》（卷八〇）等是为督促廷臣举荐贤才而作，《悯旱诗》（卷六三）、《捕蝗诗》（卷六七）等是在命朝臣往地方赈荒救灾时所作。这些诗词虽然文学性不高，且都带有政治说教色彩，实际是朱瞻基治国理念的一种表现形式，但从中也可见其热衷诗文创作的一面。

总体来看，《明宣宗实录》将这些引经据典的政论和富有政治意义的御制诗文载入其中，其原因在于它们与时政紧密贴合，主要意图是为了凸显朱瞻基的君德和才能，也一定程度上展现了他的文艺天子形象。另外，朱瞻基还有许多描写自然景物和日常生活等方面的诗文，但因与政治相关不大，不符合实录的编纂主题，于凸显君德亦无助益，自然未被载入。

"由三杨监修的这个时期的官方记载相当理想主义地把宣德帝描绘成一个擅长文艺和献身于仁政的儒家君主"[②]，《明宣宗实录》以朱瞻基的主观性格和客观活动为基础，通过有选择地历史书写，建构起他温情、致治、文艺等多元化的帝王形象，使其更贴近传统意义上的儒家君主，也使人看到一个更加鲜活的帝王。但《明宣宗实录》毕竟是经史官之手而成，是主观与客观的统一，不可能做到绝对的客观，虽然它所建构的朱瞻基形象总体上是比较真实的，但也不可避免地存在隐饰之处。

---

① 《明宣宗实录》未载此文章题目，《大明宣宗皇帝御制集》中记为《记农语》，本文据此名之。
② ［美］牟复礼、［英］崔瑞德编：《剑桥中国明代史：1368—1644》上卷，张书生等译，中国社会科学出版社1992年版，第297页。

四 《明宣宗实录》对朱瞻基非正面形象的隐饰

史官们在《明宣宗实录》中对朱瞻基的非正面形象进行刻意的隐饰，主要体现在两方面：一是对其失当行为进行美化；二是对其残暴行为加以隐讳。

（一）《明宣宗实录》对朱瞻基失当行为的美化

朱瞻基饱受非议的一件事就是废胡皇后，立孙贵妃为后。对于废后一事，《明宣宗实录》卷三九载，胡皇后因自己久病无子，多次主动请求逊位，皆未得准允，不久孙贵妃生皇长子，且被立为太子，胡皇后上表请立孙氏为后，在群臣多次奏请及皇太后"既有子为储，其从众请"的建议下，朱瞻基方下诏立孙贵妃为后，将胡皇后移居别宫。实录还强调"胡氏之退让，孙后之不居，皆其诚心云"①。总之，从实录来看，胡皇后是自己主动请辞后位，与朱瞻基无干。

然而，《国朝典汇》所记朱瞻基废后一事却与《明宣宗实录》大相径庭，是书卷九载，在下诏之前"上召张辅、蹇义、夏原吉、杨士奇、杨荣谕之曰：'有一大事与卿等议，诚出不得已，然吾亦决矣。吾年三十未有子，中宫屡产而不育，日者言中宫禄命不利子息，今幸贵妃生子，必立为嗣，母从子贵，古亦有之，但今中宫如何处置？'因举中宫过失数事。荣曰：'举此废之可也。'上曰：'古人废后有故事否？'……是日议未决，一日独召士奇至文华殿丹陛，屏左右谕曰：'若何处置为当？'士奇因请问中宫与贵妃相处若何，上曰：'甚和睦……中宫今病逾月，贵妃每日往视慰藉甚勤。'士奇对曰：'何若乘今有疾而导之辞让，间处则进退以礼而恩眷不衰。'上曰：'此说可行……吾试入导之。'数日独召士奇曰：'汝前说甚善，中宫果欣然辞……。'士奇对曰：'若此则愿陛下待两宫两家均一，昔（宋）仁宗废郭后，而待郭氏恩意加厚。'上曰：'然，吾不食言。'明旦以谕义等，皆对曰善，其议遂定"②。

据此可知，朱瞻基早有立孙氏为后的念头，与近臣多次商量后，采纳杨士奇的建议，引导胡皇后提出逊位。换句话说，胡皇后是在朱瞻基的授意下才提出逊位的，实际等同被废，并非《明宣宗实录》中记载的主动要求逊位。另外，《国史纪闻》《国榷》《明史纪事本末》《明史》等对此事的记载也基本与《国朝典汇》一致，如《明史》载："帝令后上表辞位……后无过被废，天下闻

---

① 《明宣宗实录》卷39，宣德三年三月癸未条，第959页。
② （明）徐学聚撰：《国朝典汇》卷9《后妃》，《四库全书存目丛书》史部第264册，齐鲁书社1996年版，第401—402页。

而怜之。"①

孙氏颇有姿色，十余岁便被选入宫中，与朱瞻基感情深厚。朱瞻基即位后，封其为贵妃，明朝祖制，皇后有金册金宝，贵妃有册无宝，但朱瞻基不惜违背祖制，赐孙氏金宝，可见对其之宠爱。《明宣宗实录》卷三三载，宣德二年十一月乙未日，孙氏生皇长子，文武群臣于是月壬寅日即上表请立为皇太子；卷三六载，宣德三年二月己未日，皇长子被正式册立为太子，也就是说，皇长子出生仅八天，群臣便上表请立，不满三个月大就被立为太子，整个过程十分迅速，这实在令人费解。胡皇后虽然多病，但此前已育有两女，她与朱瞻基正当壮年，以后并非没有生子的可能，群臣如此迫不及待地请立孙氏之子为太子，或许是早已看出朱瞻基想立孙氏为后的意图，便迎合上意，使孙氏可以母凭子贵，正如谈迁所说："世安有子生才八日，遽亟亟焉推奉之如不及者哉，亡何而胡后废矣，则册太子者，所以为孙贵妃地，母以子贵之说所由进也。"② 立嫡以长、母以子贵这两个中国传统伦理道德准则，无疑为立孙氏为后提供了合理的依据。再来看胡氏，与朱瞻基并无一同长大的情分，她无子多病，而且当时"车驾颇事游幸，后常乘间规讽"③，对于游猎之事，朱瞻基十分反感别人的劝谏，许多大臣都因此而受罚，时常规劝的胡皇后自然也不受宠爱。因此，从个人主观情感而言，朱瞻基显然更宠爱孙氏；从客观条件来看，胡氏无子多病，而孙氏诞下皇长子，可母凭子贵。朱瞻基自知废除无大过的胡皇后必然有损自己声誉，因此他一方面迅速立皇长子为太子，另一方面引导胡皇后请辞后位，如此既为孙氏继任皇后创造有利条件，又能减少群臣异议，维护自身声誉。

综上，笔者认为，《国朝典汇》《国榷》等史籍的记载较为合理，胡氏是在朱瞻基的授意下提出逊位，并非主动要求逊位。而《明宣宗实录》则有曲笔的成分，这应是出于两方面的考虑：一是张辅、杨荣、杨士奇等重臣在废后一事上未能有效劝谏朱瞻基，杨荣甚至一味逢迎，杨士奇则无奈之下提出引导逊位的建议，身为人臣，他们这些行为必会招致后人非议，因此作为实录监修的张辅以及总裁杨士奇、杨荣，选择对此事经过避而不谈；二是为尊者讳，朱瞻基总体上不失为一位贤明的君主，但废后一事显然有损君德，所以《明宣宗实录》强调胡氏是多次主动要求逊位，实则是美化朱瞻基的失当行为，以维护其正面形象，正所谓"实录载胡后再请就闲，贵妃再辞坤极，谓皆其诚心，大非

---

① 《明史》卷113《宣宗恭让胡皇后传》，中华书局1974年版，第3513页。
② （明）谈迁著，张宗祥点校：《国榷》卷20《戊申宣德三年》，中华书局1958年版，第1342页。
③ （明）何乔远撰：《名山藏》卷32《宣宗废后胡氏》，《续修四库全书》第426册，史部·杂史类，第201页上。

人情，后史氏饰美，不为有识者所胡卢乎？"①

（二）《明宣宗实录》对朱瞻基残暴行为的隐讳

朱瞻基在位时基本做到了开言纳谏，君臣相处融洽，营造出相对和谐的政治生态环境。但是，对于劝谏他勿沉迷游猎等活动的大臣，朱瞻基却往往表现出较为残暴的一面，史官们在《明宣宗实录》中对此进行了隐讳。

朱瞻基爱好游猎骑射，在他尚为皇太孙时，老师戴纶曾多次劝谏，并上疏告诉明成祖，"太孙由此怨纶"②。据《明宣宗实录》卷二载，洪熙元年六月，朱瞻基以"侍从旧恩"升戴纶为兵部右侍郎；卷四载，洪熙元年七月"命行在兵部右侍郎戴纶往交阯参赞军务"，这是《明宣宗实录》中有关戴纶的最后一条记载。当时明朝与交阯处于战争状态，戴纶前去参赞军务的结果如何，实录并无交代。《弇山堂别集》载："戴纶，山东高密人。由荐举，洪熙元年升右，本年下狱赐死。"③ 据此可知，戴纶于洪熙元年被赐死，这就可以解释为何实录此后再无他的事迹。但他因何被赐死，实录并无记载，实录的《修纂凡例》中有这样一条："凡公、侯、驸马、伯、在京文武官（三）品以上及近侍五品以上，在外都司、布政司、按察司正官殁皆书卒，及概见其行实，善恶务合公论。"④ 戴纶身为兵部右侍郎，正三品官，按修纂凡例，死后其传记应该载入实录，《明宣宗实录》显然并未遵循凡例。

关于戴纶之死，《皇明通纪法传全录》载："初文皇欲太孙讲习武事，于学问之暇，命岁时出猎，（林）长懋及（戴）纶每谏不听，初不知本文皇意也，故最为宣庙所不乐，而陈山、张英以每事顺旨被宠，未几，长懋、纶皆生怨望，下锦衣卫狱，上得纶奏，亲诘之，纶抗声辨论激切，上怒，毒之竟死焉。"⑤《明史》载："宣宗即位，加恩宫僚，擢纶兵部侍郎。顷之，复以谏猎忤旨，命参赞交阯军务，而（林）长懋自南京来，后至，亦出为郁林知州。无何，坐怨望，并逮至京，下锦衣卫狱。帝临鞫之，纶抗辩，触帝怒，立棰死，籍其家。诸父河南知府贤、太仆寺卿希文皆被系。"⑥ 据此，戴纶与林长懋因心生怨恨而被下锦衣卫狱，虽然这两处记载关于戴纶最终之死略有不同（一为毒死，一为棰死），但显然是触怒朱瞻基才会落得如此下场，而且《明史》记其参赞交阯

---

① （明）谈迁著，张宗祥点校：《国榷》卷20《戊申宣德三年》，第1342页。
② 《明史》卷162《戴纶传》，第4400页。
③ （明）王世贞撰，魏连科点校：《弇山堂别集》卷57《兵部左右侍郎》，第1062页。
④ 《明宣宗实录·修纂凡例》。
⑤ （明）陈建撰，（明）高汝栻订，（明）吴桢增删：《皇明通纪法传全录》卷16《仁宗昭皇帝纪》，《续修四库全书》第357册，史部·编年类，第278—279页。
⑥ 《明史》卷162《戴纶传附林长懋传》，第4400页。

军务的原因是"复以谏猎忤旨"。不难发现,朱瞻基即位后虽然提拔了戴纶,但君臣间的嫌隙并未消除,最终以"坐怨望"的罪名将其逮入狱中,折磨致死,而引文中提及的林长懋则被关押了十年,至英宗时才得以释放。

同样因劝谏而受到严惩的还有御史陈祚,《明英宗实录》卷九载,宣德十年九月陈祚奏请:"臣先以事逮系锦衣卫狱,父隆贰连坐死狱中,臣今会赦复职,而父遗骸尚攒草野,伏乞圣恩,矜怜允臣给假还葬乡土,以尽人子之情。"根据这条记载,陈祚应是在宣德间入狱,至英宗即位大赦时得以复职,但《明宣宗实录》中并未载其入狱之事。据《明史》所载,因朱瞻基好游猎,陈祚上疏劝其勤学,从而触怒朱瞻基,被捕入狱,连坐家人十余口,其父因此死于狱中,[①] 这与《明英宗实录》中他请求归葬父亲的记载相对应。

"宣德十年之间,钦文昭武,功德俱隆,惟胡后废,戴纶死,陈祚囚,不无遗憾焉。"[②] 这几件事是朱瞻基人生的污点,虽然瑕不掩瑜,但他对待戴纶、陈祚确实过于残暴,所以史官们在《明宣宗实录》中对相关人物、事件加以隐讳,以维护朱瞻基虚心纳谏、施行仁政的正面形象。然而,戴纶是三品大员,其事迹在实录中有头无尾,亦无凡例规定的人物传记,这种处理方式实在过于刻意,可见《修纂凡例》在实录修纂过程中并未被严格遵循,史官对史料的选择和剪裁带有一定的主观性。

英国历史学家爱德华·霍列特·卡尔说:"他(历史学家)有双重的责任,一方面发现少数有意义的事实,使它们变成历史事实;另一方面把许多不重要的事实当作非历史事实而抛弃掉。"[③] 修纂《明宣宗实录》的史官们也具有这样的责任,不同的是,政治鉴戒的主题需要实录相对客观真实地反映历史,朱瞻基也的确是比较贤明的君主,因而史官们将少数不重要的事实舍弃,对朱瞻基的非正面形象加以隐饰,同时将多数有意义的事实载入,展现其孝亲睦亲、仁政爱民、擅长文艺的多元化形象。所以,虽然《明宣宗实录》对朱瞻基的形象进行建构时,不可避免地带有中国传统史学中主观与客观、曲笔与直书的二重性特征,但总体而言,这种建构是基于朱瞻基的客观活动进行的,除去溢美、隐饰的成分,从中仍能看到朱瞻基相对真实而又立体、饱满的帝王形象。

(李俊颖,天津外国语大学马克思主义学院讲师)

[①] 《明史》卷162《陈祚传》,第4401—4402页。
[②] (清)朱国标撰:《明鉴会纂》卷15《明朝总论》,《四库禁毁书丛刊》史部第74册,北京出版社1997年版,第344页。
[③] [英]爱德华·霍列特·卡尔:《历史是什么?》,吴柱存译,商务印书馆1981年版,第10页。

明代商籍演变过程探析*

马志超

摘 要：商籍始设于两淮，系比照河东运学而来。然而，河东运学却与盐商并无瓜葛。商籍设立的真正原因在于盐商经济实力的膨胀，及由此导致的社会地位的提升。商籍设立之后，逐渐在地域上扩展，由两淮至两浙，再到山东、宁夏、长芦。同时，商籍也逐渐突破了地域的限制，本省盐商亦可获得商籍。明代商籍发展的过程是盐商群体实力膨胀的过程，亦是盐商与地方势力博弈的过程。

关键词：明代；河东运学；商籍；扩展

明代的商籍因牵涉到明代的商人及商业政策，早已受到学界的广泛关注。学界在商人户籍的管理，商籍设立的背景、过程及意义等方面都已有精彩的论述。简言之，商籍就是为盐商子弟异地参加科举而设立的籍贯，是政府给与盐商的特权。[①] 然而，商籍研究仍有进一步拓展的空间。现有的研究多集中于两淮、两浙商籍的设立、过程及影响，缺少对河东、宁夏、山东等地商籍的研究。同时，又对商籍的源头——河东运学的性质缺乏明确的认定。因此，本文着重将明代的商籍作为一个整体进行研究。横向上，对河东、宁夏、山东等地的商籍做一番梳理。纵向上，厘清商籍在明代的发展脉络。

一 商籍的前身——河东运学

商籍虽于万历十三年在两淮正式设立，但在嘉靖末年就已经初见端倪。《两

---

* 本文系国家社科基金西部项目"明代九边军民社会生活研究"（项目编号：21XZS030）阶段性成果。
① 参见［日］藤井宏《新安商人の研究》，《东洋学报》1953年第36卷；王振忠《两淮"商籍"何以无徽商》，《盐业史研究》1994年第1期；王振忠《明清徽商与淮扬社会变迁》（修订版），生活·读书·新知三联书店2014年版；许敏《明代商人户籍问题初探》，《中国史研究》1998年第3期；曹永宪《明代徽州盐商的移居与商籍》，《中国社会经济史研究》2002年第1期；唐丽丽、周晓光《徽商与明清两浙"商籍"》，《安徽师范大学学报》（人文社会科学版）2011年第3期；吕小琴《明代盐商子弟异地科考问题及其应对——以两淮盐场为中心的考察》，《河南师范大学学报》（哲学社会科学版）2015年第3期；吕小琴《明代两淮运学倡设中的盐商地位变迁》，《兰州学刊》2015年第4期。

浙订正盐规》载：嘉靖四十年，"商人蒋恩等呈，以商人子弟读书，有志上进，比照河东运学事例，收考作养，具呈巡盐都院鄢批，提学道议允，行运司考取，送道考选入学。历蒙前院温、张、马举行，遂为定例"①。可见，嘉靖四十年时，商人子弟即可在杭州参加科举考试。商人子弟异地参加科举考试，有冒籍之嫌。为了名正言顺，商人蒋恩等乃以"河东运学事例"为辞，有例可循，不会戴上变乱成法的帽子，呈请也容易获准。万历二十年，长芦巡盐御史黄卷在请求开设长芦运学的奏疏中提道："照河东一体建置学宫、文庙、师生，以兴教化。"② 万历二十八年，两浙正式设立商籍，据记载"兴商籍如河东两淮例"③，又是以河东为例。我们今天看不到两淮设立商籍的详情，但是可以想见，亦应当以河东运学为例。既然两浙、长芦等地请开运学、设商籍都始于河东运学，则河东运学应是首设商籍之地。故而，藤井宏认为明代商籍于正统年间已在河东确立，并在嘉万年间逐步推广到两淮、两浙等地。④ 然而，翻阅明代的资料，何以无只言片语提及河东运司设有商籍？因此，有必要对河东运学做一梳理。

河东运学初创时的规制已不可详考，康熙《河东盐政汇纂》与乾隆《河东盐法备览》只记载寥寥数语，"元大德三年，运使奥屯茂创建"⑤。探究运学创设的目的，从其学生的来源来看最为准确。通常认为，河东运学在开设之初即是为了照顾盐商，招收的学生都系盐商子弟。⑥ 依据的史料主要有乾隆《河东盐法备览》载："河东运学初系行盐子弟方准考试。"⑦ 康熙《河东盐政汇纂》亦载："运司立学，以厚商也。"⑧ 然而，乾隆《解州安邑县运城志》却说："运学籍贯向系十二州县商民并盐丁互考。"⑨

元代文献已不可征，我们从明代的文献入手，对运学学生的来源进行考察。运学设在运城之内，而运城又位于安邑之路村，"其事则掌之盐官，而其地则固

---

① （明）杨鹤等撰：《两浙订正盐规》卷4《招徕》，《北京图书馆古籍珍本丛刊》第58册，书目文献出版社1998年版，第565页上。
② 《明神宗实录》卷250，万历二十年七月己卯，台北："中研院"历史语言研究所1962年版，第4662—4663页。
③ （清）延丰等纂修：《钦定重修两浙盐法志》卷25《商籍二》，《续修四库全书》第841册，上海古籍出版社2002年版，第560页下。
④ ［日］藤井宏：《新安商人の研究》，《东洋学报》1953年第36卷。
⑤ （清）苏昌臣辑：《河东盐政汇纂》卷2《运治》，《续修四库全书》第839册，第526页下；（清）蒋兆奎撰：《河东盐法备览》卷10《学校门》，《四库未收书辑刊》1辑第24册，北京出版社2000年版，第185页下。
⑥ 这是学界的通识，代表作有柴继光《盐务专学——运学》，《运城师专学报》1986年第3期。
⑦ （清）蒋兆奎撰：《河东盐法备览》卷10《学校门》，《四库未收书辑刊》1辑第24册，第187页下。
⑧ （清）苏昌臣辑：《河东盐政汇纂》卷4《师儒》，《续修四库全书》第839册，第608页上。
⑨ 乾隆《解州安邑县运城志》卷4《学校》，清乾隆二十九年刻本，第2a页。

有司之所领也"①。运城虽有运司管理盐务，但盐务以外的事务尽归安邑管理。以故万历《安邑县志》兼记运城之事，其书卷三《建置志》提道运学的生源："肄业其中者，乃蒲解二州及十属县之子弟，而安邑人士居十七。"② 万历《安邑县志》的记载是否属实呢？我们将明代进士登科录中明确记载为运司学生的进士加以统计，制表1如下。

表1　　　　　　　　　　　运司学生源进士③

姓名	乡贯	户色	科年	科举身份
张岫	解州安邑县	民籍	成化二年	河东运司学生
张琏	平阳府安邑县	盐籍	成化五年	河东运司学生
马璠	解州安邑县	民籍	成化十一年	河东运司学生
张芮	解州安邑县	盐籍	成化十四年	河东运司学生
刘得宽	解州安邑县	灶籍	嘉靖三十二年	河东运司学生
王宇	解州安邑县	民籍	嘉靖四十一年	河东运司学生
丁诚	解州安邑县	民籍	嘉靖四十一年	河东运司学生
杨一魁	解州安邑县	民籍	嘉靖四十四年	河东运司学生
董汝汉	蒲州万泉县	灶籍	嘉靖四十四年	河东运司学生
赵钦汤	解州	民籍	隆庆二年	河东运司学生
解学礼	解州安邑县	军籍	隆庆二年	河东运司学生
张云翱	解州安邑县	盐籍	万历二年	河东运司学生
任正斗	解州安邑县	盐籍	万历三十二年	河东运司学生

据表1可知：其一，由运学出身的进士，其籍贯都在解、蒲二州及其属县。其中，除蒲州万泉县董汝汉、解州赵钦汤外，其余11人全部为安邑县人。安邑

---

① 乾隆《解州安邑县运城志》，《序一》，第1b页。
② 万历《安邑县志》卷3《建置志》，明万历刻崇祯增修本，第9a页。
③ 《河东盐法备览》与地方志的记载都存在不同程度上的舛误。如康熙《安邑县志》卷7《人物志》载："弋千仞，由邑庠，直隶泰州知州。"但是，《万历四年山西乡试录》载：第三十三名，弋千仞，河东运司学生。又如《河东盐法备览》卷10《学校·科目》所记载的进士，永乐间有李铬、刘海，宣德间有李素。洪武初年，运学废弃，至正统年间始重新开立。可见，《河东盐法备览》所记进士信息亦不准确。相较之下，登科录所记的信息较为可靠，由运学出身登科者，在登科录中未必皆是运学生员的名色，而以运学生员直接登科者，则必定出身运学。故而，表1直接统计以"河东运司学生"身份登科的进士。分见《万历四年山西乡试录》，《天一阁藏明代科举录选刊·乡试录》（四），宁波出版社2016年版，第2972页；（清）蒋兆奎撰：《河东盐法备览》卷10《学校门》，《四库未收书辑刊》1辑第24册，第190页上。

籍的运籍进士占了运籍进士总数的84.6%。其二，这些进士的户籍除了盐籍之外，还有军籍、民籍。其中民籍进士6人，占进士总数的46.2%。盐籍进士6人，占进士总数的46.2%。军籍进士1人，占进士总数的7.7%。以上两点说明，万历《安邑县志》对运学生源的描述极为准确。运学生员主要来自蒲、解二州及十属县，其中安邑县又占十之七八。

果真如藤井宏、柴继光等人所说，运学系为商人设立，而运城本身"五方杂处"，何以运司生员中并无外省之人？这可能存在两种情况。其一，河东盐商全系蒲、解二州及十属县之人。其二，外省盐商附入当地民籍考试。

由于地理位置的因素，山西商人经营河东的盐业有先天的优势，因而河东盐商不乏山西人。① 但是，我们并不能据此以为在河东经营盐业的尽是山西人。陕西靠近河东，故河东盐商中不乏陕商。如陕西三原县商人李琮"少尝从父贾盐河东"②。此外，河东盐商中不乏江南商人。如淮安商人吕铃上奏"河东运司盐池计中池一区，已足办纳正课。此外又有东西两头，号为无碍脚道者，产盐与中池同，悉皆遗弃。乞每引定价一钱二分，召商中纳，令其自雇夫役，捞办关支，庶官民两便"③。因权贵的支持，吕玲在河东的盐业活动获得批准。

在商籍正式设立之前，两浙等地就有盐商子弟附入当地民籍，参加科举考试。外籍的河东盐商是否也是如此？但查运司籍进士所隶籍贯的方志，这些进士并无一人在流寓传中，都是土生土长的本地人。

那么，为什么运司学的生员全部来自蒲解二州及十属县？在蒲解二州及属县中，安邑县又独享大半的名额？清雍正年间的山西学政励宗万给出了自己的解释：

> 河东专建运学，设立教官，乃国家优恤商人之殊恩，必须的系行盐子弟，方准考试。其民籍童生不得混入冒考，即商籍子弟亦不得滥考民籍……只因河东当日修理盐池、禁墙、堤堰等工，原系蒲解二州并临晋、荣河、万泉、河津、安邑、夏县、平陆、芮城、垣曲、闻喜十二州县旧有额设盐丁，子弟许入运学考试。继因额设盐丁修筑无力，遂召募十二州县民夫应帮修理，其子弟亦冒名盐工，竟入运学考试。④

---

① 寺田隆信曾举安邑县商人王玺为例，详见［日］寺田隆信《山西商人研究》，张正明等译，山西人民出版社1986年版，第242页。
② 转引自［日］寺田隆信《山西商人研究》，张正明等译，第242页。
③ 《明武宗实录》卷164，正德十三年七月己亥，第3154—3155页。
④ （清）觉罗石麟纂：《初修河东盐法志》卷10《疏议·清理商民籍贯疏》，《中国史学丛书》第45号第2册，台北：台湾学生书局1966年版，第929—930页。

励宗万的观点在于运学之设，本为优恤商人。其后，由于运司盐户在禁垣、堤堰等盐务工程上的贡献，①特准许运司所属盐户子弟报考运学。再后来，因盐户消乏，额设盐户无力承担运司盐务工程的修理，不得已招募十二州县的民夫帮补，这些民夫的子弟也获得了参加运学考试的权利。即蒲解二州及其十属县的人户为河东盐务做出了特别的贡献，因而给其子弟考入运学的优待。但是，励氏指出运学生员的来源有一个从商人子弟→盐户子弟→十二州县应役民夫子弟的逐步扩展的过程。励氏虽敏锐地观察到了十二州县民夫子弟与盐户子弟得以参加运学的原因，却颠倒了各色人等进入运学的顺序。

明代河东运司初设之时即与蒲解二州存在密切的联系。盐池位于解州与安邑之间，与蒲州接壤，故河东运司的盐户全系蒲解二州及十属县佥拨。正统六年，解州知州吴惠在奏疏中提道河东陕西都转运盐使司的概况："古有东西二池，东池盐场即今安邑县路村，西池盐场即今解州东关。二州十县盐户各就利便，分办盐课。"②天启六年，巡盐黄宪卿亦在奏疏中说道："河东岁课四十二万引，责办于十二州县盐丁。"③早在洪武年间，政府即调发二州十县的民夫帮补盐务。《明太祖实录》载洪武二十五年河东运司开设西场之事：

> 河东解州盐池，西属解州，东属安邑，盐夫一万七千二百五丁，捞盐之所，凡三百有四，岁办盐一十五万二千引。缘盐所产本系一池，中分两界，而运司设于安邑，止于东池捞盐。然西池地高水浅，盐花易结，倍于东池，宜别设西场于解州，于原额上再加一倍。其捞盐人夫，除额定外，于附近州县人民内，量拨丁夫协办。如此则人力易为，公私两便。从之。④

西场开设后，盐额增加一倍，但捞盐人户已经取有定额。为了达到产量，就不得不于附近州县"拨丁夫协办"，而这附近州县即蒲、解二州及其十属县。《明宣宗实录》记载有征发蒲、解二州及其属县民夫修筑渠堰之事："河东陕西都转运盐使司奏：所隶盐池周回百余里，护池堤堰一百二十处，及墙垣、更铺近年为雨所坏，请依洪武中旧例，令蒲、解二州安邑等县民夫修筑。"⑤从"依

---

① 所谓禁垣，"環池四面，周围以墙，名曰禁垣……所以禁御盗贼，保障盐池也"。见（清）觉罗石麟纂《初修河东盐法志》卷1《禁垣》，第91页。渠堰的功能是"防客潦以护盐池"。见（清）觉罗石麟纂《初修河东盐法志》卷2《渠堰》，第129页。两者都是保护盐业生产和销售的重要工程，其中禁垣一万七千余丈，渠堰二万二千余丈，修筑之时不得不通派蒲解二州及十属县的民夫。
② 《明英宗实录》卷84，正统六年十月庚寅，第1681—1682页。
③ 《明熹宗实录》卷75，天启六年八月丙寅，第3654页。
④ 《明太祖实录》卷216，洪武二十五年二月庚辰，第3185—3186页。
⑤ 《明宣宗实录》卷14，宣德元年二月壬午，第386页。

洪武中旧例"可知，征发蒲、解二州及属县的民夫修筑堤堰、墙垣、更铺，在洪武年间就已形成定例。蒲、解二州的民户因为靠近盐池而承担额外的修筑堤堰、墙垣、更铺的徭役，那么也就争取了在运司所设立的运学入学的权利。

综上，明代的运学生员的籍贯限定在蒲解二州及其十属县，而商人的籍贯则来自四方，是以运学并非为商人设立。蒲解二州地近盐池，盐池之堤堰、墙垣、更铺修筑工程浩大，单凭运司所辖盐户难以力举，因而不得不仰助于蒲解二州的民力。二州十县的人户借此进入运司所设的运学，即是运司系统对蒲解二州额外徭役的酬谢。二州十县之人虽不乏盐商，但并非以盐商的身份入学，亦没有因盐商的身份而获得特别的优待。万历时的御史李日茂也说："我朝运司有六，惟河东有学，彼盖为灶设也，非为商设也，凡河东人士宦在京师者，一问可知已。"[①] 李日茂也认为河东运学主要为灶户及盐务而设，并非因照顾商人的利益而为商人子弟开设。

二 商籍的设立与发展

一般认为，商籍于万历十三年始设于两淮，但商籍的滥觞始于嘉靖末年的两浙运司。嘉靖四十年，"两浙纲商蒋恩等，为商人子弟有志上进，比照河东运学事例具呈，巡盐都御史鄢懋卿批，提学道议允，行运司录送，附民籍收考"，商人子弟即获得了附入民籍、异地科考的权利。但是此时商人子弟须附入民籍参加考试，没有单独的籍贯，录取的名额稀少，每次科考时，"所取不过二三人而止"[②]。万历十三年，两淮设立商籍，"每试许西商入泮者十四人，灶六人"[③]。与两浙相比，两淮中的外省商人子弟可独占商籍，不必附于民籍。其获得了固定的科举配额，且达十四人之多。但应关注的是，灶籍亦同时获得科举配额。

嘉万以后，国家的商业政策发生了由抑商到通商的转变。商人自身的力量得到壮大。明代能够获得商籍的商人，限定在为政府服务的盐商，这是因为盐业收入在明代的财政体系中占据重要的地位。嘉万时人汪道昆言："今制大司农岁入四百万，取给盐筴者什二三。"[④] 政府仅盐业专卖的收入就占了国家财政总

[①] 万历《沧州志》卷6《艺文志·抚按奏罢运学疏（碑记）》，明万历刻崇祯增修本，第39a页。
[②] （清）延丰等纂修：《钦定重修两浙盐法志》卷24《商籍一》，《续修四库全书》第841册，第523页。
[③] （清）谢开宠纂：《两淮盐法志》卷15《造士》，《中国史学丛书》第42号第2册，台北：台湾学生书局1966年版，第1200页。
[④] （明）汪道昆撰：《太函集》卷66《摄司事裴公德政碑》，《四库全书存目丛书》集部118册，齐鲁书社1997年版，第77页上。

收入的20%—30%，这是一个相当大的比例。明末九边的军费成为政府最大的日常开支，盐业又在其中占有重要的位置。万历年间，九边的军费已经半数仰赖于盐课。"时九边军饷，半取给盐课。"① 一至崇祯年间，户部尚书毕自严在奏疏中说道："臣等看得九边军饷，大半取给盐课，而两淮盐课，其数尤夥。"②

然而，在明代的食盐专卖制度中，政府只控制盐的生产，盐的流通却由盐商控制。换言之，明代的盐课收入与盐商息息相关。随着盐课收入在政府财政中的角色越来越重要，盐商的地位也随之水涨船高，其在户籍上的表现就是商籍得到了进一步的发展。商籍是政府为控制财源而对盐商进行的笼络，这在叶永盛题请设立商籍的奏疏中有明确表示："庶商籍广而世无迁业，赋有常经矣。"③

综观万历中叶至明亡这一时期商籍发展的过程，大抵可归纳为以下两点：其一，商籍在地域上的扩展；其二，商籍突破了地域的限制。

（一）商籍在地域上的扩展

商籍之设，并非全国同步，而是有一个渐进的过程。除了上文提到的两淮商籍与两浙商籍外，山东、宁夏、沧州的商籍也在万历中期以后相继设立（表2）。

表2　　　　　　　　　各地设立商籍情况一览

地区	开设时间	形式	文献来源	附注
两淮	万历十三年	附入扬州府学	谢开宠《两淮盐法志》	
两浙	万历二十八年	附入杭州府学	延丰《钦定重修两浙盐法志》	
山东	万历中后期	运学	莽鹄立《山东盐法志》	
宁夏	天启元年（一说天启七年）	商学	乾隆《宁夏府志》《明熹宗七年都察院实录》	
长芦	崇祯年间	商学	黄掌纶《长芦盐法志》	
河东	正统复设	运学	乾隆《解州安邑县运城志》	初为蒲解二州商民盐丁互考，雍正六年后，只许盐商子弟报考

山东商籍，不知设立于何时。《山东盐法志》载："盐商子侄入学者，谓之运学，何年设立，案缺，无从考稽。"④ 即便如此，我们仍能知道其设立的大概

---

① 马其昶撰：《桐城耆旧传》卷4《方大理传》，《续修四库全书》第547册，第536页上。
② （明）毕自严撰：《度支奏议》之《边饷司》卷7《再题淮课分季征解疏》，《续修四库全书》第487册，第280页上。
③ （清）延丰等纂修：《钦定重修两浙盐法志》卷24《商籍一》，《续修四库全书》第841册，第523页下。
④ （清）莽鹄立等撰：《山东盐法志》卷4《职官》，《四库未收书辑刊》1辑第24册，第391页上。

时间。同书卷一〇《宦迹》载:"黄卷,字汝通,浙江永康人,万历丁丑进士,十九年任,题请建设运学,又议正盐法。"①山东运学开设的时间不会早于万历十九年。同书卷一三《人物》又载,"孙止孝,商籍,历城县人,由万历壬戌甲科官参议"②。查万历无壬戌年,据《天启二年壬戌科进士履历》可知,孙止孝为天启二年(壬戌)甲科进士。③则山东运学开设的时间亦不会晚于天启二年。综上,山东运学设立于万历中后期。

宁夏商籍,设于天启年间。具体年份,则有天启元年与天启七年两种说法。天启元年之说出于乾隆《宁夏府志》:"宁夏府商籍学,明天启元年巡抚周懋相为盐商题设。"④而《明熹宗七年都察院实录》则记为天启七年,"宁夏巡抚史永安疏请立学作养人才,以来商贾,以裕边储"⑤。由于缺乏其他的印证材料,目前尚不能判断何种记载为是。但宁夏商籍设于天启年间,则无疑问。

长芦商籍的设立则晚至崇祯年间,其间颇经历一段曲折。⑥《长芦盐法志》卷一七《人物》载:

> 周达仁,廪生,浙江余姚人,业盐于芦,遂家焉。明崇祯间,沧州饥,流亡载道,达仁出米万石,构室千楹,遂全活无算。倡议呈请,始立长芦商学。殁祀沧州乡贤祠。⑦

周达仁能够设立商学,亦即商籍,与其在沧州进行了大量的慈善工作,即"全活无算"沧民有密切联系。盐商们早在万历二十年就曾经获准设立运学,设立商籍。然而,"各商大纲小纪共一百一十七家,的亲子弟仅三十一名,而开报投送则五百五十名"⑧,运学尚未正式运行便引来严重的冒籍弊端,招致了当地士子的严重不满。沧州生员陈愚忠等三百余人,先是不肯为盐商童生入学提供保结,其后又"赴京投递揭帖",揭露运学的冒籍弊窦,对运学设建一事采

---

① (清)莽鹄立等撰:《山东盐法志》卷10《宦迹》,《四库未收书辑刊》1辑第24册,第475页下。
② (清)莽鹄立等撰:《山东盐法志》卷13《人物》,《四库未收书辑刊》1辑第24册,第548页上。
③ 承蒙高寿仙老师指正,《天启二年壬戌科进士同年序齿录》《碑录》所载孙止孝的户籍为民籍,与《山东盐法志》的商籍记载不同。然而,《山东盐法志》将孙氏父子都标为商籍,应该是有所本,姑从《山东盐法志》之说。参见《天启二年壬戌科进士履历》,明天启刻本,第29b页。
④ 乾隆《宁夏府志》卷6《建置》,清乾隆四十四年刻本,第13b页。
⑤ 《明熹宗七年都察院实录》卷13,天启七年二月十六日,第1534页。
⑥ 长芦运司曾在万历二十年短暂设立运学,旋因当地人士的反对,于万历二十一年停罢。其间,运学并未正式运行,故而商籍也未真正设立。详见万历《沧州志》卷6《艺文志·抚按奏罢运学疏(碑记)》,第27a—48b页。
⑦ (清)黄掌纶等撰:《长芦盐法志》卷17《人物》,《续修四库全书》第840册,第341页。
⑧ 万历《沧州志》卷6《艺文志·抚按奏罢运学疏(碑记)》,第31b页。

取抵制态度。由于运学所在的沧州隶属顺天乡试，运学生员将来中举，终究会挤占北直隶一省的乡试解额。故而，无论冒籍与否，运学的设立都会受到来自土著势力的阻碍。御史崔邦亮自言："臣选授后即欲奏寝其事，但未睹其利害之实"，陈恩忠所奏的冒籍事件恰为崔邦亮提供了口实而已。而力陈运学不可设的主要是河南道御史崔邦亮、山西道御史李日茂、礼科都给事中张贞观等三位科道官，其中崔邦亮、李日茂都是北直隶人。李日茂说："臣蒙拔置今职，凡法不称便者，皆得风闻言之。况事起桑梓之近，祸关法纪之大。"[1] 更是明言，此事涉及故乡人士的权益，不得不争。

沧州乡绅对设立商籍抵制强烈，即便运学的选址都成为运学不可设的阻碍。乾隆《沧州志》载："长芦旧无运学。万历十九年，准河东、两淮例添设运学于南关河上，其地在州学坤隅。按形家言，大不利于沧庠。"[2] 堪舆家认为运学位置在州学的西南方，将运学建于此处，将不利于沧州儒学，阻断沧州文脉。

反对建立运学的声音如此之大，而长芦盐商的势力却十分孱弱。长芦盐商虽有一百一十七家，但从亲子只有三十一名来看，商人多只身经营，其在沧州的家庭规模并不大。换言之，盐商虽拥有物质财富，在当地却是一个规模很小、与当地通婚不多的社会群体，其影响力自然不能与"土著什一而已"[3] 的扬州盐商相提并论。

总之，长芦盐商在万历年间因为自身实力的弱小，以及土著势力的强烈反对，使商籍设立功败垂成。至崇祯年间，国家军费的开支更仰赖于盐商，盐商的政治和社会地位得到了大幅度提升。加上周达仁在沧州定居，广泛地介入沧州的地方事务，在一次灾荒中成功地挽救了许多人的生命，以周达仁为代表的盐商在地方的影响力与日俱增。鉴于此，沧州土著便无法反对盐商设立商籍的请求了。崇祯年间，商籍最终得以在长芦运司设立。

（二）商籍突破了地域的限制，本省盐商子弟亦得入商籍

在商籍初设之时，的确考虑到地理的因素，本省商人虽为盐商，亦不得进入商籍。如徽州商人在两淮业盐者颇多，但是两淮的商籍，却是"无徽商，有西商"[4]。查明《万历三十五年进士登科录》有商籍进士一名，名郑茂华，家状

---

[1] 万历《沧州志》卷6《艺文志·抚按奏罢运学疏（碑记）》，第38b页。
[2] 乾隆《沧州志》卷4《祠祀》，《中国方志丛书·华北地方》第495号，台北：成文出版社1975年版，第251页。
[3] 万历《扬州府志》卷1《郡县志上》，《北京图书馆古籍珍本丛刊》第25册，书目文献出版社1988年版，第34页下。
[4] 详见王振忠《两淮"商籍"何以无徽商》，《盐业史研究》1994年第1期。

记载为：贯直隶扬州府江都县商籍，福建兴化府莆田县人。① 两淮盐商主要是山陕商和徽商，福建商人的势力孱弱，却可以占有商籍，亦是徽商因地理因素而不能入商籍的佐证。

然而，商籍能够设立，主要在于保证盐商持续性地经营盐业，以便盐课收纳及时。次一层的原因才是盐商"回籍应试，则阻隔为忧"的地理条件。否则，晚明社会流动性日增，工、商、医、卜等社会各阶层人员流寓四方，都有地理上的"阻隔为忧"，却仅有盐商独设商籍？在明末盐商群体势力日益壮大之后，对进入商籍的地理限制便放松了。

陕西人雷士俊说："余陕西人也，即以陕西论，宁夏则有商学矣，平凉则有苑学矣，其尝厕两学者，即陕西人也。"② 从宁夏商学的生员籍贯来看，其籍贯全是陕西人，并不系外省盐商子弟。乾隆四十三年，朝廷整顿商籍，"奉旨，本省商人子弟不准冒入商籍应试，宁夏商籍生童各改归本籍，商学并裁"③。朝廷不许本省商人入商籍考试，而宁夏商籍改归本籍应试后，商学竟然一并裁撤，可见宁夏商籍生童几乎全是本省盐商子弟。

山东运司的商籍亦允许本省盐商子弟报考。孙建宗（孙止孝子）为崇祯九年乡试举人，《山东盐法志》载其籍贯："孙建宗，商籍，历城县人。"④ 又同书卷一三《人物·贞烈》载："宓氏，商籍历城人周官妻，万历间建坊旌表。"⑤ 山东运司商籍人员多为历城人，大概与历城县是济南府附郭县、山东都转运盐使司设于此处有关，历城人有经营盐业的地理便利。

三 余论

明代各运司设立商籍，多以河东运学为例，以便师出有名。然而，明代的河东运学从未设立商籍。河东运学的生员最初来源于运司所辖的盐户。其后，河东运司征发蒲解二州之民夫为其服役，二州子弟借此获得肄业运学的权利。运学生员中虽不乏商人，但并未因商人的身份而获得优待。因此，河东运学并非为盐商而设。

嘉万以后，盐业收入在国家财政收入中所占的比重越来越大，政府的财政

---

① 佚名：《万历三十五年进士登科录》（不分卷），明万历刻本，第25b页。
② 雷士俊：《增建两淮运学议》，载（清）谢开宠纂《两淮盐法志》卷27《艺文三》，《中国史学丛书》第42号第4册，第2042页。
③ 乾隆《宁夏府志》卷6《建置》，第14a页。
④ （清）莽鹄立等撰：《山东盐法志》卷13《人物》，《四库未收书辑刊》1辑第24册，第549页上。
⑤ （清）莽鹄立等撰：《山东盐法志》卷13《人物》，《四库未收书辑刊》1辑第24册，第558页上。

收入越来越仰赖于盐商，盐商这一阶层在国家和社会中的地位也日益提升，其在户籍上的表现就是商籍的设立与发展。嘉靖四十年，两浙盐商子弟得以附入当地民籍参加科举，获得了异地参加科举的权利，是为商籍设立之嚆矢。万历十三年，商籍正式在两淮设立。盐商除能在当地参加科举外，还获得了固定的科举配额。万历以后，商籍进一步发展，这表现在以下两点。其一，商籍在地域上的扩展，除了大家熟知的两淮、两浙商籍外，山东、宁夏、长芦等地也纷纷设立了商籍。其二，商籍突破了地域的限制，本省盐商子弟亦得入商籍。

从整体上看，明代商籍的发展，与晚明盐商势力逐步增强的趋势一致。此外，我们也应当注意到，各运司商籍在设立的时间上有差异性。商籍既然是政府酬报盐商供应国课功劳而给予的科举特权，则商籍设立的先后次序当与各运司盐课之多少有密切联系。陈全之《蓬窗日录》载："两淮盐课几二百万，可当漕运米直全数。天下各盐运，两淮课居其半而浙次之，长芦次之。"[①] 天下盐课两淮最多，两浙次之。事实上，商籍的设立两淮最早，在万历十三年。两浙紧随其后，在万历二十八年。长芦的情况比较特殊，晚至崇祯年间才真正设立。各运司设立商籍的先后次序，与各运司盐课占额大体相对应。

然而，运司盐课多少与商籍设立的先后顺序，并非一一对应，长芦商籍就是一个例子。长芦盐课仅次于两淮、两浙盐课，其设立商籍颇为曲折。万历二十年，长芦巡盐御史黄卷就已经提请设立运学，然而长芦盐商的力量太过弱小，土著势力以冒籍的把柄和莫须有的堪舆之说极力反对，由直隶人士张贞运出面弹劾，将长芦运学取缔。经过数十年的发展，以周达仁为代表的盐商积极参与地方事务，成为当地一股强大的势力，长芦商籍终于在崇祯年间复设。长芦商籍的事例表明，商籍的设立除了运司的经济地位外，还与当地盐商的势力有关。长芦商籍的设立是盐商与地方土著博弈成功的结果。

综上，商籍的设立与发展是明代盐商群体社会经济地位不断提升的表征，体现盐商作为一个群体的整体性。然而，商籍在各地的发展不一而足，设立时间上有先后之分，设立过程有难易之分，这又体现了盐商群体内部的差异性。

（马志超，信阳师范大学历史文化学院讲师）

[①]（明）陈全之著，顾静标校：《蓬窗日录》卷3《世务一·盐课》，上海书店出版社2009年版，第145—146页。

决策、运行、书写与清代盛京地区城垣修缮*
——以乾隆四十年代为中心

王 月 张振国

摘 要：乾隆四十年代，盛京地区掀起了清代历史上规模浩大的一次城垣修缮活动，前后持续七八年时间，花费130多万两白银。盛京地区城垣的样式、结构和规模焕然一新，亦为今天辽宁文化遗址的存留做出贡献。这次修缮历经顶层设计、具体规划和实际执行三个流程，将皇帝、中枢、钦差、盛京大员、中下级旗民官员及京外协办官员纳入其中，既有决策、协商，又有分歧、争议，呈现出清代政务运作的复杂体系和运行模式。经过志书书写，这一活动又在盛京乃至全国层面传播开来，成为清代大一统政治文化的重要内容。

关键词：乾隆年间；盛京地区；城垣修缮；政务运行；历史书写

城垣是巩固地方统治，保聚民众生活，彰显政府威仪的重要载体。方志有言："古者，营立城邑，相其阴阳，观其流泉，设城郭沟池以为固，所以谋保聚、奠民居也。"[①] 作为清朝的龙兴之地，盛京地区城垣的修建和维护一直为满洲统治者重视，尤其作为第二政治中心的陪都——盛京城，自康熙十九年以来，每隔十数年即修缮一次，规格高，次数多。[②] 但其他城垣，因经费所限，修建较少，毁损严重。乾隆四十年代，盛京地区掀起了清代历史上规模最大的一次城垣修缮活动，前后持续七八年，花费130多万两白银。这不仅对盛京地区的城垣保护和维系具有重大作用，更深深地影响各州县城垣的建筑格局乃至今天

---

* 本文为国家社科基金一般项目"清代举人大挑与国家治理研究"（项目编号：22BZS075）阶段性研究成果、安徽省高校人文社会科学重点课题"清代举人大挑与国家治理研究"（项目编号：SK2020A0112）阶段性成果。

① 民国《辽阳县志》卷3《城池》，《中国地方志集成·辽宁府县志辑》第2册，凤凰出版社2006年版，第183页。

② （清）阿桂等奉敕撰：《钦定盛京通志》卷18《京城·盛京城创建》，景印《文渊阁四库全书》第501册，台北：台湾商务印书馆1985年版，第331—332页。

辽宁地区的古城文化遗址。同时，此次修缮是一次过程繁杂的政治活动，对盛京地区的治理产生重要影响，其过程中的行政决策和政务运作，又呈现出清朝集权体制下官僚政治的典型特征。将其与文献记载相互对照，可观历史书写的特点和虚实。①

一 高宗东巡与修缮决策

清朝统治者一直重视城垣的维护和修缮，并利用各种机会，告诫地方官员认真对待。乾隆二十八年，经江西巡抚富明安奏请，高宗谕旨："城垣为地方保障之资，自应一律完固，以资捍卫。地方官吏往往视为具文，或任其坍塌不问，日久因循，或修葺有名无实，徒糜帑项，皆所不免。着各省督抚嗣后饬令该管道府，将所属城垣细加查勘。如稍有坍塌，即随时修补，按例保固，仍于每年岁底，将通省城垣是否完固之处，照奏报民谷数之例，缮折汇奏一次。"并下令将此谕旨"于各督抚奏事之便，传谕知之"②。视城垣修缮与户口、谷数为一样重要的事例，显示出最高统治者对此事的重视，更将城垣维护和修缮落实到具体政策。从此以后，各省就形成每年年底汇报城垣完损及修缮情形的定例。

作为清朝龙兴之地，盛京地区一直为统治者重视，不仅设为陪都，建立旗、民、京三元统治格局，且对盛京城垣的完固与否极为重视，遇有损毁坍塌，立即修缮。嘉庆《大清一统志》载：

（盛京城）本明沈阳卫旧址。我太祖高皇帝天命十年，（自）东京迁都于此。太宗文皇帝天聪五年，因旧城增拓之，八年始名曰盛京。康熙十九年，增筑缭墙。二十一年，修葺诸城门楼。三十二年，重修城垣。五十四年，复修城楼及内外城垣。乾隆八年、十八年、三十七年、三十八年、四十一年、四十三年、四十四年、四十五年、四十七年、四十八年、五十年、五十六年，嘉庆五年、九年、十二年、二十二年、二十四年、二十五年、

---

① 现有研究多集中于盛京地区城垣的基本建制及其沿革，诸如建制年代、规模、门楼和城内衙署、关厢结构等，而对城垣的修缮情况尤其是乾隆四十年代的大规模修缮却鲜有研究。请参白洪希《清入关前都城研究》，辽宁大学出版社2007年版；佟悦《清代盛京城》，辽宁民族出版社2009年版；于余《古城兴城忆旧》，《辽宁大学学报》（哲学社会科学版）1981年第2期；武连勤《锦州城垣简史》，《锦州师院学报》（哲学社会科学版）1984年第4期；张大伟《辽阳城的选址与变迁》，《北方文物》2002年第2期；刘明《清盛京城池考》，《文物》2018年第2期等。
② 《护理江西巡抚富明安奏为酌筹保护城垣事》，乾隆二十八年七月初七日，中国第一历史档案馆藏：《录副奏折》，档号：03-1121-022。

叠次修补，规制益为宏备。①

但这仅限于陪都重地，盛京下辖的其他府州县城池，多囿于经费短缺，修缮不足，颓坏毁损较为严重。这在朝贡的朝鲜使臣文献中常有记载。如雍正元年，朝贡使黄晸于《癸卯燕行录》中记载，九月初六日"过阿弥庄，到旧辽东，崩城毁壁，但余战争之地，衰草荒烟，无非感慨之所"；初十日中午，越周流河，"河上有城，此乃明时所筑，雉堞圮毁，全不葺理"；十六日晚，"投宁远卫，城郭曲曲颓圮，而闾阎人物之蕃，市肆车马之盛，亦可为巨镇"；十八日到中后所，"有废城，而闾阎市肆亦颇繁盛"；十九日到达中前所，"此站亦有城，中有闾家，雉堞不甚颓圮，略加修葺，则足为可守之地"。② 清朝地方官员亦有描绘。如开原县知县明亮曾经写道："余自（乾隆）四十一年到任扶余，翌日阅城，出其闉阇，惟土阜而已；环其雉堞，惟棘墙而已。"③ 同是盛京地区，因区位不同，盛京城和所属州县城垣的修缮维护有很大的差异，后者的修缮维护亟须加强。

迨乾隆年间，这一情形因皇帝东巡祭祖而发生改变。乾隆四十三年七月二十日，清高宗从北京出发，过通州，出山海关，沿辽西御道，向盛京进发，开始统治生涯中的第三次东巡祭祖活动。④ 与前两次不同，这次东巡明显赋予更多的政治文化内涵。诚如当年九月上谕所言："盛京为根本重地，发祥所自，后世不可不躬亲阅历。昔我皇祖曾三举斯典，朕今亦三次矣。如升殿、祀神、阅射、行赏之类，仍循成例。而于三陵之察红桩、移近居及葺盛京旧有之坛庙，以至沿途之缮城垣、检核各库诸事，则皆前两巡所未及，而今悉举而行之，益可见临幸之有益矣。十数年后，朕躬若尚如今日之康强，仍当再修上陵之礼，然尚须有待。嗣后每阅三年，即派皇子二三人恭谒祖陵，每次于秋冬间启行……俾之历览旧京风土，自皆惕然动念，感天佑而仰祖功，无负朕谆切垂训之意。钦承！毋忽！"⑤ 不仅为宣传当朝的文治武功，传达敬天法祖之内涵，更是希望后代子孙溯往思来，承继祖宗遗绪。是以一出山海关，乾隆帝就非常重视城垣、道路的完固。然触目所及，"城垣多有坍塌"，这激起了乾隆帝修缮城

---

① 《嘉庆重修一统志》卷57《盛京统部·城池·盛京城》，中华书局1986年版，第2138—2139页。
② ［朝鲜］黄晸：《癸卯燕行录》，［韩］林基中编《燕行录全集》第37册，首尔：东国大学校出版部2001年版，第266、269、272、273页。
③ （清）明亮：《修城记》，民国《开原县志》卷11《艺文·敕论疏议》，《中国地方志集成·辽宁府县志辑》第12册，第352页。
④ 《清高宗实录》卷1063，乾隆四十三年七月丁未。
⑤ 《清高宗实录》卷1066，乾隆四十三年九月丁亥。

池的决心。八月初八日，东巡队伍还在奔赴盛京的途中，乾隆帝就传谕大臣："盛京为本朝王迹肇基之地，朕恭谒祖陵，道出山海关，经过各处城垣，多有坍塌，殊不足以壮观瞻而资捍卫。"乃令随行军机大臣会同盛京将军弘晌，"查明何处最为紧要，应行修筑，妥议具奏，候朕发帑兴工，并派员稽查督办"[1]。正是这次上谕，开启了盛京地区大规模的城垣修缮活动，其规模之大、花费之巨、耗时之长、工程之繁为盛京地区少有。

当时随行之军机大臣有于敏中、福隆安、梁国治、和珅四人，盛京将军弘晌亦在陪驾途中，是以接到谕旨后，军机大臣于敏中等人立即会商，酌议盛京各处城垣的修缮事宜。四天后即八月十二日，军机大臣就会同弘晌将结果奏报上来，"并绘图粘签，恭呈御览"[2]。

折中，军机大臣等首先述说了盛京城垣的现状："奉天各属，惟盛京城垣每年遇有坍损即随时粘补，现在完固毋庸修葺外，其余各属城垣，俱久未缮治，实多坍塌。"但盛京地方城池众多，有都城，有府、厅、州、县城，有八旗驻防城，有各类堡、铺、寨城，还有从历代沿袭下来的县城、卫城、所城、驿城等旧有城址，分布广泛，多达260余处。[3] 考虑到财政经费和城池紧要程度，军机大臣等议定，"其必应修筑者，共有一十八处"，而"其余屯卫堡驿，虽旧有城垣，而地方僻小，无关紧要者，均无庸修葺"。这十八处城垣分别为：中前所城、中后所城、宁远城、锦州城、义州城、广宁城、巨流河城、抚顺城、铁岭城、开原城、熊岳城、辽阳城、海城城、岫岩城、盖州城、复州城、金州城和凤凰城。除巨流河城坐落于辽河之上，为盛京御道要冲外，其余十七城，或为盛京将军所属旗城，或为奉天府所属府州县城，或二者兼而有之，共同构筑盛京地区旗民二元统治的中心。

即便择要修筑，十八城之数额亦极为可观，若"各城同时鸠工兴作，工匠既恐不敷，稽查亦难周到"。于是军机大臣等又"公同酌议"，建议将"应修各城分为三次修葺"，每次六城："先将驻有官兵之锦州府、熊岳、凤凰城，并大路经行之宁远州、广宁县、辽阳州六处较为紧要者"，在第一批修缮；"次将中前所、中后所、巨流河、义州、铁岭县、开原县六处"，在第二批修缮；"又次

---

[1] 《清高宗实录》卷1064，乾隆四十三年八月乙丑。
[2] 《大学士于敏中奏为修葺城垣事》，乾隆四十三年八月十二日，中国第一历史档案馆藏：《录副奏折》，档号：03-1133-010。
[3] 据乾隆《盛京通志》记载，除盛京、兴京2城外，当时有府州县城12座、驻防城21座、堡铺寨城166座、旧城址67座，共计266座。

将抚顺、海城县、岫岩厅、盖州、复州、金州六处",在第三批修缮。[1] 即根据交通和驻军的紧要程度,将十八城分为三期修缮,每次六城,既能避免修缮工匠的不敷,又可缓解施工的难度,减轻督查、监修、承修等各类官员的负担。

当然,建议是否准行,决策权掌握在皇帝手中。故此,军机大臣于折尾又补充道:"应否如此办理,伏候钦定,并请简派督办大员,随时往来稽查,并遴派熟谙工程之员,每处一人,会同臣弘昫及府尹,督率各属估计工料,奏明请领帑项,择日兴工。"[2]

乾隆帝当天做出决策,朱批"依议"[3],显然认可军机大臣的议复结果。不仅如此,乾隆帝又谕曰:"此项工程,着派迈拉逊、德成督办。伊等接奉谕旨,即驰驿前至行在,候朕面降谕旨,即可会同将军、府尹赴各属勘估,以便发帑兴工。"[4] 迈拉逊,时任镶蓝旗都统、都察院左都御史,兼署工部尚书事务;德成,时任工部左侍郎。谕令二人督修,是二人工部堂官身份和职掌使然,又是乾隆帝对此次修缮重视的结果,利于城工的设计、沟通和推进。通过此次顶层规划,盛京地区的城垣修缮工作进入实质运行阶段。

二　实地勘察与修缮规程

拟定修缮方针是一回事,具体落实又是一回事,二者之间需要审慎的筹划和勘察。由前文可知,从皇帝下达修缮命令到军机大臣上奏修缮计划,中间仅用了四天。在这短暂的四天时间内,军机大臣很难将所有内容都商议妥当,尤其是修缮的具体流程和事项,仍须在实际执行中认真筹划。是以钦派大臣迈、德二人到盛京后,即会同盛京将军弘昫、奉天府尹富察善再次酌议,查疑补漏,正式订立修缮章程。

第一,修改时限,完善修缮规程。军机大臣原定限时,仅是按照城池位置和紧要程度,予以粗略规划。实际上,城池修缮受到城池规模、毁损程度、取材难易等诸多因素的影响,不能单纯以位置重要与否来衡量。经过实地勘察,

---

[1]《大学士于敏中奏为修葺城垣事》,乾隆四十三年八月十二日,中国第一历史档案馆藏:《录副奏折》,档号:03-1133-010。

[2]《大学士于敏中奏为修葺城垣事》,乾隆四十三年八月十二日,中国第一历史档案馆藏:《录副奏折》,档号:03-1133-010。

[3]《大学士于敏中奏为修葺城垣事》,乾隆四十三年八月十二日,中国第一历史档案馆藏:《录副奏折》,档号:03-1133-010。

[4]《清高宗实录》卷1064,乾隆四十三年八月己巳。另见《内务府为着派迈拉逊德成稽查督办盛京各处城垣坍塌修筑工程等事》,乾隆四十三年八月十二日,中国第一历史档案馆藏《内务府档案》,档号:05-13-002-000445-0045。

弘晌等人发现，原有规划存在诸多不适，遂改照城池规模、难易等重新调整计划：（1）凤凰城、岫岩厅、盖平县、熊岳、复州、宁海县六处城垣规模较小，修缮较易，定为头限，于乾隆四十五年修缮。① （2）锦州、抚西、巨流河、铁岭、宁远、中前所、中后所等七处城工规模次之，位处交通要道，定为二限，于乾隆四十六年修缮。（3）开原、义州、广宁、辽阳、海城等五处城工规模较大，修缮不易，定为三限，于乾隆四十六年开修，四十七年竣工，两年完成。②

相比初期规划，新定之修缮章程做出较大调整。但乾隆《盛京通志》在纂修时，仅载于敏中《遵旨会查奉天各属应修城垣议》一折，后来之调整并未记载，这一书写模式又为民国所修之《义县志》③和《奉天通志》④继承，未旁及档案文献，这无疑会影响我们对盛京地区城垣修缮进程的理解与把握。

第二，估量经费，确定经费来源。清制规定，城池修缮，须先派人实地勘察，酌议修缮办法，估量修缮经费，提交户部审核，最后上呈皇帝裁决，转交户部备案，并分段按额发放帑银，以备兴工。此次修缮亦不例外。章程下达后，各城立即投入繁忙的估量工作中，大到城垣结构，小到一木一砖，并各类匠夫役钱，均估算明晰，由州县、佐领奏报知府、城守尉，上呈府尹、副都统、将军和督办大臣，最终奏报皇帝。经过层层勘估，督修大臣最后统计，约需银"一百三十三万一千三百余两"。因数额巨大，新任盛京将军福康安建议分两部分支领：一部分"于盛京银库所存官铺杂项等银九十六万五千八百余两内，酌留十万两，以备本处添补支放之用，其余八十余万两，尽数拨给城工项下应用"；另一部分"不敷银两，由京续领"。⑤

当然勘估过程并未像督办大臣奏报的那样"和衷共济"，他们之间出现过分歧，甚至有过激烈的争执。如在勘察凤凰城时，两位督办大臣就有争议：迈拉逊从节省经费出发，提倡小规模的修补，德成则认为凤凰城东临边陲，城垣紧要，应该大修。二人争执不下，最后惊动了皇帝。当年十月甲戌，乾隆帝谕曰："迈拉逊与德成承办此事，朕早知二人必不睦，屡经训谕，当和衷共济。今

---

① 《盛京户部侍郎全魁奏为勘明乾隆四十五年份奉天所属城垣情形事》，乾隆四十五年十二月初七日，中国第一历史档案馆藏：《朱批奏折》，档号：04-01-37-0038-028。
② 《盛京将军索诺穆策凌奏报开原等处城垣兴工日期事》，乾隆四十六年二月十二日，中国第一历史档案馆藏：《朱批奏折》，档号：04-01-37-0039-003。
③ （清）于敏中：《遵旨会查奉天各属应修城垣议》，赵兴德等修民国《义县志》（四）之中卷13《艺文志上·奏》，《中国地方志集成·辽宁府县志辑》第20册，第120—121页。
④ （清）于敏中：《遵旨会查奉天各属应修城垣议》（乾隆戊戌），王树楠等纂《奉天通志》卷243《艺文志·文征》，第5册，东北文史丛书编辑委员会1983年版，第5285—5286页。
⑤ 《盛京将军福康安奏报盘查盛京银库各款银两并办理平余拨城工银两事》，乾隆四十五年二月初十日，中国第一历史档案馆藏：《朱批奏折》，档号：04-01-35-0744-026。

仍如此各持己见，实属可笑，迈拉逊、德成俱传旨申饬。至盛京为根本重地，所有应修各城垣，自应一律修筑，整齐巩固，以壮观瞻。况现今府库充盈，此等工程，即多用帑金，亦所不靳，但不可从中侵冒耳。若专以节省为事，岂为善体朕意乎。"考虑到迈、德二人恐不会轻易妥协，乾隆帝"传谕弘晌，即将各处城垣，应全行修葺，或稍加黏补之处，详加斟酌，另行妥议具奏"①。这不仅关涉城垣的修缮计划，亦影响到经费的勘估，130余万两就是在此背景下估算出来的。

第三，烧砖掘石，备集修城物料。因此次修缮工程巨大，物料、人工所需甚多，筹集不易。军机大臣在议复时建言，先期应"各预行度地开窑，烧造砖料，务期厚实坚致，足资巩固"②。是以上谕一颁布，盛京地区全部行动起来，募工、挖土、开窑、烧造、运送，直至乾隆四十五年三月正式开工，忙忙碌碌准备了一年多时间。在此期间，包括监督大臣、盛京将军、奉天府尹、盛京各部侍郎在内的执行大臣亦马不停蹄，来来回回调查各地物料、夫役筹备情况。四十四年九月，福康安奏报："奴才自起程后，查阅盛京西路各城营伍及城工办料事宜，所有查过巨流河、广宁县、锦县、宁远州等处城工物料，奴才俱经亲诣窑所，详细查验，并酌量该地方情形，饬令承办各员乘此天气尚暖，农功告成之时，多觅匠夫，加添窑座，将一切物料上紧赶办，以期妥协无误。再本月十一日，奴才于宁远州地方遇见钦差工部侍郎德成查验城工料物前来，奴才恭请圣安，随将烧造砖块、备办物料各事宜面同商榷。"③ 十一月，钦差大臣德成巡查办理料物情形后奏曰："奴才德成于九月初三日自京起程，初八日出关，由中前所、中后所至宁远州，适奴才福康安亦由西路各城查勘前来，随将各该城应办情形面同商酌，于十三日奴才德成分路由锦县、广宁县、义州、巨流河等处查看，复自沈阳前往铁岭县、开原县、抚西及辽阳州、海城县一带，挨查各城所办砖坯、石料、灰斤，俱按本年应备三成、五成之数，妥协备贮，有赢无绌。其明年兴修之凤凰城、岫岩、盖平县、熊岳、复州、宁海县等六处，奴才德成率同工部主事丰伸布、蓬琳细加查验，并将砖块敲开试看体质，均属坚致，火候亦俱熟透，石灰用水泼开验视，性亦胶粘。其余石料等项均皆如数备办，

---

① 《清高宗实录》卷1069，乾隆四十三年十月甲戌。
② 《大学士于敏中奏为修葺城垣事》，乾隆四十三年八月十二日，中国第一历史档案馆藏：《录副奏折》，档号：03-1133-010。
③ 《盛京将军福康安奏为遵旨质讯清查闲散关住旗籍根底情形并查阅盛京西路城工办料情形事》，乾隆四十四年九月十三日，中国第一历史档案馆藏：《朱批奏折》，档号：04-01-16-0070-025。

明年尽可依限完工。"① 可见，先期备料，建置砖窑，烧造砖瓦，准备灰石、木料、土方，招募工匠、夫役，是修缮过程的重要事项，也是修缮工作顺利进行的基础和保障。

第四，区别城垣，酌议修缮办法。大多数修缮工作是在原有城垣的基础上进行的，但也有个别城垣，受自然环境、城垣地基和取料难度等方面的影响，督办大臣存在不同意见，经反复核议，终有所改。如对岫岩城的修缮办法，两位督办大臣就存在较大分歧。迈拉逊认为，"岫岩地方形势卑洼，屡患山水冲涨，且刨下俱系沙石，不能得土，难以筑打地脚。所以拟照营房式样，砌虎皮石围墙，仍开设四门，以壮观瞻，无须建城。再查该处尚有旧城基址一座，形势稍高，虽原处止有一箭之远，现有旗仓在内，若于此处因基修筑亦可"。德成则认为，"岫岩居民数百户，文武官员公所俱在该处，若因山水偶涨，辄议停建城垣，改修围墙，殊非体制，且刨源二三尺即可筑打地脚。至旧城虽尚有基址，但系属空城，居民都在城外之南。从前甘省渊泉县修筑城垣，因未就民居建筑，经勒尔谨参奏改挪。今旧城内止有居民十余户，是以不敢就旧城修筑"。争来争去，最后奏报皇帝，转交军机大臣核议具奏。军机大臣认为，岫岩驻有文武各员，其城垣理应一体修筑整复旧规，不宜仅筑围墙，草率完事。但建设城垣，自当察看形势，今原处地形洼下，而旧城基址稍高，应即就旧城加修坚致，将文武衙署以及仓库、监狱等项移建城内，以符体制。② 乾隆帝认为在理，决定在旧城基上重建新城，此方案才得以告一段落。在解决修缮事件的背后，体现的是清朝复杂的政务运作流程，从争执、奏报，到商讨、复核，再到酌议、决策，一件接着一件，反反复复，将城池修缮过程中复杂的人际关系、权力对弈和政务运行模式清晰地呈现出来。

第五，明确分工，严行修缮流程。在整个城垣修缮过程中，因地位、角色不同，分工各异。其中钦差大臣是督办官员，负责各处城工的规划、勘察、监督和汇报；盛京将军、盛京各部侍郎、奉天府尹是督修官员，会同督办大臣规划、勘察、监督和汇报，并实地协调各处应办事宜，保证修缮工作有条不紊地运行；各城旗民官员包括城守尉、佐领、协领、防御和知府、知州、知县、通判、州判、县丞等，则是承修官员，负责物料的准备、人员的配备和城池的具体修缮工作。此外，还有监修官员、协办官员，或从中央部院司员中派遣，或从地方试用官员中遴选，职责各有不同。如乾隆四十三年底，福康安具奏，"奉

---

① 《工部左侍郎德成奏为查过宁远等州县城工料物事》，乾隆四十四年十一月十六日，中国第一历史档案馆藏：《朱批奏折》，档号：04-01-37-0036-020。
② 《大学士阿桂复奏查议办理岫岩熊岳复州三处城垣事》，乾隆四十三年十二月，中国第一历史档案馆藏：《录副奏折》，档号：03-1133-011。

省官员俱不谙练工程，请由京工部司员内谙练工程者拣派，眼同指示，以资巩固"，工部遂"奏派郎中那福、保定、永恰，主事傅伦、岱龙光、富森阿等六员，来奉指示监修"①。四十六年，德成奏："据宁远州知州伊汤安、中前所承修官佐领音登阿、协办城工试用知县戴洪恩等详称，承修中前所城垣……"②与那福等人不同，戴洪恩乃奉天试用知县，协办城工。

可见，负责此次修缮的官员，按照身份性质，可分为中央官员和盛京地方官员，前者包括钦差大臣和协办司员，后者包括盛京将军、奉天府尹、盛京五部侍郎、副都统、城守尉、防御和知府、知州、知县、通判、州判、县丞等；按照地位高低，可分为高级官员和中下级官员，前者统筹调度，拟定具体方案，后者按规执行，实施具体事务，各有分工，互相协作。兼之皇帝居中掌控、调度，中枢大臣统筹协商、规划，构筑了盛京城垣修缮复杂而完善的组织体系，共同维系和保障城垣修缮工作有序运行。

三 正式修缮与因势调整

经过一年多的准备，盛京将军福康安奏请于乾隆四十五年三月开工修建，正式开启盛京地区城垣修缮的序幕。然而不论规划如何审慎，在实际修缮过程中仍会遇到许多难题，改动修缮计划，因势调整修缮进程，不可避免。

（一）修缮过程及其调整

经过详细的实地勘察，计划分为三限，分别完成六城、七城和五城之修缮。但实际执行时，督办大臣又发觉，各该城"初办物料，即于三成、五成之数有赢无绌，嗣后办理自必更觉裕如"。如按期"方行兴修，转恐城垣长大之处，不能如限完竣"。"况物料内，石灰一项不宜久贮"，是以奏请应修各城，"俟物料办有一半，即令其雇觅匠夫先期兴修，则工程不致急遽，似于公务更为有益"③。兼之地理环境、执行态度等影响，各城完竣之先后又有不同程度的变化。

第一限期，按照计划，修缮岫岩、凤凰城、宁海、盖平、熊岳、复州六城，

---

① 《盛京将军永玮为题请核销修理奉天府属锦州府等十八处城垣并天坛堂子太庙等处城庙各工用过工料银两事》，乾隆四十九年八月十二日，中国第一历史档案馆藏：《内阁户科题本》，档号：02-01-008-002148-0013。

② 《工部左侍郎德成奏请改修宁远州中前所城垣事》，乾隆四十六年三月二十四日，中国第一历史档案馆藏：《朱批奏折》，档号：04-01-37-0039-007。

③ 《工部左侍郎德成奏为查过宁远等州县城工料物事》，乾隆四十四年十一月十六日，中国第一历史档案馆藏：《朱批奏折》，档号：04-01-37-0036-020。

分别于四十五年三月初一日和初九日开工。截至当年四月下旬,"岫岩、凤凰城城工约有四成,盖平、熊岳、复州约有三成,宁海约有二成"①。但到年底,仅完竣五城,宁海一城,因工程繁杂,雨水较多,影响施工进度,致使"海墁、宇墙、垛口尚未一律完竣",拖到第二年闰五月,承办官员亦受到参劾。② 即使如此,修完不到一年,宁海城就出现疏漏问题,经德成参奏,"饬令承办官原任金州城守尉巴彦太赔修",直至四十八年才最终完竣。③

第二限期,所余十二城全部开工,其中"辽阳、海城、广宁、义州、金州、宁远、中后所、中前所八处于三月十二日开工,开原、铁岭、抚西、巨流河四处,天气稍寒,化冻微迟,拟于三月十七日开工"④。截至年底,原定抚西、巨流、锦县、宁远、铁岭、中前所、中后所等七城城工均告完竣;原定四十七年完工之海城,亦于四十六年完竣。⑤

第三限期,完竣四城,分别为辽阳城、广宁城、义州城和开原城。⑥

在各城修缮期间,督办大臣和盛京大员需要来回巡查,并将修缮情况随时奏报皇帝。如乾隆四十六年七月,督办大臣德成会同盛京将军索诺穆策凌、盛京侍郎全魁、奇臣等奏:"奴才德成等前于五月二十六日,已将兴修十二处城垣做得成数情形,具奏在案。奴才德成今又往来查看过二次,奴才索诺穆策凌于阅兵办公之便,奴才奇臣于办公之便,俱顺道查看各工,合将现在添做成数奏闻。伏查自前五月二十一日起,至七月十五日,今年应完之工七处,内除抚西一城已于七月十五日工竣外,其巨流河约有九成,中前所约有八成,宁远州约有六成五分,中后所约有六成五分,锦县约有六成,铁岭县约有六成。明年应完之工五处,海城县已有九成,广宁县约有五成五分,辽阳州约有五成,义州约有四成五分,开原县约有四成五分。奴才等将今年应完者上紧督催完竣,明

---

① 《工部左侍郎德成奏为查看盛京坛庙及岫岩等处城垣工程事》,乾隆四十五年五月初一日,中国第一历史档案馆藏:《朱批奏折》,档号:04-01-37-0037-011。
② 《工部左侍郎德成奏为特参盛京工部五品官侯瓒等员玩视误工请旨交部议处事》,乾隆四十五年十月十五日,中国第一历史档案馆藏:《朱批奏折》,档号:04-01-37-0038-002;《盛京将军索诺穆策凌奏报开原等处城垣兴工日期事》,乾隆四十六年二月十二日,中国第一历史档案馆藏:《朱批奏折》,档号:04-01-37-0039-003。
③ 《盛京兵部侍郎伯兴奏明城垣完固情形事》,乾隆四十七年十二月初十日,中国第一历史档案馆藏:《录副奏折》,档号:03-1134-059。
④ 《盛京将军索诺穆策凌奏报开原等处城垣兴工日期事》,乾隆四十六年二月十二日,中国第一历史档案馆藏:《朱批奏折》,档号:04-01-37-0039-003。
⑤ 《盛京兵部侍郎伯兴奏明城垣完固情形事》,乾隆四十七年十二月初十日,中国第一历史档案馆藏:《录副奏折》,档号:03-1134-059;《盛京户部侍郎全魁汇奏城垣完固情形事》,乾隆四十六年十二月初七日,中国第一历史档案馆藏:《录副奏折》,档号:03-1133-037。
⑥ 《盛京兵部侍郎伯兴奏明城垣完固情形事》,乾隆四十七年十二月初十日,中国第一历史档案馆藏:《录副奏折》,档号:03-1134-059。

年应完者亦令赶办六七成，庶明年兴修得以早竣。再旧岁堂子、太庙工程，因琉璃物料不足，有未完之处，又宁海县城亦剩有海墁宇墙垛口未完，今于闰五月间俱全行完竣。"① 不仅可见修缮的具体流程，亦能管窥专制集权体制下的政务运行特色——以皇帝为中心，层层监督，时时核查，处处奏闻。

（二）修缮办法之调整

城垣之修缮，有明确的法式，但地区不同、城垣有别，修缮法式会有所调整。就盛京十八城之修缮而言，可分为如下类型：

其一，按照原样修缮。在原有建筑格局的基础上，既不改变建筑结构，又不改动建筑材料，是城垣修缮的最主要方式。所有十八城内，锦州府城、宁远州城、义州州城、锦县县城、铁岭县城、抚西城、熊岳城、广宁县城、金州城等，均是按照这种方式修缮的。

其二，改善城垣材质。盛京地区城垣，多是外砌石头，里填灰土。但因地理环境不同，有的地方取土较远，取石反而较易，遂有改灰土为山石者。如中后所一城，城垣里皮原用灰土包筑，勘察时亦无异议。但实际修缮时，督办大臣却发现"该城就近实无取土之处"，"若于原处刨运，未免多费运价"，于是公同"商酌，拟照各城里皮改用山石成砌，既属一律坚固，且较原估包筑灰土核计可减省银六千七百二十二两九钱六分四厘"②。巨流河一城，"原估里皮包筑灰土"，后经勘查，该处"地方上面浮土，虽觉纯实，尺余以下均带沙性，以之筑打城身，诚恐难以经久"。而附近"有出碎山石之处，离工十余里至二三十里不等，道路不为甚远，以土易石，更为坚固"，且"工价有减无增"③。

其三，变更城垣结构。在修缮过程中，亦有根据需要，变更城垣长度、宽度和女墙结构者。如中前所城，据德成奏，"原估通长六百四十余丈，高二丈四尺外，皮粘修理，皮整齐不动，城顶海墁筑打灰土宽一丈四尺，铺墁城砖"。但"城顶旧土因年久冲汕削薄，宽窄不一，必须铲刨帮宽另筑方能敷用"。而"帮筑之土新旧不能合式，恐难经久"。遂建议"将中前所城身之高，照依宁远州一律修高二丈，城顶上截之土铲去四尺，以足铺墁、海墁通宽尺寸使用，庶工程得以坚固，而钱粮尚属有省"④。又如辽阳州城，因"里皮城根较城外地面均高四尺，若照城外地面依律刨平，居民房基街道地势过高，里皮城根过洼，必

---

① 《工部左侍郎德成奏为续查宁远州等处城工成数事》，乾隆四十六年七月十八日，中国第一历史档案馆藏：《录副奏折》，档号：04-01-37-0039-016。

② 《工部左侍郎德成奏为查过宁远等州县城工料物事》，乾隆四十四年十一月十六日，中国第一历史档案馆藏：《朱批奏折》，档号：04-01-37-0036-020。

③ 《工部左侍郎德成奏请将盛京海城及巨流河城工改用石料并所需银两事》，乾隆四十五年七月二十一日，中国第一历史档案馆藏：《朱批奏折》，档号：04-01-37-0037-017。

④ 《工部左侍郎德成奏请改修宁远州中前所城垣事》，乾隆四十六年三月二十四日，中国第一历史档案馆藏：《朱批奏折》，档号：04-01-37-0039-007。

致雨水浸泡，有碍工程"，于是将"里皮城根少刨深四尺，内外各分其势，高低不甚相悬"。至于城身，"原估周围长二千五百二十丈零，后于拆卸丈量之时，连曲尺分位满量，实砌长二千六百一十七丈零，背后土牛间段均有碎石子、灶灰"，均"另换新土"，"以资巩固"①。

其四，重建新城。前述岫岩城，于旧城重新修建，就是典型的案例。原计划岫岩城"新修城垣一座，量长八百九十四丈，估计工料银七万四千五百七十一两零"。而在实际兴修时，"查勘旧城基址，较原估新修城垣处所，地势既高，而周围城根土牛，尚属坚实"，于是改"照旧城基址修筑"，"量长四百六十五丈五尺，并将城根现存土牛折抵土方，实估计银四万一千二百六十七两零"，较原计划节省三万余两。②

（三）修缮范围之扩展

除十八处城工外，此次还修缮了盛京天坛、地坛、堂子、景佑宫、河神庙等。如果说修缮城垣是为了稳固统治，彰显威仪，那么宫殿坛庙的修缮，则凸显了盛京地区特殊的政治地位和文化特色。

其一，宫殿坛庙。宏伟的宫殿和庄严的坛庙是盛京陪都的象征，区位适否、稳固与否，均关涉甚要。乾隆四十三年八月，趁修缮城工之际，乾隆帝"命重修盛京天坛、地坛，移建太庙于大清门东"③，并令修缮堂子、景佑宫和兴京关帝庙。这些工程，均于乾隆四十五年五月开工，截至六月，"天坛祭台围墙修理完竣；堂子大殿、八角亭、宫门大木装修墙垣俱已完竣，头停现在挖砌琉璃瓦料，柱木装修现做灰麻地仗，使灰三道，麻二道，上架枋梁使灰三道，糙油现做画活；太庙大殿、宫门大木装修墙垣，俱已完竣，头停现在挖砌琉璃瓦料，柱木装修现做灰麻地仗，使灰三道，麻二道，上架枋梁使灰三道，糙油现做画活；景佑宫大殿山门，俱经修理完竣，神像移请安供，碑蝠竖立妥协，柱木装修现做灰麻地仗，使灰三道，麻二道，上架枋梁使灰三道，糙油现做画活；兴京关帝庙修理见新"④，不久即告完竣。⑤ 唯堂子、太庙，"因琉璃物料不足"，拖至四十六年闰五月。⑥

---

① 《工部左侍郎德成奏为盛京坛庙城垣工程奏销事》，乾隆四十七年八月二十六日，中国第一历史档案馆藏：《录副奏折》，档号：03-1134-033。
② 《清高宗实录》卷1084，乾隆四十四年六月己未。
③ 《清高宗实录》卷1065，乾隆四十三年八月丙戌。
④ 《工部左侍郎德成奏为盛京天坛祭台围墙等工成数事》，乾隆四十五年七月二十一日，中国第一历史档案馆藏：《朱批奏折》，档号：04-01-37-0037-016。
⑤ 《工部左侍郎德成奏为查勘盛京天坛及凤凰城等处工程情形事》，乾隆四十五年十月十五日，中国第一历史档案馆藏：《朱批奏折》，档号：04-01-37-0038-003。
⑥ 《工部左侍郎德成奏为续查宁远州等处城工成数事》，乾隆四十六年七月十八日，中国第一历史档案馆藏：《朱批奏折》，档号：04-01-37-0039-016。

其二，河神庙。祭祀河神，是古代农业国家祈年保丰的重要习俗。巨流河和浑河是盛京地区重要的河流，原无河神祭祀。乾隆四十三年八月，乾隆帝谕曰："辽河双源遥引，合而为巨流河，襟带神皋，恬波涵润，实为陪都境内大川。朕恭谒祖陵，跸路所经，舟梁利涉，缅念河神之功甚溥。顾该处向无祠祀，典尚阙焉。着迈拉逊、德成会同将军、府尹，于勘估城工之便，在濒河高阜处所，度地计工，奏闻请帑，专建河神庙，以昭妥侑。"① 随后又谕："浑河发源遥远，自东北来入英峨边门，西流几及千里，会辽入海，萦护三陵，滋演万年灵脉，长川襟带，兼卫陪都，厥功甚钜。自宜虔崇庙祀，以答神庥。着交迈拉逊、德成会同将军、府尹，于盛京城东，度地鸠工，奏闻请帑，兴建河神庙，以昭妥侑。"② 遵照圣谕，修缮大臣稍作筹划，于乾隆四十五年五月开启两庙修建工程，下半年告竣，"神像安请妥协，增塑亦皆如意，鲜明光彩，庙貌辉煌，足壮观瞻"③。

其三，其他辅助设施——河道和石桥。城池二者相连，有城即有池，有池即有桥。相对于其他城池，巨流河的相关设施极不健全。乾隆四十七年，盛京将军庆桂奏，"查巨流河新建城垣，东西北三面紧接山坡，每逢雨水，俱沿城基南流入河，城基不无受损"，乃定"于城外东西北三面，开挖泄水沟三道，城内南面，亦挖水沟一道，水由沟行，城垣得以坚固"。为方便交通，又于河上"建石桥四座，以便行旅"。连挖河带建桥，"共需银一千二百余两，归入城工案内核销"④。这是为保障城垣而修筑的辅助性设施。

这些内容不仅详细记录了各类工程的实际进展情况，体现修缮过程中的因势利导和因时变通，亦给我们提供了诸多详实具体的修缮细节，生动呈现政务执行中的灵活调整和复杂面相。与督办大臣的酌议、勘估、巡查活动一起，构筑了乾隆四十年代盛京城垣修缮的完整历史画面。

四　历史书写与文化传播

这次城垣修缮活动，在清代很多盛京的志书中都有记载。首先，其记载最丰富者，莫过于军机大臣阿桂等奉敕修撰、成书于乾隆五十年代的《盛京通

---

① 《清高宗实录》卷1064，乾隆四十三年八月辛未。巨流河河神庙之碑文，见《祭巨流河神庙文》，王树楠等纂《奉天通志》卷240《艺文志·文征》，第5191页。
② 《清高宗实录》卷1066，乾隆四十三年九月丁亥。浑河河神庙之碑文，见《祭浑河神庙文》，王树楠等纂《奉天通志》卷240《艺文志·文征》，第5190—5191页。
③ 《工部左侍郎德成奏为查勘盛京天坛及凤凰城等处工程情形事》，乾隆四十五年十月十五日，中国第一历史档案馆藏：《朱批奏折》，档号：04-01-37-0038-003。
④ 《清高宗实录》卷1162，乾隆四十七年八月庚午。

志》。具体分布于三卷中：一是"城池"卷，详细记载了盛京城池修缮的年份，唯个别城池有遗漏。二是"天章"卷，分类记录皇帝的谕旨和诗文，多处呈现此次城垣修缮和告竣的细节。三是"艺文"卷，收录前引于敏中所上之奏折，保留了枢臣决议的内容，对于传播此次修缮活动具有重要意义。其次，乾隆《大清一统志》和嘉庆《大清一统志》在"城池"卷亦有记载，但多是照录乾隆《盛京通志》，信息缺漏较多。其他府州县志亦有记载，但内容较为简略，仅为我们提供有关此次城垣修缮的简单信息。

进入民国后，奉天各地掀起一股修撰地方志的热潮，或辗转摘抄，或查阅资料，或实地调查，留下诸多城垣修缮的信息。不过因撰写体例、方法和关注点不同，各志书所载内容详略不一，有的是对《盛京通志》《大清一统志》的承抄，于城池卷记录城垣修缮的时间，于艺文卷收录于敏中的奏折；有的是实地调查后的报告，择要收录城垣修缮的碑志，为我们保留了城垣修缮的珍贵信息。

方志的修撰和刊印，是对地方历史文化的整理、书写和传播。但因志书的关注点和质量高低不同，记载和传播这些文化信息时会有差异。首先，在修缮流程上，志书记载非常简略，甚至因文献取舍的偏颇，难免会出现误导。以乾隆《盛京通志》为代表的志书，除在城池志记载了此次城垣修缮的时间，最有价值之处，是于《艺文志》中收录了于敏中的奏折。前文有言，这件奏折是关于此次修缮活动的珍贵文献，但其呈现出来的文献记载，尤其是各城限期的安排，与实际修缮情形偏差很大，如不参照档案，于史料利用上就会被误导。

其次，在修缮时间上，各类志书记载详略不一，内容迥异。我们将官方档案、乾隆《盛京通志》、乾隆《大清一统志》和各州县志书有关此次城垣的修缮时间列表比较，差异一目了然（详见表1）。

表1　　　　　　　　　　盛京地区城垣修缮时间对照

城名	《清宫档案》	《盛京通志》[①]	《大清一统志》[②]	州县志书
凤凰城	45年重修，当年告竣	无记载	43年重修	无记载[③]
复州城	45年重修，当年告竣	43年重修	43年重修	45年重修[④]

[①] （清）阿桂等奉敕撰：《钦定盛京通志》卷29《城池一·奉天府》，第575—588页；卷30《城池二·锦州府》，第592—610页。
[②] （清）和珅等奉敕撰：《钦定大清一统志》卷38《奉天府·城池》，景印《文渊阁四库全书》第474册，第701—702页；卷43《锦州府·城池》，第796页。
[③] 民国《凤城县志》卷1《地理·城池》，《中国地方志集成·辽宁府县志辑》第14册，第28页。
[④] 民国《复县志略》第1《建置略》，《中国地方志集成·辽宁府县志辑》第13册，第368页。

续表

城名	《清宫档案》	《盛京通志》	《大清一统志》	州县志书
盖平城	45年重修，当年告竣	43年重修	无记载	43年重修①
宁海城	45年重修，46年告竣，48年补修	43年重修	43年重修	无志书
熊岳城	45年重修，当年告竣	43年重修	无记载	无志书
岫岩城	45年重修，当年告竣	43年旧址重修	43年旧址重修	45年重修②
抚顺城	46年重修，当年告竣	43年重修	无记载	46年重修③
海城	46年重修，当年告竣	43年重修	43年重修	39年重修④
锦州城	46年重修，当年告竣	43年重修	无记载	43年重修⑤
巨流河城	46年重修，当年告竣	43年重修	无记载	43年重修⑥
宁远城	46年重修，当年告竣	43年重修	无记载	44年重修⑦
铁岭城	46年重修，当年告竣	43年重修	43年重修	46年重修，当年修竣⑧
中后所城	46年重修，当年告竣	43年重修	无记载	43年重修⑨
中前所城	46年重修，当年告竣	43年重修	无记载	43年重修⑩
开原城	46年重修，47年告竣	43年重修	43年重修	43年重修，47年告竣⑪
辽阳城	46年重修，47年告竣	43年重修	43年重修	42年重修⑫
广宁城	46年重修，47年告竣	43年重修	无记载	44年重修⑬
义州城	46年重修，47年告竣	43年重修	无记载	46年重修，47年告竣⑭

表格说明：（1）"无记载"，是指志书中没有此类信息的相关记载；（2）"无志书"，是指笔者未能找到该地区的相关方志。

---

① 民国《盖平县志》卷1《舆地志·城池》，《中国地方志集成·辽宁府县志辑》第13册，第56页。
② 咸丰《岫岩志略》卷2《营建志·城池》，《中国地方志集成·辽宁府县志辑》第15册，第5页；民国《岫岩县志》卷1《地理·城池》，《中国地方志集成·辽宁府县志辑》第15册，第114—115页。
③ 宣统《抚顺县志略》第1《建置略》，《中国地方志集成·辽宁府县志辑》第10册，第16—17页。
④ 光绪《海城县志》之《县城》，《中国地方志集成·辽宁府县志辑》第5册，第2页；民国《海城县志》之《地理·城池》，《中国地方志集成·辽宁府县志辑》第5册，第123页。
⑤ 民国《锦县志略》卷1《地理上·城池》，《中国地方志集成·辽宁府县志辑》第16册，第441页。
⑥ 民国《新民志》卷17《古迹·城》，《中国地方志集成·辽宁府县志辑》第1册，第441页。
⑦ 民国《兴城县志》卷1《地理·城池》，《中国地方志集成·辽宁府县志辑》第21册，第374页。
⑧ 民国《铁岭县志》卷2《地理·城池》，《中国地方志集成·辽宁府县志辑》第11册，第362页。
⑨ 民国《绥中县志》卷4《建置·城隍》，《中国地方志集成·辽宁府县志辑》第23册，第64页。
⑩ 民国《绥中县志》卷4《建置·城隍》，《中国地方志集成·辽宁府县志辑》第23册，第64页。
⑪ 民国《开原县志》卷2《城池公廨·城池》，第118页。
⑫ 光绪《辽阳乡土志》之《城池》，《中国地方志集成·辽宁府县志辑》第4册，第629—630页；民国《辽阳县志》卷3《城池》，第183页。
⑬ 民国《北镇志》之《地理·城镇》，《中国地方志集成·辽宁府县志辑》第22册，第17页。
⑭ 民国《义县志》（一）之中卷《建置志·城池》，《中国地方志集成·辽宁府县志辑》第17册，第402页。

由表1可见,《盛京通志》《大清一统志》及各府州县志记载的修缮时间,多与官方档案有所偏差。就准确性而言,官方档案是具体执行大臣对各城垣修缮时间、进程的记录和汇报,毋庸置疑。而《盛京通志》和《大清一统志》则是修撰人员从传播朝廷恩威、弘扬地方政治文化出发,根据某一关键性的史料,对此次修缮活动进行的粗略记载,致使修缮时间整体划一。与之相比,各州县志书多是在实地调查的基础上,记载城垣的区位分布及相关修缮细节,唯因调查态度不同,记载的准确性和丰富性差异很大。

最后,在修缮过程上,各志书记载详略有别。《大清一统志》和《盛京通志》多注重皇帝谕旨和御制诗的收录,给人的印象是,十八城工均从乾隆四十三年开始修缮,至乾隆四十八年最终完成。但实际情形并非如此。与之相比,各州县志书在呈现这一信息时,详略差异很大。略者,一句话笼统带过,甚至信息误载;详者多是根据实际调查得出的,甚至完整抄录城工碑文。就笔者管见所及,民国《开原县志》和民国《义县志》是最有代表性的两种志书。其中民国《开原县志》载:

> 四十三年秋,清帝东幸,命吏部尚书迈拉逊、工部侍郎德成会同盛京府尹勘斟酌估,计修理开原城公费银十一万四千五百两有奇,拆建重修。经城守尉六十七、知县明亮董成其事,至四十七年告竣。新城周围丈尺,仍依旧制。①

精炼地概括了城垣修缮的缘由、花销、承办官员、修缮时间、修缮过程和修缮办法,补充了此次城垣修缮的信息。

民国《义县志》载:

> 乾隆四十三年奉旨重修。
> 四十六年,修理承办官义州城守尉安庆、知州克昇额。
> 东一面、南一面、西门往南半面、西门往北至西北角里外皮下半截,系是年修。
> 四十七年,修理承办官义州城守尉安庆,署知州永锡。
> 北一面、西门北上半截里外皮、东西两门门洞之甬道板石及东面水洞,系是年修。
> 同年修理承办官,管理义州城守尉安庆,原任知州克昇额帮修。
> 北门台以东海漫、排垛、宇墙长一百六十丈,系是年安庆、克昇额同承办,而克昇额因卸任,后故注帮修云。

---

① 民国《开原县志》卷2《城池公廨·城池》,第118页。

四十八年修理城工竣。系四十六、七两年修理，立石大佛寺大殿东首门内第一矮碑，额曰：义州城工。其文注承办官并工程极详。[①]

详细记录了义州城垣修缮的诸多细节：修缮动因、承办官员、修缮流程、修缮时间、城工结构和碑刻文献。这无疑是通过实地调查得出的，也是除档案外，我们所见有关此次城垣修缮最为详细的史料。因其特殊的书写角度和叙事内容，这一史料不仅弥补了档案文献的缺憾，更还原了义州城垣修缮的历史面相，弥足珍贵。

五 结语

综上可见，乾隆四十年代盛京城垣的修缮经历了复杂的过程，规模庞大，花费甚巨，流程审慎，方式合理。这不仅使盛京地区的城垣样式、结构和规模得以焕然一新，且审慎的修缮工作为盛京城垣的维系打下了坚实牢固的基础，在几十年甚至一百多年内未有大的修作。直至今天，辽宁各地城墙遗址的存世和维护无疑都受惠于此，从这一意义来说，乾隆年间的这次修缮为今天辽宁城垣文化遗址的存留和保护做出了重要贡献。

详考此次盛京城垣修缮的运行过程，我们不难发现，城垣修缮实际是专制集权体制下一次复杂的政务运作，经历了顶层设计、具体规划和实际执行等流程。顶层设计是事件的根源，具体规划是运行的基础，实际执行则是事件得以实现的保障。在各个流程中，皇帝、中枢、钦差、盛京大员、中下级旗民官员及协办官员密切配合，相互协商，间杂分歧和争议，构筑了清代盛京城垣修缮这一政务运作的组织体系和运行模式。

这一修缮过程，又经志书撰写，在盛京乃至全国层面传播开来，成为大一统政治文化的重要组成部分。但因角度、目的、材料取舍和关注点不同，历史书写又呈现不同的面相。相对来说，城垣修缮的过程极为复杂，而历史书写的内容却相对单一，很多地方甚至与实际情况有所出入。这就需要在利用志书时，保持谨慎的态度，广泛参考其他文献尤其是政务运作时的原始文献，将后来的历史书写置于当时的历史情境中予以客观审视和对待。

（王月，安徽师范大学历史学院副教授；
张振国，安徽师范大学历史学院副教授）

---

① 民国《义县志》（一）之中卷《建置志·城池》，第402页。

特色史料

晚清黟县徽商同和、兆成商号盘单背景简介及识读

孙 丽

同和、兆成商号是晚清徽州黟县的两家布商，商号文书史料见录于刘伯山先生主编《徽州文书》第1辑第3卷中黟县五都四图程氏文书，包括盘单、账单、合墨等几十件原始材料，是难得一见的系统性的徽商经营及会计研究样本。关于这两个商号文书的基本情况，孙丽、袁为鹏已经进行过初步研究，文章对这两个商号的文书性质进行了判断，认为商号盘单"大体上类似于现代会计报告中的资产负债表"，并对商号的经营特征、"堆金"、"财神堂"资本积累等方面进行了初步研究，有助于我们了解这两个商号的基本情况及对一些基本问题的理解。它们是关于晚清徽商经营的第一手史料，对研究晚清徽商以及中国合伙企业制度有着极大的价值，仍然值得持续进行研究。[①]

一 同和、兆成商号概况

（一）同和、兆成商号的创立与终结

关于同和商号的起始时间，刘伯山先生根据邱应书所立《遗嘱》做了研究，综合各方面情况，认为该商号始设于道光二十八年（1848）。[②] 查《遗嘱》原文，有："岁丁未，谢福元店事，我年四旬，捐资纳监。比年王姓邀开同和布号，配搭小股。"此"岁丁未"，根据遗嘱前文所述年事，应断为清道光二十七年（1847）无疑。"比年王姓邀开同和布号，配搭小股"，究竟是二十七年还是二十八年？本文与刘伯山先生有不同看法。根据"比年"一词的常用意义，

[①] 孙丽、袁为鹏：《晚清徽商的资本积累：兆成号盘单中的"堆金"与"财神堂"考释》，《安徽师范大学学报》（人文社会科学版）2021年第3期；《晚清徽商合伙经营之稳健性特征——以兆成商号史料为中心》，《安徽史学》2022年第4期。

[②] 参见刘伯山《清代中后期徽州宗族社会的松解——以〈黟县一都榆村邱氏文书〉为中心》，《中国农史》2012年第2期，表3：《邱应书合股店号一览表》。

特色史料

当指道光二十七年，而不是第二年，道光二十八年。也就是说，同和布店合伙开设，是在丁未年（道光二十七年，1847）。该商号的第一份盘单《清道光二十九年正月同和抄照程鸣玉记盘单》上起首一段文字记录，①也证明了这一点。文字说明，道光二十七年二月初一日，王道南得记、王懋修记、汪培基堂记、邱集文记、程鸣玉记五家以商号名义合伙开设"同和"布店，共出正本洋钱6000元整。其中"收邱集文记存正本洋钱500元"。参《清光绪十六年孟夏月邱应书立遗嘱》，首行有"立遗嘱祖应书字集文"，证明立遗嘱的邱应书，正是盘单中作为合伙人的邱集文。邱集文出资500元，名列合伙人第四，正合"比年王姓邀开同和布号，配搭小股"之说。遗嘱所言邀开同和布号的王姓，该是盘单中姓名列前的"王道南"或"王懋修"。由此可证，该商号以"同和"为名，始设于道光二十七年（1847）新正之后（二月初一日入资立账）。图中有文字注明"本年未盘"，随后一行写"道光二十九年正月初二日盘"，符合一般徽州商号合作时在最初的第一份盘单上首先开列初始投资的习惯。上述文字同时表明：

（1）编号为0051的《清道光二十九年正月同和抄照程鸣玉记盘单》，是同和布店第一份盘单，盘单上首行标注的日期，也正是该商号正式开设立账的日期，为"道光二十七年二月初一日"。

（2）图中文字表明，该商号开设之后的前两年（道光二十七、二十八年）未曾盘查，也未曾办理拨息分利。

盘单资料表明，同和号开设后经营顺利，除当年和次年未曾盘账分红外，从第三年（道光二十九年）开始每年正月初二日定期盘账拨息，从道光二十九年第一次按正本6厘拨息之后，累年拨息多在6厘以上至1厘2分。咸丰二年（1852）新收王心原记入正本2000元，本金达到8000元以上。其后经历太平天国运动〔咸丰元年至同治三年（1851—1864）〕，布店经营受困，"咸丰三年，粤寇窜扰。店中交易虽盛，而东避西迁，几难安业"②，但不久即回复正轨，因此遗书中有"忽忽者，吾年五十矣""差喜同和生意日有起色"之说。③咸丰五年同和盘单缺失的原因很可能是因为咸丰四年歇业。同和号曾于咸丰八年再次

---

① 刘伯山主编：《徽州文书》第1辑第3卷，广西师范大学出版社2005年版，第54页。
② 【0198】《清光绪十六年孟夏月邱应书立遗嘱》，见录于刘伯山主编《徽州文书》第1辑第1卷，第200页。
③ 史料中多见"咸丰三年，粤寇窜扰"之说。史实是太平军于1853年（咸丰三年）3月19日攻克江宁（今南京）后定都金陵，随后开展对周边地区包括徽州的军事行动。参见（清）胡晋柱遗稿，汪光泽采录《有关太平军在徽州活动的一些史料——摘录自〈介夫年谱〉》，《安徽史学通讯》1957年第1期。

· 284 ·

合伙继续该商号，股东也发生了变化，其证据为咸丰八年的合墨，① 录文如下：

清咸丰八年二月程鸣玉等立开布店合墨

立合墨程鸣玉、王道南得记、王心原、王懋修、邱集文等，窃闻生财有道、交易在人，觅利先于克己，同心必致如兰。今吾等同和一气，程鸣玉出正本曹平宝纹五佰两正，王道南得记出正本曹平宝纹贰千两正，王心原出正本曹平宝纹贰千两正，王懋修出正本曹平宝纹贰千两正，邱集文出正本曹平宝纹五佰两正，共成正本曹平宝纹柒千两正，在本县城中租寓合开"同和"字号棉花布匹生理。经手司事，务须注帐明白。议定递年正月眼同盘查，所获利金照本均分，倘有不敷照本均认，另立盘单付各股收执。自合之后，惟冀协和永同共济，行见源源而来，定然生生不息。为此共立合墨五张，各执壹张，永远存照。

咸丰八年二月 日立合墨程鸣玉（押）

王道南得记：心原（押）

懋修（押）容照（押）

王心原（押）

王懋修（押）

邱集文（押）

中见胡耀堂（押）

学者汪崇筼是国内较早研究这两个商号史料的学者，他认为这份合墨不是同和号初创合墨，只是后来补的，并特别说明："不是所有合资的徽商，都在经营之初立有合墨。如本文后面将有一个例子，是表明商人在合资十多年后，才议签合墨。"② 对此，本文并不十分认同。原因在于，即便同和号于道光二十七年最初开设之时未曾订立合墨，但此合墨所载，已有两方面不同：一是合伙人名单和合墨记载不完全相同，道光二十七年有汪培基堂，后者没有；二是正本不同，道光二十九年盘单记载的是 6000 元洋钱，不是 7000 两漕宝纹银。咸丰七年以后，刘伯山《徽州文书》程氏文书里没有收录同和号盘单，可能没有收集到，至今仍在民间或者遗失了，但是可以判断咸丰八年，"程鸣玉记、王道南得记、王心原记、王懋修记、邱集文记"重新合伙，继续经营同和号，其原因

---

① 刘伯山主编：《徽州文书》第 1 辑第 3 卷，第 79 页。
② 汪崇筼：《清代徽商合墨及盘、帐单——以〈徽州文书〉第一辑为中心》，《中国社会经济史研究》2006 年第 4 期。

特色史料

可能由于原来股东汪培基的退出，重新拟立合墨，由此推测，每次股东变动，应该都有，只是文书可能未能保留下来，或者尚未发现。

咸同年间的黟县是太平军的主要活动之地，徽州以及黟县受战火危害较重，徽州地方志以及一些宗族族谱中，往往涉及契约文书被焚毁的记载。如同治二年七月黟县屏山朱氏向官府出具的一则《殉难男妇被焚房屋清册》，其中有"所有契墨字据，不无遭焚遗失"等。[1] 尤其是前文提到的邱集文遗嘱也有同治二年同和布店遭受劫掠的描述。据记载，"同治二年，大股贼过，银钱货物不下万余，焚掠一空"[2]。对一家总资本为6000—8000元的商号而言，万余元的损失，必然是致命打击。可以判断，同和号因此难以为继，故有"同治三年，旧同事邀开兆成布号，分栈屯溪"之举，因此同治二年，很有可能是同和号经营终结的时间。

关于兆成商号开办与结束的时间研究，刘伯山、汪崇贇、袁为鹏、孙丽等学者做过初步的研究，刘伯山在其文中引用《屯溪老街》资料，认为"至少是在1918年时，兆成布号还是屯溪老街上的一个著名店号，但到了1937年至1945年的抗战期间，此店号已不见记载"[3]。孙丽、袁为鹏认为至少民国八年兆成布号依然存在，经营地点在当时的休宁黟县，屯溪老街的布店也可能同时存在，因此该商号的经营时间区间至少在咸丰四年至民国八年，经营历史最起码六十六年。[4]

（二）合伙商号股东概况

同和号初创股东可以从邱集文遗嘱和道光二十九年的盘单记载得知，有五家组成："王道南得记、王懋修记、汪培基堂记、邱集文记、程鸣玉记。"那么，这五家合伙家族是什么关系呢？目前没有更多的资料证实，邱氏遗嘱提到自己"岁丁未，谢福元店事，我年已四旬，捐资纳监。比年王姓邀开同和布号，配搭小股"。可以推测邱集文与同和号另一家股东"王道南"或者"王懋修"是旧相识，但可能不是亲属关系，不然不会直接说"王姓"。程氏文书中兆成

---

[1] 参见《殉难男妇被焚房屋清册》，民国九年时为朱氏后裔纂修族谱时获得，后录入了《（黟县屏山）朱氏重修宗谱》卷8《补遗》，转引自郑小春《从繁盛走向衰落：咸同兵燹破坏下的徽州社会》，《中国农史》2010年第4期。

[2] 【0198】《清光绪十六年孟夏月邱应书立遗嘱》，见录于刘伯山主编《徽州文书》第1辑第1卷，第200页。遗嘱录见刘伯山《清代中后期徽州宗族社会的松解——以〈黟县一都榆村邱氏文书〉为中心》，《中国农史》2012年第2期。

[3] 参见刘伯山《清代中后期徽州宗族社会的松解——以〈黟县一都榆村邱氏文书〉为中心》，《中国农史》2012年第2期。

[4] 孙丽、袁为鹏：《晚清徽商的资本积累：兆成号盘单中的"堆金"与"财神堂"考释》，《安徽师范大学学报》（人文社会科学版）2021年第3期。

号第一份盘单是咸丰五年的，载明的股东信息为"胡蔚记、程鸣记、程德记、邱集记"四家，通过研究程氏文书，发现了一份土地交易方面的契约，载明了胡家和程家之间的关系，录文如下：

清嘉庆十八年二月胡开焕立杜卖断豆坦契

"立杜卖断契人胡开焕，今因不便，自情愿将续置豆坦一处，土名里坞系经理 露字□号，计税二亩五分，计豆租二砠十斤，正其坦立四至□，东至□，西至□，南至□，北至□，四至内凭中立契，尽行出卖与程嘉栋母舅名下为业，三面言定，时值价九七银十五两正，其银当日收足，其坦即听买人管业……"①（余略）

可以看出该交易中的程氏和胡氏属于甥舅关系，不过程嘉栋和程鸣玉的关系、胡开焕和胡蔚记的关系还有待于进一步研究。另外，程氏文书中收藏了一份光绪二十二年程启美立杜断卖园地契一份，②交易对象是程鸣玉，可知程鸣玉与程启美应该是亲属，只是不确定程鸣玉在程氏家族中的具体关系与地位。不过这份交易契约是涉及程鸣玉土地交易的唯一一份契约，有学者认为徽商经商富裕之后就买房置地，不愿意资本积累，不过这一说法无法在程氏文书中找到依据，这唯一的一份土地交易契约的标的大约"二梨"（可能是错别字），金额只有"英洋1元"，徽州文书向来重视土地交易契约的保存与收藏，这也说明经商的程鸣玉并没有把收入用来买房置地，商号的稳健经营与发展才是重要的。

程家与汪家、胡家的关系可能是姻亲之类的关系，程氏文书收录了多份程家与汪家、胡家之间土地方面的交易，契约中的"中见人"，常常有"程胡氏、程汪氏"出现，③《清光绪二十二年十二月程启美立杜断卖园地契》所载中见人也有汪美意，只是不知道具体的身份。根据当时已婚女性的称谓，大体可以判断，而且根据徽州土地交易惯例，两家应该有亲戚关系，才能优先转让，中见人一般也是亲属。总之这两个商号的合伙股东属于异姓合伙，个别股东之间虽然可能有甥舅、姻亲之类关系，但是经过几代之后血缘关系也淡化了，这两个商号的合伙关系也与张海鹏、王廷元提到的徽商合伙在"兄弟叔侄之间合资经

---

① 刘伯山主编：《徽州文书》第1辑第3卷，第18页。
② 《清光绪二十二年十二月程启美立杜断卖园地契》，载刘伯山主编《徽州文书》第1辑第3卷，第139页。
③ 参见刘伯山主编《徽州文书》第1辑第3卷，第67、71、104页，编号为【0064】【0068】【0101】文书。

特色史料

商的现象最为普遍"说法不符,[①] 也许是较为特殊的合伙现象,尤其是兆成商号股东不仅在一代人之间合伙,也跨多代合伙,这一现象值得深思。

二 盘单性质以及特点

所谓"盘单",是徽州地区以及南方一些区域对年终盘账报告的称呼,目前仅见于徽商账簿,如万历时期的《万历程氏染店查算帐簿》,是目前中国历史上最早的册式账簿之一,对研究明代的商业经营、合伙问题等有极大的价值。[②] 同和、兆成号盘单相对比较成熟,以光绪二十七年的兆成盘单为例:

盘单结构依照中式会计的传统习惯是从右往左划分为三部分,分别为存、该、拨分息以及正本,如表1所示。

表1　　　　　　光绪二十七年正月兆成抄照程鸣记盘单简表

（单位：两；记账货币：漕宝纹银）

留存正本	共拨息	……	程鸣记	拨分息	除该仍存	以上共该	该财神堂	该堆金	该胡蔚记存	该	通共并货共存	……	王逸记代办货	存货	存
1000	100	……	20	照本1分息	1100	12955.098	2000	2000	1242.786		……	……	6902.911	1981.8	

资料来源：根据光绪二十七年盘单内容整理。

1. 盘单性质类似于资产负债表

如果对兆成号盘单的逻辑结构进行分析,可以判断盘单的性质具有资产负债表性质。以表1盘单内容为例,内容从右到左,共分三大部分：存项、该项、拨分息项与正本留存。存项折合漕宝纹银14055.098两,该项共计12955.098两,存该余额1100两,拨分息（即分红）100两,最后结余正本1000两,是合伙人出资的总和,即正本。

14055.098 - 12955.098 - 100 = 1000,即存项 - 该项 - 分息 = 正本

把该项金额、拨分息金额移到等式右侧：

14055.098 = 1000 + 100 + 12955.098 = 14055.098,即资产 = 权益

[①] 张海鹏、王廷元主编：《徽商研究》,安徽人民出版社1995年版,第74页。
[②] 《万历程氏染店查算帐簿》,见录于王钰欣、周绍泉主编《徽州千年契约文书》宋元明编第八卷,藏中国社会科学院历史研究所（馆藏号：HZB3140018）,其记录了自万历十九年五月初一日开始投资经营至万历三十二年五月初一日查算的记录,计84页。（花山文艺出版社2015年版,第73—158页）

由此判断，该盘单具有现代会计中的资产负债表性质，其逻辑结构符合会计基本恒等式。

如果把堆金、财神堂金额从该项里独立出来，转换成现代的会计恒等式：

存项 = 该项（堆金 + 财神堂 + 负债）+（分息 + 正本）= 负债 + 堆金 + 财神堂 + 分息 + 正本 = 负债 + 所有者权益。

14055.098 = 8955.098 + 2000 + 2000 + 100 + 1000 = 8955.098 + 5100

8955.098 是该项总额扣除堆金与财神堂金额之后的余额，等于现代意义的"负债"。

仍以光绪二十七年盘单为例，该年度的利润是多少呢？

14055.098 − 8955.098 = 2000 + 2000 + 100 + 1000 = 5100

据日本学者渡边泉教授的研究，威尼斯商人利用 Bilancio（利润处理兼财产目录）来计算损益总额，[1] 先进行存货盘存再结出利润，这和徽商盘单的作用差不多。

用盘单之类的会计报告进行资产、负债以及所有者权益、损益的结算是现代会计报表，尤其是损益表产生之前的普遍做法，欧洲也是如此。

盘单中的"存"和现代的"资产"含义相同，但是"该"并不等于现代意义的"负债"，而是包含了"负债"与部分"所有者权益"。

如表1所示，"该"项包括了对胡蔚记等商号的负债，也包括了"堆金、财神堂"，该部分属于未分配利润，属于现代意义的所有者权益，但是第三部分也有分息、所余正本等，合起来才是全部的所有者权益，这也是兆成号盘单的独特之处。

那么世界上其他国家的做法如何呢？直到19世纪80年代，美国会计学者查尔斯·斯普拉格（1880）在关于会计理论的基础性研究中，曾仔细阐述会计等式的基本意义，其逻辑是："我拥有的 + 我托人管理的 = 我欠他人的 + 我自己的价值"[2]，这个公式把债权与所有权分开列示，对美国以及欧洲等国家的财务报告格式产生了较大的影响。

美国铁路企业是早期的公司制形式，为了融资率先向不参与经营的债权人发布资产负债表。1894年，《美国铁路杂志》刊登了铁路企业的资产、负债与盈余信息，把债权与所有者权益分开列示。[3] 主要原因是当时的铁路企业为"公司制"企业，需要获取债权人、投资人的信任。此后公司制企业在美国蓬

---

[1] ［日］渡边泉：《会计的诞生》，张秀春译，立信会计出版社2020年版，第80—91页。

[2] ［美］加里·J·普雷维茨、［法］皮特·沃顿等主编：《世界会计史：财务报告与公共政策》（美洲卷），陈秧秧译，立信会计出版社2015年版，第109—110页。

[3] ［美］托马斯·金：《会计简史》，周华、吴晶晶译，中国人民大学出版社2018年版，第15页。

特色史料

勃发展，对财务报告格式、会计准则产生了深远的影响。1894年美国国会通过《1894年收入法案》，规定按2%的税率对企业的利润征税，债务融资产生的利息费用可以抵税，这一规定既影响资本结构，同时也需要分开债权人权益与所有者权益。[①] 而此前的财务报告，基本只须列出账户余额总额。

欧洲虽然开了公司制先河，但是在1850年之前，公司制企业基本由国王或者立法机构特许才能成立，[②] 因此公司的数量极少，而对于非公司制企业以及不征收所得税的国家，一般的合伙企业不需要特意分开列示"债权与所有者权益"。

可见晚清时期的兆成盘单把"堆金""财神堂"类似于盈余公积科目归于"该"项，并不是落后，也不是独一无二，而是与其他区域以及国际通行做法相同。

2. 同和、兆成盘单的特点

其一，盘存时间的固定性。每年雷打不动地当年正月初二日盘，哪怕在咸同兵燹期间。说明该商号的盘账制度已经成熟。期末盘存，结出资产、负债以及利润等，向股东分红并报告，已经成为徽商财务管理中的必要环节。

其二，报告内容的固定性。盘单项目从右至左依次为：资产、净存、分息、股东所得、所余正本等。该盘单综合了现代的资产负债表、利润表，此外还包括股东资本和分红等，是颇具特色的中式会计报告文书，与同时代西方以资产负债表为主要的报告形式相比，该时期徽商的会计报告信息更为全面，对股东监督商号经营以及商号本身依据会计信息进行科学决策有着很大的帮助。

其三，报告格式的统一性。如开头为"某某年正月初二日盘"，结尾"程鸣玉记上，同和盘单"。合计数行加粗并左右空一行，而且空固定的间距，看起来非常清晰。

其四，记账货币的统一性。清代货币种类繁多，同和号是以"申洋"作为统一的记账货币，兆成号是以"漕宝纹银"为记账货币，盘单中简称"24曹文"。如果收到其他货币，比如英洋（鹰洋）、洋例文、制钱等，全部转换为统一的货币，这对会计核算来说非常重要，统一的货币才能作为不同种类财产的价值尺度，才能准确反映商号的资产、负债以及盈利状况等。

总之，同和、兆成是研究晚清徽商以及同时代中国商业经营、合伙制度、资本积累等方面不可多得的第一手史料，需要学界继续关注与研究。

---

① [美] 迈克尔·查特菲尔德：《会计思想史》，文硕等译，立信会计出版社2017年版，第227—236页。

② [英] 斯蒂芬·布劳德伯利等编著：《剑桥现代欧洲经济史：1700—1870》，何富彩等译，中国人民大学出版社2015年版，第71—72页。

三　同和、兆成盘单识读

为了方便一些读者阅读与研究，本文尝试对同和号 8 份盘单、兆成号 23 份盘单进行翻录，由于一些史料比较模糊或者损坏，以及作者的能力有限等原因，难免有错讹之处，欢迎读者批评指正！

清道光二十九年正月同和抄照程鸣玉记盘单[①]

道光二十七年二月初一日
收王道南得记存正本洋钱 2000 元正
收王懋修记存正本洋钱 2000 元正
收汪培基堂存正本洋钱 1000 元正
收邱集文记存正本洋钱 500 元
收程鸣玉记存正本洋钱 500 元正
以上共存正本洋钱 6000 元正
本年未盘
道光二十九年正月初二盘
存各货共计洋钱 3039.78
存余腾远兄手办 余姚布洋钱 900.205
存程鸣玉记手办萧安绍布洋钱 1972.42
存人和夏布□[②]手办河口夏布洋钱 279.64
存协记仍省布洋钱 155.9
存店友暂记各该洋钱 32 元折实作洋钱 16 元
存家伙洋钱 25 元正
存现银 99.785，765 申洋钱 130.44[③]
存现洋钱 2099 元正
存现洋钱 360 元正
存现钱 28 千 825 文 68 折洋钱 19.6
以上共存洋钱 8997.985

[①] 刘伯山主编：《徽州文书》第 1 辑第 3 卷，第 54 页。
[②] □代表识别不清的文字或者数字，下同。
[③] "765 申洋钱"是指"银"的价值高于洋的价值，货币"申水"，99.785/0.765＝130.44，下同。

· 291 ·

特色史料

该道记存漕宝纹银 600 两 765 申洋钱 784.315
该道记存洋钱 440 元正
该懋记存漕宝银 329.047，765 申洋钱 430.125
该懋记存洋钱 874.595
该集记存洋钱 94.505
该存簿各存洋 13.915
以上共该存洋钱 2637.455

照正本六厘拨息
王道南德记拨分息洋钱 120 元正
王懋修记拨分息洋钱 120 元正
邱集文记拨分息洋钱 30 元正
程鸣玉记拨分息洋钱 30 元正
以上共拨分息洋钱 360 元正
除拨分息仍宝存洋钱 6000.53
上程鸣玉记照同和盘单（同和印章）

清道光三十年正月同和抄照程鸣玉记盘单[①]

道光三十年正月初二日盘
存各货共计洋钱 3429.54
存河口怡昌号洋钱 87.03
存景镇办囤谷曹宝文 1674.535，745 申洋钱 2247.7
存景镇办囤谷洋钱 7.81
存程鸣玉记手办萧安绍年庄各货洋钱 3901.185
存胡守仁兄手办余姚布洋钱 200 正
存金信候兄借洋钱 240 元
存店友各该洋钱 82 元，折实作洋钱 60 元
存家伙洋钱 25 元
存现洋钱 1811 元
存现洋钱 420 元
存现钱 27 千 830 文 66 折洋钱 18.245

---

① 刘伯山主编：《徽州文书》第 1 辑第 3 卷，第 55 页。

以上共存洋钱 12447.51

该道记存曹宝纹 646.8，745 申洋钱 868.19
该道记存竟银 37.15，75 申洋钱 49.53
该道记存曹肚纹银 24.215，76 申洋 31.86
该道记存洋钱 450 元
该懋记存漕宝纹 354.712，745 申洋钱 476.12
该懋记存洋钱 509.955
该集记存洋钱 22.99
该鸣记存洋钱 59.94
该三槐记存洋钱 27.6
该吉记存洋钱 40.62
该鸣玉碧记存洋钱 500 元
该汪克言兄存曹宝纹 2077.5，745 申洋 2788.59
该存簿各存洋钱 197.825
以上共该存洋钱 6023.22
除该各存仍存洋钱 6424.29

照正本 7 厘拨息
王道南德记拨分息洋钱 140 元正
王懋修记拨分息洋钱 140 元正
汪培基堂拨分息洋钱 70 元
邱集文记拨利息洋钱 35 元
程鸣玉记拨分息 35 元
以上共拨利息洋钱 420 元正
除拨利息仍宝存洋钱 6004.29
上程鸣玉记照同和盘单

清咸丰元年正月同和抄照程鸣玉记盘单[①]

咸丰元年正月初二日盘
存各货共计洋钱 852.12

---

① 刘伯山主编：《徽州文书》第 1 辑第 3 卷，第 60 页。

存徐旭辉兄手余布洋钱 1265.655

存程鸣玉记手办萧安绍年庄洋钱 4018.865

存胡守仁兄手办□安昌行籽花洋钱 1040 元正

存程立仁典借洋钱 549.5

存汪培基堂借洋钱 188.67

存邱集文记借洋钱 143.1

存汪汝良行钱 25 千 114，14 扣折洋钱 17.94①

存抵首装修办家伙，并租酒，共洋 143 元，80 扣作宝洋钱 114.4

存店友各该洋钱 45 元折宝作洋钱 25 元正

存现洋钱 2457 元正

存现洋钱 600 元正

存现钱 31 千 875 文 14 扣洋钱 22.77

以上并货统共存洋钱 11295.02

该道记存洋钱 400 元

该懋记存洋钱 300 元

该集记存洋钱 12.3 元

该鸣记存洋钱 90.26 元

该三槐记存洋钱 54.835

该鸣玉碧记存洋钱 500 元正

该汪克言老存曹平宝纹 2100 两，715 申洋钱 2937.065

该汪克言老存洋钱 400 元正

该鸣玉碧记存洋钱 500 元正

以上统共该洋钱 4694.46

除该各存仍存洋钱 6600.56

照正本 1 分拨息

王道南德记拨利息洋钱 200 元

王懋修记拨利息洋钱 200 元

汪培基堂拨利息 100 元

邱集文记拨利息 50 元

程鸣玉记拨利息 50 元

---

① "扣"往往是前者货币价值低于后者，这里 25.114/1.4 = 17.94。

以上统共拨利息洋钱 600 元
除拨息仍宝存洋钱 6000.56
上程鸣玉记照同和盘单

清咸丰二年正月同和抄照程鸣玉记盘单①

咸丰二年正月初二日盘
存各货共计洋钱 7636.53
存河口恒昌号光洋 2253.58
存徐旭辉兄手办余姚布洋钱 1212.267
存广达号借洋钱 1413.535
存汪培基堂借洋钱 173.025
存邱集文记借洋钱 154.26
存装修家伙洋钱 150 元 7 折作洋钱 105 元
存店友各该洋钱 25 元作宝洋钱 5 元正
存现洋钱 1885 元
存现洋钱 600 元正
存现钱 30 千 628 文 142 扣洋钱 21.571
以上并货统共存洋钱 17736.3

该道记存洋钱 1550 元
该道南德记存洋钱 400 元
该心记存洋钱 2500 元
该懋记存洋钱 600 元
该寿高存洋钱 370 元
该集记存洋钱 24.49？
该三槐记存洋钱 54.222
该鸣玉碧记存洋钱 500 元
该鸣记存洋钱 170.705
该如珪记存洋钱 107.075
该程大镛记存洋钱 22.47
该鸣玉广记存洋钱 324 元

---

① 刘伯山主编：《徽州文书》第 1 辑第 3 卷，第 61 页。

特色史料

该程经一记存洋钱 8.535
该江紫庭兄存洋钱 480.36
该舒利行兄存洋钱 1022.75
该汪克言老存曹宝纹 2100 两 725 申洋钱 2896.553
该汪克言老存洋钱 100 元
该存簿存洋钱 4.6
以上统共该洋钱 11135.76
除该各存仍存洋钱 6600.54

照正本 1 分拨息
王道南德记拨分息洋钱 200 元
王懋修记拨分息洋钱 200 元
汪培基堂拨分息洋钱 100 元
邱集文记拨分息洋钱 50 元
程鸣玉记拨分息洋钱 50 元
以上统共拨分息洋钱 600 元
除拨分息仍宝存洋钱 6000.54
上程鸣玉记照同和盘单

清咸丰三年正月同和抄照程鸣玉记盘单[①]

咸丰二年正月初二日盘除拨息仍宝存洋钱 6000.54
又收王心原记入存正本洋钱 2000 元正
统共存洋钱 8000.54

咸丰三年正月初二日
存各货共计洋钱 6587.54
存程聚枝记手办上洋苏丹各货洋钱 3223.221
存徐旭辉兄手办余布洋钱 742.826
存程星文记手办绍萧安各货洋钱 1172 元正
存余元复茶号借洋钱 2500 元正
存江恒源布号借洋钱 150 元正

---

① 刘伯山主编：《徽州文书》第 1 辑第 3 卷，第 62 页。

存邱集文记借洋钱 300 元正
存汪培基堂借洋钱 261.923
存汪汝良行钱 12 千 837 文扣洋钱 8.8
存孙作宝兄借洋钱 60 元正
存装修家伙洋钱 180 元 60 扣洋钱 108 元①
存店友各该洋钱 110 元，估作洋钱 40 元正
存现洋钱 1560 元
存现钱 46 千 231 文扣洋钱 32.401
存拨分息洋钱 160 元
以上并货统共存洋钱 16906.711

该道记存洋钱 1900 元
该道南德记存洋钱 400 元
该懋记存洋钱 1400 元
该寿高记存洋钱 600 元
该江级云记存洋钱 88.3
该玉徽记存洋钱 114.384
该鸣玉碧记存洋钱 500 元
该三槐记存洋钱 61.904
该集记存洋钱 7.429
该鸣记存洋钱 171.47
该大镛记存洋钱 25.166
该江紫庭兄存洋钱 480 元
该汪克言老存漕宝纹银 2100 两，76 申洋钱 2763.158
该汪克言老存洋钱 100 元
该各存暂记存洋钱 116 元

以上统共该各存洋钱 8727.811
除该各存仍存宝洋钱 8178.9

照正本 2 厘拨息
王道南德记拨分息洋钱 40 元

---

① "扣"同上，60 扣是指 180 × 0.6 = 108 元。

特色史料

王心原记拨分息洋钱40元
王懋修记拨分息洋钱40元
汪培基堂拨分息洋钱20元
邱集文记拨分息洋钱10元
程鸣玉记拨分息洋钱10元
以上统共拨分息洋钱160元
除拨分息仍宝存洋钱8018.9
上癸丑程鸣玉记照同和盘单

清咸丰四年正月同和抄照程鸣玉记盘单[①]

咸丰四年正月初二日盘
存各货共计洋钱7799.186
存徐旭辉兄手办余布洋钱4335.636
存孙作宝兄该借洋钱48元正
存邱集文记借洋钱321.6元
存汪培基堂该借洋钱323.601
存汪汝良行钱717文扣洋钱0.41
存装修家伙洋钱200元47扣作洋钱94元
存店友各该洋钱221元作洋钱99元
存现宝纹银991.565，计洋钱1124.823
存现洋钱431元正
存现钱100千885文扣洋钱59.315
存拨分息正本现洋钱960元正
以上并货统共存洋钱15596.571

该道记存洋钱2000元
该道南德记存洋钱400元
该心记存洋钱1000元正
该懋记存洋钱1000元
该江级云记存洋钱39.03
该玉徽记存洋钱106.899

---

① 刘伯山主编：《徽州文书》第1辑第3卷，第63页。

该三槐记存洋钱 69.862
该集记存洋钱 5.52
该鸣记存洋钱 200 元正
该诗曰记存洋钱 8.96
该程大镛记存洋钱 28.186
该鸣记存洋钱 510 元正
该鸣玉碧记存洋钱 500 元
该徐旭辉记手存年庄□布洋钱 748.8
以上总共该各存洋钱 6617.257
除该各存仍存宝存洋钱 8979.314

照正本 1 分 2 厘拨分息
王道南德记拨分息洋钱 240 元
王心原记拨分息洋钱 240 元
王懋修记拨分息洋钱 240 元
汪培基堂拨分息洋钱 120 元
邱集文记拨分息洋钱 60 元
程鸣玉记拨分息洋钱 60 元
以上统共拨分息洋钱 960 元
除拨分息仍宝存洋钱 8019.314
上程鸣玉记照甲寅同和盘单

清咸丰六年正月同和抄照程鸣玉记盘单[①]

咸丰六年正月初二日盘
存各货共计洋钱 3075.13
存二号庄赣州螟蝮号本洋钱 185.311
存三号庄河口闽布螟蝮号本洋钱 346.31
存十九号徐旭辉记手办余布洋钱 4091.361
存二十号胡守仁记手办（绍、萧、杭）布洋钱 3998.856
存二十三号程星文记手办布萧山洋钱 2.21
存孙作宝兄该借洋钱 24 元正

---

① 刘伯山主编：《徽州文书》第 1 辑第 3 卷，第 66 页。

特色史料

存邱集文记该借洋钱 321.6
存汪信基堂该借洋钱 283.567
存程经一老该借洋钱 72.938
存店友各铺该洋钱 149.167
存暂记各借该洋钱 437.986（备注：一行小字看不清）
存装修家伙洋 217.902 估洋钱 62 元
存现洋钱 2170 元正
存现钱 27 千 960 文，扣洋钱 15.3
以上并货统共存洋钱 15235.736

该道记存洋钱 2900 元
该道南得记存洋钱 400 元
该心记存洋钱 600 元正
该懋记存洋钱 800 元正
该明记存洋钱 100 元
该泗记存洋钱 200 元正
该玉徽记存洋钱 106.59
该江级云记存洋钱 28.172
该鸣玉碧记存洋钱 430 元
该徐旭辉记存洋钱 188.205
该三槐记存洋钱 128.15
该徐旭辉记存洋钱 15.748
该集记存洋钱 64.926
该鸣记存洋钱 200 元正
该守仁记存洋钱 5.92
该金门记存洋钱 17.674
该诗曰记存洋钱 17.63
该星文记存洋钱 13.339
该□枝记存洋钱 6.39
该程大镛记存洋钱 34.143
该鸣记存洋钱 228.016
该旭店（备注，一行字不清晰）存洋钱 1176.952
该存号存洋钱 693.881
以上共该各存洋钱 8355.736

除该各存仍存宝存洋钱 6880 元

程鸣玉记照丙辰同和盘单

清咸丰七年正月同和抄照程鸣玉记盘单[①]

咸丰七年正月初二日盘

存各货共计洋钱 5238.19

存三号庄赣州螟甫分本洋钱 185.311，估洋钱 100 元正

存十二号守记庄办余布洋货洋钱 3992.6

存十三号信昌庄办萧杭绍布洋钱 1193.256

存孙作宝兄该借洋钱 24 元正

存邱集文记该借洋钱 344.755

存汪信基堂该借洋钱 329.265

存店友各铺该洋钱 73

存暂记各借该洋钱 36 元正

存程经一老该洋钱 52.821

存装修家伙 222.662 估洋钱 50 元

存现银 1044.065 申洋 1100 元正

存现洋钱 1422 元正

存现钱 23 千 514 申洋钱 16.33

以上并货统共存洋钱 13972.217

该道记存洋钱 1400 元

该道南德记存洋钱 400 元

该心记存洋钱 1300 元正

该懋记存洋钱 1300 元正

该明记存洋钱 100 元

该玉徽记存洋钱 98.874

该鸣玉碧记存洋钱 430 元

该徐旭辉记存洋钱 0.882

该三槐记存洋钱 154.504

该寿昌记存洋钱 100 元正

---

① 刘伯山主编：《徽州文书》第 1 辑第 3 卷，第 75 页。

特色史料

该级云记存洋钱 18.238
该旭辉记存洋钱 147.29
该集记存洋钱 5.717
该鸣记存洋钱 200 元正
该守仁记存洋钱 4.63
该金门记存洋钱 12.735
该诗曰记存洋钱 25.826
该星文记存洋钱 7.94
该□枝记存洋钱 29.797
该大镛记存洋钱 36.601
该程鸣记存洋钱 101.022
该存号存洋钱 96 元正
该汝良行存洋钱 0.79
以上共该各存洋钱 5970.533
除该各存仍存宝存洋钱 8001.684 元
程鸣玉记照丁乙同和盘单

清咸丰五年正月兆成抄照程鸣玉记盘单[①]

乙卯正月初二日盘存甲寅年盘单
存英洋 3282.973，60 扣 24 曹文 1969.784[②]
存原□□货 98 规元□□作 24 曹文 2747.632[③]
存镇庄 24 曹文 328.767
存恒足□店 24 曹文 1092.394
存汉恒和庄例文 249.99，90 扣 24 曹文 224.991[④]

---

① 刘伯山主编：《徽州文书》第 1 辑第 3 卷，第 64 页。
② 60 扣是指 6 折，数据关系为：3282.973×0.6=1969.784，下同。不过，有时候识读不清，数据可能对不上。英洋，又称"鹰洋"，一为墨西哥自 1824 年开始铸造的墨西哥银元（Mexican Dollar），因币面花纹有鹰鸟，俗称鹰洋。因其以英人贩运居多，亦曰"英洋"，徽州地区又称之为"亦洋"。本史料中多处为"亦洋"。曹文是指"漕宝纹银"也为清中后期徽州地区流通的货币之一。本史料从咸丰五年一直到光绪三十四年均使用了"漕宝纹银"，常常简称为"24 曹文"或者"24 曹宝纹"等。
③ □代表识读不准的空缺文字。98 规元也是当时流通的货币的一种，其他还有"洋例文、27 官文、本洋、小角、龙洋"等，参见货币史方面的著作。
④ 90 扣，即 9 折，249.99×0.9=224.991。

存申和祥书店（规）元 61.943，9364 扣 24 曹文 57.966①
存程鸣记 24 曹文 586.635
存程德记 24 曹文 1429.296
存邱集记 24 曹文 21.155
存胡蔚记 24 曹文 1101.595
存孙为记 24 曹文 200.742
存金懋记 24 曹文 26.523
存金蔚记 24 曹文 45.879
存洪顺发□聚生兄 98 规元 200 两，9364 扣 24 曹文 187.28
存恒寿□店正、副本 27 文 1600 两（堆金拨 不计）②
存吴善德堂押租洋钱 70 元作曹文 1 两
存生财神洋 600 元作曹文 1 两
存丝账洋 2000 元作 24 曹文 1 两
存亦洋 1995，60 扣 24 曹文 1197 两
存小洋□□，98 扣 24 曹文 40.128
存钱 26 千 137 文（不计）
以上共存 24 曹文 11260.767

该程信记亦洋 80.802 值曹文③
该程旭记本洋 13.871 值曹文
该周昌永 24 曹文 16.054
该酬劳 24 曹文 50 两
该分红 24 曹文 3000 两
以上共该 24 文 3160.767
除该各记仍存 24 曹文 8100 两

照正本 1 分拨息
拨出付利堆金 24 曹文 7000 两
程鸣记拨分息余利 24 曹文 1420 两
程德记拨息余利 24 曹文 1065 两

---

① 此处"元"可能是"规元"，该史料多处出现，和曹文的换算单位大约为 0.9364，61.943 × 0.9364 = 57.966。
② "不计"就是不计入汇总金额。
③ "值曹文"就是和曹文一样的价值，二者 1∶1 比率。

特色史料

邱集记拨分息余利 24 曹文 1065 两
胡蔚记拨分息余利 24 曹文 3550 两
以上拨分息仍存正本 24 曹文 1000 两①
鸣记照
正月初二日兆成盘单

清同治五年正月兆成抄照程鸣记盘单②

同治五年正月初二日盘
存各货共计曹宝文 1217.893
存程志记曹宝文 4.074
存正元号洋 43.511，70 扣曹宝文 34.458
存暂记各友曹宝文 4.064
存十二号星庄办巴布曹宝文 849.675
存十三号聚昌号办夏布曹宝文 193.667
存新置家伙曹宝文 8.95，钱 12 千 726 文扣作曹宝文 14.22
存现曹宝文 250.26
存现洋 27 元 70 扣曹宝文 18.9
存现钱 580 文，7069 扣曹宝文 0.41
以上并货共存曹宝文 2583.621

该何棣记存曹宝文 117.141
该程鸣记存曹宝文 21.079
该邱集记存曹宝文 8.989
该□惟新存洋钱 9.16 元，70 扣曹宝文 6.412 两
以上共该曹宝文 153.621
除该仍存曹宝文 2430 两正
照正本 2 分 1 厘 5 毛拨息

---

① "共存 24 曹文 11260.767" – "共该 24 文 3160.767" ＝8100 两，拨出 7000 两堆金进行按股分配，同时还要照正本 1 分拨息，正本为 1000 两，因此年利息为 100 两，总共分配 7100 两，还剩余正本 1000 两。公式为：11260.767 – 3160.767 – 7000 – 100 ＝ 1000，其他各年也是如此，不再解释。请参照孙丽、袁为鹏《晚清徽商的资本积累：兆成号盘单中的"堆金"与"财神堂"考释》，《安徽师范大学学报》（人文社会科学版）2021 年第 3 期。
② 刘伯山主编：《徽州文书》第 1 辑第 3 卷，第 109 页。

何棣记拨分息曹宝文 86 两正
程志记拨分息曹宝文 86 两正
胡蔚记拨分息曹宝文 86 两正
程鸣记拨分息曹宝文 86 两正
邱集记拨分息曹宝文 64.5 两
程星记拨分息曹宝文 21.5 两
以上共拨息曹宝文 430 两正
除拨分息仍宝存正本曹宝文 2000 两正
付何棣记正本曹宝文 400 两正
付程志记正本曹宝文 400 两正
付胡蔚记正本曹宝文 400 两正
付程鸣记正本曹宝文 400 两正
付邱集记正本曹宝文 300 两正
付程星记正本曹宝文 100 两
以上共付各记正本曹宝文 2000 两正
上合吉
程鸣记照丙寅兆成盘单

清同治八年正月兆成抄照程鸣记盘单[①]

同治八年正月初二日盘
存货共计曹宝纹 408.026
存十三号聚昌庄代办夏布洋 520.92，70 扣曹宝纹 364.644
存十四号星庄办余萧绍布洋 4843.626，70 扣曹宝纹 3390.538
存屯溪盖本享号押租曹宝纹 20 两正
存新置家伙曹纹 49.127，作估曹宝纹 5 两正
存现曹宝纹 316.065
存现洋 207 元，70 扣曹宝纹 144.9
存现□钱 25 千 700 文，56 扣曹宝纹 14.393
存拨分息曹宝纹 756 正
以上并货共存曹宝纹 5419.566

---

① 刘伯山主编：《徽州文书》第 1 辑第 3 卷，第 110 页。

特色史料

该存号暂记两抵仍存曹宝纹 13.847
该何棣记存曹宝纹 11.437
该程鸣记存曹宝纹 19.705
该邱集记存曹宝纹 70.901
该胡蔚记存曹宝纹 210.544
该程余长记存曹宝纹 30.504
该邱达记存曹宝纹 9.24
该郭济记存曹宝纹 69.093
该胡彩记存曹宝纹 17.528
该程荫记存曹宝纹 10.767
以上共该存曹宝纹 463.566
除该各存仍宝存曹宝文 4956

照正本 1 分 8 厘拨分息
郭济川记拨分息曹宝纹 360 两正
何棣记拨分息曹宝纹 90 两正
胡蔚记拨分息曹宝纹 90 两正
程志记拨分息曹宝纹 72 两正
程鸣记拨分息曹宝纹 72 两正
邱集记拨分息曹宝纹 54 两正
程星记拨分息曹宝纹 18 两正
以上共拨分息曹宝纹 756 两正
除拨分息仍宝存正本曹宝纹 4200 正
上
程鸣记照己巳兆成盘单

清同治九年正月兆成抄照程鸣记盘单[①]

同治九年正月初二日盘
存货共计曹宝纹 1362.91
存八号星庄办余布洋钱 2902.97，70 扣曹宝纹 2032.08
存十号河口聚昌号办夏布存洋钱 340 元，70 扣曹宝纹 238 两正

---

① 刘伯山主编：《徽州文书》第 1 辑第 3 卷，第 112 页。

存屯溪盖茂号洋钱1000元，70扣曹宝纹700两正
存屯溪盖泰号押租曹宝纹20两正
存暂记洋钱16.6元，70扣曹宝纹11.62两
存新置家伙曹宝纹59.38作曹宝纹5两正
存现曹宝纹115.745
存现洋721元，70扣曹宝纹504.7
存现钱8千454作曹宝纹4.945
以上并货共存曹宝纹4995两正
该存号曹宝纹101.616
该何棣记存曹宝纹7.864
该郭济记存曹宝纹55.714
该达记存曹宝纹20.373
该程荫记存曹宝纹12.059
该程余长记存曹宝纹34.164
该胡蔚记存曹宝纹400两正
该集记存曹宝纹129.622
该鸣记存曹宝纹33.588
以上共该各存曹宝纹795两正
除该各存仍宝存正本曹宝纹4200两正
上程鸣记照庚午兆成盘单

清同治十年正月兆成抄照程鸣记盘单[①]

同治十年正月初二日盘
存货共计曹宝文871.94
存七号河口聚昌号办夏布存洋钱300.582元，70扣曹宝文210.408
存九号星庄办余莆绍布洋钱3298.583，70扣曹宝文2309两正
存十号德和庄代办石土布洋钱93.14，70扣曹宝文65.105
存何棣记借曹宝文200两正
存郭济□记借曹宝文3.196
存益泰亨屯溪抵押租金曹宝文20两正
存益泰亨洋钱720元70扣曹宝文504两正

---

① 刘伯山主编：《徽州文书》第1辑第3卷，第114页。

特色史料

存新置家伙曹宝文 63.039 估作曹宝文 4 两正
存现曹宝文 41.575
存现洋 1170 元 70 扣曹宝文 819 两正
存现钱 7 千 260 文 5388 扣曹宝文 3.912
存拨分息曹宝文 252 两正
以上并货共存曹宝文 5304.136 两正
该存号暂记洋钱 138.027，73 扣曹宝文 100.76
该程鸣记存曹宝文 6.003
该邱集记存曹宝文 171.803
该胡蔚记存曹宝文 500 两正
该程余长记存曹宝文 38.605
该程荫记存曹宝文 13.627
该邱达记存曹宝文 21.338
以上共该各存仍存曹宝文 4452 两正

照正本 6 厘拨息
郭济川记拨分息曹宝文 120 两正
何棣记拨分息曹宝文 30 两正
胡蔚记拨分息曹宝文 30 两正
程志记拨分息曹宝文 24 两正
程鸣记拨分息曹宝文 24 两正
邱集记拨分息曹宝文 18 两正
程星记拨分息曹宝文 6 两正
以上共拨息曹宝文 252 两
除拨分息仍宝存正本曹宝文 4200 两正
程鸣记照辛未兆成盘单

清同治十一年正月兆成抄照程鸣记盘单[①]

同治十一年正月初二日盘
存货共计曹宝文 445.51
存程志记借曹宝文 110 两正

---

① 刘伯山主编：《徽州文书》第 1 辑第 3 卷，第 115 页。

存何棣记借曹宝文 257.091
存十一号星庄办汉布洋钱 2619.461，70 扣曹宝文 1833.627
存十二号聚昌庄办夏布洋钱 466.393，70 扣曹宝文 326.475
存十三号□庄办余萧绍布洋钱 3711.72，70 扣曹宝文 2598.204
存十四号德和庄办石布洋钱 79.763，70 扣曹宝文 55.834
存屯溪益泰亨押租曹宝文 20 两正
存新置家伙曹文 64.42 估作曹文 4 两正
存现曹宝文 58.367
存现洋钱 454 元，70 扣曹宝文 317.8
存现钱 12 千 544 文作宝文 7.317
存拨分息曹宝文 420 两正
以上并货统共存曹宝文 6454.235

该潘记存曹宝文 6.723
该邱集记存曹宝文 219.872
该胡蔚记存曹宝文 593.6
该程余长记存曹宝文 43.238
该程荫记存曹宝文 15.262
该邱达记存曹宝文 23.898
该郭济记存曹宝文 9.088
该胡彩记存曹宝文 113.785
该存号暂记抵仍存洋 1107.903，73 扣曹宝文 808.769
除该各存仍存曹宝文 4620 两正

照正本 1 分拨分息

郭济记拨分息曹宝文 200 两正
何棣记拨分息曹宝文 50 两正
胡蔚记拨分息曹宝文 50 两正
程志记拨分息曹宝文 40 两正
邱集记拨分息曹宝文 30 两正
程鸣记拨分息曹宝文 40 两正
程星记拨分息曹宝文 10 两正
除拨分息仍曹宝文 4200 两正

特色史料

上程鸣玉记照壬申兆成盘单

清同治十二年正月兆成抄照程鸣记盘单[1]

同治十二年正月初二日盘
存货共洋 1806.081，70 扣曹宝文 1264.257
存十六号星庄办汉巴布曹文 1431.646
存十四号河口□昌号代办夏布洋钱 463.418，70 扣曹文 324.393
存十七号潘庄办余萧绍布洋钱 4378.373，70 扣曹文 3064.861
存屯溪益泰亨押租曹文 20 两正
存新置家伙估作曹文 4 两正
存现曹文 21.064
存现洋钱 71 元，70 扣曹文 49.7
存现钱 7 千 80 文作曹文 2.683
存拨分息曹文 370 两正
以上并货统共存曹文 6552.604

该胡彩记存洋 100 元，74 扣曹文 74
该邱集记存曹文 288.147
该胡蔚记存曹文 785.633
该程余长记存曹文 48.426
该程荫记存曹文 97.093
该邱达记存曹文 60
该郭济记存曹文 3.843
该程鸣记存曹宝文 52.908
该祥兴号存曹宝文 400 正
该合记存号曹文 370 正
该各号暂记两抵仍存曹宝文 382.555
以上共该曹宝文 2482.604
除该各存仍存曹文 4070 两正

照正本 1 分拨分息

---

[1] 刘伯山主编：《徽州文书》第 1 辑第 3 卷，第 116 页。

郭济记正本曹文 2000 两正，拨分息曹文 200 两正
何棣记正本曹文 200 两正，拨分息曹文 20 两正
胡蔚记 正本曹文 500 两正，拨分息曹文 50 两正
程志记正本曹文 200 两正，拨分息曹文 20 两正
邱集记正本曹文 300 两正，拨分息曹文 30 两正
程鸣记正本曹文 400 两正，拨分息曹文 40 两正
程星记正本曹文 100 两正，拨分息曹文 10 两正
以上共拨息曹宝文 370 两
除拨分息仍实存曹宝文 3700 两正
上程鸣玉记照癸酉兆成盘单

清光绪十二年正月兆成抄照程鸣记盘单[①]

光绪十二年正月初二日盘
存各货洋钱 853.8，65 扣 24 曹宝文 555.97
存十四号程俭记庄 24 曹宝文 1644.93
存十六号汪段记代办货庄 24 曹 1912.693
存宁咸和钱庄亦洋 1542.061，65 扣 24 曹宝文 1002.34
存阜生号钱 102 千 546 文，115 入亦洋 89.171，65 扣 24 曹宝文 57.961[②]
存万兴泰、德盛亦洋 12 元、129.615 元，共作曹宝文 21.919
存暂记胡万春局钱 1 千 974 文作曹文 1 两正
存孙运昌行本洋 1.018，72 扣曹文 0.73
存号抵仍曹文 2.154
存押租 24 曹文 35 两正
存家伙作曹文 8 两正
存现亦洋 172 元，69 扣曹文 111.8
存现本洋 74 元，72 扣曹宝文 53.28
存现 24 曹宝文 50.66
存现钱 1 千 118 文 61 扣曹文 0.682
以上并货共存 24 曹宝文 5458.208

[①] 刘伯山主编：《徽州文书》第 1 辑第 3 卷，第 124 页。
[②] 数字关系为：102.546/1.15×0.65＝57.961。

该程鸣记 24 曹宝文 183.692
该胡蔚记 24 曹宝文 2221.204
该邱集记存 24 曹宝文 25.413
该邱集记本洋 9.524，77 扣曹文 7.333
该程茶（？）记 24 曹宝文 29.551
该程益记 24 曹宝文 71.053
该程益记本洋 3.911，77 扣 3.011
该程泽记 24 曹宝文 67.032，本洋 49.782，77 扣曹宝文 38.285
该暂记汪谷记亦洋 40.516，69 扣曹宝文 27.956
该王武水力钱 24 曹宝文 17.319
该存号程佳记本洋 59.985，77 扣曹宝文 46.188
该王书记本洋 213.332，77 扣曹文 164.266
该程燮记亦洋 71.483，69 扣曹文 49.323，本洋 69.59，77 扣曹文 53.584
该叶慎记 24 曹宝文 112
该益和钱庄 98（规）元 1000 两，计亦洋 1344 元，计曹宝文 936.4
该程聚金记本洋 252.656，77 扣曹文 194.545
该合记拨分息 24 曹文 110

以上共该各存仍存 24 曹宝文 4358.208
除该仍存 24 曹文 1210
照正本 1 分拨息
程鸣记拨分息 24 曹宝文 20 两正
胡蔚记拨分息 24 曹宝文 50 两正
邱集记拨分息 24 曹宝文 30 两正
程星记拨分息 24 曹宝文 10 两正
以上共拨息曹宝文 110 两
除拨分息仍宝存正本 24 曹宝文 1100 两正
程鸣记照丙戌兆成盘单

清光绪十四年正月兆成抄照程鸣记盘单[①]

光绪十四年正月初二日开盘

[①] 刘伯山主编：《徽州文书》第 1 辑第 3 卷，第 125 页。

存各货亦洋 842.353，65 扣 24 曹宝文 547.529①

存宁咸和钱庄亦洋 1241.85，65 扣 24 曹文 807.202

存孙靖记馍庄 24 曹宝文 1892.996

存十一号巴西庄 24 曹文 1141.792

存暂记胡万春钱店 24 曹宝 101.596

存万康钱店押租曹文 35 两正

存德盛洋 70 元作 24 曹文 1 两正

存现亦洋 66 元，65 扣 24 曹文 42.9

存现本洋 35 元，72 扣 24 曹文 25.2

存现钱 5 千 434 文作 24 曹文 3.00

存家伙估作 24 曹文 8 两

以上并货共存 24 曹文 4606.215

该胡蔚记存 24 曹宝文 2290.68

该邱集记存 24 曹宝文 2.919

该程鸣记存 24 曹宝文 61.599

该程荫（？）记存 24 曹宝文 37.4

该程星记存 24 曹宝文 66.893

本洋 8.339，80 扣曹文 6.671

该程泽记存 24 曹宝文 53.043，本洋 22.401，80 扣曹宝文 17.921

该孙靖记存 24 曹宝文 13.342

该程聚□查记存本洋 289.372，80 扣曹文 231.498

该□丰号存亦洋 140 元，69 扣曹文 96.6

该叶慎记存 24 曹宝文 141.747

该程信记存本洋 71.311，80 扣曹宝文 57.049

该□书记存本洋 191.704，80 扣曹文 153.363

该程燮记存本洋 85.888，80 扣曹文 68.71，亦洋 86.099，69 扣曹文 59.408

该各庄抵仍存亦洋 38.073，69 扣曹文 26.27

该各货亦洋 95.8，69 扣曹文 66.102

以上共该各记存仍存 24 曹宝文 3451.215

除该各存 24 曹文 1155 两正

---

① "亦洋"即"英洋"或者"鹰洋"。

特色史料

照正本五厘拨息

胡蔚记拨分息 24 曹文 25 两正
邱集记拨分息 24 曹文 15 两正
程鸣记拨分息 24 曹文 10 两正
程星记拨分息 24 曹文 5 两正
以上共拨息曹宝文 55 两
除拨分息仍宝存正本 24 曹文 1100 两正
程鸣记照戊子兆成盘单

清光绪十六年正月兆成抄照程鸣记盘单[①]

光绪十六年正月初二日开盘
存各货英洋 546.651，60 扣 24 曹文 327.991
存十一号孙靖生记汉庄 24 曹文 2806.283
存十二号巴西甫记代办货庄 24 曹文 863.897
存宁咸和钱庄英洋 1601.956，60 扣 24 曹文 961.174
存暂记胡万春店 24 曹文 110.286
存万康钱庄押租曹文 35 两
存郡城汪德盛号仍欠英洋 50 两正
存家伙估作曹文 8 两，作曹文 1 两正
存集记存项透曹文 41.055
存现亦洋 222 元，60 扣曹文 133.2
存现钱 2 千 244 文作曹文两
以上并货共存 24 曹文 5204.831
该胡蔚记 24 曹宝文 2110.237
该程鸣记 24 曹文 51.289
该程荫记 24 曹宝文 46.924
该程星记存 24 曹宝文 59.232，本洋 10.461，90 扣曹文 9.415
该程泽记存 24 曹文 33.933，本洋 3.77，90 扣曹文 3.393
该孙靖记 24 曹文 41.291
该程聚□记本洋 350.832，90 扣曹文 315.758

---

① 刘伯山主编：《徽州文书》第 1 辑第 3 卷，第 127 页。

该程燮记本洋 95.831，90 扣曹文 86.258
该程旭记英洋 18.525，74 扣曹文 13.708
该程佳记本洋 74.267，90 扣 24 曹文 66.84
该王书记本洋 101.605，90 扣 24 曹文 91.444
该叶慎记 24 曹文 177.808
该潘笃记亦洋 111.208，74 扣 24 曹文 82.294
该孙和记亦 6.851，74 扣 24 曹文 19.862
该谈记亦洋 77.562，74 扣 24 曹文 57.396
该汉威吉庄洋例文 506 扣 24 曹文 488.938
该存号暂记各号抵存洋 51.255，74 扣 24 曹文 37.929
该各货亦洋 271.8，74 扣 24 曹文 201.132
以上共该各存 24 曹文 3994.831
除该各记仍存 24 曹文 1210 两正

照正本 1 分拨息

程鸣记拨分息 24 曹宝文 20 两正
胡蔚记拨分息 24 曹宝文 50 两正
邱集记拨分息 24 曹宝文 30 两正
程星记拨分息 24 曹宝文 10 两正

以上共拨息曹宝文 110 两
除拨分息仍宝存正本 24 曹宝文 1100 两正
程鸣记照庚寅兆成盘单

清光绪十七年正月兆成抄照程鸣记盘单[①]

光绪十七年正月初二日开盘
存各货洋 450，60 扣 24 曹文 270
存宁咸和钱庄亦洋 883.07，60 扣 24 曹文 529.842
存七号汉庄 24 曹宝文 1925.29
存八号吕城办货庄亦洋 712.02，60 扣 24 曹文 427.456

---

① 刘伯山主编：《徽州文书》第 1 辑第 3 卷，第 128 页。

特色史料

存九号□人兄代办洋货庄 24 曹宝文 831.32
存暂记胡万春店 24 曹宝文 41.323
存积义盛栈 98（规）元 1200 两，9364 扣曹文 1123.68
存家伙估作曹文 8 两
存汪德盛号亦洋 40
存广源号洋 20 元
存余大道行号洋 12.2
存万康押租曹文 35 两
以上五项作曹文 1 两
存现洋 230 元，60 扣曹文 138
存现钱 3 千 777 文作曹文 1 两
存邱集记存项透曹文 142.36
以上并货共存 24 曹文 5421.527

该胡蔚记 24 曹宝文 2133.604
该程鸣记 24 曹文 3.174
该程荫记 24 曹宝文 53.14
该程亨记 24 曹宝文 204.357
该程星记存 24 曹宝文 54.049，本洋 11.81，90 扣曹文 10.629
该孙靖记 24 曹宝文 61.254
该程泽记存 24 曹文 38.354，本洋 4.26，90 扣曹文 3.834
该程兴记本洋 396.44，90 扣曹文 356.796
该程佳记本洋 90.318，90 扣曹宝文 81.286
该程燮记本洋 105.414，90 扣曹文 94.873
该程旭记亦洋 29.623，74 扣曹文 21.921
该孙和记亦 30.33，74 扣曹文 22.444
该谈记亦洋 67.971，74 扣曹文 50.298
该汉威吉庄洋例文 1018 元，9628 扣 24 曹文 983.673
该存号暂记各号抵存亦洋 131.481，74 扣曹文 97.296
该长号 5.614
以上共该各存 24 曹文 4276.527
除该各记仍存 24 曹文 1155 两正

照正本 5 厘拨息

程鸣记拨分息 24 曹文 10 两正
胡蔚记拨分息 24 曹文 25 两正
邱集记拨分息 24 曹文 15 两正
程星记拨分息 24 曹文 5 两正

以上共拨息曹宝文 55 两
除拨分息仍宝存本 24 曹文 1100 两正
程鸣记照辛卯兆成盘单

清光绪十八年正月兆成抄照程鸣记盘单[①]

光绪十八年正月初二日开盘
存各货亦洋 215 元，60 扣曹文 129 两正
存七号汉庄 24 曹文 4657.973
存九号巴西兄庄 24 曹文 857.967
存宁威和钱庄亦洋 976.13，60 扣曹文 585.678
存店租 24 曹文 35 两
存家伙估作曹文 8 两
存汪德威亦洋 30 元，金万道亦洋 8.1，广源 65 元
以上共作曹文 1 两
存现亦洋 131 元，60 扣曹文 78.6
存现钱 440 文（不作）
以上并货共存 24 曹文 6310.218
该胡蔚记 24 曹文 2119.289
该程鸣记 24 曹文 25.484
该邱集记 24 曹文 0.995
该程星记存 24 曹文 52.12，本洋 13.139，90 扣曹文 11.915
该程亨记 24 曹文 239.198
该程泽记存 24 曹文 42.955，本洋 10.221，90 扣曹文 9.189
该孙靖记 24 曹文 66.095
该程聚查记本洋 444.013，90 扣曹文 399.612
该汉威吉庄洋例文 1760.16，96628 扣曹文 1700.807

---

① 刘伯山主编：《徽州文书》第 1 辑第 3 卷，第 129 页。

特色史料

该程燮记本洋 115.955，90 扣曹文 104.349
该程旭记亦洋 45.838，74 扣曹文 33.92
该程佳记本洋 90.036，90 扣曹文 81.032
该谈记亦洋 60.835，74 扣曹文 45.018
该孙和记亦洋 33.97，74 扣曹文 25.138，本洋 47.925，90 扣曹文 43.132
该暂记胡万春庄曹文 74.461
该存号暂记各号抵存亦洋 101.76，74 扣曹文 75.304
该义栈 98 元文 21.473，9364 扣曹文 20.107
以上共该各存 24 曹宝文 5170.218
除该各记仍存 24 曹文 1140 两正

照正本 2 分拨息

程鸣记拨分息 24 曹宝文 40 两正
胡蔚记拨分息 24 曹宝文 100 两正
邱集记拨分息 24 曹宝文 30 两正
程星记拨分息 24 曹宝文 20 两正

除拨分息仍宝存正本 24 曹宝文 950 两正
程鸣记照壬辰兆成盘单

清光绪十九年正月兆成抄照程鸣记盘单[①]

光绪十九年正月初二日开盘
存各布洋 320 元，60 扣曹文 192 两正
存镇栈各货洋 30 元，60 扣曹文 18 两正
存宁威钱庄亦洋 997.504，60 扣曹文 598.502
存八号汉靖手办布庄 24 曹文 5289.116（备注除 105 两）
存九号巴西兄代办洋货庄 24 曹文 1221.229
存代镇栈 98 元 500 两计亦洋 685 元，68 扣曹文 465.8
存胡应记代亦洋 126.612，60 扣曹文 75.967
存店租 24 曹文 35 两

---

① 刘伯山主编：《徽州文书》第 1 辑第 3 卷，第 131 页。

存家伙估作曹文 8 两

存汪德威洋 20 元，广源 10 元，大道代□号 70 扣，三作 1 两

存叶长汶 24 曹文 200 两正

存邱集记曹文 0.199

存现亦 2.1 元，本洋 5 元（不作）

存现钱 548 文（不作）

以上并货共存 24 曹文 8061.813

该胡蔚记 24 曹文 1913.165

该孙靖记 24 曹文 125.142

该程亨记 24 曹文 134.694

该程星记存 24 曹文 62.136，本洋 14.96，90 扣曹文 13.464

该程泽记存 24 曹宝文 47.187，本洋 11.663，90 扣曹宝文 10.497

该程聚查记 24 曹文 430.56

该胡应记本洋 63.323，90 扣曹文 56.991，亦洋 42.215，74 扣曹文 31.239

该程光记 24 曹文 8.961

该程佳记本洋 97.156，90 扣曹宝文 87.439

该程爽记 本洋 124.135，90 扣曹文 111.811

该镇记亦洋 54.819，74 扣曹文 40.566

该孙和记亦洋 51.666，74 扣曹文 38.233，本洋 54.155，90 扣曹文 48.739

该程旭记亦洋 100.952，74 扣曹文 74.697

该汉宁威吉庄洋例文 405.9，9627 扣，曹文 392.217

该师桥各庄亦洋 50 元，74 扣曹文 37 两

该胡万春代镇栈（98）元 500 两，计亦洋 685 元，68 扣曹文 465.8

该□庄 98 元 1200 两，计亦洋 1681.169，74 扣曹文 1244.065

该□庄洋 301 元，74 扣曹文 222.74

该胡万春 24 曹文 57.972

该存号暂记各号抵存亦洋 152.608，74 扣曹文 112.93

该店友存曹文 44.922

该镇栈售布 24 曹文 33.65

该堆金 24 曹文 550（不计利）

该各记分红曹文 240

以上共该各存 24 曹宝文 6636.813

照正本 2 分拨息

特色史料

程鸣记拨分息24曹宝文70两正
胡蔚记拨分息24曹宝文100两正
邱集记拨分息24曹宝文30两正
程星记拨分息24曹宝文20两正

除拨分息仍宝存正本24曹宝文1100两正
程鸣记照癸巳兆成盘单

清光绪二十年正月兆成抄照程鸣记盘单[①]

光绪二十年正月初二日开盘
存各布洋360元，60扣曹文216
存宁威和钱庄亦洋796.01，60扣曹477.606
存六号孙靖手办洋布庄24曹文5173.259
存八号程采园兄代办洋货庄24曹文1139.654
存九号寄办纡布等庄24曹文1.165
存镇栈24曹文106.151
存暂记德源钱庄吉兄亦洋76.2，60扣曹文45.72
存胡万春钱10千637文作曹文8.18
存店租24曹文32两正
存家伙估作曹文8.00
存汪临城兄亦洋5元，广源兄100元，27官文20.9
三共作曹文1两
存现亦洋21.1元，60扣曹文，本洋9元，72扣曹文，24曹文1.1，三共24曹文19.15
存现钱5千803文（不作）
通共并货共存24曹宝文7188.985

该胡蔚记24曹文1992.221
该邱集记24曹文18.138
该程鸣记24曹文44.8

[①] 刘伯山主编：《徽州文书》第1辑第3卷，第133页。

该程星记存 24 曹文 11.918
本洋 16.755，92 扣曹文 15.415
该程聚查记 24 曹文 363.51
该孙靖记 24 曹文 91.369
该程亨记 24 曹文 31.666
该程泽记存 24 曹宝文 86.449，本洋 13.063，92 扣曹宝文 12.018
该汉口福和祥钱庄 24 曹文 554.461
该万成店 98 元 300 两，9364 扣曹文 280.92，亦洋 100 元计曹文 76
该店曹文 5.053
该程灏记□存文 0.994
该孙和记亦洋 128.366，76 扣曹文 97.558，本洋 94.222，92 扣曹文 86.685
该程光记 24 曹文 70.204，亦洋 26.1？76 扣曹文 2.356
该程佳记本洋 102.844，92 扣曹文 94.616
该程爽记本洋 136.648，92 扣曹文 125.716，亦洋 47.763，76 扣曹文 36.2
该程旭记本洋 17.465，92 扣曹文 16.066，亦洋 62.439，76 扣曹文 47.456
该德源钱庄亦洋 791.371，76 扣曹文 601.442
该存号暂记各庄□抵亦洋 255.274，76 扣曹文 190.968（数字存疑），本洋 25.014（也可能折在一起）
该售各布洋 238.716，76 扣曹文 181.414
该镇栈售各布 27 官文 158.22 作曹文
该堆金 24 曹文 550 两正（不计利）
以上共该各记 24 曹宝文 5868.985
除该各记仍存 24 曹宝文 1320 两

照正本 2 分拨息

程鸣记拨分息 24 曹宝文 70 两正
胡蔚记拨分息 24 曹宝文 100 两正
邱集记拨分息 24 曹宝文 30 两正
程星记拨分息 24 曹宝文 20 两正

除各记拨分息仍宝存正本 24 曹宝文 1100 两正
程鸣记照甲午兆成盘单

特色史料

清光绪二十一年正月兆成抄照程鸣记盘单[①]

光绪二十一年正月初二日开盘
存各布亦洋240元，60扣曹文144
存镇栈各布亦洋12.6
存现亦洋15.539，现钱4千550文，总作曹文8.398
存师桥同益布庄亦洋133元60扣曹文79.8
存□澜手办汉布庄97扣实24曹文4850.376
存吴鳌峰兄代办洋货庄98（规）元1305.868，9364扣曹1222.815，官文5.281作曹文3.129
存七号寄办余布庄曹文1.22
存宁威和庄亦洋908.33作880元，60扣曹文528
存暂记张吉兄亦洋82.68，60扣曹文49.608
存店租曹文32两，存家伙估作曹文8两，存广源亦洋5两，三项折24曹文1两
存现亦洋440元，60扣曹文264两
存本洋10元，72扣曹文7.2
存现曹文1.13
存现钱9千298文（不作）
通共并货共存24曹宝文7160.676

该胡蔚记24曹文2075.933
该邱集记24曹文33.293
该程鸣记24曹文94.976
该程星记24曹文8.623
本洋18.766，92扣曹文17.265
该程聚金记24曹文344.958
该孙靖记24曹文226.474
该程亨记24曹文142.708
该程泽记存24曹宝文147.457，本洋14.61，92扣曹文13.46
该程丽记曹文10.715，亦洋16.934，76扣曹文12.87

---

① 刘伯山主编：《徽州文书》第1辑第3卷，第135页。

该孙和记亦洋180.164，76扣曹文136.925，本洋105.275，92扣曹文96.853
该程光记24曹文140.003，本洋3.472扣曹文3.194
该程佳记本洋107.398，92扣曹文98.806
该程爽记本洋158.418，92扣曹文145.745，亦洋41.109，76扣曹文31.243
该程旭记本洋29.43，92扣曹文27.076，亦洋96.215，76扣曹文73.169，曹文1.129
该万康□钱庄亦洋696.681，76扣曹文529.478
该义永（？）祥钱庄洋例文8.4作曹文8.4
该售布曹文159.043
该暂记栈存亦洋271.683，76扣曹文206.479
该堆金曹文1100正
该暂记胡万春钱112千128文，173扣曹文64.223
以上共该各记24曹宝文5950.676

照正本1分拨息

程鸣记拨分息24曹宝文35两正
胡蔚记拨分息24曹宝文50两正
邱集记拨分息24曹宝文15两正
程星记拨分息24曹宝文10两正

除拨分息仍宝存正本24曹文1100两正
程鸣记照乙未元月初二日兆成盘单

清光绪二十三年正月兆成抄照程鸣记盘单[1]

光绪二十三年正月初二日开盘
存各布等亦洋281元，60扣24曹文168.6
存宁冯肇堂兄代会付各庄亦洋1095.22，60扣24曹文657.312
存六号孙靖生记办布庄24曹文7926.415
存一号各本洋8.273，存七号本洋7.072？八号本洋17.52等（三者合计）32.865，60扣曹文19.719

---

[1] 刘伯山主编：《徽州文书》第1辑第3卷，第140页。

特色史料

存暂记存号各号抵仍存亦洋 104.97，60 扣曹文 62.982

存镇栈 27 官文 382.555，90 扣 24 曹文 344.299

存押租曹文 32 两，存家伙估作曹文 8 两，镇栈售布 27 官文 11.88，三共作曹文 1 两正

存现亦洋 351 元，存现钱龙洋 5 块，60 扣曹文 210.6

存现钱 2 千 134 文（不作）

通共并货共存 24 曹宝文银 9390.927

该胡蔚记 24 曹文 1457.162

该邱集记 24 曹文 30.122

该孙靖记 24 曹文 68.393

该程泽记存 24 曹宝文 238.313，本洋 18.517，92 扣曹宝文 17.036

该程星记存本洋 23.751，90 扣曹文 21.376（透支洋 6.517 抵）仍存曹文 14.859

该程亨记 24 曹文 596.109

该程磐金记 24 曹文 406.255

该师庄各记亦洋 41.4，76 扣曹文 31.464

该汪超记 24 曹文 5.089

该汪汝记 24 曹文 4.866

该程丽记 24 曹文 1149.313，亦洋 74.991，76 扣曹文 56.993

该孙和记本洋 89.892，92 扣曹文 82.701，亦洋 192.291，76 扣曹文 146.141

该程佳记本洋 105.957，92 扣曹文 97.481

该程恭记 24 曹文 65.326，本洋 42.508，92 扣，曹文 39.107，亦洋 2 元，76 扣曹文 1.52

该程谈记本洋 191.679，92 扣曹文 176.345，亦洋 23.279，76 扣曹文 17.692

该汪春记亦洋 191.399，76 扣曹文 145.463

该程旭记亦洋 432.601，76 扣曹文 328.777，本洋 16.531，92 扣曹文 15.208，曹文 1.429

该万康庄亦洋 309.25，76 扣曹文 235.04

该汉口怡牲庄 24 估宝文 26.2，作曹文 30

该屯货售亦洋 48.5，76 扣曹文 36.86

该镇栈代货售 27 官文 259.427，90 扣曹文 260

该汉庄□亦洋 150 元，76 扣曹文 114，曹文 1.854

该堆金 2200 元正，不计利

以上共该各记 24 曹宝文 8070.927

除该各记仍存曹宝文 1320

照正本 2 分拨息

程鸣记拨分息 24 曹宝文 70 两正
胡蔚记拨分息 24 曹宝文 100 两正
邱集记拨分息 24 曹宝文 30 两正
程星记拨分息 24 曹宝文 20 两正
除拨分息仍宝存正本 24 曹文 1100 两正
程鸣记照丁酉元月初二日兆成盘单

清光绪二十六年正月兆成抄照程鸣记盘单[1]

光绪二十六年正月初二日盘
存各货英洋 2288.744 元，60 扣 1373.246
存师绍各庄办货洋 1123.023，60 扣 673.814
存余克明兄由代售元 4804.852，9364 扣 2626.463
存程康记德庄办货 24 曹宝文 9297.283
存押租文 32 两，家伙 8 两（新置）作 1 两
存万寿洋 30.858，午船 15 千，应抵 3.9，一首瓷器 5.98，存股票 53.8（□兴源）镇周记 27 官文 83.134，祥丰 79.77，共作 1 两
存镇栈 27 官文 276.144，90 扣 248.93
存现本洋 119 元，76 扣，亦洋 133，60 扣，角子 2404 角 55 扣，共 542.06
存现钱 8 千 317 文（不作）
通共并货共存 2414763.796

该胡蔚记 24 曹文 1502.041
该邱集记 24 曹文 156.683
该程鸣记 24 曹文 113.721
该程□记 24 曹文 1100.631，英洋 63.762，76 扣曹文 48.459
该□然记 24170.712
该程泽记存 24 曹文 738.858，本洋 26.247，92 扣曹文 24.147

---

[1] 刘伯山主编：《徽州文书》第 1 辑第 3 卷，第 147 页。

特色史料

　　该程聚□记 24314.551
　　该万康庄亦洋 1423，76 扣 1081.86
　　该各庄英洋 558.63，76 扣 24424.559
　　该方丰、由厘□估作 44.7；711.28，息作 1078.925
　　该胡梦有 98 规元 638.71，9364 扣 598.088
　　该怡和英洋 25.92，76 扣 19.699
　　该胡御记英洋 1620 元，76 扣 1231.2
　　该王记英洋 167.63，76 扣 127.399
　　该潘笃记 24251.353
　　该汪喜记英洋 180 元，76 扣 136.8
　　该程佳记本洋 108.771，92 扣 100.069
　　该程恭记 2474.928，本洋 60.254，92 扣，55.434，英洋 2.835 元，76 扣 2.155
　　该程长□记英洋 200 元，76 扣 152
　　该孙和记英洋 235.997，76 扣 179.358，本洋 11.943，92 扣 10.988
　　该程旭记英洋 550.088，76 扣 418.067，本洋 26.203，92 扣 24.107
　　该（损坏）英洋 8.3，76 扣 6.308
　　该万□□报英洋 21 元，76 扣 15.96
　　该镇栈借售货□□1100.6，计 27 官文 404.736 作
　　该堆金 24 曹文 2000
　　该财神堂 24 曹文 1000 两
　　以上共该 24 曹宝文 13563.796
　　除该各记仍存曹宝文 1200

　　照正本 2 分拨息

　　程鸣记拨分息 24 曹宝文 40 两正
　　胡蔚记拨分息 24 曹宝文 100 两正
　　邱集记拨分息 24 曹宝文 30 两正
　　程德记拨分息 24 曹宝文 30 两正

　　除拨分息仍宝存正本 24 曹文 1000 两正
　　程鸣记照庚子元月初二日兆成盘单

清光绪二十七年正月兆成抄照程鸣记盘单[①]

光绪二十七年正月初二日盘

存货英洋 3303 元，60 扣 24 曹文 1981.8

存程亲克明兄申庄代办货 24 曹文 4078.375

存程康甫记扦庄办货 24 曹文 6424.063

存姚布萧布庄办布洋 1306.8，60 扣曹文 784.082

存万成借款英洋 546 元，60 扣曹文 327.6

存押租曹文 32 两，家伙 8 两，新置 30 元，共作曹文 1 两

存万寿 34.198（看不清，存疑），股票 54.685（存疑）同兄存 27 文 62.124，租广船 3.5，方德兴 3.427，共作曹文 1 两正

存镇栈银按 24 估 220 两，986 扣曹文 216.92

存镇栈银按 27 官文 71.509，90 扣曹文 64.358

存现本洋 31 元正，铜 3 元，76 扣英洋 21 元，60 扣，角子 2630 角 54 扣，共曹文 175.9

存现钱 8 串 76 文（不作）

通共并货共存 24 曹文 14055.098

该胡蔚记存 24 曹文 1403.143

该邱集记存 24 曹文 159.9

该程鸣记存 24 曹文 74

该程磐金记存 24 曹文 355.443

该孙靖记存 24 曹文 359.327

该程佩记存 24 曹宝文 1226.881 英洋 69.501，76 扣曹宝文 52.821

该程济记存 24 曹文 981.564，本洋 29.659，92 扣曹文 27.286

该斯未记存分厘 24 曹文 200

该孙继明记存 24 曹文 133.392

该暂记存号各庄存英洋 661.721，76 扣曹文 502.908

该胡业兄存 98 规元 321.808，9364 扣曹文 315.387

该炭款（上）存英洋 29.29，76 扣曹文 22.26

该潘笃记存 24 曹文 214.523

该王新记存英洋 143.664，76 扣 24 曹文 109.185

[①] 刘伯山主编：《徽州文书》第 1 辑第 3 卷，第 150 页。

特色史料

该程佳记存本洋 112.523（523）92 扣 24 曹文 103.53？
该汪春记英洋 180 元，76 扣曹文 136.8
该胡御记存英洋 1620 元，76 扣 24 曹文 1231.2，存 24 曹文 80.924，
该程茶记存本洋 68.087，92 扣曹文 62.64，存英洋 3.102，76 扣曹文 2.434
该程旭记存英洋 600.76，76 扣曹文 456.578，存本洋 29.61，92 扣银 27.241，存曹文 37.125
该孙和记存英洋 276.677，76 扣 210.274，存本洋 13.496，92 扣曹文 12.426
该程长尊记存英洋 200 元，76 扣曹文 152
该屯栈借售货英洋 207.89，76 扣曹文 157.996
该镇栈借售洋布 27 官文 349.68 作曹文
该汉庄德厚祖估作 296.15 作曹文
该堆金 24 曹文 2000
该财神堂 24 曹文 1500 两
以上共该 24 曹文 12955.098
除该各记仍存曹文 1100

照正本 1 分拨息

程鸣记拨分息 24 曹文 20 两正
胡蔚记拨分息 24 曹文 50 两正
邱集记拨分息 24 曹文 15 两正
程德记拨分息 24 曹文 15 两正
除拨分息仍宝存正本 24 曹宝文 1000 两正
程鸣记照辛丑元月初二日兆成盘单

清光绪二十八正月兆成抄照程鸣记盘单[①]

光绪二十八年春正月初二日开盘
存各货英洋 3883.825，60 扣 24 曹文 2330.295
存四号庄胡紫（？）申庄代办洋货 24 曹文 4638.924
存汉口程康（？）记洋庄代办货曹宝文 24 文 9313.267
存暂记（存号）抵付英洋 802.824，60 扣 24 曹文 481.694

---

① 刘伯山主编：《徽州文书》第 1 辑第 3 卷，第 173 页。

存义成借款英洋546元正，60扣24曹文327.6

存押租16两家伙8两新置家具31两共作24曹文1两

存（下面四行人名，很多小字，看不清）共作24曹文1两

存现本洋57元，除□□，实54元，76扣英洋416元正，60扣龙洋465角正，54扣曹文0.5正，共24曹文316.25

存钱3千417文（不作）

存镇栈银总27官文93.136，90扣24曹文83.822

以上并货共存24曹文17493.852

该胡蔚记存24曹文1232.453

该邱集记存24曹文145.607

程鸣记存24曹文27.987

该程磐金记存24曹文398.095

该程丽记存24曹文376.256

英洋75.061，76扣曹文57.046

该孙靖记存24曹文116.212

该程泽记存24曹文150.261，本洋32.032，92扣曹文29.469

该胡御记存英洋1617.61元，76扣24曹文1229.384

该潘笃记存24曹文235.674

该孙德如记24曹文76.961

该王新记存英洋172.295，76扣曹文130.944

该程佳记存本洋114.396，92扣曹文105.244

该程恭记24曹文77.152，本洋73.534，92扣曹文67.251，英洋3.459，76扣曹文2.629

该怡和炭款存英洋32.805，76扣24曹文24.932

该程华□记存英洋200元正，76扣曹文152

该汪春记英洋180元，76扣曹文136.8

该孙和记存英洋293.479，76扣223.044，存本洋15.115，92扣13.906

该程康记存英洋3.94，76扣曹文2.994

该程旭记曹文14.504

英洋233.834，76扣24曹文177.714，本洋11.086，92扣曹文10.199 值曹文

该永达庄存□英洋1408.22

该万康庄存□英洋1402.44

76扣曹文2173.6（两项合计数）

特色史料

该万康庄存□98 规元 522.198 作曹文
该怡生庄存□估 1076.19
该德厚福庄存□□估 2686.1
做曹文 3762.29（两项合计数）
该屯栈借售货英洋 9.15，76 扣 24 曹文 6.954
该暂记存英洋 18.634，76 扣曹文 14.162
该各庄存 24 曹文 699.206
该堆金存 24 曹文 2000 两正
该财神堂 24 曹文 2000 两正
以上共该各记 24 曹宝文 16393.852
除该各记仍存 24 曹宝文 1100

照正本 1 分拨息
胡蔚记拨分息 24 曹文 50 两正
邱集记拨分息 24 曹文 15 两正
程鸣记拨分息 24 曹文 20 两正
程德记拨分息 24 曹文 15 两正
除拨分息仍宝存正本 24 曹文 1000 两正
程鸣记照壬寅元月初二日兆成盘单

清光绪二十九年正月兆成抄照程鸣记盘单[①]

该年盘单有两份
光绪二十九年正月初二日盘
存货英洋 2217.9 元，60 扣 24 曹文 1330.74
存申庄吴尊兄代办货 4043.017，9364 扣 24 曹文 3785.881
存王逸记代办货 24 曹文 6902.911
存暂记存号抵付英洋 250.771，60 扣曹文 150.442
存万康借款英洋 546，60 扣 24 曹文 327.6
存程德记透 24 曹文 33.672
存景镇新开恒足号正本 27 官文 350 两正
　　　　　　副本 27 官文 400 两正

---

① 刘伯山主编：《徽州文书》第 1 辑第 3 卷，第 192—193 页。

共作曹文 1 两

存恒足借款 27 官文 1300

存镇栈 27 官文 62.734，90 扣 24 曹文 1226.461

存押租 32 两家伙 8 两，新置屯镇共 45 两共作曹文 1 两

存账丝洋 100 元作曹文 1 两

存叶仰春代囤炭款，英洋 300 元□□□□作曹文 1 两

存现 98 规元票 400 两 英洋 534.8，60 扣 24 曹文 320.88

存现本洋 37 元，76 扣 24 曹文 28.12

存现英洋 56 元，60 扣 24 曹文 33.6

存现小洋 361 角，54 扣 24 曹文 19.494

存现曹文 0.5

存现 5 千 573 文（没写不作）

通共并货共存 24 曹宝文银 14164.262

该胡蔚记存 24 曹文 1242.786

该邱集记存 24 曹文 19.953

该程磐金记存 24 曹文 393.423

该孙靖记存 24 曹文 290.063

该程丽记存 24 曹文 15.12，394.884

英洋 81.066，76 扣曹文 61.61

该程泽记存本洋 34.595（值曹文）

该谢彩记存英洋 310，76 扣 24 曹文 235.6

该胡御记存英洋 1620 元，76 扣 24 曹文 1231.2

该程尊记存英洋 200 元，76 扣曹文 152

该汪春记英洋 180 元，76 扣曹文 136.8

该潘笃记存 24 曹文 254.538

该程茶记存本洋 77.26 扣值曹文

该程佳记存本洋 115.908 值曹文

该怡和炭款存英洋 36.742，76 扣 24 曹文 27.924

该义原庄 98 规元 1090 两，作曹文

该汉口庄永昌祥□估 153.62（作曹文），福原德□估 520（作曹文）

该孙和记存英洋 335.657，76 扣曹文 255.099，本洋 16.928 值曹文

该程旭记英洋 358.525，76 扣 24 曹文 257.279，本洋 12.426 值曹文，曹文 16.546

特色史料

该友口丰报口口口口口英洋30元，76扣曹文22.8
该开口未吃24曹文300正
该屯镇代售货英洋1627元，76扣24曹文1231.53
该堆金24曹文2000两正
该财神堂24曹文2000两正
以上共该24曹宝文12564.262
除该各记仍存24曹文1600

照正本6分拨息

程鸣记拨分息24曹宝文120两正
胡蔚记拨分息24曹宝文300两正
邱集记拨分息24曹宝文90两正
程德记拨分息24曹宝文90两正
除拨分息仍宝存正本24曹文1000两正
程鸣记照癸卯元月初二日兆成盘单

清光绪三十一年正月兆成抄照程鸣记盘单[①]

光绪三十一年正月初二日盘
存各货作宝亦洋4690元，60入24曹文2814
存申江吴华如兄货代办货规元6866.047，9364扣24曹文6429.366
存汉庄办布共合24曹文4426.961
存成记布行98元150，1.36入亦洋204元，60入24曹文122.4
存口账口洋322元，亦洋342元，作24曹文1两
存恒足号正本27文350两
副本27文400
合27文750两，作24曹文1两
存押租24曹文32两，生财并镇口100两合24曹文132两作24曹文1两
存本洋41元，存亦洋843元，存小洋146角，三共合作曹文540两
存曹文0.5
存口口14千49文（二共不计）

---

① 刘伯山主编：《徽州文书》第1辑第3卷，第199页。

存镇栈 24 曹文 306.664
存恒足号汉店代办货 27 文 135.261，76 扣入 24 曹文 125.359
以上并货共存 24 曹文 14767.75

该胡蔚记存 24 曹文 437.156
该邱集记存 24 曹文 237.146
该程鸣记 24 曹文 165.805
该程磐金记存 24 曹文 497.916
该程丽记 24 曹文 377.583 亦洋 94.556，76 曹文 71.863
二共合 24 曹文 449.446
该孙靖记存 24 曹文 463.317
该上年分红未合 24 曹文 170 两
该泽记 24 曹文 17.851
该孙光记 24 曹文 88.2，亦洋 144.71.76 扣曹文 109.98，二合 24 曹文 198.18
该胡御记亦洋 1637.714，76 扣 24 曹文 1222.411
该程长华记亦洋 190 元，76 扣曹文 144.4
该汪春记亦洋 150 元，76 扣曹文 114
该潘笃记存 24 曹文 162.624
该潘裕记 24 曹文 120.96
该程恭记存本洋 88.668，直入 24 曹文 88.668
该程佳记存本洋 114.053 直入 114.053
该怡和炭款存亦洋 46.5，76 扣 24 曹文 35.34
该孙征九 24 曹文 255.072
该胡甫兄亦洋 552 元，76 入 24 曹文 419.52
该孙为记 24 曹文 2.847
该汪丕记亦洋 82.133，76 扣 24 曹文 62.421
该孙和记亦洋 404.289 76 入 24 曹文 307.26，本洋 21.023 入 24 曹文 21.023
该程旭记亦洋 137.911，76 扣 24 曹文 104.812，本洋 15.714，曹文 8.051
该裕和祥 24 曹文 201.513
该万康庄代办 98 规元 1599 两
该永达德行 98 元 258.333
三共除代祥和□□□，恒足 1562.4，90 扣估作 24 曹文 2218.226
该永达德代办□□给息□□□（看不清）
该□货使亦洋 114 元□价 122，各庄 20 元，镇集 215 元（该行数字存疑）

特色史料

三共合亦洋547.128，76扣入24曹文415.817
该堆金24曹文2000两正
该财神堂24曹文2100两正
以上共该24曹宝文12767.75
除该各记仍存24曹宝文2000
本年无息
本年拨出财神堂24曹文1000
程鸣记拨财神堂24曹宝文200两正
胡蔚记拨财神堂曹宝500两正
邱集记拨财神堂24曹宝文150两正
程德记拨财神堂24曹宝文150两正
除拨财神堂仍宝存正本24曹文1000两正
程鸣记台核乙巳年元月初二日兆成盘单

清光绪三十二年正月兆成抄照程鸣记盘单[①]

光绪三十二年孟春月初二日盘
存货亦洋4482元，60扣24曹文2689.236
存申江吴华如兄代办货元5156.838，9364扣24曹文4828.864
存逸光记汉庄办布共合24曹文2858.763
存裕和祥规元212.691，986扣24曹文209.91
存暂记存号□□亦洋262.915，60扣24曹文157.749
存恒足汉代办货24曹文186.482
正本27文350
副本27文400两合750两，作24曹文1两
存该旧账屯300元，镇22元，合亦洋322元，作24曹文1两
存押租24曹文32两，生财100两，合曹文132两作24曹文1两
存镇栈等27，187.754，90扣24曹文168.979
存本洋80元（作亦洋），存亦洋1335.84元，存小洋456.6，90扣亦洋419.1
三共合亦洋1826.78，60扣24曹文1096.068
存国宝12串648文（不计）
存春隆号亦洋124.55，60扣24曹文74.73

[①] 刘伯山主编：《徽州文书》第1辑第3卷，第201页。

以上并货共存 24 曹文 12273.781

该胡蔚记存 24 曹文 471.582

该邱集记存 24 曹文 414.741

该程鸣记 24 曹文 60.004

该程聚金记存 24 曹文 557.666

该程□记 24 曹文 393.399，亦洋 106.12，76 扣 24 曹文 77.687

二共合 24 曹文 471.086

该孙靖记存 24 曹文 530.036

该程泽记 24 曹文 43.08

该孙光记 24 曹文 138.865 两（数字小数点后存疑），亦洋 188.238，76 扣曹文 143.061

二共合 24 曹文 281.926

该春华记亦洋 180 元，76 扣曹文 136.8

该汪春记亦洋 100 元，76 扣曹文 76 两正

该汪丕记亦洋 80 元，76 扣 24 曹文 60.8

该潘笃记存 24 曹文 162.035

该潘裕记 24 曹文 135.377

该程恭记存本洋 95.76 直曹文

该程佳记本洋 114.597 直曹文

该胡甫记亦洋 618.24 元，76 入 24 曹文 469.862

该孙和记亦洋 456.762，76 扣 24 曹文 347.139，本洋 23.993（值曹）

二共合 24 曹文 371.132

该程旭记亦洋 134.076，76 扣 24 曹文 101.898，本洋 17.6

二者合计 119.498

该□祥庄□98 归元 1000 两，除代恒足 1000 两作 90 扣，除该作 24 曹文 100 两

该永达德行利亦洋 1665.05，□亦洋 855.77，除代义成 1461.281，王川旭 718.661

90 扣亦洋 2035.717，60 扣 24 曹文 1221.43（永达德行的几处数字存疑）

抵该 24 曹文 517.931

该□□屯厘算给息万德等未出共亦洋 262.584，76 扣作 24 曹文 199.564

该各庄 24 曹文 1584.303

该堆金 24 曹文 2000 两正

特色史料

该财神堂 24 曹文 2100 两正
以上共该 24 曹宝文 11073.781
除该各存仍存 24 曹宝文 1200 两

照正本 2 分拨息
胡蔚记拨分息 24 曹宝文 100 两正
邱集记拨分息 24 曹宝文 30 两正
程鸣记拨分息 24 曹宝文 40 两正
程德记拨分息 24 曹宝文 30 两正
除拨财神堂仍宝存正本 24 曹宝文 1000 两正
程鸣记台核丙午年元月初二日兆成盘单

清光绪三十三年正月兆成抄照程鸣记盘单[①]

光绪三十三年正月初二日盘
存货亦洋 4531.613 元，60 扣 24 曹文 2719.004
存达光手办布汉庄 24 曹文 4377.036
存申庄 98 元 5778.714，9364 扣 24 曹文 5506.424
存镇栈 27 官文 1069.046，94 扣 24 曹文 962.141
存程德记透用 24 曹文 90.528
存义成代办货欠钱 98 元 2.758，9364 扣 24 曹文 2.583
存恒足号正本□350
副本□400 两，二共作 24 曹文 1 两
存□□□计亦洋 1860 作曹文 1 两[②]
存□□□二合曹文 132 两，作 24 曹文 1 两
□□□□三项合并加义成还亦洋 50 元，共作亦洋 158 元，60 扣 24 曹文 94.8
□□□□□□14 串零 58 文
以上并货共存 24 曹宝文 13755.552

该□□□24 曹文 17.119
该□□□24 曹文 462.708

---

① 刘伯山主编：《徽州文书》第 1 辑第 3 卷，第 203 页。
② 该年盘单损坏较为严重，□代表缺失的文字和数字。

该□□□24 曹文 437.953

该程聚□记 24 曹文 630.163

该程翟记 24 曹文 408.322，亦洋 5.17，76 扣 24 曹文 3.927

该孙靖记存 24 曹文 510.388

该各庄 24 曹文 1584.303

该孙光记 24 曹文 202.301

亦洋 206.922，76 扣曹文 157.261

该程长华记亦洋 180 元，76 扣曹文 136.8

该汪春记亦洋 90 元，76 扣曹文 68.4

该潘笃记存 24 曹文 174.998

该潘裕记 24 曹文 171.622

该程恭记存本洋 91.573 直曹文

该程佳记本洋 112.954 直曹文 112.954

该胡甫记亦洋 662.4 元，76 入 24 曹文 503.424

该汪丕记亦洋 80 元，76 扣 24 曹文 60.8

该孙和记亦洋 560.366，76 扣 24 曹文 425.878，本洋 27.112 直入 24 曹文 27.112

该程旭初记本洋 19.61 直入 24 曹文（数字存疑），亦洋 191.517，76 扣 24 曹文 145.186（数字存疑），24 曹文 85.841

三共合 24 曹文 251.348

该□金等亦洋 409.214，76 扣 24 曹文 311.003

该裕和祥庄利 2096（数字存疑）

该永达利 1460（数字存疑）

□411.5（数字存疑）

三共洋 3767 元，76 扣 2933.98 除代万成利□、德旭□、万成□

规元 60 扣 1494.718 抵 24 曹文 1447.092（数字存疑）

该□□□98 规元 1745.5 除代恒足 1645.5 作 24 曹文 100 两

该□□□估作□□作该 24 曹文 81.203

该堆金 24 曹文 2000 两正

该财神堂 24 曹文 1400 两正

以上共该 24 曹宝文 11755.552

除该各存仍存 24 曹宝文 2000 两

本年无息

拨财神堂 24 曹宝文 1000 两

程鸣记拨财神堂 24 曹宝文 200 两正

邱集记拨财神堂 24 曹宝文 150 两正

胡蔚记拨财神堂 24 曹宝文 500 两正

程德记拨财神堂 24 曹宝文 150 两正

程鸣记照丁未兆成盘单

清光绪三十四年正月兆成抄照程鸣记盘单[①]

光绪三十四年春正月初二日盘

存货亦洋 4614.281，60 扣 24 曹文 2768.569

存逸、□汉庄 24 曹 4622.156

存□申庄 98 元 4595.851，9364 扣曹文 4303.555

存胡蔚记透用 24 曹文 143.558

存义成丙年代□□□24 曹文 2.583

存镇恒足正本 27 文 350，副本 27 文 400 两，二共 750 作曹文 1 两

存押租 24 曹文 32 两，生财 24 曹文 100 两，二共 132 两，估作 24 曹文 1 两

存丁未然账亦洋 404 元（数字存疑）作存 24 曹文 1 两

存亦洋 57 元，本洋 20 元，小洋 110 角，国宝 27 串 250 文，四共作存 24 曹文 52.12

以上并货共存 24 曹文 11895.541

该邱集记存 24 曹宝银 597.821

该程鸣记 24 曹文 85.62

该程聚金记存 24 曹文 705.783

该孙靖记存 24 曹文 409.336

该程泽记 24 曹文 15.076

该各庄记 24 曹文 1231.989

该孙光记亦洋 226.375，76 扣 24 曹文 172.044

24 曹文 234.289

该程长华记亦洋 170 元，76 扣曹文 129.2

该汪春记亦洋 90 元，76 扣曹文 68.041

---

① 刘伯山主编：《徽州文书》第 1 辑第 3 卷，第 205 页。该年有两份，在同一页。

该潘笃记存 24 曹文 188.998

该潘裕记 24 曹文 169.817

该程恭记存本洋 98.156 直曹文 98.156

该程佳记本洋 112.608 直曹文作 112.608

该胡甫□亦洋 770 元，76 入 24 曹文 585.2

该孙和记亦洋 627.61，76 扣 24 曹文 476.984，本洋 30.366 值曹文 30.366

该程旭记 24 曹文 86.424，亦洋 227.546 扣 24 曹文 172.935，本洋 22.275 值曹文 22.275

该汪丕记亦洋 80 元，76 扣 24 曹文 60.8

该厘金使亦洋 172.23，76 扣曹文 130.894

该裕厚德记 24 曹文 □□□ 24 曹文 210 两

该汪春伊利亦洋 □□

该万康庄利亦洋 □□

该万康庄利亦洋 □□

该永达德利亦洋 □□

两抵该 24 曹文 698.534（以上数字看不清，数据关系待研究）

该万康庄利 98 规元 □□

该万康庄利 98 规元 1000 两

该永达德利 98 规元 □□

两抵作 24 曹文 100 两（以上数字看不清，数据关系待研究）

该堆金 24 曹文 2000 两正

该财神堂 24 曹文 2000 两正

以上共该 24 曹宝文 10795.541

除该各记仍存 24 曹宝文 1100 两

照正本 1 分拨息

胡蔚记拨分息 24 曹宝文 50 两正
邱集记拨分息 24 曹宝文 15 两正
程鸣记拨分息 24 曹宝文 20 两正
程德记拨分息 24 曹宝文 15 两正
程鸣记戊申年元月初二日兆成盘单

（孙丽，安徽师范大学经济管理学院讲师）

征稿启事

《中国区域文化研究》是安徽师范大学高端科研平台"中国区域文化研究院"、安徽省重点智库安徽师范大学"安徽文化发展研究院"和安徽师范大学历史学院主办的学术辑刊,每年出版两辑。刊物由中国社会科学院古代史研究所所长卜宪群研究员担任主编、国内著名专家学者担任编委,主要刊登中国区域文化研究相关前沿成果,努力为学术界提供交流对话平台。

本刊热忱欢迎广大专家、学者赐稿,就中国区域文化研究的相关问题提出新观点,做出新阐释,公布新史料,推动中国优秀区域文化的创造性转化和创新性发展。

《中国区域文化研究》对所有来稿实行三审制,由责任编辑初审,同行专家复审,主编终审。请勿一稿多投,来稿请自留底稿,2 个月内未收到录用通知者可自行处理。本刊投稿邮箱为:zgqywhyj@ahnu.edu.cn;纸质投稿地址为:安徽省芜湖市九华中路 189 号安徽师范大学历史学院《中国区域文化研究》编辑部,邮编 241002。

一 主要栏目

笔　　谈:每辑邀请 3—5 位学界名家撰写一组每篇 3000 字左右的主题笔谈。

理论反思:刊载对中国区域文化进行理论探讨与学科建设的理论性文章。

专题研究:刊载中国区域文化专题研究论文。

特色史料:选载稀见中国区域文化研究资料。

综述、书评:刊载对中国区域文化相关会议、著作的评介文字。

二 投稿要求

1. 文章必须未曾在其他正式刊物发表。来稿内容之著作权问题,由作者负责。如发生侵害第三方权利之事,概由投稿者承担法律责任,与本刊无关。

2. 文章篇幅原则上控制在 20000 字以内,重大选题稿件字数不限,需附中、英文标题、摘要、关键词,摘要 200 个字左右,中、英文摘要内容对应。

3. 文书文献、档案史料类投稿,建议采用 word 文档,并附分辨率较高的照片或扫描件，以便核对。

4. 各级基金项目应在文章首页以页下注形式标注，例如"基金项目：国家社科基金一般项目'×××'（×××）"，注明基金项目名称，并在圆括号内注明项目编号。

5. 文章中出现的外文专门名词（人名、地名等）除特别常见的以外，一律附外文原文，用圆括号标明。

6. 文章所引资料的注释必须规范，一律采用页下注，正文与脚注相对应以①②③……标明序号。具体格式可参照中国社会科学出版社注释要求或本辑文章格式。

7. 所有稿件，建议采用word文档投稿，也可投纸质稿。来稿请注明作者姓名、工作单位、职称、研究方向、联系地址、邮件地址等。

本刊实行优稿优酬，一经刊出，即赠送样刊，并酌付稿酬。稿酬中包含收录中国知网等数据库的稿酬，凡向本刊投稿，则视为同意将大作收录数据库。